新闻传播学核心课程系列教材

新闻发现学教程

杨讲生　编著

NEWS

西安交通大学出版社
XI'AN JIAOTONG UNIVERSITY PRESS

图书在版编目(CIP)数据

新闻发现学教程 / 杨讲生编著. —西安:西安交
通大学出版社,2025.5. — ISBN 978 - 7 - 5605 - 9745 - 4

Ⅰ.G210

中国国家版本馆 CIP 数据核字第 2024BU6624 号

书　　名	新闻发现学教程	
	XINWEN FAXIANXUE JIAOCHENG	
编　　著	杨讲生	
责任编辑	赵怀瀛	
责任校对	史菲菲	
数字编辑	宋庆庆	
封面设计	任加盟	

出版发行　西安交通大学出版社
　　　　　(西安市兴庆南路 1 号　邮政编码 710048)
网　　址　http://www.xjtupress.com
电　　话　(029)82668357　82667874(市场营销中心)
　　　　　(029)82668315(总编办)
传　　真　(029)82668280
印　　刷　西安五星印刷有限公司

开　　本　787mm×1092mm　1/16　　印张　22.375　　字数　502 千字
版次印次　2025 年 5 月第 1 版　　2025 年 5 月第 1 次印刷
书　　号　ISBN 978 - 7 - 5605 - 9745 - 4
定　　价　69.80 元

绪 论

新闻传播活动是人类社会特有的一种有意识的信息传播活动,是人类生产实践和社会实践的产物。人本身就是一种社会化动物,不可能单独生存和发展。更重要的是,由于最初自然界生存环境恶劣,人们为了抵御来犯之敌,为了利用和改造自然环境,为了创造和享受更多的劳动成果,就必须群居而生,集体行动,相互联络,团结协作,因此,人类在远古的生产生活实践中就已经有了使用手势、图形、器物、声音等原始的信息传递行为。随着语言的产生,人类对信息传递的效率便有了质的飞跃,用语言进行口头交流成了人们使用最多的信息传递形式,这也使得人类社会的信息传递逐渐脱离了低级的原始状态,成为人类社会特有的一种实践活动。

文字的发明,大大提高了信息传递的保真度。而中国人发明的印刷术、造纸术在世界范围内的推广使用,使得文字传播有了更加便利的条件。国家出现以后,以文字为载体的宫廷指令和布告就成为古代报刊的萌芽。《邸报》是我国最早出现的宫廷报纸,也是世界上最早出现的报纸之一,产生于2000多年前的西汉初期,比罗马帝国恺撒大帝在公元前59年创办的《每日纪闻》(是一种传递紧急军情的官报,寿命不长,不久就停办了)还要早约一个世纪。历经汉、晋、唐、宋、元、明、清等朝代,虽然《邸报》的名称屡有改变,但发行从未中断,成为宫廷向下传递指令、向外沟通世界、维护封建王朝统治、发展本国经济的重要载体。

随着电子技术的产生与发展,新闻传播活动的媒体形态进一步丰富,广播、电视等媒体相继出现,现代化的有声符号、图像符号等得到广泛应用。报纸、广播、电视共同成为人类社会新闻信息传播的三大传统大众媒体。美国匹兹堡KDKA广播电台于1920年11月2日正式开播,它是世界上第一家商业电台。1923年,侨居在上海的美国商人奥斯邦在上海建立中国第一座广播电台。1926年,中国人独立创办的第一家广播电台——哈尔滨无线广播电台开始播音。1940年12月,中央人民广播电台的前身——延安新华广播电台正式开始播音。1925年,世界上最早的电视机在英国诞生,但直到1936年,英国才正式建成了世界上第一家电视台——英国广播公司。1958年9月,我国第一座电视台——北京电视台正式开播,最初播放黑白节目,1973年5月开始播放彩色节目,1978年5月改称中央电视台。2018年3月,原中央电视台、中国国际电视台、中央人民广播电台、中国国际广播电台合并组建中央广播电视总台,对内可以保留原呼号,对外统一呼号为"中国之声"。

网络技术是20世纪90年代初在美国人发明的计算机和互联网的基础上发展起来的一种新技术,它把互联网上分散的资源融为有机的整体,实现资源和信息的全面共享和传递。网络新闻是以网络为载体的新闻,它突破了传统的新闻传播概念,在视、听、感方面给受众全新的体验。1994年4月,中国正式接入互联网;1995年,教育部面向海外留学人员的《神州学人》杂志创办电子版,成为中国第一家网络媒体;1997年1月1日,人民网正式上线;之后,新浪网等多家专门的网络媒体相继诞生,对报纸、广播、电视等传统媒体产生巨大威胁。

进入21世纪后,随着数字技术的日新月异,QQ、微信、微博、博客、播客、抖音等一系列新媒体相继诞生。2014年我国传统媒体与新媒体开始融合,2020年国家广播电视总局印发《关于加快推进广播电视媒体深度融合发展的意见》,标志着新媒体与传统媒体进入深度融合的全媒体发展阶段,融媒体、新媒体、自媒体、"中央厨房"、融合新闻等一系列新概念层出不穷。在全媒体时代,人人都是"金话筒",人人都有"麦克风",新闻传播不再只是进行社会分工后的新闻记者的专业行为,而是又螺旋上升式地回到了最初全民共有的那种普遍性社会实践活动中来,真正实现了任何人在任何时候、任何地点,以任何终端皆可获得自己想要的绝大多数信息,世界瞬间变成了"地球村"。

一、新闻发现的重要性

在新闻传播活动中,无论最初使用的手势传播、图形传播、器物传播、声音传播等原始的信息传递方式,或是后来很长时间内广泛使用的口语传播、报刊文字传播以及电报传播、电话传播、广播传播、电视传播等传统媒体信息传递方式,还是如今在全媒体时代背景下使用的网络传播、数字传播、新媒体传播、手机传播、人工智能传播等现代化的信息传递方式,首先要解决的问题就是传播什么。

马克思主义新闻观告诉我们,当然是要传播新闻事实。而新闻事实不是一般事实,不是信手拈来的"事实",而是首先要靠新闻发现获得新闻线索,然后才能沿着发现的新闻线索再进行采访、写作、编辑和传播。因此,新闻发现是所有新闻传播环节中最为重要、最为基础、最为核心的环节之一。常言道:巧妇难为无米之炊,即便你的新闻采访能力再强,新闻写作水平再高,但如果没有新闻发现,那么就没有新闻。

自人类社会产生以来,人类在不断探究和发现中发展壮大。一项重大的新闻发现,往往会对社会产生一定的推动作用。新华社原总编辑南振中先生说:"'发现'是经过研究、探索等,看到或找到前人没有看到的事物或规律。新闻发现就是把前人没有报道过的新的事物和新发现的规律及时准确地传播出去。"从这句话中我们不难发现,新闻的生命力在于发现,甚至可以这样说,构成新闻的一个重要前提是发现。一个优秀的新闻工作者,毫无疑问,首先必须是一个优秀的新闻发现者。

(一)新闻发现在新闻传播中的地位极其重要

新闻发现在新闻传播中不仅处于首要环节和基础地位,而且贯穿于整个新闻传播活动的全过程,也就是说,所有参与新闻传播活动各个环节的人员,都有可能对新闻事实进行再认识、再发现。不只是记者采写,通过编辑编稿、总编辑审稿等,新的价值都有可能被发现,所以,新闻发现在新闻传播活动中的地位极其重要。

1. 在新闻传播中的首要环节是新闻发现

如前所述,生产新闻产品有诸多环节,如发现新闻、撰写新闻、编辑新闻、制作新闻、传播新闻等。在这些环节中,发现新闻处于第一个环节,即处于最基础、最前沿的地位,也就是说,新闻发现在新闻传播的过程中的地位极其重要。在这个环节,我们主要确定"传播什么"。当然,新闻发现往往只是新闻的一个信号、一条线索,新闻事实并不清晰和完整,还需要进行新闻采访。记者通过采访去核实、去充实、去印证、去挖掘,就会对新闻线索是否为真得出结论。至于如何报道这则新闻,则是新闻撰写、新闻编辑等环节需要解决的问题。有的新闻事实在被发现之后,还需要进行新闻选题论证和新闻策划,为后边的新闻采访、新闻撰写、新闻编辑指明方向。有时,我们也把新闻选题论证、新闻策划看作新闻发现的一部分。

2. 新闻发现存在于新闻传播的全过程

新闻发现不仅处于基础地位,而且也存在于其他各个环节中,尤其是存在于新闻采访、新闻编辑等环节中。换句话说,新闻采访、新闻撰写、新闻编辑等环节的人员,都需要进行新闻发现,都有机会发现记者没有发现的新闻信息,都有机会用各环节自有的表达方式来表现自己的新闻发现。

新闻发现、新闻采访、新闻撰写、新闻编辑、新闻传播、新闻追踪等,是新闻工作的不同环节。在所有这些环节中,新闻发现的地位显然比较特殊,没有新闻发现,就没有新闻,也就没有新闻传播。

新闻工作者既要敏于求新,对各种新事物、新现象有足够的新闻敏感,及时地把最新鲜、最能引起受众关注的新闻奉献给读者;又要善于求深,通过自己的体察和观察,对新闻事实深看一层,进行理性思考,把前瞻性、导向性强的信息开掘出来,及时传播出去。

(二)新闻发现是新闻实践中的入门难题

新闻业界的很多资深记者和编辑在新闻实践中都非常重视新闻发现。尤其是随着媒体竞争的日趋激烈,新闻发现、新闻策划等成了众多新闻媒体在激烈的市场竞争中获胜的法宝。"发现"与众不同,"点子"就是生产力,很多新闻作品之所以优秀,靠的就是与众不同的"金点子"和"发现力"。

但是,很多年轻的记者却并不知道新闻发现的重要性,他们入职新闻媒体,很想发表受众喜闻乐见的新闻作品,但却苦于手头没有新闻线索,不知道该采写什么。

1. 记者入门的首要难题是无新闻可采

通过对刚入职的年轻记者的工作进行观察,不难发现他们中的大多数人不知道去哪里采访,习惯于被编辑部"派活",一旦没有派遣任务,就不知道新闻在什么地方了,这是一个普遍现象。不仅如此,被派出去采访,也常常是就事论事,写不出有价值的新闻来。对此,年轻记者苦恼,媒体领导也苦恼,这也是很多媒体人不愿意吸收高校新闻学院的毕业生加盟自己团队的主要原因。相比之下,他们更乐意吸收有新闻采写经验的社会通讯员、其他媒体的记者来到自己的平台、部门与自己共事，因为这些人有基层经验，善于发现新闻，手头线索多，他们一来就能迅速投入工作，而且写起新闻来往往是"如鱼得水"，"一发不可收拾"。

之所以会出现这样的现象，主要原因是这些年轻记者在学校里学的都是新闻理论、新闻史等知识。比如，本科四年、研究生三年，甚至中小学十多年，学生一直在练习写作，对新闻发现理论却知之甚少，不懂得新闻发现的重要性，更没有经过实践锻炼以了解新闻发现。新闻发现有理论指导固然重要，一个人有天生的新闻敏感性是其优势，但更重要的是要在实践中锻炼，即靠嗅觉、靠慧眼、识别新闻、发现新闻。这对刚走向社会、刚入职的年轻人来说，则是一件很难的事情，他们需要经受磨炼，需要在实践中摸索，需要向老记者学习，需要经历一些新闻故事，需要提高对新闻发现重要性的认识。只有这样，才能逐渐掌握新闻发现的规律，才能发现更多的新闻线索，采写出有价值、有分量的好新闻。

2. 编辑入门的首要难题是识别不了新闻价值

一般而言，在新闻媒体，编辑都是从记者中选拔的，多数是年龄偏大的记者跑不动了就转岗当编辑；也有的媒体实行记者、编辑轮岗制，这个月或今年当记者，下个月或明年就当编辑；还有的媒体因为种种原因把没有当过记者或是当记者时间不长的人调换到编辑岗位上。不管是哪种情况，编辑的责任都非常重大，很多编辑，尤其是年轻编辑刚入门时，虽然当过一段时间的记者，但面对手头众多的稿件，也往往"不识货"，不知道哪个新闻重要，哪个新闻不重要，在筛选新闻和给新闻排序时往往出错；对一些新闻稿件里隐藏重大新闻价值的信息更不知道重新编辑；对有些新闻不知道配发新闻评论或编前话、编后语等。有些编辑惰性严重，他可能也会发现记者的稿件没有选好角度，或是没有抓住有价值的东西，但仍然能过则过，不"大动干戈"，也不要求记者补充采访或重写，把字一签就发表了，这是一种不负责任的表现。

编辑"不识货"，这在很多媒体普遍存在。有的记者或通讯员写的稿子明明是好新闻，却被编辑"枪毙"了，令人遗憾。有的新闻价值很高，有刊登在头版的分量，可是，在有些编辑手里，却被当作一般新闻处理了，虽然也见报了，但反响一般，没有引起受众的高度关注，新闻价值没有完全体现出来。有的新闻发表后，应该组织后续报道，但编辑没有这样做，没有策划，没有整体安排，也让人惋惜。因此，要做一名好编辑，首先要"识货"，能否迅速识别新闻价值，是编辑入门的一个难题。

3. 记者碌碌无为的原因是发现不了好新闻

有些记者长时间入不了门，甚至一生都写不出有价值的好新闻，也就是说，他对新闻不敏感，虽然文字功夫不错，但就是缺乏新闻发现力，抓不住"大鱼""活鱼"，每年的新闻评奖都与他无关。虽然当了一辈子记者，但是碌碌无为、平平淡淡，在新闻领域里搞不出成绩来。造成这种现象的主要问题就出在新闻发现上。

发现新闻是新闻记者重要的基本功。著名雕塑家罗丹曾经说过，生活中不是缺少美，而是缺少发现美的眼睛。生活中处处有新闻、时时有新闻，新闻无处不在、无时不有，差别在于你有没有一双发现新闻的眼睛。

衡量好记者的重要标准之一就是其新闻发现力。所以,要实现当好记者的愿望,就必须有发现新闻的慧眼,必须有很强的新闻敏感性,必须有超出常人的新闻发现力。具备较强的新闻敏感性和新闻发现力,是对新闻记者的基本要求。

二、新闻发现学研究的对象

(一)新闻学是一门政治性、理论性、实践性都很强的学科

新闻学和别的学科不同,它所研究的各个领域都无不体现出它具有很强的政治性、理论性、实践性,这些学科特点不仅渗透在理论新闻学中,也体现在应用新闻学和历史新闻学中。

1.新闻学是一门政治性很强的学科

新闻离不开政治,甚至我们可以说新闻就是政治的一部分,而且是很重要的一部分。政治是新闻报道的一个重要方面,政治体制决定着新闻体制,政治观点决定着新闻报道的方向。

就政治本身来说,它是指以政权为核心的一切政治现象和政治关系,包括政治体制、政治思想、政治观念以及在一定的政治环境中产生的政治行为。政治对新闻的影响不仅仅是外部的,也常常是内部的。探索新闻与政治的关系,站在历史的角度不难发现,中国最初的报纸——《邸报》就是政治宣传的产物。中国现在的党报首先也是为政治服务的,是党和人民的喉舌。而在世界范围内,尤其是近代,政治和言论上的活跃与开放大大促进了新闻学的迅猛发展,出现了前所未有的办报高潮,并产生了马克思主义新闻观。

马克思主义新闻观一诞生,就明确承认新闻是有阶级性的,所有新闻都是为一定的阶级、集团服务的,都反映本阶级和自己国家的利益。资本主义国家所谓的新闻自由理论其实是一句空话,它们所谓的新闻自由的实质就是有钱人的自由,穷人的声音是难以登上新闻平台的。舆论引导和舆论监督是马克思主义新闻观的重要内容,在当代中国,新闻舆论工作是党领导的意识形态领域的一项重点工作。新闻媒体需要在政治上与党和政府保持高度一致,大力宣传社会主义核心价值观,宣传习近平新时代中国特色社会主义思想,宣传党和政府的政治主张,维护党和国家的整体利益与最广大人民群众的切身利益。

2.新闻学是一门理论性很强的学科

新闻学有广义和狭义之分。广义的新闻学包括理论新闻学、应用新闻学、历史新闻学等。狭义的新闻学就是指新闻理论。理论新闻学主要涉及新闻概念、新闻本源、新闻价值、新闻媒体、新闻事业、新闻宣传、新闻舆论、新闻自由、新闻道德、新闻法治、新闻队伍以及新闻的党性原则等一系列新闻理论,其指导思想是马克思主义新闻观,理论性强的特点非常突出。历史新闻学主要涉及世界新闻史和中国新闻史。我们需要从新闻发展的历史中寻找新闻对社会发展的影响,总结经验与教训,以史为鉴,指导当前和未来的新闻实践。它的理论基础是历史唯物主义,它的指导思想也是马克思主义新闻观,其理论性贯穿于整个新闻发展史的全过程。应用新闻学主要涉及新闻实务和新闻业务,研究的对象虽然是新闻实践,即新闻的技术操作等,但研究的结论仍然是对理论的高度概括,包括一些操作技术要领,同样具有理论性的特点。

早期的资产阶级新闻学理论集中体现为新闻出版领域的自由主义理论。20世纪20年代,为了修正自由主义理论,一些资产阶级新闻理论家提出了社会责任理论,它的核心观点是实行"有限制的新闻自由",主张政府可以控制和干预新闻活动。马克思主义新闻观实现了新闻思想史上的革命,其代表成果就是马克思和恩格斯的新闻思想。马克思主义新闻观内涵十分丰富,以辩证唯物主义和历史唯物主义的观点观察社会生活、分析新闻现象是贯穿其中的一条主线。毛泽东、邓小平、江泽民、胡锦涛、习近平等领导人都为丰富和发展马克思主义新闻观作出了巨大贡献,为我们学习新闻理论、应用新闻理论指导新闻实践提供了强大的精神食粮。因此,我们要认真学习马克思主义新闻观,打好新闻理论基础,掌握新闻传播规律,提高新闻业务素养,做合格的新闻工作者。

3. 新闻学是一门实践性很强的学科

科学有不同的分类。按照研究的对象分类,科学可分为自然科学、社会科学、思维科学。按照与实践的不同联系分类,科学可分为理论科学、技术科学、应用科学。新闻学属于社会科学和应用科学。

新闻学的产生来自新闻传播活动和新闻事业的实践发展需要,先有新闻传播活动和新闻事业,之后很久才有了新闻学。新闻学是研究、推动和指导新闻传播活动和新闻事业发展的一门科学,新闻学产生的基础和前提就是新闻传播活动和新闻事业。新闻传播活动和新闻事业在新闻学理论指导下不断发展壮大,同时也推动新闻学理论的研究与时俱进。新闻学从新闻实践中来,又到新闻实践中去,新闻学研究的对象是新闻实践,实践性强是新闻学的显著特色。

马克思主义理论研究和建设工程重点教材《新闻学概论》对新闻学这样定义:新闻学是研究新闻现象、新闻活动和新闻事业规律的科学。新闻现象、新闻活动、新闻事业等,都是实践的产物。在新闻业界,很多获奖者都是从实践中锻炼出来的,新闻行业的特点就是新闻实践,即所谓"新闻是跑出来的"。新闻记者应该成为"杂家"和"社会活动家"。

4. 新闻学是一门年轻的学科

虽然新闻传播活动自人类远古时期就有了,但对新闻学开展研究却是近代的事情。世界新闻学若从德国学者普尔兹的著作《德国新闻事业史》(1845年出版)算起,也不过180年;而我国新闻学若从徐宝璜的《新闻学》(又名《新闻学纲要》,1919年出版)和邵飘萍的《实际应用新闻学》(又名《新闻材料采集法》,1923年出版)算起,也就刚刚超过100年的历史。1997年,新闻学才被列为一级学科,而且是和传播学"携手合作"一并进入的,此前一直是二级学科。因此,我们说新闻学是一门非常年轻的学科。

新闻学有学无学一直都在争议中。和别的学科比较,新闻学领域的研究者往往要面对一个十分尴尬的问题:新闻到底是有学还是无学。有人认为,新闻有术无学,甚至于20世纪80年代有人主张不要给新闻人评职称。但进入21世纪以来,新闻有学已经成了学界和业界大多数人的共识。主张新闻无学的人,其实也从侧面印证了新闻学的实践性,正因为新闻学的实践性很强,以至于让很多人产生了新闻无学的模糊认识。另外,新闻学的历史很短,研究方法也不成熟,加上新闻业界很多不学新闻学理论的人照样取得了很大成绩,这也让一部分人产生新闻无学的误解。加之,由于新闻的真实性、客观性之特点,导致一些人觉得新闻无非就是客观记录而已,没有多少理论需要研究。

(二)新闻发现是新闻学研究的重要课题

如前所述,新闻学有广义和狭义之分。以往的新闻学著作一般都将新闻发现(包括新闻策划等)放在新闻采访与写作中讨论,很多著作和教材往往都是"一笔带过",连一个专门研究的章节都不给,而关于新闻发现的专著就更少了。但事实上新闻发现却极其重要,没有新闻发现,可以说就没有新闻,因此,新闻发现是新闻学研究,特别是应用新闻学研究的一个重要课题。

1.新闻发现是新闻传播的起点

人类为什么要进行新闻传播活动?其实最初的目的很简单,就是因为有新的信息需要传递,需要团结协作,共同御敌。人们在生产生活中突然发现了以前并不知道的信息,比如某某地方有池塘、某某地方有老虎出没等,这些新的信息一个人知道了还不行,需要传递给更多的人,大家一起研究相关对策,所以,新闻发现其实就标志着新闻传播活动的开始。

纵观整个新闻传播活动的全过程,不难看出,新闻发现者极其重要,值得尊敬,他们是新闻传播活动的开拓者和引领者,是产生后续一切新闻传播活动的基础和前提,后续新闻传播活动的所有环节都是在核实、表达、传递、追踪、检验新闻发现的意义和作用。"万事开头难""巧妇难为无米之炊",有了新闻发现,"波澜壮阔""扣人心弦""丰富多彩""光芒四射"的新闻传播活动就开始了。

2.新闻发现学专门研究新闻发现

既然新闻发现是新闻传播活动的一个重要环节,那么,我们就有必要认真观察、研究新闻发现,探讨它的本质,总结它的特点,摸索它的规律,预测它的未来。我们就有必要像研究新闻采访、新闻写作、新闻评论那样研究新闻发现,由此产生的新闻发现学是一块值得开发的"处女地",值得新闻学界和业界共同研究。目前,"新闻发现学"这个概念虽然还没有被新闻界一些人所接受,但是,相信在不久的将来,随着研究的人愈来愈多,新闻发现学一定会像新闻采访学、新闻写作学、新闻编辑学、新闻评论学那样,被新闻学界和业界广泛接受,其研究成果会进一步丰富和发展新闻学,指导和推动新闻传播活动和新闻事业健康发展。

我们已经知道,新闻采访学是专门研究新闻采访的,新闻写作学是专门研究新闻写作的,新闻编辑学是专门研究新闻编辑的,而这些新闻实务的分支学科已经发展了好多年,几乎与新闻学同时产生,其基本观点和应用技术被广泛接受和采纳,这里无须多说。那么,新闻发现学到底应该如何定义呢?简单说就是专门研究新闻发现现象、新闻发现活动和新闻发现规律的科学。具体来讲,新闻发现包括的东西很多,诸如新闻的概念、新闻和发现的关系、新闻事实、新闻价值、新闻敏感、新闻选题、新闻策划、新闻事实与一般事实的关系、新闻发现在新闻传播活动中的地位和作用、新闻发现的原则、新闻发现的规律、新闻发现的过程、新闻发现的内容、新闻发现的几个阶段、新闻发现的本质、新闻发现的渠道、新闻发现的思维方法、新闻发现的技巧、新闻发现的特征、新闻发现的扩展、记者的新闻发现、编辑的新闻发现、新闻发现力的培养等。

三、开设新闻发现课的重要意义

从1917年徐宝璜教授在北京大学最早开设新闻学课程至今,我国高校新闻教育已经走过了100余年的历史。100余年来,我国新闻学界对新闻学的研究从未停止,硕果累累,出现了涵盖理论新闻学、历史新闻学、应用新闻学等不同分支、各种各样的新闻学教材,创办了不同方向、风格各异的新闻学专业,培养了不同时代、层类多样的千百万新闻人才,为我国新闻事业的发展作出了杰出的贡献。

但遗憾的是,时至今日,全国范围内还没有发现哪所高校为学生专门开设新闻发现课。1996年,新闻学者、高级记者潘堂林先生曾经在他的《怎样发现新闻》一书中呼吁我国高校新闻学教育改变这种状况,开设新闻发现课,为新闻业界多培养实用型人才。然而,20多年过去了,鲜有高校响应。这件事在笔者的脑海中留下了很深的印象,所以,2020年12月,当笔者正式离开工作了近40年的媒体岗位时,首选的就是高校新闻教育,给自己确定的首要目标就是开设新闻发现课。经过多方努力,现在,我们已经欣喜地看到,新闻发现课开始逐步走进高校的课堂,潘堂林先生的愿望也得以实现。

(一)新闻业界对新闻发现的重视

虽然新闻学界对新闻发现重视不够,但这并不妨碍新闻业界长期以来对新闻发现的青睐。很多新闻业界前辈、资深记者都从新闻发现的角度针对自己的一些优秀的获奖新闻作品撰写了不少体会文章,启发年轻记者重视新闻发现。现在,在新闻业界,大家普遍重视新闻发现,这是不争的事实。

1.媒体竞争的实质是在新闻发现领域的竞争

在全媒体时代,媒体间的竞争越来越激烈,这种竞争的实质说到底就是看哪家媒体的新闻点子好,新闻选题新颖,新闻策划成功,独家新闻、重磅新闻多。而这一切取决于新闻发现,没有新闻发现,就没有新闻点子,也不会有与众不同的新闻选题和成功的新闻策划,更谈不上有层出不穷的独家新闻和重磅新闻。没有独家新闻和重磅新闻,久而久之,就会失去受众,因为受众觉得从你那里得不到他们想要的东西。媒体一旦没有了受众,自然就会在竞争中被淘汰,取而代之的是一些广受受众欢迎的媒体。

比如,陕西的《华商报》,1995年创办,是在陕西省归国华侨联合会(简称陕西侨联)的一份内刊《侨声时报》的基础上改名过来的。当时《侨声时报》的发行量只有几千份,长期亏损,上级要求停刊,可是报社舍不得,就开始在社会上招贤纳士、招兵买马。当时的总编辑曾是《三秦都市报》一名副总编辑,摄影记者出身,他和新闻部主任一起创业,报纸由周二刊改为日报,每天至少12个版面。改版初期,特别重视新闻发现,策划的选题与老百姓生活息息相关。

类似市内自行车被偷、下岗职工再就业、报社发动全社会为贫困女大学生募捐、邀请陕西十多位厅长局长来到报社接听群众来电等,都是别具一格的新闻选题,深受广大市民的欢迎。很快,"《华商报》——每天第一眼"的宣传广告深入人心。到 1998 年 7 月,改版约一年时间,《华商报》的发行量就冲到了 40 多万份,2002 年,西安市媒体的广告投放大约是 7 亿元,而《华商报》占据了 3.2 亿元,几乎一半,是公认的"霸主"。为什么一份报纸会很快打开局面,赢得受众,可能也有天时、地利、人和等其他因素,但重视新闻发现、新闻选题、新闻策划绝对是关键。正是很多"金点子",才让《华商报》走进了民众心里,赢到了读者青睐,在激烈的媒体市场竞争中取胜。

2. 编辑、记者竞争的实质也是在新闻发现领域的竞争

无论是年轻记者,还是资深记者,在媒体工作,都需要面对竞争。编辑、记者的劳动具有很强的个体性,工作成绩一般以数量和质量统计,不像有的行业主要是团队作战,新闻工作者一般都是"单枪匹马",团队作战的时候并不多,即便是进行战役性报道、连续报道、主题报道等时,新闻稿也是由不同记者的一篇篇稿子组成。所以,记者之间、编辑之间的竞争在媒体是常态,用数量和质量很容易衡量他们工作的优劣与水平高低。在新闻界,我们经常可以看到,有的记者是多产记者,有的记者是获奖专业户,而有的记者却常常写不出东西,也从来与新闻奖无缘,究其原因就在于他们缺乏新闻发现力。

(二)新闻学界对新闻发现的忽视

前文已经提到,新闻学界对新闻发现重视不够。为了研究的方便,为了和业界对比,这里笔者暂且用"忽视"这个词来形容它。一个"重视",一个"忽视",这就是当前新闻界对待新闻发现两种截然不同的态度。我们已经知道,新闻学是研究、推动和指导新闻传播活动和新闻事业发展的一门科学,既然在新闻传播活动中新闻发现广受青睐,那为什么新闻学界对此现象却视而不见呢?严格地说,"视而不见"也不够准确,因为对于绝大多数新闻学界的朋友来说,他们根本就没有"视"到这一新闻现象,所以,在他们的研究世界里,"不见"也就是自然而然的事情。

那么,问题又来了,他们为什么没有"视"到?笔者经过深入的研究后发现,不是他们不愿意"视",而是他们很难有机会"视"。新闻发现环节不像新闻采访、新闻写作、新闻编辑那样,研究人员可以随处看到,去媒体参观也好,平时读报纸、看电视、听广播也好,都可以"视"到这些新闻环节,但新闻发现环节却比较隐蔽,是标准的"脑力劳动",一切都在大脑中运行。运行完毕,这个环节也就结束了,有记者愿意说出来分享,而绝大多数记者则保持沉默,他们甚至视其为"职业秘密""知识产权",永远地装在自己的脑海中。

比如,笔者来到文学与传媒学院后开始着手研究"新闻发现学"这项课题,作为新闻传播系的学科带头人,笔者很想和年轻老师一起研究这个课题,但当笔者把研究提纲提供给大家时,却发现没有人对此感兴趣,或者说大家都有畏难情绪,于是笔者决定自己独立完成这项课题。还有,在研究的过程中,笔者很想找到更多的关于新闻发现的案例,但实际情况是,很多优秀新闻作品中却找不到新闻发现的痕迹,看不到发现的故事,即使能找见看到,也只是寥寥数语,甚至一笔带过,而大谈特谈的却是采访经过、写作经过、发表经过、报道反响等,这让笔者很失望,也留下了一些遗憾。笔者的这些前期研究的经历也反映了长久以来新闻学界对新闻发现忽视的状况、程度和原因。具体来讲,目前新闻学界对新闻发现忽视主要表现在以下几个方面。

1.忽视对新闻发现的研究

有关新闻发现的研究论文很少,专著就更不用说了,只能看到一两本而已。而充斥在眼前的则是大量的新闻采访学、新闻写作学、新闻编辑学、播音与主持等领域的学术成果,即使在媒体运营、新闻管理等领域也能找到不少论文。

比如,笔者上网查询一个网站,100多篇有关新闻研究的论文中,有41篇是研究新闻写作的,有22篇是研究新闻采访的,有13篇是研究新闻编辑的,有10篇是研究新闻管理的,只有2篇涉及新闻发现,其他都是综合类研究论文。笔者跑遍了西安市内各大书店,竟然没有找到一本自己想要的有关新闻发现的专著,却买回了一大堆有关新闻采访与写作的书籍。因此,新闻学界重视新闻写作、轻视新闻采访、忽视新闻发现是一个普遍现象。笔者在现今所在的大学里以及新闻传播学会中,还没有发现有人从事新闻发现论题的研究,这和新闻业界非常重视新闻发现形成了鲜明的对比,也和新闻发现在新闻传播活动中应有的地位和作用不匹配。

学术研究是一项很辛苦的劳动,研究成果必须有实践支撑,没有一定的新闻发现实践,靠纸上谈兵,靠逻辑推理,是研究不出成果来的。

2.高校未开设新闻发现课

由于不重视新闻发现研究、缺乏新闻发现教材、没有教授新闻发现的师资等原因,到目前为止,全国没有一所向学生开设新闻发现课的高校,不仅必修课没有,连选修课也没有,只是在新闻采访学课程中涉及新闻发现,或是新闻业界的资深编辑、记者来学校举办讲座时提及新闻发现,这些都远远不够,这表明目前新闻学界和新闻业界脱离相对严重。

我国普通高等学校本科及专科教育是以培养应用型人才为主的教育。新闻采编专业的学生,理应把新闻发现、新闻采访、新闻写作、新闻编辑等作为自己的专业核心课程来学习。但学生是被动的,学校制定的新闻专业人才培养方案没有把新闻发现课列入其中,即没有开设新闻发现课,即使学生想学,也难以做到。再说,对学生而言,他们也并不了解未来他们要去媒体工作的实际情况,甚至他们的老师也依然不大了解媒体工作的现状,不知道新闻发现在未来新闻实践中的重要意义,所以,新闻发现被忽视,也是料想之中的事情。只有学生毕业后到媒体工作,经过多年的实践,他们才会发现,原来新闻发现如此重要。而这个时候,他们往往没有理论指导,只有自己在实践中去摸索、去体会、去感悟。

3.新闻学界的教师缺乏必要的媒体实践

和其他专业的教师一样,我国高校的新闻学专业教师,绝大多数都是来自各个高校的博士生、硕士生,他们从学校到学校,没有媒体工作的实践经验,靠学校学到的新闻知识讲授新闻课。但我们知道,新闻学和别的学科不一样,它是一门实践性很强的学科,没有经过长期的新闻实践锻炼,很难真正了解新闻行业需要什么样的人才,很难透彻讲解新闻学理论,很难教授学生新闻应用方面的实践技能,这是目前造成新闻学界和新闻业界存在隔阂的一个重要原因,也是当前新闻学界忽视新闻发现的一个突出表现。

国外很多大学都很重视新闻实践,比如美国高校新闻学教师通常都具有媒体实践经验。据调查,在哥伦比亚大学新闻学院,92.1%的教师都有媒体从业经历,其中36.9%的教师拥有超过30年的媒体从业经历。这表明,美国高校新闻学教师通常通过实际的媒体工作经验来丰富自己的教学内容。这种师资构成为学生提供了直接从业界专家那里学习的机会,有助于学生掌握更具有实践性的新闻操作技能。

当然,还有认识方面的原因。一些学者认为,新闻发现属于新闻采访环节,没必要独立,可是持这种观点的人并不知道,新闻发现不只存在于新闻采访环节中,也可以独立存在,还可以在新闻写作、新闻编辑、新闻版面设计、新闻节目主持、新闻审定等多个环节中出现。

我国的新闻大家,几乎都有在媒体工作的经验,比如徐宝璜、邵飘萍、范长江、邹韬奋等,所以他们日后才能在新闻教育科研领域硕果累累,成为公认的大家。这并不是否定没有媒体工作经历的其他新闻学教师,而是说,新闻学教师具有媒体实践经验会更好,不仅有利于学生学习,还有利于教师自身的科研。当然,在教育实践中,确实有的新闻学教师,没有媒体实践经验,却非常受学生欢迎。但笔者认为,如果他有媒体实践经验,也许更受学生欢迎,科研成果也许更丰硕。

我们现在学习的马克思主义新闻观,其创立和发展者主要是马克思、恩格斯、列宁等。他们都有丰富的媒体实践经验,他们的新闻理论都是在实践中总结出来的。世界上第一份马克思主义报纸——《新莱茵报》由马克思亲自担任主编,马克思和恩格斯先后创办、主编或参与编辑的报刊主要有《莱茵报》《德法年鉴》《前进报》等。列宁一生先后创办过40多种革命报刊。正是这些实践经历才产生了列宁新闻思想,并丰富发展了马克思主义新闻观。

毛泽东的经历也是这样。从1919年创办的《湘江评论》到后来创办的《新时代》《政治周报》《共产党人》等,都为中国革命立下了汗马功劳。不仅如此,毛泽东还经常为《红色中华》《向导》、新华社写稿,他亲自撰写的《人民解放军百万大军横渡长江》《将革命进行到底》《别了,司徒雷登》等都是新闻名篇。国共合作时期,毛泽东还担任过国民党中央宣传部代理部长。正是这些新闻宣传经历,才为毛泽东新闻思想的产生奠定了基础,并丰富发展了马克思主义新闻观。

(三)"发现滞后"与"忽视发现"

马克思主义者认为,世界上一切事物都是客观存在的,先有物质,后有意识,物质决定意识,意识是对物质的反映。就"发现"而言,它不是"发明","发明"的东西以前绝对没有,而发现的东西以前是有的,是已经客观存在的事物,发现和事物存在之间是有"时间差"的。这种"时间差"有快有慢,人们期望事物一旦出现,就能立即被发现,然而,在实践中往往却存在着发现严重滞后的问题。

比如,人类早期的陨石研究活动不仅受限于生产力不发达导致的技术手段落后,还受制于信息闭塞和交流不便引起的陨石样本缺乏。以陨石中常见的高压矿物来说,直到1969年才被科学家们从一块1879年降落在澳大利亚的陨石中发现。这种"发现滞后"是一种普遍现象,不但表现在人们对自然界的认识上,而且也表现在科学研究领域,在新闻报道领域,更是一种"常见病"。

在新闻研究、新闻教学工作中出现的"忽视发现"也和"发现滞后"一样,是存在于新闻学界的一种"常见病"。这种"常见病"使得新闻学界和新闻业界存在脱钩,不利于新闻理论研究,也不利于新闻应用实践。面对"发现滞后",我们有时候可能束手无策。

比如,外星人是否存在,到现在我们也没有结论,外星人也许比我们地球人还存在得早,只不过受技术手段的限制,我们至今也没有发现。但面对"忽视发现",我们却能够从主观上进行改变,提高认识,采取措施,加以改进。

任何领域都有可能产生"发现滞后"和"忽视发现"的问题,它们都会对我们的生产生活产生负面影响,不利于任何一个领域的健康发展。如果要想成为合格的新闻工作者,在新闻传播领域就应该及早预防"发现滞后"和"忽视发现"这两种"常见病",下决心养成深入调查研究的良好习惯,注意培养自己的发现能力,增强自己的新闻敏感性,谨防自己的"根"离开生活的沃土。

(四)"新闻科班"学生与社会通讯员

1."新闻科班"学生

新闻专业毕业的学生,在新闻业界习惯称其为"新闻科班"出身,他们的优势就是新闻理论基础知识扎实,文字功底不错。但年轻人刚到媒体工作时,普遍有一个适应过程,这个过程往往很长。在这一过程中,他们的劣势就是新闻敏感性不强、新闻发现力较弱,所以往往很难适应快节奏的新闻业务工作。经过一段时间锻炼后就会发现,有的人适合干新闻工作,有的人可能不适合干新闻工作。

人是有差别的,有人适合干这项工作,有人适合干那项工作,每个人的适应力都不大一样,展示出的潜能也不一样。理论上我们都希望早些发现自己的强项,发现自己适合干哪项工作,但在实践中,这种发现往往是滞后的。对很多人而言,一生没有找到最适合自己干的工作,没有发现自己最大的潜能究竟在什么地方,那是再正常不过的事情。上大学之前,很多学生报考专业很盲目,考虑的因素也许很简单,但走向社会后,却发现自己所学所干的领域并不适合自己。在新闻传播领域,一些"新闻科班"出身的人就是这样,他们虽然理论基础不错,但工作成绩往往不如不是"新闻科班"出身的人,为什么?最直接的原因就出在新闻发现上,他们天生对新闻没有较强的敏感性,在实践中也不重视对新闻发现力的锻炼,所以,经常发现不了新闻,不知道去哪里采访。

2.社会通讯员

和刚毕业的"新闻科班"学生比起来,媒体更喜欢有实践经验的社会通讯员。因为这些人都是长年工作在基层,长期给新闻单位投稿,媒体编辑对他们都比较了解。他们是经过长期考验选拔的优秀通讯员。他们虽然对新闻理论不大精通,文字功底也往往不如"新闻科班"出身的大学生,但他们新闻敏感性很强,发现新闻的渠道广泛,由媒体的业余通讯员向媒体专职记者转变时适应速度快,进入媒体工作后往往如鱼得水,新闻发现力很强,写起新闻来轻车熟路、得心应手。

比如,笔者认识的两位新闻工作者就是这样从业余通讯员成长为专职记者的。一位是宝鸡人民广播电台原总编辑雷明德同志。他非"新闻科班"出身,走上工作岗位后喜欢写新闻稿件,就被调到了宣传部门,成为很多新闻媒体的优秀通讯员,后来就来到广播电台工作,从普通记者成长为总编辑,不仅作品屡次获奖,本人也获得了长江韬奋奖的提名,获评高级记者。中国社会科学院新闻专业辅助教材《知名记者谈新闻采写》一书就是他与中国社会科学院孙富忱教授和著名记者黄振声同志共同主编的。他曾是笔者的"顶头上司",我们二人合作采写过不少新闻作品。他热爱新闻工作、广交各界朋友、善于观察思考、擅长发现新闻的长处值得年轻人学习。还有一位是高级记者边江同志。笔者在宝鸡人民广播电台工作时,他是广播电台的通讯员,后来调到宝鸡市委宣传部,经常给各媒体投稿,后调入新华社陕西分社。他也不是"新闻科班"出身,但他写起新闻来一发不可收拾,屡次获得新闻奖项,从一位基层业余通讯员,逐步成长为新华社陕西分社副社长、高级记者。他后来出版了《描绘多彩人生——边江人物通讯选》《多彩瞬间——边江新闻作品选》《多彩人间——边江韵句选》《多彩风光——边江诗歌选》《多彩年华——边江退休文存》等"多彩"系列文集。这些书很有特点,书中也收录了笔者对他一篇作品的评价。2020年9月,他又和延安大学郭小良教授、西北政法大学孙江教授合作出版了一本很有价值的书——《延安大学新闻班:中国共产党创办的第一个大学新闻专业》(他系第一作者)。他平时少言寡语,非常谦逊,常常低着头,走起路来似乎都在思考新闻角度。但他的新闻发现力很强,新闻敏感性极高,作品所选的新闻角度往往出人意料。

(五)在高校开设新闻发现课的重要意义

1.开设新闻发现课的必要性

如前所述,新闻发现对媒体、对记者来说都非常重要,它是媒体之间、记者之间竞争获胜的撒手锏。对受众而言,更是重中之重,因为没有发现就没有新闻,受众自然也获得不了自己需要的信息。为适应新闻业界的需要,为推动新闻事业的发展,有必要开设新闻发现课。

长期以来,我国高等教育机构培养的新闻人才总体上是合格的,但也有缺陷,业界公认的遗憾就是学生毕业后新闻发现力较弱。很多年轻人总苦恼于自己没有新闻线索,不知道去哪里采访,写的新闻的报道角度也常常让编辑不满。之所以出现这些情况,说到底,就是缺乏新闻敏感性和新闻发现力。因此,要改变这种情况,最直接、最快捷的措施就是在高校开设新闻发现课,让学生在学校就了解新闻发现的基本知识,认识新闻发现的基本规律,掌握新闻发现的常用技巧。

2.开设新闻发现课的可行性

开设新闻发现课需要教材。虽然目前全国还没有关于新闻发现的专门教材,但已有学者撰写了关于新闻发现的论文及专著。笔者将借鉴他们的研究成果,结合自己近40年的新闻工作实践,通过对大量新闻发现案例的分析和研究,进一步总结新闻发现的规律和方法,并按照高校教材的特点编写,以教材形式出版,专供开设新闻发现课学校的学生使用。

开设新闻发现课需要完善人才培养方案。人才培养是指对人才进行教育、培训的过程,被选拔者一般都需要经过培养训练,才能成为符合各种职业和岗位要求的专门人才。在教育领域,人才培养方案是高校落实党和国家关于人才培养总体要求、组织开展教学活动、安排教学任务的规范性文件,是实施人才培养和开展质量评价的基本依据。不同的专业具有不同的人才培养方案,人才培养方案最大的特点就是专业性。这种专业性还要与时俱进,适应社会发展的需要。而长期以来,我国各高校制定的新闻专业人才培养方案并没有把新闻发现教育纳入其中。可喜的是,已有高校在其2022年版新闻类专业人才培养方案里把新闻发现课作为专业选修课列了进去,为我们开设这门课奠定了基础。

3.开设新闻发现课的重要意义

学习新闻发现学,对全面提高新闻人才的政治素养、理论素养、实践应用水平、业务操作能力,推动我国新闻事业的健康发展具有重要意义,特别是在目前我国新闻传播领域面临重大变革,国际新闻传播竞争日趋激烈的情况下。

习近平总书记指出:"全媒体不断发展,出现了全程媒体、全息媒体、全员媒体、全效媒体,信息无处不在、无所不及、无人不用,导致舆论生态、媒体格局、传播方式发生深刻变化,新闻舆论工作面临新的挑战。"因此,学好新闻发现学,掌握新闻发现的规律和技巧,是做好新闻宣传舆论工作的重要举措,有助于新闻工作者在实践中更好地树立马克思主义新闻观。

在高校开设新闻发现课,有助于推动新闻媒体的人才队伍建设并提高新闻报道质量。我们知道,高校是提供新闻人才的主要单位,新闻学子是新闻工作者队伍的后备军,这支后备军的质量在很大程度上决定着新闻工作的未来。通过学习这门课,学生可熟悉新闻发现的规律,掌握新闻发现的技巧,增强新闻敏感性,提高新闻发现力,毕业后能较快适应媒体的实际工作。

在高校开设新闻发现课,有助于推动新闻学界关于新闻发现学的教学科研工作。目前新闻学界从事这方面研究的人不多,希望通过开设这门课,能够唤起更多学者投入到新闻发现学的研究与教学中。通过进行新闻发现学的教学实践,加强新闻学界与新闻业界的联系,进一步促进新闻发现学的理论研究工作,全方位提升高校的教学质量。

四、怎样学习新闻发现学

新闻发现学属于应用新闻学的范畴,具有应用新闻学共有的特点,即实践性、操作性、应用性。所以,学习新闻发现学的基本方法,就是理论联系实际。要善于运用马克思主义新闻观分析新闻发现的有关理论,指导新闻发现实践,掌握新闻发现规律,拓展新闻发现渠道,运用新闻发现思维,探索新闻发现技巧,不断培养和提高新闻发现力。

理论联系实际,是我们党的光荣传统和优良作风,是我们党领导人民不断取得胜利的重要保证。我们学习新闻发现学,同样要发扬党的这一光荣传统和优良作风,对新闻发现学理论不要死记硬背,不要机械照搬,而要联系实际,学深悟透,具体问题具体分析,善于在学习中提出问题和解决问题。

理论联系实际,重在深入实践,把握规律。对于一些新闻发现规律,初学者要善于通过新闻实践来检验、来思考,同时善于用新闻发现理论来指导新闻发现实践。由于信息技术快速发展,新闻媒体格局不断演变,信息传播形态和内容日益丰富,有些理论不是一成不变的,需要在实践中不断完善,与时俱进。

针对本教材,作者已经录制了配套的在线课程视频,以上是关于本部分内容的视频二维码。

目 录
Contents

第一章　新闻与发现

　　本章重点难点:①新闻的定义;②新闻的特征;③新闻和事实的关系;④新闻和宣传的区别;⑤发现和发明的区别;⑥没有发现就没有新闻。

　　新闻传播的种种信息表面上看都是新闻采写的结果,但实际上追根溯源却在于新闻发现。新闻发现是新闻采写的基础和前提,新闻采写依靠的是新闻发现。如果没有新闻发现,新闻采写就成了无米之炊。因此,新闻发现其实就是为了解决采什么、写什么的问题,就是为了识别新闻价值,并依据新闻价值把新闻事实从一般事实中选择出来,进而找到体现新闻价值最大化的最终表达方式。

第一节　新　闻

　　要发现新闻,首先得知道何为新闻。但是,由于新闻现象的丰富性和新闻传播活动的复杂性,长期以来,人们对什么是新闻有着不同的认识和理解。"新闻"这个词在我国已经被使用了1000多年,最早指传闻、秘闻、传说中的故事等,直到明清时期,才指"新奇的事",与现在的"新闻"词义接近。

一、新闻的定义

　　虽然"新闻"这个词已经被使用了很久,但真正把"新闻"当作一个科学概念来给它下定义则是新闻学产生以后的事。国内外很多学者都给"新闻"下过定义,这里只列举一些有代表性的定义供大家学习讨论。

(一)新闻是新近发生的事实的报道

　　这是陆定一同志1943年9月在《解放日报》上发表的《我们对新闻学的基本观点》一文中提出来的。陆定一(1906—1996年),江苏人,交通大学毕业,曾任《解放日报》总编辑、中宣部部长、国务院副总理等职。这个定义的核心词是"报道",其次是"事实""新近发生",强调事实是新闻的依据,先有事实,后有新闻,事实必须是新近发生的,具有一定的时效性,事实只有通过报道才能成为新闻。我国现在普遍采用的就是陆定一同志的这个定义,不仅因为这个定义简单易记,更重要的是它突显了马克思主义新闻观,揭示了新闻的本源。

(二)新闻是群众想知应知而未知的重要事实

　　这是范长江先生给新闻下的定义。范长江(1909—1970年),四川人,北京大学毕业,中国杰出的新闻记者、社会活动家,《大公报》著名撰稿人,第一个报道中国工农红军的记者,著有《中国的西北角》一书。范长江先生的这个定义的核心词是"事实",强调新闻是事实,且是群众关注的重要事实。显然，范长江先生强调的又一个重点是"群众"，力求以此来探索新形势下党报工作的新路子。

（三）新闻是对正确事实的选择

这是徐宝璜先生给新闻下的定义。徐宝璜（1894—1930年），江西人，北京大学毕业，我国著名的新闻教育家，是最早在国内开设新闻学课程的大学教授，提倡新闻自由，主张报纸应有独立的社会地位。1919年所著的《新闻学》是我国第一本新闻理论著作，标志着新闻学在我国正式诞生。这个定义的核心词是"选择"，强调新闻是一门选择的艺术，就是在一般的事实中选择新闻事实。徐宝璜在《新闻学》中给新闻的定义为："新闻者，乃多数阅者所注意之最近之事实也。"强调的也是"事实"，但后来他觉得"选择"更重要。美术也是一门选择的艺术，但美术工作者选择色彩、选择线条、选择画面等；而新闻工作者则主要选择事实、选择角度、选择主题等，尤其是对事实的选择，是决定新闻的关键，选择正确了，就是新闻，选择错误了，就不是新闻。

（四）新闻者，最近时间内所发生认识一切关系于社会人生的兴味、实益之事物现象也

这是邵飘萍先生在《新闻学总论》中为新闻下的定义。邵飘萍（1886—1926年），浙江人，原名镜清，字飘萍，笔名萍、阿平等，浙江高等学堂毕业，革命志士，民国时期著名报人。他是《京报》创办者、新闻摄影家，马克思主义理论早期传播者，1926年被张作霖杀害，1949年毛泽东同志亲自批复追认其为革命烈士。邵飘萍的这个定义的核心词是"事物"和"现象"，同时强调了新闻的时效性、趣味性、社会性。

（五）新闻是现在新的、活的、社会状况的写真

这是李大钊同志1922年《在北大记者同志会上的演说词》（《新闻战线》1980年第2期）中给新闻下的定义。李大钊（1889—1927年），河北人，中国共产主义运动的先驱，中国共产党的主要创始人，他鼓励中国青年"以青春之我"创建"青春之国家""青春之民族"。1927年李大钊被反动军阀杀害，年仅38岁。他给新闻的定义核心词是"写真"，主要强调新闻的客观性。

（六）新闻是一种新的重要的事实

这是胡乔木同志给新闻下的定义。胡乔木（1912—1992年），江苏人，原名胡鼎新，胡乔木是他的笔名，曾任毛泽东同志的秘书、新华社原社长、人民日报社社长、中国社会科学院院长，曾为《解放日报》撰写过大量社论。他的这个定义也是从"事实"的角度出发，并强调新闻的时效性和重要性，这是新闻的两个基本特点。

（七）新闻是报道和评述最新的重要事实以影响舆论的特殊手段

这是甘惜分同志给新闻下的定义。甘惜分（1916—2016年），四川人，从延安抗日军政大学毕业后又进入延安马列学院学习，系新华社著名记者、中国新闻教育家、马克思主义新闻理论家，先后在北京大学、中国人民大学任教，著有《新闻理论基础》等，并任《新闻学大辞典》主编。他的这个定义强调新闻的功能和手段，即新闻是实现某种目标或功能的一种特殊手段。

（八）新闻是异常变动的信息

这是姚远铭同志给新闻下的定义。姚远铭，黑龙江人，四川大学毕业，曾任《哈尔滨日报》高级记者、哈尔滨师范大学传媒学院教授。和以上人相比，姚远铭显然不是名人，但笔者认为，他对新闻下的定义却很有特点，从信息的角度给新闻下定义，强调新闻是一种信息，而且是异常变动的信息。一切信息只要是处于正常状况，就不是新闻，但如果出现了异常，就是新闻。

（九）新闻是新近发生、发现或正在发生的，广大受众未知、应知、欲知的 重要事实

这是任贤良同志在他的《舆论引导艺术：领导干部如何面对媒体》一书中给新闻下的定义。任贤良，河北人，南开大学毕业，高级记者，曾任新华社陕西分社社长、国家互联网信息办公室副主任等职。之所以选他的定义，一是笔者对他比较熟悉，他长期在陕西任职，工作接触较多；二是他的这个定义也有代表性，这是最关键的原因。这个定义与时俱进，增添了"发现""正在发生"两个关键词，把时下媒体的"现场直播"以及很多早已发生但因种种原因从未报道的新近"发现"的事实也囊括进去。

（十）新闻是报社、通讯社、广播电台、电视台等新闻机构对当前政治 事件或社会事件所作的报道

这是《辞海》对"新闻"的解释。之所以选《辞海》的定义，主要考虑《辞海》的权威性。这个定义的关键词也是"报道"，但也有明显不足：一是强调了新闻机构，否定了这些新闻机构产生以前新闻的存在；二是只说了政治事件和社会事件，那经济事件、军事事件、法治事件等其他事件新闻呢？还有更多非事件性的新闻呢？当然，《辞海》这样解释也有一定的道理，可能在《辞海》编纂者看来，经新闻机构报道出来的是新闻，未经新闻机构报道的就不是新闻；事件是纯新闻，非事件就不是纯新闻；纯新闻包括硬新闻和软新闻，政治事件属于硬新闻，包括军事事件等，社会事件属于软新闻，包括经济事件等社会上发生的一切事件。

以上这些都是我国学者给新闻下的定义。我们知道，西方国家在新闻学研究方面比我国开展得更早，所以，国外新闻学者对新闻的定义也有很多值得我们借鉴。我们看看一些有代表性的定义。

"新闻是已发生或正在发生的事实的报道。"——［美］卡斯特

"新闻就是把最新的现实的现象在最短时间距离内，连续介绍给最广泛的公众。"——［德］比德特

"新闻是关于突破事物正常轨道或出乎意料的事件的情况。"——［美］曼切尔

"新闻是根据自己的使命对具有现实性的事实的报道和批判，是用最短时距的有规律的连续出现来进行广泛传播的经验范畴的东西。"——［日］小野秀雄

"新闻是把最新的事实，精确而迅速地印刷成了多数人感兴趣且有益的消息。"——［日］后藤武男

笔者认为，新闻就是新闻记者、通讯员等个人或组织通过语言、文字、声音、影像、数图等各种叙事符号对受众闻所未闻、见所未见的新颖事实、新锐观点、新奇现象、新生事物、新鲜经验等一切有新闻价值的东西在大众媒介或开放场所进行的一种公开传播。

笔者给新闻下的这个定义虽然烦琐了点，但却比较全面和准确。中心词用的是"传播"，比用"报道"更强调客观叙述。这个定义不仅指出了新闻的真实性、新鲜性、及时性、公开性等基本特点，同时也揭示了新闻传播的主体（新闻传播者）、客体（新闻传播内容）、介体（新闻传播载体）和受体（新闻接受者）等基本要素，并与时俱进，将新闻纳入大传播的范畴进行考察，将数图等列入新的叙事符号和表达方式，有助于学生更清晰透彻地理解新闻的本质与发展。

当然，任何定义都不可能揭示事物的全部，否则，就没有必要开创专门的学科去研究。新闻定义也不例外，更何况笔者给新闻下的这个定义，仍然有很多不完美的地方，比如概念太多、语句过长、不易背记等，仅为抛砖引玉，留给大家进一步研究和思考，期待有更完美的定义出现。

二、新闻的特征

通过对新闻定义的剖析，我们基本上知道了什么是新闻。接下来，为了方便研究新闻发现，我们还需要再来看看新闻都有哪些特征。

现代意义上的新闻概念，其基本特征有两个即真实、新鲜，由此延伸出新闻报道迅速及时、公开传播的要求。真实、新鲜、及时、公开是新闻最基本、最核心的四大特征。在现代社会，真实、新鲜、及时、公开决定了新闻工作的方向，塑造了新闻工作者的品格，也展现了媒介的形态，促进了技术的推广。当然，由于这四大特征，也衍生出了新闻的其他一些特征。下面，我们将从十个方面予以叙述。

（一）真实性

真实性是新闻的生命，新闻的基本要求就是要报道真实发生的事实。所谓事实，通常是指事情的真实情况，包括事物、事件、事态，即客观存在的一切物体和现象。客观存在的实际情况，是事实生成的源泉和依托；离开了客观存在的实际情况，事实就成了无源之水、无本之木。子虚乌有的"实际情况"或者被扭曲、歪曲了的"实际情况"，是不能称为事实的。

真实有两种，即生活真实和本质真实。生活中真正发生了某件事，即生活真实，也叫现象真实，如法律真实等；生活中未必真正发生过的事件，但能反映生活的本质和规律，即本质真实，如文学真实、哲学真实等。新闻真实要求同时反映生活真实和本质真实。但新闻实践中，由于新闻作品对时效性要求很强，记者报道新闻事件，不可能像法官那样事无巨细地将所有现象、细节都作为佐证材料，也不可能像哲学家那样利用每一件事反映生活的本质、揭示社会的真理，更不允许像文学家那样去虚构生活。从生活真实角度来说，新闻作品要求所写的内容与实际情况相符，确有其事，真实存在，不能编造，不能移花接木，不能夸大缩小；从本质真实角度来说，新闻作品要求对事件进行全面的、深层次的调查和把握，不要被表象迷惑，要抓住事物的内在联系，探求事物的本质规律。

（二）新鲜性

新闻是新近发生的事实，这就要求新闻传播必须迅速及时。这种要求可以用时间性（快捷性)与时效性来概括。时间性指新闻发布与新闻事实发生之间的时间差,时间差越小,传播效果越好。时效性侧重表达传播时间与传播效果之间的关系,其中还要考量传播环境的外在因素。有人说:"今天的消息是金子,昨天的消息是银子,前天的消息是垃圾。"

新鲜性也指新闻内容的新颖性,为受众提供他人没有提供过的事实。新闻内容的新颖性是极其广泛的概念,一切受众"欲知、应知、未知"的事实都具有这个特性。只有新近发生和出现的新情况、新问题、新思想、新经验,即一切能给人们带来新消息、新意见的具有新意的新鲜事实才有资格成为新闻。

新鲜性也可指报道的形式和手法新鲜别致。有的新闻事实内容新,报道也及时,但就是报道手法老套,好好的新闻就显得不大新鲜,读者读起来乏味。而有的新闻,虽然发生的时间早,但由于作者找到了新的由头,采用了新的表达方式,使得新闻像注入新鲜血液一样,给读者新的清爽的感受,从而让内容、时效并不十分新的新闻有了不一样的风格。

(三)准确性

报道的事实要准确无误。新闻报道一般具备五要素(即"五个 W"):何时(when)、何地(where)、何人(who)、何事(what)、何因(why)。这五个要素,何事处于核心地位,其他几个要素都是围绕它展开的。新闻是对已经发生的事实的报道,在向受众交代这些基本要素时,不能出现任何差错,更不能随意杜撰。这方面我们的教训很多,一些新闻工作者在报道新闻时,常常无意之中写错了名字、地方、时间或是一个数字等,虽然新闻基本事实没错,但因为有不准确的地方,受众依然对它的真实性产生了怀疑,给整篇新闻报道带来了难以挽回的损失。

当然在实践中,很多事实是复杂的,头绪很多,新闻工作者只能在有限的时间里、有限的篇幅中抢发这个事实,很难做到完全准确无误,五个"W"也很难一下子都被搞清楚。那为了准确是不是就不报道了呢?我们觉得也不是,因为受众急于知道。妥善的做法是告诉受众这个说法存在不确定性,后续报道将予以核实,这就既解决了受众的问题,又避免了不准确可能带来的弊端。如果当时确信它准确,后来又发现它不准确,在进行新闻报道时就要及时更正,挽回不准确造成的损失。总之,准确无误是新闻报道的基本要求,新闻工作者在新闻实践中应该身体力行,尽力做到将拿不准的材料(包括背景材料)排除在新闻作品之外,让受众准确及时地获取信息。

(四)公开性

新闻不是机密,不是内部文件,不是小范围的传播,更不是个人隐私。新闻是通过大众媒体公开传播的一类信息,公开性是新闻的又一特点。新闻面向大众公开传播,传播面越广,受众越多,效应就越大。新闻靠大众媒体传播,大众媒体是受众和新闻的中介。新闻要进入大众的视野,让大众接受,发挥效用,就必须通过大众媒体公开报道,不能够公开的信息就不能称为新闻,比如国家机密、个人隐私、商业秘密等,在解密之前,都不能当作新闻公开报道,这是新闻工作纪律的要求,也是职业道德的要求。

网络技术和数字技术的迅猛发展,全媒体时代多元化传播的日新月异,让人们无时无刻不处在新闻传播之中,持续关注变动的新闻已成为大众生活的一部分。媒体不仅传播新闻,也解读新闻,引导舆论;大众不仅接收新闻,也发现新闻,参与新闻的制作。媒体和大众之间因新闻联姻,因新闻越来越变得密不可分。媒体如果没有足够的有价值的好新闻,就会很快失去对大众的吸引力;而没有了大众的媒体,也就成了无源之水、无本之木,新闻就发挥不了它应有的效应。媒体、新闻、大众,三者之间谁也离不开谁,产生这种现象的主要原因就是新闻具有公开性,因为新闻通过媒体传播被大众接收而发挥效应的过程,其实就是新闻公开的过程。

(五)显著性

显著性是指新闻事实或新闻人物在一般事实或一般人物中的突出程度,包括人物显著性和事情显著性。人物显著性是指创造或造成一定事实的人(不只是各种公众人物),他们与普通人相比,一般拥有较高的社会地位、知名度、权威性,或者具备某种特殊的才能等;事情显著性是指某件事情不同凡响、引人注目,具有激发和吸引人们注意力的内在力量。

新闻是逐"名"的,各类名人、名地、名物、名纪念日往往会出新闻,有经验的记者盯着"名"不放,原因是什么? 就是因为不普通,在一般的群体中能凸显出来,受众比较关注,也自然就有新闻。比如,陈忠实、莫言、贾平凹等著名人物,他们的身上容易出新闻;再比如,天安门广场、国会山、克里姆林宫等著名地点,也很容易出新闻;又比如,春节、元旦、端午、中秋等节日,也往往会出新闻。

新闻实践中,人们最关注的是新闻人物,而要想成为新闻人物,一般需具备以下几个特征:一是和近期的新闻热点事件有密切关联;二是因某种原因或品质引起社会广泛关注;三是现在或曾经身居要职。上述三条,只要具备其中的一条或两条,或三条都具备,就可以将对象作为新闻人物进行专访,因为他们是受众非常关心的人物,采访报道他们,自然就有新闻价值,可以提高媒体的受关注度。

(六)重要性

价值越高的新闻对受众越重要,越有效用。在现代信息社会中,新闻对人们来说,如同水和空气,没有新闻,人们就无法感知所在的环境和空间,不知道自己的行动是不是合理和安全,不知道危险以及潜在的威胁来自何方。而且,有时候新闻也成了人们赖以交流的介质,由对新闻的态度和评价,人们可以找到共鸣者和同道者。所谓下里巴人、阳春白雪,都是人性需求造就的结果。

新闻不仅让我们随时了解外界发生的事情,同时也可以让我们获得实实在在的好处。比如我们看新闻,知道哪条路不通、哪个旅游景点不开放等,我们就可以依据这些信息调整自己的出行计划,以免跑冤枉路,花冤枉钱。再比如,某企业家看到一条科技发明的新闻,于是就找到了发明者,大规模研发生产成套产品,把科研成果变成生产力,不仅让企业效益大增,也让这位发明者受益。

新闻对受众而言,其重要程度是不一样的。同一条新闻,对不同的受众,有不同的效用;同一个受众,对不同的新闻,也能获得不同的效用。效用越大,重要性就越高;效用越小,重要性就越低。新闻对受众的有效性,就是新闻的重要性。新闻的重要性是新闻事实价值层面上的一大特性。任何事实都包含一定质和量的信息,对新闻工作者来说,考察新闻事实是否重要,着重从以下三个方面看：一是新闻事实能否为受众提供"认知价值"；二是新闻事实能否为受众提供"兴趣价值"；三是新闻事实能否为受众提供"道义价值"。提供的以上这些价值越多，说明新闻对受众的重要性越大。凡是真正的新闻，对受众多多少少都有效用，都具有一定的重要性。没有重要性的新闻是不存在的，只不过有些新闻重要性高，有些新闻重要性低而已。

（七）接近性

新闻接近性是新闻的价值评价标准，是指新闻事实令人关注的特质。这种接近主要指地理、心理、利益、年龄、民族、行业、性别以及利害关系等方面的接近。一般情况下，距离受众身边越近、关系越密切的人和事，就越为他所关注，新闻价值也就越高。这是因为对受众来说，除新闻信息强度、对比差异、时新、趣味等因素刺激外，求近心理也是一种重要的心理定式。比如，中央电视台报道陕西的新闻，陕西的受众就会比其他省份的受众更为关注，因为有地理上的接近；如果报道有关高考的新闻，教育界的师生和有关家长就会更为关注，因为有行业和利害关系的接近；如果报道养老金改革的新闻，老人和子女就会更为关注，因为有切身利益的接近；如果报道女性就医的新闻，女性受众就会比男性受众更为关注，因为有性别上的接近。

这样看来，新闻接近性似乎很简单，其实不然，因为受众是个复杂的群体，新闻媒体也多种多样。受众中地域、年龄、心理等因素，往往有交叉的情形、移动的情形和其他一些特殊的情况；媒体中有中央媒体、地方媒体，综合媒体、行业媒体等之分，新闻编辑在选择稿件、排列顺序时，很多时候，要结合自己媒体的性质、特点以及受众的情况来决定稿件的取舍与排位，如果对接近性判断不准，有可能就会降低新闻价值的效用，就会执行错位，甚至误入歧途。

比如，前几年，有些媒体受商业利益的诱惑，在西方万圣节到来前后，大量刊登有关万圣节的所谓广告性新闻，主要对象指向未成年人，误导舆论。万圣节本是西方节日，地域、民族等和我国受众都没有接近性，但由于新闻策划强度大、密集型轰炸式报道多、资本控制舆论鲜明等特点，使得这个"洋节"在我国很快盛行，大有压倒民族文化之态势，后来，由于宏观层面管控，才使得其对我国相应的民族文化没有造成太大的影响。所以，在新闻实践中，我们要科学掌握和运用好新闻接近性这个特点，切勿产生认识上的误导，影响我们正常的舆论导向。

（八）异常性

事实具有变动性、联系性、客观性，新闻事实作为事实的一种，当然也具有事实的这些共性。但是，事实在变动的过程中，如果正常平稳，按自己的固有规律变动，就没有什么稀奇的，也就无新闻而言；只有出现异常情况，脱离了正常轨道，那才是新闻。换句话说，凡是新闻都具有异常性。根据西方新闻理论，不好的消息就是最好的消息，我们虽然不这么认为，但人天生就有好奇心，新闻追求异常性、新奇性、趣味性等，应该是所有新闻理论的共识，也应该是记者追逐的目标之一。

异常性就是反常性，和常规不一样。人生在世，会产生各种心理需求，想知道新奇、异常、未知之事的欲望，即为其中之一，这也是新闻传播产生的动因之一。一旦这种心理需求得到满足，就会产生精神快乐，这也是新闻重要性、有效性的表现之一。纵观林林总总的新闻事件，它们都是自然界和人类社会异常活动的信息。日出东方，日落西方，人们习以为常，从来不把它当作新闻去报道,但如果有一天,太阳突然从西边出来,那就是大新闻了;刮风不是新闻,但刮龙卷风就是新闻;下雨下雪不是新闻,但下冰雹就是新闻。

异常活动包括新的活动、奇怪的活动、特别的活动、越轨行为和有意外结果的活动等。比如火山喷发、科学发明、日食月食、改革创新、政策变动、发现飞碟等,都是新闻。再比如,一般平民百姓正常死亡不是新闻,但总统死亡就是新闻;收养弃婴可能算不上新闻,但收养者是位靠捡垃圾为生的农村妇女,收养的用意不是为了自己,而是为了让孩子快乐成长,这个事实就有报道的价值,就是好新闻。因为上述这些,无论是正面的,还是反面的,都是异常信息,所以都能产生新闻。

(九)现状性

新闻事实作为事实的一种,不是报道事实的过去,也不是报道事实的未来,而是报道事实的现在进行时,即事实的现状。新闻一般都具有现状性的特点。

现状包括两个方面:一是时间上的"现在",二是空间上的"现状"。新闻讲究时效性,要求迅速及时地报道当下的情况,即新近发生、发现或正在发生、发现的情况。比如,《中国共产党第二十次全国代表大会将于10月16日在北京召开》,表面看好像报道的是未来的事情,是预告新闻,但实际上它也反映了一种现状,即中央政治局开会的最新决定,这个决定确定了二十大的召开时间,就决定本身而言,它是现在的"状况",是现在进行时,而不是将来进行时,也不是很久以前的过去进行时。

"现状"是个空间概念,是以"眼前""附近""周围"等地理概念为观察口,叙述此时此刻记者看到、听到、闻到的状况,也包括"利益相关处""情感关注处""兴趣所到处"等心理空间含义。记者发现的情况都与记者的地理位置、心理位置很接近,是记者自己的所见、所闻、所感、所悟,受众很容易被感染。记者的空间距离与新闻事实越近,新闻的传播力就越强,产生的效应就越好。

(十)趣味性

趣味性是指新闻事实所具有的情趣和意味,也称情感吸引力。新闻的趣味性最早是资本主义国家新闻记者追逐的目标,他们认为,金钱、色情、凶杀、暴力、赌博、吸毒等,都是最有趣的东西,都是大家的饭后谈资,都是新闻媒体重点关注的内容。他们报道这些内容,目的是满足人们的感官需求,让人们产生快感。我国的新闻也强调趣味性,但我国新闻的趣味性和资本主义国家新闻的趣味性有着质的不同。我国是通过借助趣味性来提高新闻的传播力,营造健康、乐观、积极、向上的生活情趣、志向目标,开阔人们的眼界,放松人们的紧张情绪,丰富人们的文化生活。

不是所有的新闻都有很强的趣味性,但追求趣味性却是所有新闻工作者共同的目标。不仅内容上要有趣味、有意思、有情趣、有味道,而且形式上也要有趣味,追求新的表达方式,包括图文并茂、融合报道等,一定要吸引受众,一定要呈现创新性。

在新闻实践中,通常采取以下方法来增加新闻的趣味性。一是和思想性密切相关。要求在发现新闻价值时,既要看到新闻的趣味,又要体现新闻的立意。二是融于知识性之中。随着受众整体文化素质的提高,既有趣味,又有知识的新闻更具吸引力。三是讲究人情味。在抓取趣味性的同时,要兼顾人情味,把关心、同情等人格化的因素充分表现出来。切勿不顾人情味,不顾法律,一味追逐趣味性,用别人的痛点赢得某些受众的心理快感。比如一些媒体在报道某明星嫖娼案时,就一味地迎合一些受众的低级趣味,详细报道嫖娼案的一些细节,侵犯了个人的隐私,影响了法官的独立判案,也失去了新闻报道的思想教育意义。

以上是新闻的十个特点,当然,新闻还有别的一些特点,比如,新闻还具有客观性、倾向性、针对性、阶级性、传播性、共享性、记载性、可塑性、非物性、变动性、有效性、时效性、广泛性、指导性等。这些特点其实都是从不同侧面对新闻进行剖析,有些与上述十大特点有异曲同工之处,如客观性与真实性、准确性相联系,时效性与新鲜性相联系,有效性与重要性相联系,阶级性与倾向性相联系,针对性与指导性相联系,共享性与传播性相联系等。我们分析、比较、鉴别新闻的这些特点,目的是认识新闻、发现新闻、采写新闻、传播新闻,让新闻为我们服务。

我们来分析一下下面这幅漫画新闻作品《大活人"自证活着"是何方规矩》(见图1-1)。

图1-1 新闻漫画《大活人"自证活着"是何方规矩》(获第二十六届中国新闻奖一等奖,作者曹一)

舆论监督是党媒拥有公信力制高点的保证之一,也是党媒能在庞杂的海量媒体中具有强大影响力的品格之一。第二十六届中国新闻奖一等奖作品新闻漫画《大活人"自证活着"是何方规矩》就是一幅具有强烈感情色彩的漫画监督新闻。

漫画中一位老人一只手拿着一份报纸,另一只手拿着一份盖有公章的证明,而自己的脸,从证明的照片位置冒出。作品灵感取自某地必须让老人手持当日报纸拍照,才能拿到证明自己还活着的加盖公章的证明,然后方能领取高龄补贴。显然是认证、认章,不认人。这种形式主义、官僚主义的做法,让画内老人的眼中透露着深深的无奈。

2015年9月25日上午,家住西安市大学东路的王老太给当地颇有影响的《华商报》热线打电话倾诉:"70岁的老人每个月有50元的高龄补贴,说实话,我真的都不想去领这个补贴了,因为每年领取都要证明自己还活着,我觉得这对我们老年人来说太残忍了,我每次去办手续都要受一次打击,每次打击都特别大,就不能有更人性化的方式吗?"次日《华商报》上刊发的一则报道《领高龄补贴先证明自己活着,老人称太残忍》引发舆论争议。

随后,新闻漫画作者曹一看到后认为,从"证明你妈是你妈"到"证明自己还活着",这些证明过滥的社会现象在我国时有发生,这说明该新闻事件价值高,具有很强的普遍性和代表性。于是,他根据这个典型的新闻事件,当即创作了一幅新闻漫画《大活人"自证活着"是何方规矩》,对这一社会现象作了辛辣讽刺。画面看似引人发笑,其实让人深思。该新闻漫画刊载后,新华网等网络媒体也纷纷转载。

因此,这幅漫画新闻反映的是真实的事情,具有新闻的真实性。新闻是9月25日上午发现的,26日刊发了文字报道,27日刊发了漫画新闻。文字报道的作者发现的事实很新颖,漫画作者发现的呈现新闻的形式很别致,所以,新闻的内容和形式都具有新鲜性。文字报道和漫画新闻依托的具体事实有时间、地点、人物、事件、结果等,报道具体可指,准确无误,具有准确性。报道经过大众媒体《华商报》等公开报道,将事实变成新闻,具有公开性。大活人"自证活着",这和证明"我妈是我妈"所反映的主题一致,说明一些地方政府这种官僚主义的做法具有一定的代表性和普遍性,事件具有重要性和典型性。事件报道后引起受众的强烈反响,很多人都觉得自己身边类似这样的事情很多,说明事件本身对受众而言,具有一定的接近性。生活中很多事情是需要证明的,但有些事情显而易见,根本无需证明,也无法证明,如果强制大家去证明,就是不尊重事物发展的规律,就是反常,因此,报道的事实也具有异常性和趣味性,可读性强。报道所揭示的事实已经发生并持续发生,被批评的一方是政府部门,批评时政府部门的这一奇葩政策仍在实行,可见新闻反映的就是现状性,时效性很强。综上,这则漫画新闻符合新闻的多个特点,因此该作品也获得了第二十六届中国新闻奖一等奖。

三、对新闻理论的争论

新闻学是一门年轻的学科,加之新闻现象本身又十分复杂,新闻事业目前面临很多挑战,遇到很多新情况、新问题,许多问题尚在探索和争论之中,尤其是一些重大的新闻理论问题,本身就存在着无产阶级和资产阶级两大阵营的争论,即使在同一阵营内部也往往争论不休。

20世纪80年代,很多人提出新闻到底有没有"学"的问题,有人甚至主张不给新闻记者评职称,在高校也没有必要开设新闻课程,新闻媒体招人根据跑口的不同,可以招不同的专业,比如,需要农业记者就招农学专业的学生,需要工业记者就招工学专业的学生,需要体育记者就招学体育专业的学生等;也有人认为学生高中毕业后可直接从事新闻工作,新闻工作主要有实践经验就行,没有必要有高深的知识。

现在,公然主张新闻无学的人已经不多见了,但是,新闻学毕竟还是一门比较年轻的学科,又受到新媒体实践快速发展和大众传播学的影响,所以,新闻学的理论体系离成熟还有一段距离,一些基本概念仍在争议中。有人认为我国的新闻理论目前仍处在经验描述性阶段,还没有完成由抽象转入辩证逻辑。

人类在原始社会因为生产力水平特别低下,面临恶劣的自然环境,必须群聚而居,一起劳作,共同觅食,所以需要传递信息。但是,以研究新闻传播活动和新闻事业发展为对象的新闻学产生较晚,有关新闻学的一些基本问题,如对新闻报道的主体、客体、载体、受体等基本内容的研究才刚刚起步,还远没有一个成熟的研究框架。有关新闻学的争议从一开始就有,一些新闻学的基本概念、基本原理、基本论题等,目前仍是新闻学界争论的热门话题。

(一)关于新闻定义的争论

对于什么是新闻,长期以来新闻学界争论不休。西方新闻学者多追逐"猎奇",他们认为狗咬人不是新闻,人咬狗才是新闻。他们说最不幸的消息就是最好的消息。"新闻"一词在我国流传已久,开始指"秘闻""传说的故事"等,到了明清时期,才开始指"新奇的事"。就是现在,新闻也是个多义词,或专指消息,或指所有新闻报道,或指新闻媒体,或指新闻行业,或指新闻研究,或指宣传,或指舆论,或指新闻稿件,或指新近发生的新鲜事等。我们说的"新鲜事"和西方国家说的"新奇事"含义接近,但不完全相同。他们更关注凶杀、暴力、色情等社会负面信息,我们则注重倡导社会主义核心价值观,用新鲜的、典型的、正能量的、代表先进文化前进方向的事实引导舆论。

我国新闻界给新闻下定义影响比较大的有陆定一的"报道说",范长江、胡乔木的"事实说",徐宝璜的"选择说",甘惜分的"工具说",姚远铭的"信息说"等。

我们现在普遍采用的是陆定一的定义:新闻是新近发生的事实的报道。这个定义不仅简单易记,而且揭示了新闻的本源和基本特征。但也有不少人认为,"报道"只强调了新闻机构,而在报纸产生之前,新闻就已经产生了;还有随着科学技术的不断发展,很多正在发生的事实被新闻机构"现场同步直播"出来;再就是一些早已发生了的事实,由于种种原因,过去没有报道过,现在才被发现,照样是新闻,照样可以去报道。按照陆定一的定义,把这些新闻都排除在外了。

但笔者认为,反对者所说的这些理由除第一点"报道"没囊括报纸产生以前的新闻外,其他几点似乎都站不住脚。现场直播"正在发生的事情"其实也属于新近发生的,因为现场直播的报道和事实之间总有一个时间差,哪怕是 0.1 秒;过去的事实现在才发现,就发现本身而言,也属于新近发生的事实;还有一些预告新闻,是未来的事实,比如第 34 届夏季奥林匹克运动会将于 2028 年在美国洛杉矶举行,这是预告消息,但从决定举行时间的国际奥委会来看,它仍然属于新近发生的事实。所以,陆定一的定义并不过时,当然,如果把"报道"改成"传播"会更好,囊括的新闻范围就会更大。

范长江和胡乔木的"事实说"争议更大。支持的人认为新闻的内涵就是事实,"应知"表明传者的观点,"欲知"表明受众的想法,"未知"表明它是新鲜事,"重要"表明对受众有效用。但反对者认为,这个定义混淆了新闻和事实的界限,把新闻和事实等同起来,或者说把新闻事实和新闻等同起来,没有突出马克思主义新闻观。笔者认为,如果把事实或者新闻事实当作新闻的话,那么,新闻学的研究就会遇到很多麻烦,比如新闻和事实的关系究竟是什么? 事实既然是新闻,那就不需要报道了。

徐宝璜认为新闻是对正确事实的选择。这个定义简单明了,它揭示了新闻产生的真实过程,就是从一般的事实中选择新闻事实,好的新闻就是正确的选择,不好的新闻就是不正确的选择。从选择的角度出发,新闻就是一门选择的艺术,新闻工作者始终在选择有价值的事实、有新意的角度和形式。但笔者认为很多东西都是选择的艺术,这个定义并没有把新闻的特点说出来,而且,什么是正确的选择,仁者见仁,智者见智,根本没有一个统一的标准。还有,选择本身是一个动词,而新闻是一个名词,用动词来解释名词,显然不是最佳的定义方法。

甘惜分认为新闻是报道和评述最新的重要事实以影响舆论的特殊手段。对这个定义赞成的人和反对的人都很多。赞成的人说,这个定义抓住了新闻的功能和目的,就是引导舆论,而且认为,引导舆论的手段很多,新闻是一种特殊手段。但反对的人却不这么看,比如陈力丹教授就提出了批判,他认为甘惜分教授这里所说的"新闻"实际上指的是"新闻媒体",很显然,他把新闻和媒体等同了。如果把这个定义的所有定语取掉,只留下主谓宾,这个定义就成了"新闻是手段",即新闻(媒体)是工具。既然是工具,就没有必要有新闻学了。

但笔者认为,甘惜分教授的这个定义其实在一定程度上与马克思主义新闻观很接近。根据马克思主义新闻观,媒体就是喉舌,就是工具,就是党在意识形态领域里使用的一个特殊手段,"喉舌论""工具论""手段论"等都是要说明,新闻是党的事业的一部分,都具有反映舆论、引导舆论的功能。

姚远铭认为,新闻是异常变动的信息。这个定义给新闻以全新的解释,她把新闻和信息进行比较,发现二者有很多相似的地方,比如新闻和信息都具有可传递性、可共享性、可记载性等,新闻其实就是一种信息,但它是异常变动的信息,强调新闻的变动性、异常性。姚远铭的"信息说"一发表,就赢得了广泛的赞誉。支持者认为,"信息说"首次从信息论的角度探讨新闻,为新闻定义开辟了新天地。

在这之后,还有很多人也从信息的角度给新闻下定义,比如:新闻是经报道(或传播)的关于新近事实的信息;新闻是及时公开传播的非指令性信息;新闻是公众关注的关于最新事实的信息;新闻所传播的是事实最新变动状态的信息等。这些定义都强调信息的属性,有助于加深人们对新闻的认识。但是反对的人也不少,他们认为,信息是一个包容量很大的概念,其外延比新闻大得多,信息并不具有成为新闻的必要条件,信息不是新闻的应有的母概念,信息对很多人来说也是一个并不十分了解的概念,用这样一个大家并不特别熟悉的概念去解释新闻,很多人会听不懂。新闻指向新近发生的事实,这就要求新闻传播必须迅速及时。这种要求可以用时间性(快捷性)与时效性来概括。时间性指新闻发布与新闻事实发生之间的时间差,时间差越小,传播效果越好。时效性侧重表达传播时间与传播效果之间的关系,其中还要考量传播环境的外在因素。

(二)关于第四权力的争论

第四权力,是指在行政权、立法权、司法权之外的第四种政治权力。事实上,即便是欧美国家,也鲜有具体的宪法、法律、律令来解释、设立第四权力。第四权力是约定成俗、自然而然形成的,第四权力所指的即是媒体、公众视听。以美国来说,美国最高的行政权代表为总统,最高立法权为国会(由参议员、众议员所组成,包括参议院、众议院)拥有,最高司法权为最高法院所有。三权分立、三权相互制衡,不过在第四权力(媒体)出现后,制衡的力量又多了一个,可防止前三者滥用权力。第四权力理论以其侧重点不同,它所构筑的新闻自由观有与以往新闻自由观不同的特点。第一,新闻自由是一项制度性权利,即它与宪法中保护的作为个人基本权利的言论自由不同,是保护民主社会的一项基本制度。第二,新闻自由的权利主体是新闻媒体。言论自由是任何人都可以享有的权利,但新闻自由必须是新闻媒体才可以享有的权利。新闻自由使得新闻媒体可以更有效地发挥监督政府的责任。第三,保障新闻自由的目的不是为了媒体自身的利益,而是为了制衡政府的权力,保障人民的民主权利。

对媒体这种约定俗成的"第四权力",长期以来,西方新闻学界和我国许多新闻学者不仅予以肯定,还呼吁国家从立法层面上予以认可,保护新闻媒体的"第四权力"有效实施,让记者真正成为"无冕之王"。但是对此观点,也有不少学者提出异议。目前,西方国家和我国都没有这样的法律出现,西方资产阶级新闻学者提出的"新闻自由理论",其实质也是一种空想理论,他们保护的是有钱人的新闻自由,穷人没钱很难享有这样的自由。纵观资本主义社会,媒体的"第四权力"也往往被资本和集团操纵,成为博弈双方利用的工具,比如美国著名的水门事件,从表面看,是第四权力起了作用,其实是反对派利用媒体把尼克松赶下台。

我国不少新闻学者之所以反对媒体"第四权力"的提法,主要是认为我们国家的媒体是党和人民的喉舌,不应该把媒体凌驾于党的领导之外。但笔者认为这是一种片面的认识,在我们国家,不管是立法权、司法权、行政权,还是媒体权,都是在党的领导之下的,其他权力可以相互制约,为什么媒体权就不能? 当然,那种妄图把媒体的"第四权力"凌驾于党的领导之上,在我国显然是行不通的,不管有多少种权力,都应该接受党的统一领导,都应该接受人民的监督,媒体也不例外。

(三)关于"喉舌论"的争论

"喉舌论"是马克思主义新闻观的基石。根据马克思主义新闻观,新闻是有阶级性的,新闻媒体是党办的,理应是党和人民的喉舌,理应为党和人民发声。新闻媒介作为一种舆论工具,从来就是某个政党或政治集团的喉舌,古今中外,概莫能外。在当今世界,有没有一种新闻舆论工具(如报社、通讯社、电台、电视台)谁的喉舌也不当,成了超党派的传播媒介呢? 这种情况过去没有,现在也没有。

但是,在新闻界或是社会上,一些人反对这个提法,他们一听到"报纸是党和人民的喉舌",就特别反感。他们把"喉舌论"贬斥为"器官论",认为新闻记者首先是个独立的人,不应做别人的器官。新闻媒介的基本功能是传播信息,新闻记者要坚持客观报道,坚持事实第一性、新闻第二性,而不是成为什么人的喉舌,不是站在什么立场上凭主观讲话,认为"喉舌论"贬低了记者的地位,影响了记者的创造精神,束缚了新闻事业的发展,阻碍了新闻改革的进行等。

虽然"喉舌论"反对者的幕后是西方势力和妄图颠覆我国社会主义制度的极少数反动分子,但是他们的这些口号往往很能蛊惑人心。

诚然,媒体要传播信息,但传播什么样的信息,怎样传播信息,为谁传播信息,传播信息要达到什么目的等,所有这一切,难道不正是由这个新闻媒体是哪个政党的喉舌来决定的吗?报道要以事实为依据,记者要尊重事实,忠于事实,切不可歪曲事实,更不可编造事实。但这不等于说,记者在选择事实时,不带有任何的思想政治倾向性。我们选择这样的事实,而不选择那样的事实,报道这样的事实,而不报道那样的事实,是考虑到对党、对国家、对人民、对大局是否有利。党的报纸应成为党和人民的喉舌,这是由党报的性质和职能决定的。

事实上,在我们的新闻实践中,一直存在着两种新闻自由,一种是社会主义新闻自由,一种是资本主义新闻自由。我们支持的是社会主义新闻自由,反对的是资本主义新闻自由。

(四)关于党性和人民性的争论

长时间以来,在新闻界存在着党性和人民性问题的争论。一些人主张"人民性高于党性"。他们把人民性同党性对立起来,似乎党性代表不了人民性。他们还假设,当党性同人民性发生矛盾的时候,记者就要用人民性来代替党性,以维护人民的利益。

与这种党性和人民性的对立性观点相反,我们主张党性和人民性的一致性的观点。全心全意为人民服务,是我们党的宗旨。除了人民利益,党没有自己的特殊利益。从这个意义上说,党性和人民性在本质上是一致的。

因此,在新闻学界和新闻业界,我们都必须旗帜鲜明地坚持党性和人民性的高度统一。

四、新闻与宣传

(一)什么是宣传

宣传是运用各种符号,传播一定观念,以影响人们的思想和行为的社会行为。宣传在英语里通常表示如下:一是 publicity,指为使公众了解情况而进行的客观宣传;二是 propaganda,常用作贬义,指为达到某种目的而进行的非客观宣传。

(二)新闻和宣传的联系

新闻传递新近发生的事实,而宣传重在传播观点,并且有时为传播错误的观点,有意不呈现完整的客观事实甚至歪曲客观事实。自从报纸、广播、电视等大众传媒产生以来,新闻就一直被社会集团用来作为宣传的工具。新闻中有符合宣传观点的信息,宣传中有传递信息的新闻,新闻和宣传是一种交叉的关系。

当一个读者拿起一份报纸时,他的主要目的是获取自己需要的信息,而不是为了了解媒体的观点;而媒体的主要目的往往却是宣传自己的观点。宣传搭乘新闻的"车",往往比纯宣传效果好很多。

(三)新闻和宣传的区别

新闻和宣传各有自己的特点。新闻是新近发生的有价值的事实;而宣传是用事实,包括历史事实等来传播观点。它们的不同主要表现在以下几个方面。

(1)新闻重信息,宣传重形式;

(2)新闻重新奇,宣传重反复;

(3)新闻重事实,宣传重观点;

(4)新闻重时效,宣传重时机;

(5)新闻重沟通,宣传重控制;

(6)新闻重平衡,宣传重倾斜。

(四)新闻事实的宣传价值

现代宣传活动必然要利用现代传媒。实际上,没有哪家报纸不在天天从事着宣传活动。许多学者把宣传价值的内涵界定为:事实所包含的有利于传播者并能证明和说明传播者政治主张的要素。新闻宣传是通过报道和评述事实进行的宣传。

1.新闻宣传与一般宣传

新闻宣传是宣传中的一种,其目的是以报道新闻而收获宣传之效,常使用新闻报道和新闻评论两种基本形式。新闻宣传与宣传的关系十分紧密。新闻宣传与宣传联系是:新闻宣传包含在广义宣传之中并具备其基本特质,在目的上二者都旨在影响他人的意识和行为,在本质上二者都属于社会传播活动。新闻宣传是指广义宣传中遵循新闻报道规律、体现新闻特质的那一部分。它是通过评述和报道事实而进行的宣传,其基础是对事实的准确报道。新闻宣传与宣传的区别是:新闻宣传又有自身的特点,具有其他宣传形式所不可代替的作用。由于新闻宣传用新近发生的事实说话,因此能够收到比较好的宣传效果。

2.新闻宣传的特点

新闻宣传强调真实性原则,用新闻事实作为报道依据,所进行的报道要完全符合新闻事实的真实情况。新闻宣传要用具有新闻价值的事实"说话",以新闻报道、新闻事实来传播宣传者的主张。新闻宣传要求所报道的事实具有很强的时效性,尤其是事关国计民生的重大信息,对时效性要求更强。

3.新闻宣传引导力

新闻宣传是一定阶级、政党和社会组织实现自身利益的手段,新闻宣传依靠媒体进行,因此有着强大的舆论影响力。所以各个阶级、政党和社会团体都将新闻宣传作为实现自身利益的重要手段。新闻宣传在当代中国是党领导人民实现自身利益的重要方式。新闻宣传作为我国人民实现自身利益的手段,其主要方式是:帮助人民群众了解党和政府大政方针以及客观世界的变化,及时为人民群众提供各种有价值的新闻信息;实行舆论监督,批评和抨击现实生活中的各种丑恶现象,弘扬正气;满足人民群众知情、参政议政等各种需要,为其全面发展提供相应条件;通过报道社会生活中的积极典型,引导社会舆论,发挥其潜移默化的作用。

4.宣传价值要素在新闻报道中的表现

(1)一致性,指新闻报道与一个时期的中心工作相一致。

(2)针对性,指事实对社会现实"针尖对针尖"的涉猎。

(3)普遍性,指事实所包含的思想对广大群众具有普遍教育意义和指导作用。

(4)典型性,指事实可以无可辩驳地说明传播者想要说明的观点。

(5)适宜性,指在合适时机发表以获得尽可能大的宣传效益。

五、新闻与舆论

(一)什么是舆论

舆论作为公众意见(公共意见)是社会评价的一种。《现代汉语词典(第7版)》对舆论的解释是:公众的言论。舆论是社会心理的反映,它以公共利益为基础,以公共事务为指向,并因此具备许多独有的个性。

(二)舆论的特点

1.公开性

舆论在公开讨论中形成,又公开表达以实施干预,它自始至终都是在社会公共领域内产生并发生作用的。

2.公共性

公共性的具体体现是舆论指向的公共性和作用目标的公共性。要吸引公众参与,形成广泛的社会讨论,最终整合形成一致意见,那么这一意见指向的事物必须具备公共性,即利益上对公众而言具有关切性,或者涉及公共利益。

3.急迫性

舆论涉及的都是近在眼前而且迫切需要解决的问题。公众形成舆论的目的就在于让问题解决,使事件的进展能尽量、尽快顺乎公众的共同的意愿,合乎公共利益。

4.广泛性

舆论的广泛性是指舆论存在范围的广泛性和影响范围的广泛性。这种存在和影响的广泛性产生的原因主要在于舆论主体(公众)聚合的随机性以及多元舆论和意见指向的涵盖范围的广阔性。

5.评价性

舆论是一种意见,它不是一般的客观陈述,而是对事物(包括社会人物、事件、问题等)做出的判断,带有明显的主观倾向,即具备评价性。

(三)舆论临界点

一般来讲,在一定的范围内,当38.2%的公众意见一致时,这种意见就有可能影响全局的舆论;当61.8%的公众意见一致时,这种意见就可能控制全局的舆论。所以,38.2%、61.8%是两个必须引起我们高度重视的临界点。舆论的临界点也符合我们常说的黄金比例分割点。所谓黄金比例分割点,指的是把一条线段分割成两部分,使其中一部分与全长之比等于另一部分与这部分之比,这个临界点就在61.8%处,即0.618处。黄金比例分割法被广泛应用于各行各业,比如主持人在舞台站立的最佳位置并不在最中间,而是在0.618处。

(四)新闻价值与公众兴趣

记者对一件新闻事实是否敏感,问题的起点还在于记者对客观事实有没有新闻价值的判断。这种判断关键在于某个客观事实中有没有使公众感兴趣。

公众兴趣和新闻价值有很大的交叉,可以说,能使公众感兴趣的事实都具有新闻价值,具有新闻价值的事实,都应该能使公众感兴趣。

使公众感兴趣的要素有以下方面。一是新鲜。新鲜包括内容的新颖和时间的及时。二是重大。重大指某一事实与人们有密切的利害关系,或发生作用的范围较大,产生的影响深远。三是接近。接近包括空间距离接近和心理距离接近。四是显著。发生在一般地方、一般单位、一般人身上的事不是新闻,发生在著名地点、单位和显赫人物身上的事,可能就是新闻。五是冲突。矛盾冲突激烈的地方往往是众人关注的焦点,都是新闻集中的地方。六是趣味。事实具有情趣和吸引力,人们就会产生兴趣,这符合求乐心理。七是人情味。拨动人们心弦、引起人们情感共鸣的内容,易受人关注。

(五)新闻与舆论的区别

新闻传播是有组织的、自为的,而舆论是无序的、自发的;新闻可以反映舆论,但新闻并不等于舆论;新闻媒介是舆论的工具,可以引导舆论,为政治服务;新闻可以反映记者的见解,也可以反映媒体的倾向,但舆论必须具有群众性,反映大多数人的看法。具体表现为以下方面。

(1)新闻是舆论的工具。新闻媒介与舆论互为依托,新闻媒介因自身的作用介入舆论产生和作用的各个环节。

(2)新闻反映并代表舆论。新闻媒介往往充当公众代言人的角色。

(3)新闻引发舆论。新闻媒介设置议题常常衍生为舆论的源头,即公众关注的公共话题。

(六)新闻舆论

新闻舆论是社会舆论的重要组成部分。通过新闻舆论来引领导向、团结人民、凝心聚力,是党的新闻舆论工作的职责和使命。新闻舆论是通过新闻手段反映公众意见而形成的舆论。它包括舆论主体、舆论客体和舆论表现形式三个基本要素。

(1)公众——新闻舆论的主体。在我国,公众(法律意义上的公民)是新闻舆论的主体部分。宪法规定,任何公民都有权利对国家和社会事务发表意见。

(2)最新事态——新闻舆论的客体。最新事态是新闻舆论的客体部分。而公众对最新事态的关注和议论,既是新闻舆论的特征,也是构成新闻舆论的一个基本要素。

(3)媒体表达——新闻舆论的表达形式。新闻舆论须借助媒体的公开传播才能形成并发挥作用,媒体表达是其基本表现形式。

第二节 发 现

人从动物世界的自发状态发展到人类的自觉状态,主要源自人类实践行为中具有的两大核心能力:发现和创新。那么,何为发现?它有哪些特征?如何做到发现?发现和我们的生活有什么关系?知晓这些重大问题,对了解新闻发现有着重要意义。

一、发现的含义

发现就是经过研究、探索等，看到或找到前人没有看到的事物或规律。发现包含新认识及新创造。阐述、发表、发现，都是人类对于自我的内在、具体性的自然及其整体的认识或再创造。

（一）发现的动词含义

《辞海》对"发现"只作动词解释：本有的事物或规律，经过探索研究才开始知道，如牛顿发现万有引力。

《现代汉语词典（第7版）》对"发现"作动词有两种解释。一是经过研究、探索等，看到或找到前人没有看到或找到的事物和规律，如发现新的基本粒子。二是发觉。

科学家在认识、探索和研究自然现象时就发现了很多自然规律，比如牛顿发现万有引力、爱因斯坦发现相对论、爱迪生发现热电子效应、安德森发现正电子、拉曼发现拉曼效应、屠呦呦发现青蒿素等。

我们常说的"发现新闻"，是指新闻的产生过程。这其中的"发现"也是个动词，是指发现了某个新闻事实，或者发现了某条新闻线索，或者发现了某个新闻角度，或者发现了一种新的新闻表现形式等，都采用的是"发现"的动词性质。

（二）发现的名词含义

《辞海》《现代汉语词典》等都没有对"发现"作名词解释，但实践中，我们确实发现，在很多语言环境中，"发现"一词作名词用。

新闻发现是指新闻的存在状态，比如：这个新闻事实是我的发现；这个新闻线索是我跑了好多地方经过认真思考后得出的发现；本书的表达方式和写作角度是笔者最成功的发现等。

有人说哲学是一种发现。因为哲学是智慧的学问，不就是为了发现吗？包括世界奥秘的发现、时代趋势的发现、社会前进规律的发现、人生大道的发现、自己潜能的发现、人类思维的发现，如此等等，这些发现都很有价值。

很多文学发现就源于对事实的研究和剖析。闻一多1925年5月回到祖国，次年就写下了著名的诗篇《死水》和《发现》。在留学美国之际，闻一多写过很多怀念祖国的诗，他渴望回到祖国。但回到祖国后，他目睹当时军阀混战和腐败风行的国内政治现状，有了和以前完全不同的新的"发现"，于是，"我来了，我喊一声，迸着血泪"："这不是我的中华，不对，不对！"可见他的爱国之心和报国之情，受到了多么沉重的打击和挫折。

关于生活中的"发现"，西安作家董惠安给笔者发来一段他的看法。一是必须胸有成竹（生活经验和知识积累）。比如对中国猿人头骨的发现，是人类学家已经积累了足够的关于人的骨骼进化的知识。二是探索（实践）过程的发现。开门见喜，开卷有益，只要探索就有发现，要积极面对人生。三是"不和谐"中的发现。地震能测出地质结构，落难后方见真情，酒后吐真言，一个人陷入困境后，该人朋友的态度和表现，让这个人突然身无分文后看到的人情世故等，都是不和谐、扭曲裂变中的发现。四是反复、长期、多角度观察后的发现。比如：对同一事物或现象长期跟踪,不断研究后的一系列新发现;对同一事物多角度、多种手段观察后的新发现,如利用DNA技术破获积案等;对某人某事拉开距离,跳出圈子,回头观察,也会有新发现。五是两种以上文化撞击后的发现。很多优秀作品产生于两种以上文化的撞击,如鲁迅留学日本,弃医从文,对"鲁镇"就有很多新发现。六是解放思想产生新的发现。只有思想解放,突破禁区,更上一层楼,登高望远,才会有更多新的意想不到的发现。

在这段不长的微信交流中,他一口气谈了六点自己对发现的认识。我们不难发现,这里他所讲的"发现",其实都是"发现"的名词含义。董惠安是笔者过去在广播电台工作的同事。高考恢复后,1978年他考入西北大学中文系,现在是西安资深媒体人和作家。他思想活跃,善于发现,过去做记者时常常会有出其不意的新闻选题,后来步入作家行列,偶尔也写一些时评类文章,思考的角度也和常人不太一样,经常会有一些新的发现。2021年由笔者策划组织的"陕西省媒体融合发展专家研讨会"在西安翻译学院召开,他作为嘉宾在会上发言,很多观点都颇有新意,这些都是他深入观察认真思考后的新发现,受到与会者的关注。

(三)从发现新闻到新闻发现

我们知道了"发现"是个多义词,就像"新闻"是个多义词一样,这是汉语的特点,很多词都是多义词。这也是很多外国人学习中文感觉比较困难的原因之一。

"发现"可作动词和名词,从动词到名词,其实就完成了发现的过程。这个过程对任何国家、任何社会、任何民族、任何地域、任何行业、任何岗位、任何事情、任何物体、任何现象、任何内容、任何形式、任何人物、任何时代等,都是十分重要的,古今中外,概莫能外。

爱因斯坦曾经说过,发现一个问题比解决一个问题更重要,因为解决一个问题也许只是一个数学上或实验上的技巧问题,而提出新的问题、新的可能性,从新的角度看问题,却需要具有创造性的想象力,而且标志着科学的真正进步。这句话也道出了"发现"的重要性。

和其他行业相比较,新闻传播行业更是如此。没有发现,就没有新闻,这和没有事实,就没有新闻一样。事实是新闻的生命、本源、依据,发现则是新闻传播的前提、条件、可能。从发现新闻到新闻发现,就是在完成新闻的发现环节,就是在实施"发现"由动词向名词的转化过程。这个环节叫发现新闻环节,这个过程叫新闻发现过程,不论你愿不愿意、情不情愿,新闻就在这个过程中有了线索、有了事实、有了呈现的思路和角度,而且随着采访、写作、编辑等环节的实施,新闻发现还会不断深入,继续进行,直到新闻传播终止。

作为名词的新闻发现不只是发现新闻的目的和成果,而且还可以作为一种发现新闻、识别新闻的意识、能力、水平、程度、过程、环节来对待。新闻发现意识是记者在发现新闻过程中具有的一种独特的心理活动。新闻发现意识具有自觉性、主动性、定向性、目的性等特点,有了新闻发现意识,才有发现新闻的行动。具备新闻发现意识重在自觉、独特的观察感受能力和平时的积累。

发现新闻是个动宾词组,动词性质比较明确;而新闻发现则是个主谓词组,名词性质比较明确。严格地讲,二者是有区别的。但是在实践中,人们常常习惯把二者通用。为了叙述方便,也为了不让大家钻进咬文嚼字的胡同里不能自拔,下文我们也将尊重习惯,不再区分它们。

(四)如何做到"发现"

1.发现需要意识

在纷繁复杂的事实当中,如何才能找到需要的事实,首先得有发现的意识。如果整天不思进取,无所作为,就不可能有新的发现。所以,具有发现意识是发现的前提,发现意识的强弱在很大程度上决定发现的成果。就像学生在学校学习一样,首先要解决思想意识和学习动力的问题,这个问题不解决,学习就没有劲头,也当然不会有好的学习成绩。

2.发现需要细心

做任何事情都需要细心,发现是一切工作的基础,是科学研究的核心,从事发现工作的人尤其要细心。

比如,对待客户所提出的任何问题,我们都要仔细去检查、去核实、去分析,不要认为这个问题简单而忽略了其中的细节,寻找问题产生的原因必须按步骤去做,一项一项检查,一项一项核实,一项一项分析,不要想当然犯经验主义错误,也不要投机取巧犯机会主义错误,更不要过于急躁,有时越急躁越发现不了原因,越难以达到目的。需要稳扎稳打,需要平心静气,需要紧盯细节,细节决定成败。

3.发现需要观察

世界从不缺少美的事物,只是缺少发现美的眼睛。牛顿被苹果砸到,发现了万有引力;朱自清晚上乘凉,发现了荷塘月色的美。这些发现都是用眼睛观察得来的。观察是一个科研名词,是一种有目的、有计划、比较持久的知觉活动。世界著名生理学家巴甫洛夫在他的研究院门口的石碑上刻下了"观察,观察,再观察"这样的句子,以此来强调观察的重要性。

我们生活在一个神秘的自然世界里,这里每天都发生着很多不可思议、非常奇妙的事情:光影的变幻、一只毛毛虫的蜕变、光秃秃的小树发芽、五彩缤纷的小花引来各种各样的小昆虫等。不只是自然界,还有纷繁复杂的社会,人和人、国家和国家、民族和民族、阶级和阶级、部门和部门、人类和地球等,都需要我们带着一双慧眼认真观察。即便下班回到家里,或是放学去玩游戏,只要你留意观察,就一定会有新的发现,就一定会有新的收获。

4.发现需要思考

只用眼睛看,记住的是景色,思考过后得到的叫心得。生活中不是缺少阳光,而是缺少发现阳光的心情;不是缺少千里马,而是缺少发现千里马的伯乐。这些都是思考后的发现,都是高级发现。没有经过思考,只靠眼睛和感官,很难发现有深刻价值的东西。思考本身并不重要,重要的是思考的层次,你从哪个层次开始思考,决定着你发现的方向和成果,决定着你的心胸和格局。

5.发现需要方法

要发现问题,首先我们需要搞清楚什么是问题。问题应该具有以下四个特征:①问题是现状与理想状态之间的差距;②问题是需解决的矛盾;③问题是需要关注与思考的困难;④问题是对规范或标准的偏离。

基于问题的特征,我们可以将问题分为以下两类:一是发生型问题,二是设定型问题。针对不同类型的问题,这里给大家介绍几种发现问题的具体方法。

(1)易答提问法(建议适用范围:发生型问题)。要想取得正确的情报,了解发生的问题,必须有效运用便于让对方回答的提问方法。

(2)头脑风暴法(建议适用范围:设定型问题)。头脑风暴法是互相启迪思想、激发创造思维的有效方法。它能最大限度地发挥每个参加者的创造力,提供解决问题的更多、更佳的方法。头脑风暴法的操作步骤如下。

首先,准备选定议题,选定参加者,确定会议时间和场所,准备用于记录的工具,布置会场(安排座位,以"U"形为佳)。

其次,会议开始前,会议主持人向参加者介绍方法及应注意的问题,然后由与会人员发表看法。记录员记录参加者所激发出的灵感。

再次,进行跟进,即将会议记录整理、分类后展示给参加者,从效果、可行性两个方面评价各种方案,最终选择最合适的方案。

(3)核对项目法(建议适用范围:项目控制、技术更改、零件筹措)。核对项目法就是事先列出核对清单或一览表,然后对照其所要求的项目,一一检查核对,从中发现问题。此方法简捷明快,容易掌握和实施。其困难的部分是清单设计的准确性,但一旦设计完成,就可以延用很长一段时间。

二、发现的特征

(一)发现是一种客观存在

一般来讲,被发现的东西其实在发现以前就已经存在了。比如,哥伦布发现新大陆是在1492年,在此之前,欧洲人并不知道世界上还有个美洲大陆,美利坚合众国建国的历史只有200多年而已,但实际上美洲大陆早就已经存在了,几万年前印第安人就已经在这里生活了。所以,严格意义上说,最早发现美洲大陆的并不是哥伦布,印第安人也是人,他们可能是最早的发现者。即便如此,在印第安人来之前,美洲大陆也早已存在了。当然,哥伦布发现新大陆这个例子可能比较极端,但事实上,它却道出了发现的一个共性,即发现是一种客观存在。

当然,我们这里所说的发现,是指发现成果,而不是指发现本身。发现本身是一种实践行为,是一种探索、观察和研究的过程,属于脑力劳动,但也有体力劳动的成分。发现成果一般都是先于发现而客观存在的,那为什么之前没有被发现?主要是因为技术条件、科学手段、人类认知等原因,没有被发现不等于不存在。

(二)发现是一种新的认识

发现是一种认识,而且是一种新的认识,这其实也是指发现的成果。有了新的认识,才有发现,没有新的认识,就不会有发现。发现成果往往既是一种客观存在,又是一种新的认识,这么说似乎有些矛盾,但其实是一个主客观的统一体。有的发现可能客观存在成分多一些,比如哥伦布发现美洲大陆;而有的发现,赋予新的认识比较明显,比如马克思的剩余价值理论。新大陆是看得见、摸得着的实物,但也有哥伦布一系列新的认识;剩余价值理论属于一种全新的认识、全新的推理,但它依据的是实实在在的资本主义社会资本家剥削工人这一社会现实。

既然发现是一种新的认识,那么发现就应该有主体和客体。发现的主体就是发现者本人或是团队,发现的客体则是研究对象,它和发现的成果不完全等同。

比如,马克思发现剩余价值,主体就是马克思,客体就是资本主义社会,中间物包括下工厂调查、创办报刊、分析研究、成立工会、街头演说等,而成果则是剩余价值理论。再比如,哥伦布发现新大陆,主体就是哥伦布,客体就是新大陆,中间物就是轮船、航海图、地理知识等。我们喜欢用这两个例子来说明发现的特点,是因为这两个例子比较典型,广为人知,且通俗易懂。

马克思主义者认为,认识的本质是在实践基础上,主体对客体的能动反映。马克思主义者把科学的实践观、"合理形态"的辩证法引入认识论,不仅驳倒了唯心主义先验论和不可知主义怀疑论,而且克服了旧唯物主义直观反映论的缺陷,创立了能动的反映论。

这种能动的反映具有两个方面的特点。

首先,反映具有摹写性。所谓反映的摹写性,是指人的认识作为对客观事物的反映,必然要以客观事物为原型。它总是力图在思维中再现客观事物的状态、属性、关系、本质和规律,并由此实现对客观事物的观念的重建或再造。

其次,反映具有创造性。在反映过程中,不仅有人对对象信息的接收,而且还有人对对象信息的分析、选择、运算、重组和建构。正因为如此,所以人不仅能够反映事物的现象,而且还能反映事物的内在本质和规律;不仅能够反映事物的现在,而且还能反映事物的过去和将来;不仅能够反映现实中的事物,而且还能反映现实中并不存在、按照客观世界的发展过程也永远不会出现的事物。创造性从根本上把人的反映与动物的感觉和心理活动区别开来,它是反映能动性的基本标志。

因此,发现能动地、具有创造性地反映了客观存在,发现是主客观综合效应的结果。有时候发现的主体、客体会一致,比如,我发现我最近身体有些不舒服,这里,发现的主客体都是我。

(三)发现是一种探索和创新

人从动物世界的自发状态发展到人类世界的自觉状态,人类实践行为中具有的发现及创新两大核心能力起着关键作用。在这里,把发现和创新看作两种并列的能力,这是狭义理解上的发现。事实上,发现也是一种创新,没有创新精神,没有探索精神,没有开拓精神,就不可能有新的发现。虽然发现的都是已经存在的东西,但是,用创新的方法,赋予新的认识,是发现的前提和基础。所有的发现,都需要打破常规,不走老路。当然,不可否认,很多发现都是在前人的基础上继承过来的,但仅有继承,没有发展,没有突破,没有创新,那就不是发现。探索也好,继承也好,研究也好,最关键的是要有创新精神。只有创新,才会看到别人看不到的东西;只有探索,才能找到别人找不到的东西。发现中有创新,创新中有发现,发现和创新相辅相成。

发现是一项开拓性、探测性、创新性很强的工作,发现的路上,布满了荆棘,发现的成果不可预测。发现需要付出艰辛的劳动,包括汗水、心血,甚至生命。发现的过程长短不一,有的发现经过了几百年甚至几千年,而有的发现可能短到几乎和事实同步出现。发现的手段千变万化,比如,科学家通过天文望远镜发现新的行星,中国共产党通过几十年浴血奋战才找到了正确的革命道路,这其中有多少人为此付出了毕生的智慧、心血和生命!

发现一般都是首创,或者在一定的范围内是首创。有时候,有人可能倾其一生也没有任何发现成果,这些都很正常,因为发现本身就是一项探测性很强的工作。你没成功,也许后人吸取你的经验和教训后就会成功,所以,很多发现常常具有前仆后继的特点。

知识属于被人类领悟、发现和推导出来的思维结晶。它可分为经验知识、博物知识和科学知识三大类。经验知识是指被人类领悟出来的、以较大概率发生的规律,例如钻木可以取火、熟食有助消化、冬寒夏热、春种秋收等。博物知识是指被人类观察到存在及其发生的规律,例如动植物谱系和地形地理等。科学知识是指被人类发现、创新和推导出来的描述客观世界的具有一定普适性的理论。所以,在各类知识中,尤其是对于科学知识,没有创新和发现,是难以获取的。

(四)发现存在于各个领域

发现存在于各行各业、各个领域,发现型人才和创新型人才是世界各国竞争关注的重点。不同的行业、不同的领域对发现型人才的要求也不一样,呈现出来的发现特征也不尽相同。这里我们简单地介绍一下科学发现和艺术发现。

1. 科学发现

科学发现一般是指利用科研手段和装备,为了认识客观事物的内在本质和运动规律而进行的调查研究、实验、试制等一系列活动,以为创造发明新产品和新技术提供理论依据。科学发现的基本任务就是探索、认识未知,它一般具有以下四个特点。一是探索性。科学发现就是不断探索,把未知变为已知,把知之较少变为知之较多的过程。这一特点决定了科研过程及其成果的不确定性,要求科研的组织计划具有一定的灵活性。二是创造性。科学发现就是把原来没有的东西创造出来,没有创造性就不能成为科学研究。这一特点要求科研人员具有创造力和创造精神。三是继承性。科学发现的创造是在前人成果基础上的创造,是在继承中实现的。这一特点决定了科研人员只有掌握了一定的科学知识,才有资格和可能进行科学研究。四是连续性。科学研究是一项长期性的活动,必须连续不断地进行。这一特点决定了在科研组织管理中,要给科研人员提供充分的条件,这样才能获得一定的成果。

2. 艺术发现

艺术发现是在观察、探索、研究的基础上的一种发现,艺术发现的魅力在于发现者赋予发现对象新的认知和情感。它的特征主要表现在以下方面。

一是重在想象和领悟。艺术发现是作者心灵的蓦然领悟。将要进行写作时,作者的整个心思都放在相关的事物上,经过一番思索,突然发现了事物身上别具意味的东西。这种领悟是在作者长久凝视相关事物后的深刻的心得体会,此时他的内心深处往往会涌起一种发现"新大陆"般的喜悦之情。

二是艺术发现是作者独特眼光和非凡观察力的结合,体现了潜意识的心理内容。有人把智慧分为"可以言说"与"不可言说"两种类型,而心理分析学家更是对潜意识的重要性,甚至是决定性的作用深信不疑。艺术发现能够表现出来的只是发现结果,它极具个体特征,可以说是作者深刻观察事物独特性的外化。

三是艺术发现是外在事物的特点与个人内心体验的契合。文学家之所以能够写出感人至深的作品,并不是因为他看到的事物与一般人所见的不同,而是由于他们观察事物时的心情与一般人不同,看事物的眼光不同。个人的独特的审美体验与所见之物更容易交融在一起,容易与事物产生共鸣,使外在事物"皆着我之色彩"。

四是艺术发现不是改变原事物的特点,而是赋予原事物一种新的内涵。这种新内涵往往是对原事物一般特征的升华,是作者审美眼光和审美体验在相关事物身上的凝固。比如,竹子不过是一种常见的植物而已,但郑板桥却审视它"我自不开花,免撩蜂与蝶"的特点,赋予了竹子高洁、不媚俗的品格。竹子本身并没有发生什么改变,但是经过郑板桥的艺术发现,它却多了一种新的内涵。

三、发现的意义

发现是眼角眉梢机灵的闪动,发现是进入新天地的号角,发现是驶向彼岸的扬帆,发现是开启智慧的钥匙。善于发现是科学研究者和新闻记者的基本素养,是破解难题的必经之路,是完善自我的最好方法之一。

(一)发现会填补以前研究的空白

很多发现会填补以前研究的空白,这是发现的一个重大意义。在这方面,考古发现的例子更多,很多人不理解考古工作,甚至错误地认为考古就是另外一种方式的盗墓,其实非也。我们现在很多历史文献资料都是通过考古工作汇集起来的,如果没有这些考古发现,我们将无法了解更多的历史。就是当前,依然还有很多秘密尘封在墓穴里。

比如,在广东出土的一个帝王墓,考古工作者发现墓中的物件、文献填补了我国许多历史空白。

陕西是文物大省,每年都有很多考古发现。在陕西历史博物馆,珍藏着一枚造型生动的鎏金铜蚕。这枚精致的鎏金铜蚕是中国首次发现,仅此一件,它的出土证明了陕西石泉人民早在2000多年前的汉代就开始养蚕,同时也体现了丝绸在古代中西方贸易中的重要地位,见证了古丝绸之路的辉煌历史。这枚金属蚕是1984年12月的一天,家住陕西安康的一位农民无意间发现的,后经北京的考古专家鉴定,这是一枚中国汉朝时期的鎏金铜蚕,弥足珍贵,属于国家一级文物。这位农民无意间发现的鎏金铜蚕,竟填补了我国考古史上的一段空白。

在3.58亿年前的泥盆纪晚期大灭绝事件后,早期四足动物(即最早的四足脊椎动物)迅速分化为两大类群,即两栖动物的祖先,以及爬行动物、鸟类和哺乳动物的祖先。在《自然、生态与进化》杂志中2016年发表的一项新研究描述了一具发掘自苏格兰的化石,这具化石填补了四足动物化石记录中2500万年的空白。这一时期正是四足动物演化的一个关键阶段,但人们对此所知甚少。经过鉴定,其中两个物种是早期两栖动物,另外三个是亲缘关系更远的早期四足动物,这表明两栖动物和羊膜动物(爬行动物、鸟类和哺乳动物)间的分野相对较早。研究者还利用木炭化石研究了这一时期的氧气水平,驳斥了当时大气含氧量出现下降的观点。研究者认为,这些四足动物很可能是在有着充分植被的地面上生活的,后来这些地方又被水淹没了。研究者提出,填补化石记录的空缺增进了人类对四足动物演化初期关键阶段的认识,表明物种数量和多样性早已开始增加,而没有受到低氧环境的限制。

(二)发现会打开新的研究领域

很多发现让我们眼前一亮,从此便打开了新的研究领域,例如,对原初引力波的发现,打开了观察宇宙的一项新窗口。

每一次人类社会的重大技术变革都会导致新领域的科学革命,大航海时代使人类看到了生物的多样性和孤立生态系统对生物的影响。无论是达尔文,还是华莱士都曾跟随远航的船队,推动他们发现生物的进化现象。工业革命使人类无论在力量的使用上,还是在观察能力上都获得极大的提高,这为此后100年开始的物理学大突破,奠定了技术基础。

事实上,打开新的研究领域,不只针对自然科学,人文社会科学也常常因为一个观点的提出,或者一个理论的形成,产生新的研究领域。

(三)发现会指导人们新的生活

科学发现的目的就是不断揭示自然界和人类社会运行的规律,推动人类社会不断进步和发展,最明显的就是可以改变我们的生活状况。比如,电的出现、火车的更新换代、汽车的普及等,都改变了生活。再比如,鲁迅发现解救中国人的最好方法不是学医,而是用文学作品来唤醒人们的心灵。他的作品指导人民冲破黑暗,走向光明。又比如,文字没有出现之前,人类只知道用口语传播,后来有了文字,人类知道了用文字传播;再后来有了造纸术和印刷术,人类开始使用报刊作为传播介质;到了20世纪20年代,广播、电视开始进入人类的视野;如今,随着网络技术、数字技术的日新月异,人类已经处在一个全媒体时代。

现在的生活和20年前相比,已经有很大的不同。以前人们买东西都去商店,现在很多人坐在家里用手机下单,东西就送上门了,吃的、用的、玩的,应有尽有。就是上街购物,出门坐地铁,去医院看病,给孩子交学费等,也不用带现金,手机一扫,全解决了。想想这些新生活,哪个不来自发现?

(四)发现会改变以前的认知

发现也常常会改变我们以前的认知,人类社会就是在不断的发现中发展的。比如,人类原来一直认为,我们所处的环境是"天圆地方",直到后来有了天文学的新发现,人类才改变了这种印记在脑海中数百年的"天圆地方"之认知。

教育部、科技部等多部门2019年联合启动"六卓越一拔尖"计划,提出了新工科、新医科、新农科、新文科等一系列概念。这些概念的共同特点是"新"。而所谓"新",在本质上是科学技术新成果、新发现以及随之而来的新观念、新思想在学科建设和教育实践中的体现。

换言之,新科技的内涵是这些以"新"为名的学科最基本的特征。比如,"新工科"是在第四次工业革命的背景下人才培养的战略应对;而"新文科"则要致力于推动哲学社会科学与新科技交叉融合。从这个意义上说,新学科的出现是一场新科技推动下的学科创新与教育革命,它改变了我们以前对学科界限的认知。

四、发现和发明的区别与联系

世界上有两样东西往往会让人耳目一新、茅塞顿开,这就是发现和发明。

就发现本身而言,它的字面意思是第一次看到或认识到,是指人类对于自我的内在、具体性的自然及其整体的认识或再认识。发现也包括人们对固有而习以为常的错误认知或理论,进行有理有据的辩驳或考证所能得出的全新认知。

就发明本身而言,它的字面意思是创造出新的事物或方法,核心是创新能力。科技发明是指应用自然规律解决技术领域中特有问题而提出创新性方案、措施的过程和成果。发明的成果或是提供前所未有的人工自然物模型,或是提供加工制作的新工艺、新方法。

发现和发明的区别与联系主要表现在以下五个方面。

(1)发现是人们认识探寻自然界和社会发展规律的活动,发明是人们利用发现的成果对自然界进行改造的活动。

(2)发现的对象在发现前就已经存在,不因人们是否发现而改变其状态;而发明的对象是人类创造出来的,是发明以前从来没有过的。

(3)发现是已有的东西被看到、找到、认识到、探索到、证明到,而发明则是把没有的东西创造出来。

(4)发现是人类对于自我的内在、具体性的自然及其整体的认识或再创造,发明是应用自然规律解决技术领域里特有问题而提出创新性方案、措施的过程和成果。

(5)发现是发明的基础,发明又能促进发现,两者互为依托,紧密联系,一起推动科学技术进步和人类社会发展。

第三节　新闻与发现的关系

我们已经知道了什么是新闻,也知道了什么是发现,接下来我们探讨新闻与发现的关系。虽然各行各业都存在发现,但发现对于科学研究和新闻传播而言尤其重要。事实证明,新闻和发现有着紧密的联系,没有发现,就没有新闻,新闻传播的核心是发现,发现性劳动的核心则是创新。

一、新闻都是发现出来的

(一)新闻传播的过程充满发现

从某种意义上说,世界及其一切事物和现象都是发现并传播出来的;新闻传播的过程实质上就是不断发现的过程;无论采访、写作,还是编辑、排版等,其本质都是发现性劳动。

不同形式的媒体传播的过程不完全一样,比如:报纸新闻的传播过程一般为发现、采访、写作、编辑、排版、印刷、发行等;广播新闻的传播过程一般为发现、采访(含录音)、写作、编辑、播音、制作、播放等;电视新闻的传播过程一般为发现、采访(含拍摄)、写作、编辑、播音、制作(含剪辑、合成)、播放等。电视新闻的传播过程比较复杂,有时候采访与写作融为一体,有时候

027 | 第一章 新闻与发现

编辑与制作融为一体,有时候是录播,有时候是直播,直播时播音(含主持)和播放同步进行。网络新闻以前多以复制新闻为主,也有少部分是自产新闻,自从媒体融合以来,传统媒体的记者采写的稿件往往首先在网络上发表,于是自产新闻就多了起来,其过程也不尽一样。文字新闻的发布要比视频新闻、音频新闻简单一些,过程分别与报纸、电视、广播类似,复制新闻要比自产新闻简单一些。

媒体深度融合后,情况就不同了,新闻集团里出现了"中央厨房",作品形式中出现了融合新闻。融合新闻相对复杂,新闻主要由程序员、设计师制作,制作好以后,根据内容在不同媒体进行发布。

无论哪一种媒体(不含一些简单的自媒体),一般都少不了发现、采访、写作和编辑这四大环节,发现不仅出现在首要环节,而且其他各个环节都会或多或少带有发现的因素和成分。比如在采访、写作、编辑、审稿等环节,都常常会有新的发现,即便是在组稿、排版、播音、主持等环节,也常常会有新的发现,比如觉得某稿件这样处理会更合适等,甚至在校对、印刷、播放等环节,也不乏新的发现。

发现作为一个传播环节,它位于整个传播过程的首端和基础位置。发现作为一个现象和因素,它贯穿于传播过程的各个环节中。发现是一项创造性工作。所有新闻工作者在各自的工作中要敢于创新,善于创新,敢于发现,善于发现,高质量完成本职工作。

(二)新闻传播规律的核心是发现

新闻传播有自身的规律,不同的人从不同的角度研究和探索,会发现不同的规律。彭菊华教授总结新闻传播有"三律"。

一是新闻报道生成律。新闻的本源是客观事实,新闻是对当前社会生活的反映,但在现实中,很多真正的新闻具有隐蔽性,并没有被贴上新闻的标签,这就决定了抓新闻就像探矿一样,需要进行一番"识货"性的劳动。没有这个劳动,新闻就难以生成。

二是新闻传播创新律。新闻不能重复,重复绝非新闻。报道新闻要时时新、处处新、事事新,不能抄袭。避免重复就需要创新,而创新的关键在于发现,没有发现就不能创新,就没有新闻。

三是新闻事业竞争律。媒体之间的竞争非常激烈,这种竞争,本质上就是发现性竞争,要想在竞争中取胜,必须技高一筹进行"发现",在竞争中发现,在发现中竞争。

上述三个规律,核心要素都是发现。第一个规律其实就是上文我们说的新闻传播的发现环节,这个环节是新闻传播的核心环节,也是核心规律。第二个规律其实也是上文我们所说的内容,即发现存在于新闻传播的各个环节和整个过程中,新闻需要创新和发现,创新和发现是我们人类社会发展和进步的两个核心能力。第三个规律说的是竞争,这个问题下文我们还将重点讨论。

二、没有发现就没有新闻

(一)没有发现,事实不会自动成新闻

如何在一般事实中发现新闻事实?这是每一个记者必须首先面对的问题。我们每天都要面对数不清的纷繁复杂的各式各样的事实。对于这些事实一般人可以不去理会,或者可以熟

视无睹,但作为记者,却必须用新闻价值和宣传价值等标准去衡量,把新闻事实从一般事实中分离出来,这是记者的职责所在,也是记者的使命所在。如果没有发现,这些具有新闻价值的事实不会自动成为新闻。

新闻记者一旦发现新闻线索,就必须去了解核实,进而得到新闻事实。记者的发现,也不是就此止步,还要根据发现的新闻事实去选择适合的呈现方式、新闻角度、新闻主题、表达技巧等。这些都属于发现,都是创造性劳动。

(二)没有发现,也就没有了创新

前文说过,发现和创新是人类社会前进的两大核心能力。事实上,发现和创新是紧密联系在一起的,发现需要创新,创新中会有发现。发现作为某种成果,无论大小,都具备突出的创新性和不可重复性,其核心表征都指向未知,都呈现出"新"。

从原始社会开始,人类就不断地发现世界、认识世界、改造世界。人们发现钻木可以取火,于是就有了吃熟食的习惯;后来到了阶级社会,各种矛盾不断出现,人们发现了好多斗争的方式,于是,就有了国家,有了战争;随着发现越来越多,人们发明了很多有用的东西,开创了很多研究的领域,比如地理、历史、物理、化学、音乐、美术、文学、新闻等。

三、发现不一定都是新闻

新闻离不开发现,但发现却可以离开新闻。发现一开始几乎都是新闻,但后来,事实越来越多,真正的新闻也就成了事实的一小部分。

现在的世界,五彩缤纷,各行各业、各个领域,每天都有发现。很多发现,也不值得去报道。对受众而言,更没有精力和时间去关注那么多大大小小的发现和事实,所以,新闻就成了发现中的一小部分。

思考与训练

1. 分析陆定一和范长江给新闻下的定义的优缺点。
2. 举例说明发现和发明的区别和联系。
3. 谈谈你对新闻与发现二者关系的理解。
4. 怎样认识从"发现新闻"到"新闻发现"?
5. 通过对新闻的分析,试着给"新闻"下一个定义。

针对本教材,作者已经录制了配套的在线课程视频,以上是关于本章内容的视频二维码。

第二章 新闻发现的意义

本章重点难点：①新闻发现的含义；②新闻发现的特征；③新闻发现的条件；④一般事实与新闻事实。

新闻发现不仅是新闻生产的首要环节，而且还贯穿于整个新闻生产的全过程。新闻发现在新闻传播活动中作用巨大：它不仅解决记者写什么的问题，而且还解决记者怎么写的问题；它不仅让新闻事实从一般事实中分离出来，而且还会让新闻观点从一般观点中脱颖而出；它不仅是衡量优秀记者的第一标准，而且也会让编辑从"幕后"走向"台前"。在全媒体时代，新闻媒体间的竞争日趋激烈，而新闻发现则是媒体在竞争中获胜的最大法宝。

第一节 新闻发现的含义、特征和条件

新闻传播从新闻发现开始，有了新闻发现，就解决了记者"巧妇难为无米之炊"的问题，也让新闻传播得以继续进行。但进行新闻发现需要政治敏感，需要了解民情，需要事实发生，需要新闻发现力，还需要有传播新闻的途径等。新闻发现是一种创造性劳动，其成果具有时效性、集体性和非原创性。发现新闻的实质就是发现事实的新闻价值，就是寻找受众的共同兴趣。

一、新闻发现的含义

新闻发现是指发现具有新闻价值的事实及其呈现的最佳方式，即新闻工作者对事实信息的传播价值和表达方式先于他人的正确理解、估价和认识，并依据这些理解、估价和认识，进而在一般事实信息中选择、解读出新闻事实及其适合的表达方式。

新闻发现不仅是新闻生产的首要环节，也贯穿于整个新闻生产的全过程。新闻发现是客观事实转化为新闻报道的关键环节。缺少了这一环节，客观事实无论具有多么突出的传播价值，都不可能变成新闻。

新华社原社长郭超人先生有次在一所大学讲课，学生给他一张调查表，让他用最简单的语言回答，什么人不能当记者，什么人能当记者，什么人能当好记者，他想了想回答道："多数人能够想到、能够做到，你却想不到也做不到，你不能当记者；多数人能想到、能做到，你也能想到、能做到，你可以当记者，但那只是个一般记者；只有多数人想不到、做不到，而你却能想到、能做到，你才能当个好记者。"

他的回答很精辟。他这里所说的"想到"，其实就指的是新闻发现。我们把他的原话稍微改动一下就成了衡量记者是否优秀的标准：别人没有发现，你发现了，你就是个优秀的记者；别

人发现了,你也发现了,你就是个一般记者;别人发现了,而你却没有发现,你就是个不合格的记者。当然,这是针对同等情况下而言的,新闻发现也不是衡量新闻记者是否优秀的唯一标准。衡量记者是否优秀的标准除新闻发现以外,还有新闻采访、新闻写作等。

实践中,一个人如果没有新闻发现的能力,或新闻发现的能力不强,即使他的采写能力再强,也不可能成为一个优秀的记者;但是,如果一个人的新闻发现能力很强,即使他的新闻采写能力一般,他也有可能成为一个优秀的记者。换句话说,要想成为一个优秀的记者,就必须提高自己的新闻发现力。

二、新闻发现的特征

(一)对政治须敏感

新闻发现的过程就是记者对事实进行政治考量的过程。

根据马克思主义新闻观,要坚持"政治家办报"。政治家办报是无产阶级党报的办报方针。我们提倡政治家办报,就是说记者必须关心政治,从政治的角度透析事实,发现新闻价值。新时代意识形态领域斗争依然复杂,要求我们深刻认清西方国家新闻观的本质,更加坚定地坚持政治家办报思想。

西方国家标榜的"新闻独立""新闻自由"是具有迷惑性、欺骗性的。因为西方国家新闻媒体的阶级性决定了其必然为资产阶级服务,其宣扬的"新闻自由"是欺骗民众和对社会主义国家进行意识形态渗透的口号和工具。在工作中,新闻工作者需要坚定自己的马克思主义新闻观,也要注意西方国家新闻理论中的片面和缺陷,警惕其对我国新闻行业的影响和渗透。

对新闻记者来说,新闻敏感是必须具备的素质,它是一种职业敏感,是记者发现、鉴别有价值新闻的能力。有了这种能力,记者就可以从一般的事实中发现和鉴别出新闻事实。而政治敏感是新闻敏感的核心,其主要表现在对于党的路线、方针、政策和全局的认识和掌握上,它是记者对社会形势敏锐的观察能力、对客观事物的新闻价值的判断能力,以及对报道对象准确而迅速的反应能力的综合体现。政治敏感决定新闻敏感,新闻敏感是政治敏感的反映。我国的报纸、广播、电视等,都是党和人民的喉舌,因此,在一切新闻活动中,新闻工作者要坚定自己的政治立场,永远为党和人民发声。

新闻工作者要增强自己的政治敏感性,必须有政治头脑,及时掌握中央的大政方针和所在地党委、政府的工作部署,然后去寻找具有宣传价值的新闻事实。

比如,我们党在改革开放之初,鼓励带头致富,这是 20 世纪 80 年代初我党的新政策,于是,记者就要找带头致富这方面的典型去报道;而四十多年过去了,情况有了新变化,倡导共同富裕,在这种新的情况下,记者就要去寻找共同致富的典型。

(二)成果非原创

新闻发现和科学发现相比,科学发现往往具有原创性,而新闻发现则没有原创性。

比如,2022 年 9 月 9 日,新华网报道了中国科学家将在月球上发现的新矿物命名为"嫦娥石"。该矿物是人类在月球上发现的第六种新矿物,我国成为继美国、苏联后,世界上第三个在月球上发现新矿物的国家。这条新闻是记者在国家航天局、国家原子能机构联合召开的新闻发布会上发现的新闻。嫦娥石是中国科学家发现的,发现的原创权归中国科学家,而不归发现并报道这条新闻的记者。

又比如,《光明日报》获 2017 年中国新闻奖一等奖的新闻《1445 种全新病毒科被发现》也不享有科学发现的原创性,科学发现原创权归科学家,但它却是一篇很好的独家新闻。

记者金振娅在中国疾病预防控制中心米访时获悉,该中心传染病研究所研究员张永振科研团队在病毒起源和进化的研究中取得重大突破,发现了 1445 种全新的病毒科,并从遗传进化的角度揭示了 RNA 病毒发生和进化的基本规律。这项突破不仅改变了科学界对病毒学的传统认知,也为认识生命的起源进化提供了新的基础。国际顶尖科学杂志《自然》鉴于该研究成果的重大生物学意义,将为此专门召开新闻发布会向全球介绍这一重大科研成果。

记者得知这一情况后及时和报社科技部值班主任以及总编室教科版编辑联系,沟通采写角度和内容,采访张永振教授及其团队,并于当晚赶写出稿件,在全球首发了这条新闻。

其实,就发现本身而言,严格地说,科学家的发现也没有原创性,因为发现和发明不同,发现的事实早已存在。尽管如此,如果没有科学家的发现,人们可能永远不知道被发现者的存在,所以,世界通行的做法是,科学家的发现是享有原创权的,比如屠呦呦发现了青蒿素可以有效治疗疟疾。青蒿素能治疗疟疾这个事实其实早都存在,只是没有人发现而已,屠呦呦发现了,不仅具有原创权,而且还因此获得了诺贝尔生理学或医学奖。

不只是科学家的发现非原创,记者的所有发现也非原创。我们知道,新闻是新近发生的事实的报道。事实是第一性,新闻是第二性,事实是新闻的基础、依据和本源,新闻是事实的反映、叙述和报道,先有事实,后有新闻,记者对事实的发现永远在事实的后边,不可能在事实的前边。因此,新闻发现的所有成果都没有原创性。但是,国家规定,如果记者把发现的新闻事实用通讯、报告文学等式样先报道出来,那么记者是享有著作权的,这不是确认记者的发现具有原创性,而是从著作权的角度来肯定记者的劳动成果。同样的新闻发现,如果记者用消息写出来,就不享有著作权。

(三)无中会生有

科学家、警察、医生、教师、工人、农民、考古工作者等职业的发现成果有就有,没有就没有,一目了然。但新闻发现不同,常常认可没有成果的发现,即无中生有,没发现也可能就是另外一种发现。

比如,《人民日报》原总编辑范敬宜先生采写的《夜无电话声,早无堵门人,两家子公社干部睡上了安稳觉》就是在无中生有中发现的新闻。据范敬宜回忆,那一年他带着两个年轻记者去辽宁康平县两家子公社采访。过去,范敬宜到这个公社去采访,上访的群众很多,所以,出发前范敬宜告诉年轻记者,做好接待群众来访的准备。可是到公社后,情况并不是他们想象的那样,他们在公社办公室一连住了两天未碰到一位群众"上访",未发现一条新闻线索,两个年轻记者感到很失望。到了第三天睡觉起来，范敬宜灵感一来，对陪同的宣传干事说："我可发现大新闻了，你看这三天，我们接过一个电话没有？有一个来上访的没有？一个也没有，这就是大新闻。"显然，这是典型的无中生有新闻，是没有发现成果的发现。其发现力，除来自具有"大局"意识外，还有就是来自范敬宜对农村过去情况的深入了解。范敬宜说："我知道，像这样的贫困公社，在过去晚上电话很忙，不是搞形式主义，催进度、要报表，就是上访、吵架。越穷的地方，群众越爱告状，越容易出问题，邻里之间为了一个鸡蛋也会打起来。"他找到公社前任秘书进一步证实：以前在办公室根本睡不了觉，电话不断，老百姓一大早就来"堵被窝"，哪能像现在这样睡得安安稳稳。承包以后，老百姓日子好过了，事情就少了。这篇从无中生有中发现的新闻从一个侧面反映这个公社出现的新面貌和干群关系的新变化。年轻记者看完范敬宜写的消息后才恍然大悟，赞叹不已。这个例子告诉我们，同样的新闻事实，在不同记者的面前，有的人熟视无睹、麻木不仁，而有的人会极其敏感，抓到"大鱼"，区别在于新闻发现。

类似的例子很多，新华社的《海湾尚无战事》，《妇女之声》的《分歧意见尚未完全消除，一些抢新闻的记者扑空》等，都是记者奔着一个目标去的，结果没有发现目标，一般的记者就会空手而归，但高明的记者却打破习惯思维，没有发现就是最好的发现。于是，便写出了人们意想不到的好新闻。这其实就是马克思主义的辩证法，好中有坏，坏中有好，只要在一定的条件下，矛盾对立的双方就可以互相转换。新闻记者常常会遇到各种各样的矛盾，但只要吃透"两头"，即便没有发现，换个角度去想，也许就是最好的发现。这里，"没发现"在记者的思维条件下，就转换成"发现了"。

（四）强调时效性

和科学家、文学家的发现相比，新闻记者的发现往往是"易碎品"，时效性非常强，必须抓紧时间报道出去，否则很可能就一文不值了。"今天的消息是金子，昨天的消息是银子，前天的消息是垃圾。"这是传统媒体统领天下时人们常说的一句话，新闻是按"天"来计算的。如今是全媒体时代，网络和新媒体新闻具有即时性特点，新闻是以小时、分钟甚至秒来计算的，如果发现了新闻信号，就必须快速采访、快速写作、快速传播，时间耽误不得，如果犹犹豫豫，别的记者、别的媒体，就有可能报道了，新闻自然就成了旧闻。即便是别的媒体没有报道，也有可能新闻事实发生了变化，失去了新闻价值，原来的新闻事实顷刻间却变成了没有任何新闻价值的一般事实了。

新闻姓"新"，不新就不是新闻了。这方面的例子也很多。比如，笔者在广播电台工作时，有一次去采访水灾，发现有一个舍己救人的典型，但当时天已黑，自己也有些累，就决定先回去休息，第二天早晨再去采访。可是到了第二天，别的报纸已经报道出来了，而且是头版头条，自己后悔莫及。后来才知道，报纸上刊登的稿子是那位记者一夜没有休息的结果，他发现的时间并不早，但他一发现立即采访，采访完毕，立即写作，同时打电话给夜班编辑汇报留版面，编辑问清情况后立即和总编商量，决定把头版头条位置留了下来，赶到 24 时截稿前，记者的稿子已经发到编辑部了。因为笔者发现后不及时采访，让快新闻变成了慢新闻。这件事情对笔者触动很深，因为新闻刊登后，编辑部主任批评了记者，并且预言这篇新闻会产生重大社会影响，后来果然如此。从那以后，笔者就吸取教训，几十年来再也没有犯过类似的错误。

新闻具有真实、新鲜、重要等特点，在重要性被确定之后，真实和新鲜往往就成了一对矛盾，真实性要求事实完全准确，尤其是"五个 W"必须清楚，可等搞清楚了，可能为时已晚。所以，正确的做法是，发现新闻后，新闻要素不必全搞清楚后再发稿，而应该是连续报道，逐步展现新闻要素。后边的报道有时也可以修正之前不准确的报道。

由此可见，新闻发现确实和其他发现不一样，其他发现也讲时效性，但它们都没有新闻发现时效性强。比如考古发现、自然科学发现、司法发现等，一般都无须特别抢时间，而是需要平心静气去研究、去探索、去发现、去验证。

（五）集体献智慧

新闻发现主要靠记者，但往往编辑、审稿人员也很重要，他们不仅配合记者完成发现，也可以在记者发现的基础上再度发现，或是否定记者的发现重新发现。靠记者一个人的智慧很难完成所有的发现。这和我们在前文所谈的记者的工作具有独立性并不矛盾，独立性是记者工作的特点，共同性是作品传播的特点。

记者发现新闻事实，事实在前，发现在后。事实发生以后，记者如何发现，也不只靠记者的个人能力，通讯员和各行各业的受众为记者提供的新闻线索至关重要，记者的生活圈、朋友圈、工作圈、同学圈等，都有可能为记者提供有价值的新闻线索。有些线索也许是随便聊天聊出来的，但没有其他人，靠记者孤独一人很难发现具有价值的新闻。

记者平时在发现新闻之前，需要做各种准备工作，包括政策储备和民情收集，这些都需要他人的帮助，只靠记者一人的积累显然是行不通的。

广大的人民群众既是创造新闻的主力军，又是新闻最终的受益者。记者发现的新闻究竟有多少效用，最终还需要广大受众去检验。记者识别新闻价值，考虑最多的仍然是广大受众。

综上所述，新闻发现是集体智慧的结晶，而不是记者一人的功劳，只不过，在新闻发现前后和整个新闻的生产过程中，记者是组织者、核心，起着关键作用。这和科学发现等还不太一样。科学发现有时也需要团队作战，但更多的时候是靠科学家本人。比如，哥德巴赫猜想就是 1742 年由哥德巴赫一个人首先发现的，即任何一个大于 2 的偶数都可写成两个质数之和，但是他无法证明。这个数学难题，多少个数学家为此奋斗一生也没有成果。我国数学家陈景润给出了 1+2 的详细证明，即后来的"陈氏定理"。就"陈氏定理"而言，也属于陈景润一个人的发现。针对哥德巴赫猜想，虽然看起来很多人都在"作战"，但它不像新闻发现那样团队作战的特色比较明显，而是每个人都在各自为战，从事着一个人的发现工作，最后的成果当然也归一个人所有。

（六）丰富而多彩

天下之大，纷繁复杂，新闻发现，仅冰山一角。然而，就是这冰山一角，也称得上丰富多彩了。世界上每一个人都是媒体的受众。过去在传统媒体时代，世界上也有几百万记者深入各行各业、各个角落,每天密切关注着新闻事实的发生。如今在全媒体时代,数字技术、信息技术飞速发展,以互联网为代表的新媒体层出不穷,网络的海量数据与互动不仅深刻改变了我们的生活,也改变了新闻传播的固有模式。人人都是"金话筒",人人都有"麦克风",就像司机这个职业一样,过去车少,只有专业司机会开车,如今车辆已普及,很多人都会开车,开车几乎不再是一个职业。新闻也一样,过去媒体少,记者少,如今每个人既是受众,又是"记者","传"就是"受","受"就是"传",传受合为一体。当然,专业司机总归是专业司机,新闻记者总归是新闻记者,专业决定着这个职业有时不会消亡。

天下奇事奇闻本来就无穷无尽,更何况还有很多人为的因素为无数一般事实赋予了新闻的色彩。新闻发现的内容涉及社会生活的方方面面,记者是"杂家",这在新闻发现中得到充分体现。很多行业都有自己的"家",比如作家、企业家、科学家、政治家、艺术家、哲学家、教育家等,为什么把记者称为"杂家"? 因为记者每天要面对丰富多彩的生活,"见多识广"是记者工作的特点,"见"与"识"是紧密相连的,"见多"方能"识广",所以,记者要加强学习,对哪个行业都得懂点。只有拥有广博的知识,才能在生活中随处发现新闻。当然,记者一般也有分工,有跑工业的、农业的、交通的、文教的、医疗的、体育的、社会的、机关的等。跑口记者须对所跑的口"专",但同时更需要"杂",因为记者分口不分家,更何况,很多突发新闻、生活中"聊"出来的新闻,谁碰到谁发现,如果你知识不渊博,也许很好的一条"大鱼"就会从你的眼前消失。

(七)真实记历史

今天的新闻,就是明日的历史。新闻发现虽然是"易碎品",但是,它却真实地记录了今天的情况,尤其是重大事件的真实原貌,若干年后,历史研究者书写今天历史时,这些新闻发现就是他们很好的证言和研究的第一手资料。新闻最大的特点就是真实性和新鲜性,即真实及时地记录每天发生的新闻事实、新闻人物、新闻事件和新闻现象。新闻包括方方面面,有政治、经济、文化、社会、人物等,报道新闻时必须客观、准确、全面、公正,也正因为如此,新闻才是真实的历史。当然,新闻不是书写历史的唯一资料,但新闻绝对是研究历史靠得住的资料。

很多史料都来自新闻,比如:唐代经济的发展、与世界各国的通商等,当时的《邸报》都有记载;《罗马公报》和新闻信等,记载不少当时罗马帝国时期重大事件和人物;手抄小报真实反映了十五六世纪意大利威尼斯的经商情况;《清议报》《时务报》又真实地反映了甲午战争后中国的状况;《中国日报》则是研究辛亥革命时期很好的资料;陈独秀创办的《新青年》、李大钊创办的《每周评论》等,在当时都颇有影响,刊登了很多新闻;抗日战争和解放战争时期,中国共产党创办的《解放日报》《红星报》《新华日报》等,都为推动抗日救国发挥了强大的舆论作用。新中国成立前后,《人民日报》、中央人民广播电台等都做了大量的报道,如今我们看到的毛泽东主席在天安门城楼上庄严宣布中华人民共和国成立了的历史珍贵照片就是《人民日报》刊登的,那熟悉的声音就是中央人民广播电台保存的资料。

（八）指导大实践

新闻发现对实践的作用非常大，很多新闻具有很强的针对性，可以有效地指导工作、学习和生活，这也是其他发现无法比拟的。新闻发现的成果集中表现在新闻作品上，新闻不是照相机，它反映的现实是客观和主观的统一，是党性和人民性的统一。马克思辩证唯物主义告诉我们，实践第一性，意识第二性，先有实践，后有意识，实践是意识的本源，意识是实践的产物，但意识对实践具有能动的反作用。哲学上的这一观点在新闻学上的运用就是新闻和事实的关系，即事实第一性，新闻第二性，先有事实，后有新闻，事实是新闻的本源、基础、依据，新闻是事实的发现、叙述、报道，事实决定新闻，新闻对事实有指导作用。这里说的事实，其实就是实践，这里说的新闻，其实就是意识。

刘少奇同志在1948年对华北记者团谈话时指出，报纸办得好，就能引导人民向好的方面走，引导人民前进，引导人民团结，引导人民走向真理。如果办得不好，就存在着很大的危险性，会散布落后的错误的东西，而且会导致人民分裂，导致他们互相摩擦。因此，新闻工作的影响是很大的。你们的工作做得好，就很好；做得不好，就要受历史的处罚。刘少奇同志的这段话深刻阐明了新闻与实践的关系，强调了新闻对实践的指导意义。

中国特色社会主义已经进入了新时代，新闻工作面临很多挑战，任务极其艰巨而复杂，我们要按照习近平总书记对新闻工作的一系列重要论述，尊重新闻规律，宣传好党和国家的大政方针，及时反映好人民群众的意愿，充分发挥好新闻舆论的指导作用，举旗帜，聚民心，育新人，兴文化，对外讲好中国故事，展示好中国形象，努力改变国际新闻舆论场中的"西强我弱"格局，为实现中华民族伟大复兴营造良好的国际舆论环境。

三、新闻发现的条件

（一）有事实发生（客体）

如果没有事实发生，不可能有新闻发现，因此，事实是新闻发现产生的必要条件，而且，这个事实还不是一般事实，而是新近发生的具有新闻价值的事实，即这个新近发生的事实本身必须具有人们共同感兴趣的特点。如果没有发现的这个客体存在，发现主体，即新闻工作者，纵有天大的本事，也无济于事。新闻实践中，经常有一些虚假新闻，制造者往往为了达到某种传播的目的，无中生有制造假新闻，没有事实发生，于是就捏造事实，然后再做新闻报道。这样的新闻，由于没有事实做支撑，新闻就失去了生命，所报道的就不是对事实的反映，而是主观的臆想。假新闻不是真正的新闻，对受众是一种欺骗，对媒体也是一种损害。

比如北京街头惊现"纸馅包子"新闻就是一条假新闻。2007年7月，某电视台报道了用废纸箱子和肥猪肉做馅儿的小笼包子在大街上卖。据说群众投诉到电视台，电视台调查采访后立即报道了出去，包括记者暗访制作过程，都非常详细和"逼真"，新闻播出后产生了强烈的反响，也引起了工商局的关注。但是后来调查证实，这其实是一条假新闻，制造者是该电视台的一个编导，他获奖心切，找不到好的新闻线索，于是就产生奇想，以喂狗为由，让包子店从造纸厂拉来纸浆，与肥猪肉搅和在一起包成包子，在大街上出售，自己则暗中拍摄，录下了制作的全过程，制作成电视新闻在电视台播放，确实也收到了预想的效果。可是，令他没有想到的是，这条新闻不仅没有获奖,反而很快就被有关部门识破,各大媒体最后都揭示真相,制造假新闻的编导受到了应有的惩处。这条新闻视频中记者暗访抓拍,看上去有事实发生,但这是导演的假事实,不是生活中发生的真事实。

(二)有判断能力(主体)

人是新闻发现的主体,但不是人人都能发现新闻。发现新闻需要具备起码的新闻判断能力,即新闻敏感性和新闻发现力。如果没有这方面的能力,事实就在你的面前,你也发现不了。新闻敏感性是指新闻工作者识别新闻价值的敏锐能力,也叫"新闻鼻""新闻眼"。敏感,就是有智慧,反应迅速。比如,某人对天气敏感,还没下雨他都能预测到;某人对花粉敏感,一接触花粉,皮肤立即就发痒等。这些都是主体对客体的敏感。新闻发现力是指新闻记者善于发现新闻的能力,即面对新近发生的事实,通过自身感官和逻辑思维,能够辨别出其中蕴含的新闻价值。新闻发现力和新闻敏感性紧密联系,相辅相成,决定着主体对客体的新闻发现。

新闻发现的实质就是新闻工作者依靠自己的新闻敏感性在一般事实中找到具有新闻价值的事实,或是在具体的事实中找到具有新闻价值的部分,或是对已经发现的新闻事实找到能最大限度表现新闻价值的呈现方式等。新闻工作者是新闻发现的主体,新闻发现的客体新闻事实是客观的,但新闻发现的主体在认识新闻时却带有一定的主观性。每一个新闻发现的主体在从事新闻发现工作时,其价值取向会受到国家政治体制、核心价值观、文化背景、政治立场、文化体制、宣传政策、教育背景等限制,所以,会对同一事实的新闻价值作出不同的判断,或是对同一新闻事实中的有价值部分作出不同判断,包括新闻在呈现的过程中,反映也不太一样。在这些方面,不仅仅是记者,包括编辑、播音员、程序员等,他们对新闻的理解往往会有差异,也会影响新闻发现的最终表达效果。

尽管新闻发现有主观色彩,但新闻发现的标准,即新闻价值,却和事实一样,是客观的。也就是说,一个事实,它是否具有新鲜性、重要性、显著性、接近性、趣味性等,都是蕴藏在事实之中的,而不以人的主观意识为转移。只不过,不同的人可能会有不同的发现、不同的认识。新闻价值是把衡量新闻的尺子,这把尺子拿在不同人的手里,效果并不完全相同。判断事实是否是新闻,是否可以报道,不仅仅依据新闻价值,也要依据宣传价值、宣传政策等。所以,新闻工作者在评判新闻的时候,受制约的因素比较多,判断能力也有差异。

(三)有传播途径(介体)

新闻工作者发现新闻后,必须有媒介去传播,否则,新闻的效能发挥不出来,新闻也就不能称其为新闻了,而和一般事实一样。新闻发现是新闻生产的首要环节,新闻工作者发现新闻后就要采访、写作、编辑等,把新闻发现的成果制作成新闻作品,新闻作品最终和受众见面靠的是媒介,即中介,也叫介质、平台等。媒介传播是新闻生产的最后一个环节,也是很关键的一个环节,没有这个环节,前面的所有环节的功能都无法发挥。媒介其实就是把两个不相干的事物联系在一起的一个平台,具体地说,就是把传者和受者联系起来,传者通过媒介把他所知道的新闻事实传递给受者。新闻事实对传者而言,具有交换价值;对受者而言,具有使用价值。如果没有媒介,传受双方的目的都不可能实现。

因此,媒介非常重要。有个成语叫"媒妁之约"。媒,指的是男方的介绍人;妁,指的是女方的介绍人。过去男女婚事,要靠介绍人,即媒人介绍。媒人也叫红娘、媒婆、月老等,没有介绍人这个中介,青年男女是无法见面的。其实,现在的自由恋爱,也有中介,比如中介可能是网络,或者是一个聚会、一起工作、一起上学、一起旅游、一起坐车等,促使男女双方认识的任何平台都充当了中介的作用。对婚姻而言,媒人就是介体,对新闻而言,媒体就是介体,有了介体,就有了新闻传播的渠道,就有了新闻价值的最终实现,就有了主体和受众之间的联系,就有了客体与受众之间的联系,如果没有介体,新闻发现的成果就传播不出去,新闻价值也就无法实现,新闻事实也就永远只能是传者掌握,受众无法知晓,新闻传播不出去,就不称其为新闻了。

当然,介体的形态现在很多,就大众媒体而言,有报纸、广播、电视、网络、新媒体等。现在是全媒体时代,人类进入第四次传播革命,网络技术、数字技术日新月异,新媒体层出不穷,特别是以手机为代表的新媒体成了很多人获取信息的主要来源。新媒体最大的特点是互动性和数字化,正因为互动,主体和受众之间的界限已经很模糊了。过去是单向传播,现在是双向、多向传播,但无论以什么方式传播,都离不开介体。随着时间的推移、社会的发展、技术的更新,相信还会有更新颖、更别致、更实用、更先进的媒体出现。新媒体不断涌现,一些旧媒体可能就会被淘汰,或是受到新媒体强大的威胁,迫使其与新媒体融合,携手并进,共同发展,这是媒介革命的规律。

(四)有新闻价值(受体)

媒体面临两大困难:一是无限的事实与有限的传播能力之间的矛盾;二是新闻媒体对新闻事件的选择怎样才能同社会公众的需要相吻合,为他们所接受,因为社会公众是新闻的受体。新闻工作者每天都要预测受众的需要,从无数一般的事实中选择具有新闻价值的事实,如何选择,依据什么选择,这就是新闻价值的问题。事实必须具有新闻价值,才有可能称为新闻被人发现,如果没有新闻价值,受众不愿意看,新闻也就失去了意义。新闻价值是事实所具有的、能满足社会公众对新闻需要的要素的总和。新闻价值属于关系范畴。新闻价值的本源是客观事实所具有的某些特征,这些特征是以能满足社会公众需要的要素形式表现出来的。新闻价值的高低取决于社会公众对新闻价值要素满足需要的程度的评价。

新闻价值这把尺子所含的要素很多,无产阶级新闻与资产阶级新闻在这个问题上区别很大。资产阶级新闻学者认为最不好的消息就是最好的消息,而无产阶级新闻学者则认为具有积极有用价值的消息才是真正的新闻。所以,关于决定新闻价值的要素,二者看法也不一样,资产阶级新闻追求的是异常性和趣味性,而无产阶级新闻则更多强调重要性、宣传性,当然,二者都强调新鲜性、接近性等。这里特别解释一下重要性,重要性指事实所具有的社会意义和大多数人关注的重要程度,即事实具有涉及面广、影响力大的性质。和人民生活息息相关、影响面大的事件也具有重要性。我国大众媒体不仅承担报道新闻的任务,也承担着宣传政策、指导实际的任务,因此,媒体应关注新闻的重要性。

记者在发现新闻时,依据的是新闻价值的这些要素,但这只是一种预测,究竟预测准不准,还要看受众最终对新闻事实的反应如何。如果预测得比较准确,说明传者和受众对事实的判断基本一致;但如果预测得很不准确,说明受众与传者对新闻事实的理解差距很大。新闻工作者每天都做着一件重复的工作,就是揣摩受众的心理,判断新闻价值,预测受众的需要,选择新闻事实和呈现方式。所以,我国新闻教育家徐宝璜先生曾经说过,新闻就是对正确事实的选择。

第二节　新闻发现的具体意义

自新闻事业诞生以来,新闻媒体就一直面临两大矛盾:一是现实中每天发生着无穷无尽的事实与新闻媒体有限的报道能力之间的矛盾;二是新闻媒体如何才能做到所报道的事情被受众喜欢。而受众很复杂,需要也不一,在众口难调的情况下,新闻媒体只能在无穷无尽的事实中挑选出那些满足大多数受众共同需要、共同感兴趣的事情进行报道。新闻是一门选择的艺术,记者、编辑每天都会有新的发现,面临新的选择:选择事实、选择观点、选择呈现方式、选择背景资料、选择数据、选择如何解读等,这便是新闻发现的意义所在。

一、让一般事实上升为新闻事实

世界上每时每刻都发生着大大小小、各式各样的事实,正是这些事实,才让这个世界变得五彩斑斓。可是,绝大多数事实发生后,要么无人知晓,比如荒无人烟的孤岛上发生的事情、浩瀚无边的茫茫宇宙中发生的事情等;要么知之甚少,比如国家的机密、个人的隐私,或是没有被发现本可以是新闻的事实等。

事实要被当成新闻报道出来,首先事实本身得有新闻价值,其次就是要被人发现,且能意识到它的新闻价值或宣传价值,最后才是采写出新闻作品并被媒体传播。新闻发现的本质就是新闻工作者依靠新闻敏感,发现新闻价值。只有新闻发现,才能让一般事实上升为新闻事实,一般发现只是知晓,发现人意识不到它的新闻价值,或是因为客观环境、人为封锁、麻木不仁等原因,没有理解事实所包含的新闻价值,一般事实也就难以上升为新闻事实,或不能及时上升为新闻事实。

比如,消息《女共产党员刘胡兰慷慨就义》就是事实发生25天后才被记者报道出来的。事实上,从刘胡兰就义到新华社发稿,中间相隔25天。为什么"迟发"? 当时的通信手段落后是一个原因,更主要的原因是没有敏感地发现新闻的人。而当时就义现场有很多目击者,疯狂行刑的反动派不可能把这样的人、这样的事当新闻,附近的老百姓也没有人及时看出其新闻价值和宣传价值。

1947年2月,新华社记者在山西省文水县采访,偶然从当地老百姓口中得知年仅15岁的中共预备党员刘胡兰牺牲的事迹,赶忙采访,发了篇300字的消息。如果没有新华社的这个稿件,刘胡兰也许不会被众人知晓。在新华社报道之后,《晋绥日报》《解放日报》又对刘胡兰进行了详尽报道。

当然,对于新闻工作者和受众来说,最理想的状况是,事实一旦发生,第一时间就被新闻发现和报道。但新闻价值往往隐藏在事实中,并不容易被及时发现。新闻发现是有条件的,首先得有事实发生，其次得有发现能力和条件，二者缺一不可。

将一般事实变为新闻事实，是新闻发现的首要作用。记者的工作，就是及时发现一般事实中的新闻事实，及时发现具体事实中的新闻价值，而要做到这一点，除涉猎广泛外，还要在日常生活中仔细观察。

二、让一般观点上升为新闻观点

新闻发现的对象不只是新闻事实，还包括新闻现象、新闻人物、新闻观点等。这里重点谈谈新闻观点，因为新闻观点是这些年新闻界和受众普遍关注的一个热点。新闻需要观点，这是马克思主义新闻观的一个观点，马克思在1849年谈到《新莱茵报》时说："报刊按其使命来说，是社会的捍卫者，是针对当权者的孜孜不倦的揭露者，是无处不在的耳目，是热情维护自己自由的人民精神的千呼万应的喉舌。"现在和过去，虽然时代不同，但马克思主义新闻观对我们当下的新闻实践仍然具有积极的指导意义。

事实上，新闻的客观性和倾向性并不矛盾，我们要真实、客观、准确、全面地报道新闻，但新闻媒体和新闻记者不是像照相机那样机械地复制新闻，而是带有主观认识的色彩，带有自己的阶级和立场，不是纯客观地报道世界，而是有立场、有倾向、有观点地报道世界。"让事实说话"，其实也是一种观点的流露，或者说是一种观点的巧妙表达。新闻作品包括新闻报道和新闻评论，新闻报道主要陈述新闻事实，而新闻评论则主要阐述新闻观点。

不过，本书这里要谈的新闻观点，主要不是指新闻报道中流露或表达的观点，而是指他人对热点事件、热点人物、热点现象发表的一系列与众不同的评述。人类社会已进入第四次传播革命，以网络技术、数字技术为核心的新媒体不断涌现，为人们及时解释新闻、表达观点提供了便利。有人说，现在是新闻解释的时代、观点碰撞的时代、百家争鸣的时代，这话有一定的道理。对同一新闻事件、同一社会问题、同一国际热点，仁者见仁，智者见智，善于思考的人，会表达与众不同的观点。有些观点不仅有新意，而且还可能代表事物发展的方向。新闻工作者要在众说纷纭的一系列观点中善于发现新闻观点，并及时地把它报道出来，这种发现比起对新闻事实的发现有时会更难，因为表达这种新闻观点的人往往都有较高的政治敏感性、社会洞察力，或者在某个行业、某个领域有较深的造诣，而识别它的新闻性，发现它的价值之所在，让其一般观点变成新闻观点，没有很强的新闻发现力是不行的。

比如，面对中国家长一窝蜂地给孩子开展早教，有专家认为，"不能让孩子输在起跑线上"的观点恰恰是在让孩子们输掉一生。

再比如，每当遇到困难的时候，辻野晃一郎都会告诉自己，要"聪明地思考，愚笨地做事"。他认为，这个世界上聪明人非常多，但能够把想到的事情坚持做到最后的人却很少。辻野晃一郎是前谷歌公司日本分公司总裁，他出版了《谷歌的断舍离》一书，在书中，辻野晃一郎认为，成功就是要坚持"why"，而适时舍弃"how"。

三、让一般数图上升为新闻数图

数据新闻和地图新闻是媒体融合后出现的新的新闻形态。新闻工作者近年来在这些方面发现了很多意想不到的好新闻,从而使得很多看上去枯燥乏味的一般数图上升为新鲜跳动的新闻数图。这是对数图挖掘的结果、对数图对比的结果、对数图思考的结果、对数图制作的结果,一句话:这是对数图发现的结果。

数据新闻就是利用大数据对新闻进行归纳分析、通俗解读、进行报道。数据新闻的生产流程一般需要经过四个步骤:挖掘数据—过滤数据—进行数据可视化—制作新闻。关键是新闻工作者对海量的数据信息进行了有价值的分析发现,没有发现就没有数据新闻。

再比如,2022年全国两会,新华社用图表的形式解读政府工作报告,就是利用数据发现新闻,并形象地展示给广大受众。又比如,第三十届中国新闻奖媒体融合奖项一等奖获奖作品《数说70年》也是一篇很好的数据新闻(见图2-1)。

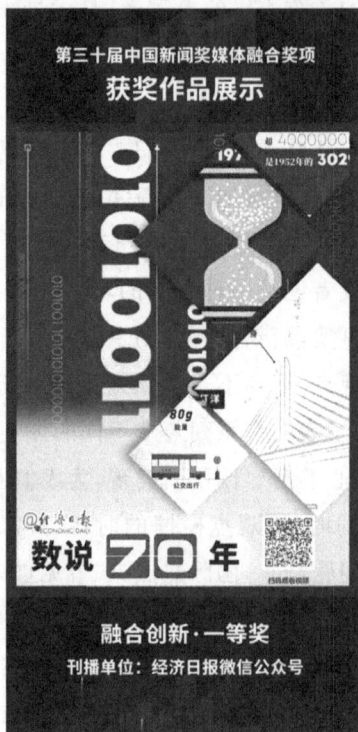

图2-1 《数说70年》

数据时代催生了数据新闻,为新闻供给提供了创新思路。那么,新闻工作者如何练就一双慧眼,在海量数据中发现有价值的新闻数据,创作出精确和深度的报道呢?《数说70年》数据新闻可视化系列短视频主创代表、《经济日报》记者王琳在2020年中国新媒体大会上分享了创作感受,她介绍说:"《数说70年》数据可视化系列产品包括6个视频,从消费、饮食、大国工程、数字经济、生态、外贸六个方面,展现新中国成立70年来的辉煌成就。这套产品不仅在经济日报社新媒体平台取得良好的传播效果,还在全网得到了很好的传播,覆盖面达上亿人次,品牌影响力获得很大提高。"

王琳认为,一条好的数据新闻,不是花哨的图片堆砌,而是要结合事件、数据和视觉表达来完成叙述。在谈到这条数据新闻获奖的体会和重要特点时,她总结了三条创作经验。

一是用数据讲故事,从故事中读数据。怎么用数据讲故事?首先需要我们发现数据线索,通过寻找数据、分析数据,将它们串成一个生动、有趣的故事再进行数据可视化呈现。《数说70年》制作团队发掘了大量数据,有效使用数据近100套约1000组。然后,以数据为主线,以变化和对比的方式动态反映消费、饮食等领域的发展变化。比如,在展现老百姓饮食变化时,通过主食占比、主要农作物自给率、肉蛋菜果鱼人均占有量等不同维度的数据连结,让数字具有了可知可感性。

二是技术和设计结合,提升视觉冲击力。让数字"活"起来、"动"起来,需要技术和设计的恰当配合。制作这套产品时,使用了曲线图、树图、气泡图等数据图形,并运用数据建模、数图结合等融媒体制作技术,让静态数字变成了动态视频,给用户直观的视觉冲击力。

三是小切口呈现大主题,发展变化可感可知。这套产品的每一个选题,都从"小切口""小视角"引入,力求与用户共情共感。比如,在反映70年饮食变化时,视频从当下流行的"轻食"切入,渐次引入饮食习惯的改变和背后农业生产力的提高。这种"接地气"的小切口方式,增加了产品的亲和力。除切入点巧妙外,还需要形象的表达方式,再比如,该团队曾做过一组作品叫"中国消费的'速度与激情'",用"一分钟,电商平台卖出28万只小龙虾""一小时,快递公司处理600万个快递""一天,老百姓花1000亿元用于购物和餐饮"的时间概念与消费数据做连接,使得枯燥的数字变得生动立体起来。

地图新闻就是一种利用地图信息进行收集组织、分析发现的融合新闻。现在移动定位技术日益普及,新闻工作者利用移动用户在地图上的变化轨迹可以发现很多有价值的新闻。

四、让一般呈现上升为新闻呈现

新闻发现的目标不只是发现新闻信息中的新闻价值,还要发现或创造出新闻作品的最佳表达方式。因为,新闻价值不等于新闻的价值,新闻价值是新闻事实本身所具有的客观存在,但也在不断变化。而新闻的价值,即新闻作品的价值,则融入了报道者个人或媒体的一些主观认识。要想完整、最大限度地表达好新闻事实本身所具有的新闻价值,就要找到合适的表达方式,即新闻作品的最佳表达方式。

任何新闻作品都是内容和形式的结合体,发现新闻事实,这是对内容的发现,用什么样的体裁表达,这就是对形式的发现。同一新闻事实,可以用不同的形式去表达,受众所接受的新闻价值效果就不大一样。不同的新闻事实,如果用同一新闻形式去表达,当然也会产生不同的传播效果,比如:消息就适合去表达简单明了快捷的新闻事实;通讯则更适合去表达事件、人物等复杂的新闻故事;特写又不同,最适合去表达现场感强、细节突出、有画面感的新闻。

新闻的一般呈现不仅仅包括消息、通讯、特写、新闻调查、解释性报道、深度报道、专题报道、连续报道等,也包括文字新闻、图片新闻、视频新闻、录音新闻、融合新闻等,还包括版面语言、节目策划、新闻排序、时间安排等;甚至要考虑新闻的主题、选材、标题、布局、结尾、语言风格等。这些都是表现形式,只要能最大限度地体现新闻价值,一般呈现就上升为新闻呈现了。

比如,《谁是最可爱的人》这篇新闻报道,作者魏巍要突出的主题就是回答谁是我们这个时代最可爱的人。本来他采访的人物故事很多,但真正用到作品里的只有三个人物故事,但这三个故事情节跌宕,感人至深,显然不能用消息表达,他选择的其实是一种报告文学体裁,用文学手法和新闻手法共同描绘三个不同的人物形象,但他们都有一个共同的特点:他们是我们这个时代最可爱的人。作品从大标题到小标题都在突出文章的主题。对文章的布局,作者也经过了一番深入的思考,全文围绕民族力量和国际主义这两个理念来叙述,通过精神动因、环境动因等层层揭示,人物形象生动而丰满。细想起来,魏巍这种高超的艺术表现力、新闻报道力,说到底,来自他敏锐的新闻发现力。正因为如此,他不仅发现了新闻事实,也经过深入细致的思考,发现了作品的最佳表现形式。

五、让新闻采写有了目标和对象

从新闻生产的流程讲,任何一条新闻在生产之前,新闻工作者首先得发现新闻线索,然后才能进行采访、写作、编辑、排版、印刷(或播出)等。采访的目标一般是发现的线索,有了线索,才能去采访,采访之后,再开始写作和编辑。所以,没有新闻发现,就不可能进行新闻采访和写作,只有发现新闻后,才有动力采访事实真相,进而才能进行写作和传播。新闻发现的目标和前提是有新闻事实的发生,没有发生新闻事实,就不可能有新闻发现。当遇到新闻线索时,记者通常会迸发出报道的灵感,即发现了事实的价值点,因此,对新闻事实的发现,还要靠记者的新闻敏感性,没有新闻敏感性,只有事实发生,也发现不了新闻。当然,在新闻实践中,有时候记者是从编辑部手里领的采访任务,这表面上看起来似乎没有新闻发现的环节,其实不然,编辑部分配任务前都已经进行了新闻发现。

新闻发现的依据和标准就是新闻价值,一个事实有没有新闻价值,主要看它新鲜不新鲜、重要不重要、显著不显著、接近不接近、有趣不有趣,这是新闻价值的五要素,也是新闻工作者衡量事实是不是新闻的尺子。当然,这五要素中,新鲜是必须的,其他要素可多可少,越多越好。需要强调的是,这五要素,不是个人的喜好,而是受众的共同兴趣。对新闻工作者来说,新闻价值是衡量新闻的标尺,也是新闻工作者对受众兴趣的一种预估。对受众来说,新闻价值则是能满足受众需求的新的事实与信息,是能在受众中产生效用和反响的关注点。对事实来说,新闻价值使新闻发现从一般事实变成了新闻事实。

新闻发现不仅使新闻采写有了目标和对象,同时,新闻发现也很好地解决了记者"写什么"的问题。巧妇难为无米之炊,由于有了新闻发现,就等于有了"米",然后,新闻生产才得以继续。从高校刚毕业的年轻记者到新闻单位后,一般都能完成任务,但没有了任务指派,就不知道"写什么"了。就新闻实践而言,新闻发现是比新闻采访和新闻写作更重要的一项务实技能,不只是年轻记者,有些干了一辈子记者的人,新闻发现力也很弱,也整天为"写什么"发愁。

六、让事实有了新闻宣传价值

首先发现事实的人不一定首先发现新闻,对事实新闻价值和宣传价值的识别是新闻发现的基本任务,没有新闻发现,就无法识别事实的新闻价值和宣传价值。何为宣传价值?就是事实本身所包含的有利于传播者证明和说明其主张的素质。由于媒介的背景、性质、定位不同,宣传价值表现出的政治倾向、利益取向和价值取向也不同。

一般来说,一个事实的宣传价值包括一致性、针对性、普遍性、典型性、时宜性等。新闻价值和宣传价值是有区别的,一个事实有新闻价值,不一定就有宣传价值,同样,一个事实有宣传价值,但也不一定就有新闻价值。最理想的情况是,一个事实既有新闻价值,又有宣传价值。

比如,《县委书记的好榜样——焦裕禄》这篇通讯就是很好地把新闻价值和宣传价值结合起来的典范。最先发现焦裕禄这个典型的是《河南日报》通讯员,但可惜的是,该报编辑以宣传审稿原则为由,轻易地丢掉了这则新闻。后来,新华社记者穆青等人发现了这个新闻人物的宣传价值:"县委书记的好榜样",于是就深入采访,数易其稿,让焦裕禄成了家喻户晓的时代典型。

七、让媒体报道有了两重境界

新闻实践中,因为新闻发现的作用,使得媒体报道有两重境界,即第一境界和第二境界,这个对新闻报道境界的区分,不是对新闻采访的区分,也不是对新闻写作的区分,而是对新闻发现的区分,即新闻浅发现、新闻深发现。浅发现是第一境界新闻,深发现是第二境界新闻。通过浅发现一般发现的是显新闻,通过深发现一般发现的是潜新闻。

(一)第一境界新闻

浅新闻事实单一,新闻价值明确,记者只需要叙述清楚即可,如一次会议、一个活动、一项工程、一本新书、一条生产线、一场灾难、一件喜事、一台晚会等。年轻记者一上手都会操作,这类报道占比例较大,新闻价值就在事实的表层,几乎没什么隐藏,一看便明白,稍微有些新闻敏感性的人一般都能发现,都可以操作。这类报道的线索一般都是主办方给媒体主动提供的,一方面是新闻线索,更多的则有宣传成分,其目的就是通过新闻媒体来达到宣传的目的。这类报道不仅线索的获得比较轻松,无需媒体和记者费力,而且采访也比较简单,记者需要的材料主办方往往都提前准备好了。

比如,笔者曾经写过的一篇消息《我国第一条彩电偏转磁芯生产线在宝鸡建成投产》就是这样的新闻,由于负责建设的宝鸡无线电器材厂是笔者曾经工作过三年的企业,投产的前几天,厂宣传部就约笔者一起写好了消息通稿,并确定了各媒体参加报道的记者名单。投产的当天早上,厂里派车去接媒体记者,统一参加投产仪式。为了防止记者抢发新闻,等仪式过半之后才把新闻通稿发给笔者,当时笔者所在的广播电台也同样遵守厂宣传部的规定,没有抢发这个新闻。这个新闻的发现采写过程就这么简单,对其他记者来说,很轻松地就发了稿件,这是过去做记者的一种常态。

但是,并不是说第一境界的新闻都无须竞争,也不是说第一境界的新闻价值都不会太大,而是说它的新闻价值非常显露,记者们一般都会轻松得到。发现容易、采访容易、写作容易,并不意味着新闻价值就一定低。比如我国第一条彩电偏转磁芯生产线新闻价值就非常高,因为在全国是"第一条",自然意义非凡,事实上,当时的《人民日报》也刊登了这条消息。它属于"最"字新闻,"最"字新闻的价值往往就在于"最"字上,但"最"字一定要有权威部门认可,不可随便乱用。笔者过去曾经发表过一篇报道《世界第一台数字交通信号灯在宝鸡诞生》,现在看,当时这样的报道缺乏权威部门认可,时间过去很久远了,不知道交警部门当时凭什么给笔者这样的素材,但作为记者,笔者没有核实就报道,显然缺乏真实性。

第一境界新闻是表层新闻,是显新闻,有时如果深挖下去,也许会有意外的收获,发现第二境界新闻。有经验的记者,在报道第一境界新闻的同时,也注重发现新闻背后的新闻。

(二)第二境界新闻

如果事实复杂,对于新闻价值,需要记者对客观事实进行透视、理解后才能发现,这类新闻最能体现记者的政治敏感和业务水平。写这类新闻不仅需要阐述事实,而且还可以变化角度、配发评论、交代背景、挖掘深意等。这类新闻在媒体上也不少,获奖作品基本都是这类新闻。新闻发现的最大意义就是挖掘第二境界新闻。

对记者而言,第二境界新闻不像第一境界新闻那样唾手可得,它需要记者深入生活,挖掘材料,吃透"两头",仔细研判。所谓"两头",就是"上头"和"下头","上头"指党和政府的政策方针、战略部署等,"下头"指人民群众的生活实践。媒体是连接党和政府与人民的桥梁和纽带,新闻媒体要宣传党的主张,反映人民心声,就必须吃透掌握好党的方针政策,摸清基层生活实际,在"下头"火热的生活中去寻找、发现能体现"上头"政策精神、反映社会主义核心价值观的新闻。如果不吃透党和国家的大政方针,不知道社会前进的方向,又如何去发现反映时代潮流的新闻?同样的道理,如果对火热的生活不闻不问,不了解民情民意,不熟悉民间疾苦,坐在办公室纸上谈兵,纵使有再高的本本主义,也发现不了鲜活的新闻。

第二境界新闻一般比较难发现,因为这类新闻的价值一般隐蔽在新闻事实的深层次之中,属于潜新闻,或者说,其新闻价值并不是均匀地分布在事实之中,需要记者分析思考,拨开云雾,在一般事实中发现新闻事实;需要记者像探矿那样,寻找最适宜首先开采的"矿床",即新闻角度。新闻角度就是最能体现新闻价值的着眼点、着手处,有了这样的发现,新闻价值才能得到很好的体现。

比如,2021年8月,习近平总书记在中央财经委员会第十次会议上强调:"我们说的共同富裕是全体人民的富裕,是人民群众物质生活和精神生活都富裕,不是少数人的富裕,也不是整齐划一的平均主义,要分阶段促进共同富裕。"这一重要论述揭示了共同富裕的深刻内涵:坚持以人民为中心的发展思想,解决地区差距、城乡差距、收入差距等问题,促进人的全面发展和社会全面进步,不断增强人民群众的获得感、幸福感、安全感。坚持稳中求进、循序渐进、久久为功,一件事情接着一件事情办,一年接着一年干,推进全体人民共同富裕。当前的任务是什么呢?从政策的解读看,是要把缩小收入差距摆在优先位置,深化土地、劳动力、资本、技术、数据等要素市场化配置改革,构建初次分配、再次分配、三次分配协调配套的基础性制度安排,保持居民收入增长与经济增长基本同步。同时,充分运用转移支付、税收和社保等手段,靶向发力,精准施策,保护合法收入,取缔非法收入,合理调节高收入,扩大中等收入群体比重,增加低收入群体收入,形成中间大、两头小的橄榄型分配结构,促进社会公平正义,使全体人民朝着实现共同富裕目标扎实迈进。

八、让优秀记者有了衡量标尺

一般来说,作为报道的事实,它的传播价值是多侧面的、多层次的、多角度的,新闻发现关键的环节就是敏锐感觉客观事实诸多价值中最能引起公众注意力的部分,尽可能实现新闻价值的最大化。

擅长新闻发现,这是成为优秀记者的必要条件。如果这项技能比较差,即使写作水平再高,采访再卖力,也当不了优秀记者。而如果新闻敏感性极强,新闻发现力也很强,即使写作水平逊色一点,采访技能稍差一点,也可能成为优秀记者。当然,如果两项技能都强,则肯定就是优秀记者了。

何为名记者?顾名思义,就是出了名的记者,用现代网络词来说,就是网红记者;就是铁肩担道义,公正守护神;就是敏锐发现力,妙手著文章!近两年,"网红记者""网红主持人"正在成为主流媒体推进融合发展的"标配"方式,前有湖南娱乐主持人张丹丹在抖音平台的走红;后有内蒙古新闻综合频道资深记者海燕成为快手第一位百万粉丝记者主播;更有中央广播电视总台主持人康辉、朱广权等人所引发的持续性关注等。在快手十周年光合演讲大会上,内蒙古广播电视台记者海燕讲述了其在快手聚焦民生新闻,帮助寻人的过程。据了解,海燕是内蒙古新闻综合频道《新闻天天看》资深记者,节目以"关注民生冷暖,传递人文关怀"为核心特征,在当地有很大的影响力。记者海燕也是快手第一位百万粉丝记者主播。2020年8月,海燕成为腾格里超媒MCN的一名主播,开始在快手平台发布寻人系列短视频,主要内容为发布求助者信息、线索收集、团聚报喜等,海燕账号的粉丝最多时有500多万,这就是名记者的魅力所在。

当然,优秀记者和名记者是两个不同的概念。优秀记者不一定都很出名,而名记者一定都是优秀记者,但总体上来讲,二者多数情况下是重合的。在特定社会环境下,人们对少数名记者的看法会有争议,这也很正常。在这个多元化的时代,受众是很复杂的,人们的世界观、价值观、评判是非的标准、看问题的角度和方式等都会有差异。名人也是人,名记者也是记者,社会舆论出现分裂不足为奇。仔细分析,认真观察,你会发现,无论是网红名记者,还是现实中的名记者,无论是以传播新锐观点出名,还是以报道新闻事实出名,无论是政论名记者,还是娱乐名记者,无论是为人民鼓与呼,还是宣传党的政策等,他们之所以出名,之所以优秀,都有一个共同的特点,即新闻发现力特别强,所以,新闻发现是衡量优秀记者和名记者的重要标尺。

九、让无名编辑有了署名可能

新闻发现不仅是记者的主要工作,还是新闻生产的首要环节,而且它存在于新闻作品生产传播的全过程,是几乎所有参与新闻生产人员的工作。对编辑而言,拿到记者的稿子,首先要衡量稿子的新闻价值,这其中就有一个新闻发现力的问题。优秀的编辑一眼就能识别好新闻,一眼就能鉴别出记者选取的新闻角度是否恰当,如果记者没有发现好的新闻角度,编辑可以推倒让其重写,材料不够也可以和记者联系补充采访。

《榆林将选拔一批年轻干部到人大任职》是笔者过去在报社做编辑时刊发的一篇新闻,后来获评中国人大新闻一等奖。该稿从选题到发表,整个过程笔者都参与其中。在一般人的印象中,人大、政协都是老同志居多的地方,但时任榆林地委书记高(现称市委书记)在省委人大工作会议分组讨论时表示,榆林将选拔一批年轻干部先到人大任职,接受法律熏陶,然后再到政府任职,这个提法很有新意。但缺点是,它只是一个预告新闻,还没有具体实施。所以,在写法和角度的选取上要动一番脑子,紧紧抓住榆林地委书记的亲身经历和我国干部现阶段的一般流向这两个特点去写,挖掘其深藏的新闻价值。

这篇稿子当时刊发时用的是笔名"夏天凉"(注:新闻稿件一般情况下不提倡用笔名,包括说明新闻来源,也一般不提倡使用"据消息灵通人士透露"之类的隐蔽说法,这是针对新闻真实性原则提出的要求),到年底推荐评奖时,大家一致看好。稿件作者郭小庆深知编辑的劳动付出,所以在填表时曾主动要求在"作者"一栏里也填上笔者的名字,被笔者婉言谢绝。不过从那一年开始,中国人大新闻奖一等奖作品也给编辑发证书,后来其他新闻奖评选也都给一等奖编辑发证书(二等奖及以下依然不给编辑发证书),这一改革显然是对编辑劳动成果的最好肯定。

榆林地委书记高仰秀表示:

榆林将选拔一批优秀年轻干部先到人大任职

本报讯(记者 夏天凉)曾任咸阳市人大常委会主任的榆林地委书记高仰秀 11 月 19 日在省委人大工作会议分组讨论时关于干部流向的发言引起了人们的极大兴趣,成为大会的热点新闻。

高仰秀说:"我从人大常委会主任岗位上干了几年,现在任地委书记,深感政权观念、法制观念、民主观念增强多了,过去我们的干部流向都是从党委、政府干到一定的年龄然后再'退'到人大工作,'人大'这个岗位成了许多干部的退水渠,我认为这不仅不利于人大工作,也不利于干部本身。人大是一所法制大学校,干部如果要先到人大,然后再回到政府,就会有益于依法办事,有益于自觉接受人大的监督,有益于党的工作。"

结合自己的实践,高仰秀表示榆林将很快选拔一大批 30 多岁的优秀年轻干部到各县任人大副主任,工作两三年任书记、副书记或县长、副县长,从而使干部流向出现一种新形式:从人大到党委和政府。

(1995 年 11 月 23 日《民声报》第 1 版)

在新闻同质化的时代,网络新闻编辑对新闻的发现尤其重要。网络新闻以复制新闻为主,尤其是商业网站,没有生产原创新闻的资格,只能靠整合复制别人的新闻为生。我国四大商业门户网站腾讯、新浪、网易、搜狐整合他人的原创新闻往往比原创新闻传播力还要强,为什么会出现这样的情况?就是因为这些网站的新闻编辑的新闻发现力和新闻敏感性强,容易发现已发新闻中记者没有发现的新闻亮点,或是通过对比同源新闻发现新的亮点、新的主题、新的角度、新的表达方式等。我国四大商业门户网站之所以能成功运作,之所以被很多人以为它们就是新闻网站,其内在的奥妙就在于新闻发现。

当然,网络新闻编辑在复制整合原创新闻时,也往往会出现新闻发现过激、整合过头的情况,甚至出现无中生有、偷换概念、断章取义、夸大事实等"标题党"行为,对这样的新闻我们要坚决防范。

比如,2016 年就发生了不少这样的新闻。2 月 21 日,某网站转载《新京报》新闻《卫计委解决育龄夫妇想生不敢生的问题》,将标题改为《全国政协副主席:药价虚高到了让人咋舌的地步》。原文内容主要是围绕人口老龄化和二胎政策展开讨论,该网站则突出政协对药价的指控,和文章主旨无太大关联。4 月 21 日,某网站发布自行采编报道《上海×××董事长被猴子弄死》,以调侃甚至戏谑的口吻叙述这一悲惨的意外事故,消费了遇难者,同时也误导了受众对事实的认知。4 月 28 日,某网站在转载新华网报道的《多地整治网约车探索"规范路径"》时,将标题改为《官方:网约车属高端服务不应每人打得起》。改后标题与文章原意完全相反,激化了社会矛盾,引发了舆论一片哗然。6 月 2 日,某网站在转载《法制晚报》报道《西城区北京第二实验小学白云路分校多名学生同天流鼻血请假》时,将标题改为《北京西城多名小学生同天流鼻血 白细胞计数不正常》。原文中未提及白细胞的内容,编辑在推荐文章时擅自添加无中生有内容,引发读者误解。7 月 28 日,某网站在转载新华网《我国公布建设网络强国的时间表和路线图:〈国家信息化发展战略纲要〉解读》报道时,将标题改为《中国将成为网络强国:2050 年世界无敌》,以夸大的方式吸引眼球,无中生有。

十、让新闻竞争有了获胜法宝

现代媒体竞争非常激烈,而竞争的实质很大程度上就是对新闻发现的竞争。这场竞争不仅体现记者水平、编辑水平,更体现媒体领导者的水平,这就是新闻策划。没有新闻发现就没有新闻选题,没有新闻选题,就没有新闻策划。新闻策划是体现总编辑、编辑部主任和新闻媒体业务能力的关键。特别是大型会议、大型活动、大型主题策划等同源新闻,媒体各显身手,只有新闻发现技高一筹,新闻选题才能别出心裁,新闻策划才可能成功,没有新闻发现,就没有新闻选题,也无法进行新闻策划。

何为新闻策划?新闻策划有广义和狭义两种含义。广义的新闻策划,是指对整个媒体运作的决策和筹划,包括广告策划、发行策划、人才招聘策划、新闻报道策划等。狭义的新闻策划专指新闻报道策划,就是新闻工作者在新闻报道前对新闻发现、新闻选题、新闻传播等的整体决策和周密计划。新闻策划按照不同划分标准,可分为长期策划和短期策划、组合策划和单篇策划,还有频道策划、栏目策划、版面策划、标题策划等。新闻策划不是策划新闻,更不是搞虚假新闻,而只是对新闻事实的发现与选择,对新闻选题的谋划和设计。

比如,《人民日报》在报道党的二十大这个主题时,就有一个详细的报道策划方案,包括会前的预热报道、会中的集中报道、会后的落实报道等。

新闻事业发展到当下,业已蔚为大观,置身其中者甚众,几乎人人皆传讯、无人不发声,形成了广义新闻阵列,新闻发现、资讯传播的权利赋予几乎社会全体成员。在这样的情势之下,新闻媒体之间的竞争十分激烈,核心竞争力是在竞争中取胜的法宝。其实,核心竞争力并不是什么密钥,它首先表现为一种新闻人特有的新闻敏感性和新闻发现力。这种新闻发现的魅力和精神,推动着整个社会的进步,维护着广大人民的利益,坚守着社会的公平与正义,并且内在地固化于日复一日的平凡新闻工作之中。

新闻有术,过去如此,在网络时代更是成为运用的常态。此谓之"术"者,当然包括采写编评、摄录剪传等技能,然此乃术中之"技"也,非为谋也。技与谋是手段与意志的关系,也是被动与能动的主从关系。在整体的新闻"术"中,谋定而后动既是战略选择,也是区分高下的一个标志。新闻行业的谋划能力(亦称为新闻策划能力)就以其作用之重要、履责之所倚,而在行业里日益取得核心竞争力的地位。新闻策划的前提是新闻敏感,是新闻发现力,它驱动着新闻之舟,新闻人时而在平静的水面下探得沉睡之宝,时而在惊涛骇浪中瞭见希望之光。虽然新闻的核心竞争力还有其他要素构成,但提高新闻敏感性,增强新闻发现力,加大新闻策划力度,则是新闻竞争中的重要谋略。

思考与训练

1.什么是新闻发现? 通过与其他发现比较,谈谈新闻发现的特点。

2.从主体、客体、介体、受体等不同角度分析新闻发现的条件。

3.举例说明新闻发现都有哪些重大意义?

4.阅读新闻名篇《共产党员刘胡兰慷慨就义》和《为了六十一个阶级弟兄》,分析它们的发现过程,并从中体会新闻发现的重要性。

针对本教材,作者已经录制了配套的在线课程视频,以上是关于本章内容的视频二维码。

第三章 新闻发现的本质

本章重点难点：①新闻价值的含义；②新闻价值的要素；③新闻的宣传价值；④新闻价值与公众兴趣；⑤新闻敏感的含义；⑥新闻敏感的特点；⑦新闻敏感的培养。

我们经常说，想问题、做事情要抓本质，那么，本质究竟是什么？本质一般包含四种含义。第一，本质是指事物的根本属性，也就是决定该事物之所以为该事物而不是其他事物的特有属性。比如，白马，其本质是马，而不是白。第二，本质是指问题产生的根本原因。一个现象的产生可能由一种原因所致，也可能由多种原因所致。如果我们要真正解决问题，就需要找到问题产生的根本原因。只有这样，我们才能真正地解决问题。第三，本质是指现象背后的底层逻辑。思考现象背后的底层逻辑是为了寻找某一类现象或问题之所以会出现的普遍根源。底层逻辑是万事万物背后隐藏的不变的规律，是各种现象出现的动因。一旦我们理解了底层逻辑，对许多现象的理解也会变得容易，在看问题时会更加通透、准确。第四，本质是构成事物的基本要素及其关系。比如你正在思考某一个问题，你需要先了解这个问题的核心关键要素是什么。搞清楚了这些，就抓住了本质。

新闻发现的本质是什么？当然是发现新闻源。那新闻源又是什么？当然是新闻事实。那新闻事实的特点是什么？当然是具有新闻价值。记者依靠什么发现新闻价值？当然是记者的新闻敏感性。没有新闻敏感，就发现不了新闻价值，也就没有了新闻发现。所以，新闻发现的本质说到底，就是寻找和选择报道的对象。

第一节 新闻价值

人类社会自从有了新闻事业，新闻媒体就面临着两大矛盾。一是现实中每天发生的无限的事实与新闻媒体每天有限的传播能力之间的矛盾，报纸的版面是有限的，广播电视播出的时间也是有限的，即便是网络媒体理论上的海量传播，也存在一个用有限资源生产新闻的问题，不可能把所有发生的事实都搬到网上，所以，任何新闻媒体都只能选择一部分事实来进行报道。二是新闻媒体对新闻事件的选择怎样才能同公众的需要相吻合，为他们所接受，即选择什么样的事实，依据什么标准选择事实，选择的事实最终是否是受众的共同兴趣。

一个事实亲眼所见，一堆材料摆在眼前，却不知道它有无新闻价值、新闻价值有多大，这对新闻记者来说，是致命的弱点。一个优秀的记者不仅能从已经发生的事实、已经写成的材料中看出其新闻价值在哪里，而且还能从已有的事实或材料中判断事物未来发展的趋势，从未来发展趋势中发现新闻价值。

一、新闻价值的含义

新闻价值是什么,就像新闻是什么一样,长久以来人们有很多解释,也存在不少争议。纵观这些解释,有代表性的主要有以下几种。

(1)素质说,是指事实本身所具有的足以构成新闻特殊素质的总和(事实角度)。

(2)标准说,是指记者和媒体选择和衡量事实是否能成为新闻的标准(记者角度)。

(3)关系说,是指新闻事实的特殊素质对社会受众信息需求的满足程度(关系角度)。

(4)功能说,是指新闻影响读者并通过读者影响社会的功能和效果(受众角度)。

(5)源流说,即把新闻价值分成"源"和"流",由新闻价值因素和新闻价值表现两方面构成。新闻价值因素指事实能成为新闻的一般因素;新闻价值表现包括三个方面,即编辑和记者对事实的选定情况、受众对事实的关注程度、最终取得的社会效果。

陈力丹教授认为,新闻价值对读者而言具有使用价值,对媒体而言,具有交换价值。衡量这两个价值的结果就是对事实的选择标准。

笔者认为,给概念下定义是有方法的,很多时候,我们可以首先找到它的母概念,然后,在母概念的基础上,再进行定语限制,对一些比较生疏的母概念,还须进一步进行解释。比如,我们给"人"下定义,它的母概念就是"动物",然后,我们抓住"人"的特点,对"动物"进行限制:人就是会制造工具,并且会使用工具的高级动物。有时候,一个概念的母概念可以有很多,比如,"新闻"的母概念可以是"传播""事实""报道"等,就可以得出不同的新闻定义。"新闻价值"的母概念也可以有很多,如上文的"素质""标准""效果"等,所以就有了不同的新闻价值定义。

其实,"新闻价值"的母概念最明显、最合适的就是"价值"。何为价值?价值泛指客体对于主体表现出来的积极意义和有用性。那么,"新闻价值"就是事实对于受众所表现出来的积极意义和正面有用性。积极意义和正面有用性越大,该事实的新闻价值就越大;积极意义和正面有用性越小,该事实新闻价值就越小。如果对受众没有任何积极意义和正面有用性,那么该事实就没有任何新闻价值,就只能是一般事实,就构不成新闻。但如果该事实只有消极意义和负面有用性,根据马克思主义新闻观,它绝不能成为新闻,但根据资产阶级新闻观,它也许就是好新闻。因为资产阶级新闻观往往把最不好的消息看成是最好的消息。当然,从新闻的本质而言,我们可以不区分积极和消极、正面和负面,于是,"新闻价值"就指事实对于受众或社会所表现出来的意义和有效性。

二、新闻价值的要素

(一)国外对新闻价值要素的研究

新闻价值的要素很多,美国的教科书曾经把新闻价值要素列举了125个之多,我们没有必要一一了解它,但我们有必要了解一下新闻价值研究领域的几个代表性人物的新闻价值要素观。

(1)挪威社会学家加尔通和鲁格认为社会事实要成为新闻事实,必须具备如下标准。

①相关性:对可能或潜在的受众所产生的影响。

②及时性：它是最近发生的事件吗？这一事件发展情况恰好是受众事先不知道的吗？

③简要性：它可以被简单、直接地描述吗？

④预见性：该事件可以被预知吗？如果可以的话，那么是否是预先计划的？

⑤意外性：该事件是完全出乎意外，而且是无法提前计划的吗？

⑥连续性：这是已确立某种顺序的一些系列事件新的、进一步的发展吗？

⑦契合性：它特别适合某个媒体或新闻渠道的受众需求吗？

⑧精英人物：报道的对象是著名人物吗？

⑨精英国家：它影响到我们的国家了吗？我们认为这个国家很重要吗？

⑩消极性：对于新闻界而言，坏消息通常意味着好消息吗？

加尔通和鲁格还进一步提出了另一套影响他们提出的核心价值体系的修饰语。

①频繁性：事件完整地展现自身和获得意义所需要的时间跨度。

②幅度性：超出了正常范围的界限，意外事件成为新闻。

③清晰度：信号的含糊性越小，事件就越会引起人们的关注。

④意义性：事件的文化关联性以及社会的一致性和不一致性。

⑤预见性：期望或希望某个事情发生，而且该事件也成了新闻条目。

⑥持久性：一旦事件成了新闻，那么它就聚集了自己的动力。

⑦成分性：在某个节目或出版物的范围内，新闻条目的内在相关性被当作一个决定先后顺序的体系。

(2)英国政治家、新闻学家麦克谢恩将具有新闻价值的事件细分为以下类别。

①冲突；

②社会的困苦和危险；

③与众不同的事件（稀奇古怪、新奇）；

④丑闻；

⑤个人主义。

(3)牙买加人、毕业于牛津大学的霍尔教授将新闻价值分为形式和意识形态两类，其中形式的新闻价值包括以下方面。

①关联性：报道是与以前发生的事件有关，还是可以被人为地与以前事件联系起来呢？

②新近性：它是新近发生的吗？

③事件或人物的新闻价值：人们认为这一标准可能引发的问题要比它回答的问题多，包括新闻编辑部的时间压力，以及公正性、平衡性和客观性等。

④选择性：对事件的报道要有不同的倾向性。

⑤编码：对特定种类的语言和图像的使用。

⑥组织要求：商业压力（发行量、试听率等）、组织的结构和层次及其对报道结构的影响。

⑦事件或镜像理论：用莎士比亚的话说，该理论表述了认为新闻工作者向自然社会举起了一面镜子的思想。

⑧外部决定论：包括诸如技术、经济、意识形态、文化、受众、信息来源等因素。

⑨重要性：影响（如能影响到的人数）过去和未来的意义。

⑩趣味性：人、角色反转、人情味、披露、英雄、耸人听闻的报道等。

⑪产品要素：媒介、版式。

⑫新颖性：新鲜与陈腐、重复性禁忌、内在的新颖性、新闻由头。

⑬报道的质量：行动、节奏、完整性、言简意赅、审美、技术特征。

⑭报道的平衡性：报道组合、主题平衡、地域平衡、人口统计学上的平衡、政治平衡等。

⑮竞争：同一行业内、媒体间等。

（4）英国新闻学教授布赖顿和福伊在《新闻价值》一书中提出新闻价值体系有以下方面。

①相关性：指新闻对观众、听众或读者具有的重要性。

②时事性：它是新的、当前的、直接相关的新闻吗？

③协调性：一则新闻怎样与围绕它的其他新闻相互协调？

④预期性：消费者期待被告知这方面的内容吗？

⑤与众不同性：是什么将它与其他没有被报道的事件区分开来？

⑥价值性：它在新闻中有出现的理由吗？

⑦外部影响：一则新闻的内容是单纯的新闻信息，还是受到诸如经营者、广告客户、政治家等外界压力的侵蚀吗？

（二）国内对新闻价值要素的研究

1. 多数新闻学者的观点

我国多数新闻学者对新闻价值要素研究一般倾向于以下五个方面。

（1）新鲜性。考察传者、受者主要指客观事实发生的时间接近性和新闻事实内容的新鲜性，即距离事实发生的时间越近，新闻价值越高，内容越新，新闻价值也越高。在五个要素中，新鲜性是必需的，其他要素可多可少，越多越好。但新鲜性又是相对的，报纸以天计算，广播电视以小时计算，网络可能就会以分钟，甚至秒来计算。内容新鲜性还有一个地域的问题，有的新闻内容在当地新，但放到全省、全国、全世界可能就没有新意了。

（2）重要性。考察与人们利益相关性，主要包括事实在客观上对受众的影响程度，事实对社会影响的时间长短及空间大小。一般来说，凡对自然环境和人类生活有重大影响、与人民群众利益紧紧相关的事实、观点和现象都具有重要性，如中央经济工作会议召开、我国放开二胎生育政策等国家大事，与老百姓生活息息相关，就具有重要性。我国新闻界比较看重这个要素，是因为我国新闻媒体不仅要传递新闻，还具有宣传的责任。有些事虽然看来不重要，但会直接影响到人民生活，比如，冰川随气温升高溶解，本是普通自然现象，但冰川开始大面积消融，逐渐抬升海平面，影响到气候和人类生存，就是大事，就有新闻价值。

（3）显著性。这主要指事实能引起大多数人的关注程度。主要考察事实本身要素的知名度，包括：人的显著性，如领袖、精英、权威、明星等；事实的显著性，即别人做不到的事情，比如太空行走等；时空的不均衡性，已经被人意义化了，比如，著名的建筑物、著名的地点等。显著，就是不普通，就是"高人一等"，就是"出类拔萃"，就是"引人注目"，就是"鹤立鸡群"。名人身上都是新闻，名地方到处都是新闻，著名事件旧闻都可以变新闻等，讲的就是这个道理。所以，有经验的新闻记者，特别关注名人、名地、名时间、名事件等。同样的事实，放在普通人的身上，可能就不是新闻，但放在名人身上，就是新闻。比如，一般人去世，就不是新闻，但某明星去世就是新闻；再比如，一般地方着火，可能就不会是新闻，但巴黎圣母院着火，就会引起全世界关注。

显著性和重要性既有联系，又有区别，具有重要性的事实，往往具有显著性，但具有显著性的事实，不一定具有重要性。比如，有关文体明星私生活的信息，具有一定的显著性，但对社会生活总体而言，它就没有多少重要性。

比如，《河南日报》发表的获第二十三届中国新闻奖一等奖的作品《火车站见证兰考经济变迁》既具有显著性，又具有重要性。

（4）接近性。这主要考察事实与人们之间的距离。在改造世界时，人们总是从近处着手，主要包括物理距离——距离越近，新闻影响越大，以及心理距离，涉及民族、性别、职业、年龄、职务等。具有心理接近的事实更能在社会上引起人们的共鸣。

比如，教育改革，如果在自己城市，自己就非常关心，但如果在别的城市，甚至在别的国家，自己就不太关心，新闻价值也就不大。又如，养老金改革，最关心的就是老年人，或老年人的子女，其他人就可能不太关心。再如，关于留学生政策的调整，最关心的就是留学生或即将留学的人员及其家庭，对其他受众则无所谓。

（5）趣味性。新闻的趣味性是西方新闻界特别关注的，我国新闻界过去不大重视，现在也慢慢重视起来了。主要考察受众的普遍趣味，包括多元性、多层次性等，特别强调有人情味、有情趣性，因为追求乐趣和人情味是人们的普遍心理。

一是新闻事实本身有趣味，比如，一位妈妈在网络上发文称，自己女儿出门打扮得漂漂亮亮，可房间却比垃圾场还恐怖，有网友在照片下评论："隔着荧屏都闻到味道了，这是'乱室佳人'呀！"二是新闻呈现要有趣味，需要幽默风趣，不能总摆严肃的面孔，要把新闻写得活泼、有趣、可读性强。

以上五个方面基本涵盖了新闻价值的基本因素。但笔者认为，新闻价值的"异常性"也是衡量新闻的一把重要尺子。异常性和趣味性不同，不应混为一谈。异常性指事实的反常现象。事实在常规情况下发生、发展，它就不是新闻，但如果超出了常规，就会产生新闻。

比如，任何改革就是新闻，因为改革的内容都是破"常规"。再比如，飞机在正常飞行，就不是新闻，但如果遇到气流，让它出现偏离航道、晚点等，就是新闻。一个普通人生孩子，不是新闻，但如果这个普通人生了三胞胎、四胞胎、五胞胎等，那就是新闻。

在一些西方国家，把"狗咬人不是新闻，人咬狗就是新闻"当作流行语，这个观点本身没有毛病，因为新闻追逐的就是异常情况。我们批判它，只是说西方媒体在追逐新闻价值的时候，不考虑新闻价值的积极因素和消极因素的区别，不考虑新闻价值的正面因素和负面因素的区别。

异常性是新闻价值的一个重要因素,不能贸然抛弃,但要多从它的积极意义和正面有效性方面考虑。

2. 陈力丹的观点

陈力丹教授总结新闻价值有十要素。

(1)事实发生的概率越小,便越有新闻价值。

(2)事实或状态的不确定性越大,减少不确定性的事实或信息便越具有新闻价值。

(3)事实的发生与受众的利益越相关,越具有新闻价值。

(4)事实影响力越大,影响面越广,越能立即产生影响力,这三个条件同时存在,便越具有新闻价值。

(5)事实与受众的心理距离越近(兴趣、生活地域、性别、年龄、教育程度和专业、经济收入、民族或种族或宗教的心理距离),便越具有新闻价值。

(6)越是著名人物,其身上发生的事实,越具有新闻价值;越是著名地点,那里发生的事实,也越容易引起受众的关注。

(7)凡是含有冲突的事实,多少都有新闻价值;内含的冲突越大,越具有新闻价值。

(8)越能表现人的情感事实(悲欢离合),便越具有新闻价值。这类事实还包括与人同质异构的动物活动,当动物被赋予了人的感情时,动物的活动也就有了新闻价值。

(9)越具有心理替代性的故事性事实(各种成功者、英雄母题、大团圆母题等),越具有新闻价值。

(10)事实在比较中带有的反差越大,越具有新闻价值。

3. 刘建明的观点

刘建明教授认为新闻事实对受众的价值主要体现在四个要素上。

(1)获知价值:新闻能够告诉读者某种新知识。

(2)激励价值:新闻带有强烈的宣传色彩。

(3)获益价值:新闻可以给受众带来一定的利益。

(4)娱乐价值:新闻可以让受众享受精神上的愉悦。

笔者认为,掌握新闻价值要素是发现新闻的重中之重,这些要素就是衡量新闻的尺子,每个人可以根据自己的喜好,选择掌握不同分类的新闻标尺,无论是国外的标尺,还是国内的标尺,无论是四要素、五要素、六要素、十要素或者更多,只要正确理解,善于实践,就能发现新闻,就能用新闻要素这些标尺从一般事实中很快地发现新闻事实。

三、新闻价值的分类

(一)新闻价值属于精神价值的范畴

在人类基本价值观如利、真、善、美、自由中,新闻的主要价值属于"真"的范畴。真实是新闻的生命,新闻价值的所有因素都是以真实为前提的,如果没有真实,新闻也就不复存在了,所以,新闻是以事实发生为前提的。

　　1954年通过的《国际新闻道德信条》第一条就规定：报业及所有其他新闻媒体从业人员，应尽一切努力确保公众所接受的信息绝对正确，不能任意歪曲事实，也不可以故意删除任何重要的事实。所以，真实是人类社会起码的核心价值观，也是新闻的生命之所在，不分种族、不分国家、不分社会，是人类社会共同的价值观。

　　新闻价值属于精神价值的范畴。精神价值往往超越物质利益，精神价值观体现在人的气质素养与高贵品德等精神领域，唯有具备坚定信仰者才能淡泊物质利益，要积极培养精神价值观，以纯洁的信仰充实灵魂，以高贵的品德武装身心，以坚韧的毅力锻造自身，以乐观的心态面对人生。

（二）多维视野考量新闻价值

　　对新闻价值的考量，我们可以从不同的视野中去观察和理解。

　　在文化传播学视野中，新闻价值属于文化传播价值的范畴。新闻不仅属于文化的范畴，还是文化传播的重要手段。我们知道，任何优秀的文化都是需要传播的，在文化传播的事实中，我们要力求寻找新闻价值，发现新闻元素，用新闻的手段弘扬和传播中华民族优秀传统文化。进入21世纪，和平与发展成为人类社会的两大主题，中国开展了一系列文化外交。文化事实中的新闻价值就是文化传播价值。但由于我国文化外交起步较晚，我国传统文化受某些西方国家抵制，中国文化要真正传播出去任重而道远。

　　在舆论学视野中，它属于舆论引导价值的范畴。舆论是多数人的意见，新闻不等于舆论，但新闻可以反映舆论，也可以引导舆论。无论是反映舆论，还是引导舆论，或者新闻媒体开展舆论监督，都要发现新闻价值。如果没有发现新闻价值，不按新闻规律办事，就不可能很好地引导舆论。人民群众是舆论的主体，也是新闻的主体。要很好地把新闻和舆论结合起来，有意识地引导人民群众对党的政策、热点事件、新闻人物发表看法，这是新闻舆论工作的重中之重。新闻工作者和新闻媒体要密切关注舆情，舆情可能是突发的，也可能不是突发的，面对舆情，媒体要及时发现新闻价值，引导舆论向好的方向发展。

　　在政治学视野中，它属于政治教育价值的范畴。政治教育是指有目的地形成人们一定的政治观点、信念和信仰的教育。政治教育也是社会、学校德育的重要组成部分。政治教育包括政治目的、政治手段、政治内容等。通过大众媒体，用鲜活的新闻事实、新闻人物进行政治教育，是我们党开展政治教育常用的手段。而对新闻事实、新闻人物的发现，主要依靠新闻记者的政治敏感性、新闻敏感性和新闻发现力，即在一般事实中发现新闻事实，在具体事实中发现有新闻价值的方面。发现了具有政治教育作用的新闻价值，就等于发现了政治教育的传播价值。这方面，我们党做得很好，常常用典型人物引导人们学习社会主义核心价值观，典型人物如刘胡兰、雷锋、焦裕禄、董存瑞等。

　　在宣传学视野中，它属于宣传导向价值的范畴。新闻媒体在新闻传播工作中，要善于发现新闻价值，善于发现新闻事实，善于发现新闻人物，及时向受众传播有新闻价值的新闻事实和新闻人物。但是，新闻记者在选择新闻事实进行报道时，不能仅依靠新闻价值这一个因素，还要考虑宣传价值和宣传纪律等因素。新闻和宣传是两个不同的概念，宣传重在传达观点，新闻重在传递信息。新闻价值和宣传价值当然也是两个不同的概念,有新闻价值不见得就有宣传价值,而有宣传价值也不一定就有新闻价值。当然,新闻价值和宣传价值重合是最理想的状况。

在美学视野中,它属于审美价值的范畴。所谓审美价值,就是在审美对象上能够满足主体的审美需要,引起主体审美感受的某种属性,它包括人的美、按照美的规律创造美的物质产品和精神产品,以及可供人们欣赏的自然景观美等。随着美的外延无休止地扩大,美的形态变得越来越丰富。受众面对同台亮相的各种品质的美,几乎无所适从。审美的多元化无疑有其积极的一面,但审美的对象是人,是在特定自然环境和文化环境中成长和演化的人,因而审美首先应该是一种人的价值立场。不同的价值立场决定了审美的不同品质,如华丽与质朴、张扬与内敛、虚伪与真诚、低俗与高雅……自古以来,崇高的审美始终获得人们的敬仰,艺术家也一直受到人们的尊敬。新闻本身属于美的精神产品,新闻媒体又可以报道引导人们的审美追求。所以,发现了新闻价值,实际上就等于发现了审美价值,一篇优秀的新闻作品,既可以给受众带来有用信息,也可以给受众带来美的享受。

(三)按照不同标准对新闻价值分类

给任何事物分类,首先必须确定标准,不同的分类标准有不同的分类结果。比如,我们把人进行分类:如果按性别分,可分为男人和女人;如果按年龄分,可分为婴幼儿、儿童、少年、青年、中年、老年等;如果按地域国籍分,可分为外国人、中国人等;如果按职业分,可分为农民、工人、知识分子等。

同样的道理,我们对新闻价值,也有不同的标准和不同的分类。如果按对主体价值效应性质分,可分为正面价值、负面价值、零价值;如果按对主体价值效应类别分,可分为用的价值、趣的价值、义的价值;如果按对主体效应时间分,可分为即时性价值、持续性价值、持久性价值;如果按对主体价值效应层次分,可分为信息层次的新闻价值、态度层次的新闻价值、行为层次的新闻价值;如果按新闻价值存在的主体形态分,可分为事实价值、人物价值、现象价值;如果按媒体形态传播分,可分为平面媒体新闻价值、电子媒体新闻价值、网络媒体新闻价值等;如果按新闻体裁分,可分为消息新闻价值、通讯新闻价值、特写新闻价值、评论新闻价值、报告文学新闻价值等。给新闻价值分类,有助于我们对新闻价值进行分析和评价。

四、新闻价值的社会属性

如果在整个社会环境中考察和鉴别新闻价值,就可知,新闻价值是指新闻中所蕴含的社会价值,其核心是在新闻中所包含的社会性。所谓社会性,就是事物与公众利益相关联的属性。一般来说,与公众利益关联程度越密切,事物所包含的社会性越大,反之越小。所以,新闻价值的实质就是与公众利益相关联的属性及程度。

一个客观存在或发生的事实,能否被人们再现和传播,应该取决于两点:一是它在多大程度上及以怎样的方式与公众的利益相关联,二是它能否满足人们的感官需要。新闻中的社会性是新闻价值的决定因素,有了这种社会性,新闻就有价值,没有社会性,新闻就没有价值,有多少社会性,新闻就有多少价值。我们甚至可以说,人们乐于传播的,并不是新闻本身,而是这些新闻事实中所蕴含的社会价值。就这一点来说，极端的例子或许更能说明问题，一些假新闻之所以能被广泛传播，就是因为其中包含着合理的社会价值成分。

事实是新闻的生命之源，社会价值则是新闻生命力的决定性因素。在新闻实践中，传播媒体代理着大众的话语权，追求社会价值也被认为是媒体与生俱来的属性。同样，准确把握新闻的使用价值，也是媒体尊重受众的必然选择，正确地区分和看待新闻的两种价值，既是新闻选择的依据，也是新闻传播者社会责任的体现（注意：此处的社会价值包含政治、经济、文化价值等）。

新闻价值不是事实的属性，而是事实属性给予主体的效用，或是事实属性作用于主体而产生的效果。新闻工作者对新闻做出价值判断时，通常把价值与事实的属性相联系，但不能把属性视为价值本身。我们常说"某条新闻有价值""某个报道价值很大"，实际上是指新闻对它的读者有价值，而不是指新闻是否有"重要性""新奇性"或"接近性"这类特征。"价值"这个词不是"事物的一种特性"，而是指该事物对受众有什么用途，给他们带来什么益处。陈力丹教授提到，有的学者认为，由于当代社会生活类新闻大量增加、新闻来源发生变化、构成新闻的因素扩大、新闻需要解决大量社会问题等原因，构成现代新闻的价值因素应当是获知价值、激励价值、获益价值、娱乐价值。

不过，尽管如此，媒体的社会功能，即媒体对人类、对社会生活所能发挥的作用，满足社会需要的效用还是显而易见的。媒体的主要社会功能就是报道新闻、引导舆论、传播知识、提供娱乐、刊播广告。当然，不同的媒体、不同的栏目、不同的版面，其社会功能的发挥是不一样的，这在新闻实践中，需要准确把握。

五、新闻价值的文化内涵

（一）新闻价值观

新闻价值观是人们对于新闻价值的根本看法和观点，是一种理论形态，是人们总价值观的重要组成部分。新闻价值观来源于人们对新闻事件的思考，即从抽象的形式中正确理解事物的价值观念。

新闻价值观是新闻价值取向的集中体现，而新闻价值取向，就是新闻工作者在新闻价值判断过程中由对某些价值要素的突出和强调而形成的新闻价值倾向。这种倾向一旦稳定下来，就成为具有特定内涵的新闻价值观，它是在价值主体头脑中形成的关于新闻传播过程中价值关系的系统化、理性化的看法和观点。它是一种相对稳定的观念，实质上，也是价值主体对价值客体的一种价值尺度或评判标准。

新闻价值取向是新闻价值观的重要组成部分，所要解决的是新闻工作者按照什么导向、标准对新闻价值进行发现、选择、取舍、呈现的问题，表现为新闻在发现、呈现过程中的倾向性以及新闻价值具有的客观性。影响新闻价值取向的因素有很多，诸如社会政治制度、社会核心价值体系、新闻政策、新闻媒体定位等。我们要坚持正确的价值取向，以社会主义核心价值观和马克思主义新闻观为指导，发现新闻，报道新闻，引导舆论。

(二)新闻价值的文化内涵

新闻价值的文化内涵就是隐藏在新闻事实中深层的文化价值取向。它与传播者、受众有着密切的联系。对同一新闻事件,持不同文化价值观的报道者选择的文化价值取向不同,表现的新闻宣传价值就不同;持不同的文化价值观的受众对同一新闻事件的理解和接受也会不同。

"文化"(culture)一词源自拉丁文"colere",意指"居住、培植",后来派生出的"cultura"一词,本意为"土地耕种",引申为"植物栽培",定格为"人格修养"。在价值论视域中的"文化"就是"人化"的"化人"之道,特指在"文化价值"(cultural value)层面依据"何以为人"确定待人处世范式的一种具有普世性价值规范意义的价值取向问题。

在融媒体时代,讲好中国故事,既是中国外交战略的重要措施,也是建设文化强国的战略选择,更是利用融媒体传播中国故事时的融媒文化价值取向和中国故事在海外传播中的文化价值取向。事实上,融媒体是传播中国故事的扩音器,融媒文化的价值取向是"融实力"价值。在融媒体时代,中国故事对外传播时的文化价值取向,就是向外传播中国文化的意象形态符码价值;中国故事对内传播时的文化价值取向,就是在国内确立的意识形态精神价值。

(三)新闻事业属于文化事业

新闻事业是一种公开的面向社会、服务社会的公共文化事业,最突出的特点是为公众提供新闻信息、文化娱乐等各种相关服务。在现代社会,新闻传播已渗透到政治、经济、文化、社会等各个方面、各个领域,形成强大的社会影响力。一般而言,这种传播力、影响力汇集到一定的程度,就会形成一定的文化"软实力",像经济、军事、科技这些"硬实力"一样,是一个国家地位的象征。

美国不只经济、军事、科技实力雄厚,文化"软实力"同样强大。对我国而言,通过新闻手段提高国家的文化"软实力",改变国际舆论格局的现状势在必行。

(四)新闻记者的文化责任

新闻记者是用最直接的新闻报道形式来宣传推广先进文化,引导人类不断前进的。新闻价值越大、文化价值越浓的新闻报道,对受众的影响力就越大。新闻报道如果没有了文化价值,也就失去了新闻的生命力。新闻记者有责任做好党和人民的喉舌,呈现先进文化,传播先进文化,推广先进文化,弘扬先进文化。

新闻媒体是弘扬民族文化和优秀思想的重要社会公器,对国民整体道德素养、法治意识以及价值观念的提升具有重要作用。在新媒体背景下,新闻媒体应更加珍视自身的社会形象和声誉,严格遵循"自尊、自爱、自责、自律"的理念,彰显社会主义国家新闻媒体应有的社会责任感与行业使命感。因此,新闻媒体应对新闻报道的主题、内容、形式进行严格审核,避免低俗内容、消极思想对社会风气带来负面影响。

在经济利益的驱使下,少部分新闻媒体为积累人气、博得关注,以媚俗为时尚、把肉麻当有趣,在新闻内容方面,以报道花边新闻、虚假新闻为主。在新闻题目方面,以"标题党"和诱导性、煽动性词汇为主,在新闻思想方面,以散播负面情绪和消极思想为主,完全丧失了新闻媒体应有的社会责任,对社会风气以及受众思想观念产生严重负面影响。在新媒体背景下,新闻媒体应进一步明确自身社会责任与价值,担负起正确引导社会舆论、积极宣传党的政策方针、传播正能量、弘扬民族文化及精神的社会使命,坚决抵御低俗之风的侵蚀与散播。同时,在市场经济背景下,新闻媒体也要积极进行改革与创新,深入了解受众的新闻关注点,从受众的角度出发,对新闻报道方向、主题、内容、形式进行优化,报道更多受百姓喜爱的正向新闻,使经济效益与社会效益同步提升,在维护新闻媒体社会责任的基础上谋求发展。

六、新闻价值的量化与呈现

(一)新闻价值的量化

(1)新闻价值和新闻事实一样,是客观存在的,它有大小、高低之分,这是新闻价值可以量化的前提和基础。

(2)新闻价值的实现是新闻传播的最终目的,但是长期以来,我们对新闻价值大小的判断标准都比较模糊,实现新闻价值或评价新闻作品都缺乏统一的公认数量标准。

(3)这个标准就是新闻价值的量化。这个标准应该从新闻事实出发,从传播者和受众两方面确定。

(4)目前,有不少学者在研究探讨这个标准,比如,有学者提出按照新闻价值的要素去考量,或按照媒体的发行量、传播广度去考量等,制定一定的打分标准。

(5)如果这个标准得到公认后,我们就可以以此标准来计算和衡量每一个事实,从中去发现新闻价值,专家评奖时也可以以此标准来评价新闻作品,这将有助于初入新闻行业的人发现新闻。

(二)新闻价值的呈现

含有新闻价值要素的新闻事实并不是直接作用于受众的,而是通过新闻作品把新闻价值展现在受众面前。虽然新闻价值是客观的,但经过记者头脑的反映后,新闻作品的新闻价值就具有主观的成分,因此,新闻价值不等于新闻的价值,即新闻事实所具有的新闻价值和新闻作品所呈现出的新闻价值是有差异的。一般而言,新闻作品所呈现出的新闻价值较新闻事实中的新闻价值要更突出、更鲜明,但绝不可能更完整。

新闻事实转换成新闻作品,一般要经过三个步骤。一是准确判断新闻价值各要素及其关系。这与对新闻价值的发现有关,但侧重点不同。在新闻价值发现阶段,主要是从一般事实中选择新闻事实,而在呈现阶段侧重对具体新闻事实的新闻价值要作出分析和判断。二是选择恰当的表现形式,制成新闻作品。新闻作品制作包括文字稿的写作与编辑、图片新闻的拍摄与编辑、广播电视新闻的采写与制作、网络与新媒体新闻的采写与制作等。三是寻求恰当的传播方式,展示新闻作品。新闻作品的传播方式多种多样,新闻在报纸版面的位置、字体、字号、色彩等,在广播电视上的播出时间、时段、时长等,在网络上的页面等,都会对新闻价值的实现产生影响。

在大数据支持下,新闻客户端等新媒体对新闻价值的呈现开始引入数据或算法等元素,点击量、浏览量、回复率等比较高的新闻,会通过一定的程序而成为某一数字媒体的重要新闻、头条新闻,甚至被分众化推送给不同的群体受众。

(三)新闻价值的社会取向

不同的社会有不同的社会核心价值观。中国特色社会主义核心价值观包括国家层面的价值准则——富强、民主、文明、和谐,社会层面的价值准则——自由、平等、公正、法治;公民个人层面的价值准则——爱国、敬业、诚信、友善。我们判断新闻价值时,不能违背这 24 个字的社会主义核心价值观。

七、新闻价值的作用

(一)有助于发现新闻

在众多事实中,新闻记者根据新闻价值来判断哪个事实是新闻,哪个事实不是新闻,或哪个人物是新闻人物,哪个人物不是新闻人物,或哪个现象是新闻,哪个现象不是新闻等。

没有新闻价值,或新闻价值不明确,新闻记者就无法从一般事实中发现新闻事实,无法从一般人物中发现新闻人物,无法从一般现象中发现新闻现象。

(二)有助于呈现新闻

选择好新闻事实后,新闻记者根据新闻价值选择如何呈现新闻,比如:选择什么样的方式呈现某个事实,选择什么样的角度呈现某个事实;或哪个信息突出,哪个信息一般化;或哪个新闻适宜用消息呈现,哪个新闻适宜用通讯呈现;或哪个新闻可以上头条,哪个新闻只能作为简讯发出等。

没有新闻价值,就难以找到合适的新闻呈现方式,新闻价值的实现也就会大打折扣。合适新颖的表达方式有助于新闻价值的完美实现。

(三)有助于引导舆论

要判断新闻价值,必须吃透"两头":对上头吃透宣传政策,对下头吃透受众兴趣,只有这样,才可以正确了解掌握新闻价值,正确引导舆论。

舆论引导要有针对性,吃透了"两头",就有助于发现新闻价值,有助于引导舆论。如果没有吃透"两头",就不能发现新闻价值,就不能有针对性地引导舆论。

(四)有助于明确方向

新闻价值其实和宣传价值有很多重合的地方,我们的媒体是党和人民的喉舌,任何新闻都要首先符合党的宣传价值和宣传政策,同时也要考虑媒体的交换价值和受众的使用价值。这个方向在实践中的落实,主要依靠对新闻价值的正确认识。

如果没有对新闻价值的发现和呈现,新闻宣传就没有明确的方向和目标,观点就没有支撑的依据,宣传形式就不可能灵活多变,新闻报道就会变得呆板,受众就不会喜欢媒体传播的内容。

八、新闻价值的判断

判断新闻价值,简单地说,就是发现事实后,要用衡量新闻价值的六要素去衡量、判断其价值。除此之外,还有几点需要强调。

(一)判断新闻价值的标准

为什么有的媒体喜欢猎奇,有的媒体却认为此毫无意义,但无论在何种情况下,新闻媒体都要注重社会效益。不同国家、不同社会、不同制度对新闻价值有各自不同的文化取向和不同的判断标准。

(二)媒体的新闻价值判断

不同的媒体由于代表的利益集团和管理者不同,对新闻价值会有不同的认识。比如,党的机关报和都市生活报对价值的判断就不完全一样。

(三)受众的新闻价值判断

一条鱼对猫来说是有价值的,对于牛来说是没有价值的。由于兴趣与需求不同,因此对同一新闻的价值判断也不尽相同。受众衡量新闻价值的标准是:陌生因素越多,越符合受众兴趣,新闻价值就越大。

(四)新闻工作者的新闻价值判断

新闻工作者特别是记者在判断新闻价值时,一般要兼顾各自的媒体(尤其是媒体背后的主办者)和假想受众,综合考量双方立场后作出职业判断。由于新闻敏感性不同、记者水平高低不一,因此在判断新闻价值时,自由发挥的空间度较大。

(五)新闻判断与新闻价值判断的区别

在新闻实践中,新闻工作者在做新闻判断时,不能只用新闻价值这一把尺子,还要受宣传价值、宣传政策、媒体定位等其他因素制约。

简单地说,判断事实可否成为新闻时,可用新闻价值、宣传价值、宣传政策、媒体定位等因素作标准,评判新闻价值则要用新鲜性、重要性、显著性、接近性、趣味性、异常性等作标准。

九、新闻价值与宣传价值

在前文中,我们从宣传学的视野中分析了新闻价值也属于宣传导向价值,这里我们着重从宣传价值的角度再对新闻价值进行考量。

(一)二者的区别

宣传价值是事实中所包含的有利于传播者,并能证明和说明传播者政治主张的要素。新闻价值是事实构成新闻诸因素的客观存在,是记者判断事实是否成为新闻的尺子。

两者并非完全一致,有些事实本身并不能引起人们的兴趣,但却具有宣传价值,也会被当作新闻进行传播;有些事实受众很感兴趣,新闻价值较高,但却没有宣传价值。我们要力求选择既有新闻价值,又有宣传价值的事实。而对那些本身具有新闻价值的事实,慎选发表的时机来强化宣传效果也是取得事半功倍效果的做法,比如,可以选在特殊纪念日发表等,还可以组织一系列报道,来强化提高宣传价值。

（二）新闻的宣传价值

现代宣传活动必然要利用现代传媒。实际上，没有哪家报纸不在天天从事着宣传活动。新闻的宣传价值具体包括以下几种。

（1）政治价值：有利于国家政权稳定，有利于宣传党和政府的大政方针。

（2）经济价值：有利于经济发展，有利于宣传党和政府对经济形势进行研判。

（3）社会价值：有利于社会治理，有利于宣传党和政府对社会进行治理。

（4）文化价值：有利于民族文化传播，有利于宣传和弘扬中华优秀传统文化。

（三）宣传价值的要素

在新闻报道中，对宣传价值要素的表现可归纳为"五性"。

（1）一致性：指新闻报道与一个时期的中心工作相一致。

（2）针对性：指新闻报道对社会现实"针尖对针尖"地涉猎。

（3）普遍性：指事实所包含的思想对广大群众具有普遍教育意义和指导作用。

（4）典型性：指事实可以以一当十，无可辩驳地说明传播者想要说明的观点。

（5）适宜性：指在适当时机发表能获得尽可能大的宣传效益。

（四）用新闻价值和宣传价值共同识别新闻

比如，笔者采写的消息《法门寺僧人参加保险》获 1990 年度陕西省保险好新闻一等奖，这篇新闻的发现过程就是新闻价值与宣传价值共同识别的结果。

1990 年 4 月，笔者跟随宝鸡市委宣传部与宝鸡市保险公司联合组织的媒体采访团一行 10 多人来到扶风县保险公司采访，扶风县保险公司对接待这次难得的集体采访十分重视。记者会上午 8：30 开始，经理拿着厚厚的材料给记者们介绍了三个多小时，可是，大多数人还是觉得没新闻可写，原因是他们准备的材料大多都时过境迁，内容陈旧。

当笔者为没发现新闻而发愁时，机会来了。县保险公司办公室主任随口告诉笔者，前天他还来过这里，为 23 个僧人办了人身意外伤害保险。"啊！为僧人办保险？"笔者一听就觉得这是条"大鱼"，因为其他人紧随其后，为了保密（因为新闻同行之间要竞争），笔者便把话题引到了别的地方。吃饭的时候，笔者一直在思考这件事，用新闻价值的几个要素衡量：前天发生的事，时间上还算"新鲜"，一般人认为僧人不会参加保险，内容新鲜，且"异常""趣味"；法门寺是世界著名佛教圣地，肯定"显著"，人身意外伤害保险，与大家息息相关，还算"重要"，法门寺就在本市，也"接近"。衡量的结果是六要素全符合。再用宣传价值要素去衡量，这个事实对国家倡导的增强保险意识政策很有教育作用，此行目的就是宣传保险的重要性，具有宣传价值；同时再仔细分析，僧人参加保险，在未违反宗教政策的前提下，宣传了唯物主义思想，也能给保险公司带来一定的经济利益，对社会稳定、文化建设都有正面作用，完全符合当前的宣传价值，综合考虑，笔者心中暗喜。

笔者采访了 10 多分钟，将事情的来龙去脉问清楚了，并叮咛他先不要给别人说这件事。吃完饭后，别人去参观法门寺，笔者借故来过，就在车上写稿，半小时后，300 多字的新闻稿很快完成。那个时候,还没有手机,笔者就去附近的邮局打电话发稿子。下午 15:00,采访团驱车离开扶风县去下一站岐山县,在车上打开收音机,大家听到了这则新闻,都惊奇是如何发现的,笔者卖了个关子让大家猜,大家自然猜不到。有人提出再返回扶风县,笔者说不用了,这个事情也简单,随后就原原本本地把这个事情给大家讲了一遍,各媒体就接着再发。采写《法门寺僧人参加保险》这件事情已经过去了 30 多年,今天想起来还记忆犹新,事实上,很多时候,新闻就是这样发现的,但偶然中有必然,新闻时时有、处处有,关键是要有发现新闻的智慧。

1. 新闻界的“发现滞后”

“发现滞后”不仅存在于自然界,也存在于新闻界。在新闻实践中,由于客观原因或主观原因,很多时候,很多好新闻并没有被及时发现,甚至永远都没有被发现,这其实也很正常,因为事实是无限的,发现则要靠人的智慧,而人力是有限的,人的智慧和水平更是有限的,再加上受体制、宣传政策等影响,很多事实会被埋没,成了永远的秘密,还有很多事实被发现的时间远远落后于事实产生的时间,让事实与受众见面的时间大大推迟。

比如《1976 年唐山地震死亡 24 万多人》这个消息中透露的死亡数字,就是在地震发生三年多后由新华社原副总编辑徐学江首先披露出来的。徐学江就此还写过一篇回忆文章,我们一起来欣赏,从中体会一个记者的社会责任以及发现新闻和传播新闻的不易。

我 1965 年大学毕业后进新华社做了记者,从当记者那天开始,就把“实事求是”定为自己必须恪守的工作原则,坚持及时、真实、客观地报道新闻事件,先后参与了许多国内外重大事件的报道。1976 年 7 月 28 日,唐山发生了举世震惊的大地震,地震发生后,新华社领导立即派我赶往唐山现场采访。

在唐山灾区采访期间,我每天奔走在满目疮痍的瓦砾中,目睹了众多家庭房倒屋塌、亲人罹难的惨状。当时正值炎热的夏季,酷暑中到处散发着尸体腐败的气味,整个唐山从南到北到处是生存者痛失亲人的号啕哭声。几天采访下来,我凭借一个新闻记者的直觉感到,这场震惊世界的大地震的死亡人数绝不是十万八万的小数目。于是为了真实反映这场浩劫造成的灾难程度,我在及时报道地震现场情况和广大军民团结一心抗震救灾英雄事迹的同时,以一名新闻记者的职业责任感,开始想方设法了解死亡人数。然而由于当时历史原因造成的种种限制,我以及全国各路记者始终没有采访到官方统计的死亡数字。一直到唐山大地震抗震救灾工作全部结束,有关部门也没有公布人员死亡情况,死亡人数就像谜一样萦绕在人们心头。一转眼三年时间过去了,唐山大地震死亡人数依然扑朔迷离、讳莫如深,由于时间拖得太久,引得国内外各种猜测、议论不断……1979 年 11 月 17 日至 22 日,全国地震工作会议暨中国地震学会成立大会在大连市棒棰岛宾馆召开,我作为新华社当年参加过唐山大地震报道工作的记者,受领导指派到大连参加会议报道工作。

会议按照预定程序进行得很顺利,最后一天,有关方面领导向与会的地震专家们通报了三年前唐山大地震的死亡人数。听到这个数字,出于新闻记者的职业敏感,我立即觉得这是一条极为重要的新闻信息,是全国和全世界等待已久的重大新闻,同时认为:自己作为参加会议报道的记者,有责任把这条消息发出来,把真相告诉全世界。基于这种认识,我抓紧时间写好了一篇题为《1976年唐山地震死亡24万多人》的稿件，迅速送给担任大会秘书长的国家地震局的一位处长审核、签发。送审时我向秘书长提出了三条理由：①地震发生已经三年了，伤亡情况应该报道，因为中国广大人民群众始终非常关心，同时外国人也很关心，再不报道我们会更被动；②几年来国内外猜测不断，传言很多，对地震死亡人数众说纷纭，如果不在这个召开全国地震会议的时候报道，各种传言会更多；③地震是一种自然灾害，与政府行为无关，在这样一个时机进行报道，比较自然。

秘书长认真看完稿件，听了我的要求和理由，有些犹豫，问我："你这篇稿件一定要今天发吗？"看着秘书长有些拿不定主意的目光，我心里明白，他是想把稿件带回北京请示更高的负责人，我非常理解他的心情。但作为新闻工作者的使命感告诉我——必须努力争取将此稿发出！于是态度十分坚决地说："我觉得一定要今天发，因为新闻讲时效性，不能发过时的消息！"秘书长听完我的话，又看了一眼手中的稿件，依然在犹豫，我立即补充说："这是自然灾害造成的死亡，并不是人为因素所致，与政府和专业部门没有直接关系。如果等回到北京后再经过各级领导层层审阅，新闻的时效性将大打折扣。"看着我真诚的态度，秘书长也觉得我说得有道理，就同意了我的意见，拿起笔在稿件上签了字。

得到批准后，我立即将稿件传往北京新华社总社对外部。20世纪70年代末的通讯不像现在这样发达，条件有限，我只好拿着电话边读稿，边让北京的同事做记录。以下是新华社1979年发出的稿件原文：

"新华社大连十一月二十二日电 在一九七六年七月二十八日发生的唐山大地震中，总共死亡二十四万二千多人，重伤十六万四千多人。这两个数字是唐山、天津、北京地区在那次地震中死伤人数的累计。这是今年十一月十七日至二十二日在中国地震学会成立大会上宣布的。唐山地震的震级为七点八级，震中裂度为十一度。地震发生的地点是人口密集的工业区，发生的时间是三点四十二分五十六秒（北京时间），正当人们沉睡的时候。地震部门事先未能发出预报。由于这些原因，它所造成的损失是很严重的。"

这一消息发出后，顿时引起很大的轰动，我也被说成了新闻界对外公布唐山地震死亡人数的第一人。后来经常有人问我："你当时为什么这么强烈要求报道地震死亡人数，还主动向秘书长提出自己的理由。"每每我都回答："其实原因很简单——就是一个新闻工作者的责任心！"那时对这件事，我是这样认识的："当时虽然地震发生已经三年多了，但与地震相关的报道还很多，因为那几年我国地震发生得比较频繁。因此地震报道也是一个热门话题，大家都非常关心。我之所以要求公布死亡数字，源于我对党的方针政策的了解，对新闻工作者职责的明晰，对什么该报，什么不该报，有一个基本判断，如果我觉得应该报，从国家整体利益出发，我会做出判断，遇到重大新闻，写不写是我作为记者的职责问题，至于上级有关领导签发不签发那是另一回事，但作为新闻工作者，在新闻事件的报道方面，该坚持的我一定要坚持！该争取的也一定要争取，绝不能有辱使命！"

对唐山大地震死亡人数报道后，我对灾难性、突发性事件报道更加关注，并进行了认真研究和思考，逐渐形成了自己的观点，我认为：自然事故肯定与政府无关，责任事故则能反映政府管理上的一些问题,如果发生事故能够及时报道,可以迅速引起有关部门重视,分析原因、总结教训。如果不及时报道,难以敲响警钟,引以为戒,弄不好还会导致同样灾难连续发生。因此我一直呼吁:对于灾难性、突发性事件,即使是人为的原因,也要及时报道,只有这样,才能使人们深刻吸取血的教训,才能使政府进一步提高行政能力,才能使事故的发生频率降低再降低。

值得称道的是,国内许多主管领导和新闻界同仁与我有共识,经过大家的不断努力,我国对灾难性、突发性事件的新闻报道逐步放开,尤其2003年"非典"以后有了很大进步,一些相关制度也逐步完善起来。2008年"汶川5·12"大地震发生后,我国从中央到地方各类新闻媒体立即行动,及时、准确、公开地连续报道了与地震有关的一切重大新闻,赢得了全世界的广泛赞誉,这些报道向世人昭示,我国灾难性、突发性事件的新闻报道机制已经完全建立。

2."忽视发现"是新闻界的常见病

这个问题前文绪论部分已经讲过了,这里不再多重复。需要强调的是,不只是新闻学界忽视新闻发现的研究,新闻业界很多人也不重视新闻发现。谁都知道,探矿比采矿重要,诊断病比治疗病重要,看到自身的优势和潜力比埋头苦学苦干重要,提出问题比解决问题重要……但实践中,人们却往往忽视发现。这个问题好像普遍存在于各行各业各个领域之中,新闻发现就显得尤为突出。新闻界没有任何理由"忽视发现",得下功夫克服这种"常见病",尽力让新闻事实尽可能早地与受众见面,这是记者的职责,也是记者的使命。

十、新闻价值与公众兴趣

(一)新闻价值

前文已经对新闻价值的含义进行了剖析,这里再来换个角度对新闻价值进行分析。其实,新闻价值就是媒体预估新闻对受众的有效性,从媒体和新闻记者的角度看,就是衡量新闻的标准。而从受众的角度看,就是媒体选择的新闻是否合他们的胃口,即最终是否能取得社会效果,还要接受受众的检验。

所以,当新闻记者在考虑什么是新闻时,多是从受众的需求考虑,多是从媒体的定位和需要考虑,多是从党和国家的宣传需要考虑,几乎从来不考虑记者自己的需要。当然,这种选择的标准也带有记者的主观色彩,包括记者的好恶、记者的学识范围、记者的认识水平等,但这是无意识活动,不是有意为之。

(二)受众兴趣

受众兴趣指受众对身外某些现象或事物公开表现出的普遍关注。受众兴趣的产生最初是基于个体需要的关注,形成兴趣后,通过一定的社会关系以及私人意见进入公共领域的过程使之公开化,并不断与他人的观点"博弈",最后形成共同关注的受众兴趣。在受众兴趣中,某些特定或焦点话题被突出探讨而形成的合意就是舆论。在这个过程中,大众媒介起到了十分重要的辅助作用。

记者对一件新闻事实是否敏感,问题的起点还在于记者对客观事实有没有新闻价值的判断。这种判断关键在于某个客观事实有没有引起受众的兴趣。

1.受众共同兴趣具有使用价值

媒体是靠受众生存的,没有受众,就没有媒体。受众和媒体的关系就像新闻和事实的关系一样,事实是新闻的生命,受众就是媒体的生命。所以,媒体发新闻,必须考虑受众的共同兴趣或广泛兴趣,他们的共同兴趣是什么,媒体就发什么新闻,比如,公众喜欢接近自己生活的新闻,那媒体就多发民生新闻、社会新闻、经济新闻等。一定是共同兴趣、广泛兴趣、多数人的兴趣,而不是少数人的兴趣、少数地方的兴趣,更不是记者个人的兴趣。

2.媒体发展需要具有交换价值

媒体有自己的定位,不同的媒体,有不同的受众,有不同的新闻采集范围。如果把新闻看作是一件特殊的精神产品的话,新闻是有使用价值的。受众在选择新闻时,考虑的是它的使用价值,如新闻可以给受众带来愉悦,带来意想不到的收获,包括政治观点、文化传播、经济信息、社会考量等。但对于媒体来说,传播有新闻价值和宣传价值的新闻,就是想通过这些价值与受众进行交换,即一种物物交换。

(三)公众兴趣与新闻价值的关系

公众兴趣和新闻价值有交叉,可以说,能引起公众兴趣的事实都具有新闻价值,具有新闻价值的事实,都应该能引起公众的兴趣。引起公众兴趣的一般要素包括以下方面。

(1)新鲜:包括内容的新鲜和时间的及时。

(2)重大:某一事实与人们有密切的利害关系,或发生作用的范围较大,产生影响深远。

(3)接近:包括空间距离接近和心理距离接近。

(4)显著:发生在一般地方、一般单位、一般人身上的不是新闻,发生在著名地点、著名单位和显赫人物身上的可能就是新闻。

(5)冲突:矛盾冲突激烈的地方往往是众人关注的焦点,都是新闻集中的地方。

(6)趣味:事实具有情趣、意味和吸引力,人们就会产生兴趣,这符合人们的求乐心理。

(7)人情:拨动人们心弦、引起人们情感共鸣的内容,易受人关注。

(8)异常:正常不是新闻,受众喜欢反常的情况。

(9)连续:受众喜欢故事有情节且情节连续不断。

(10)监督:受众喜欢批评性的监督报道。

比如,《羊城晚报》记者张洪潮采写并获 1995 年度中国新闻奖二等奖的消息《寻人信发往山东》就是一篇充分考虑受众兴趣的佳作。

旨在通过建立合理收费制度、彻底改变学生上大学由国家包下来的"并轨招生",堪称是继 1977 年恢复高考制度后对全社会触动很大的一次教育改革。1995 年 6 月,这项改革首先在广东率先实行,当时望子成龙的家长们、寒窗十年的学子们以及全社会最关心的就是孩子们考上大学交不起学费怎么办?张洪潮就围绕受众这一兴趣展开调查,广泛接触教育主管部门、高校领导、家长和学生，在调查中有了比较丰厚的积累。所以，9月新学期开始时，当他在广东省教育厅一份电话记录中获取了广州某大学一新生悄然离校的线索后，就能迅速判断出它的新闻价值，并在最短的时间里完成采写，使其成为一篇短小精悍、导向正确、信息含量高、可读性强、传播社会效果好的新闻佳作。

改革越到难处，新闻媒体越要帮忙而不能添乱。这是张洪潮的思想观念，消除"公费""自费"界限，一律实行缴费上学、并轨招生，这是改革的难点。该新生的"出走"，显然不是一个偶然的事件。那么，在报道中，怎样既不误导读者把这一事件归罪于改革本身，又能促进大学收费制度的完善，让"新生出走的故事"不再重演？首先，他把新闻的切入口放在正面报道上。学校发现后，迅速采取措施发信呼吁新生快快回来，诚恳表示绝不会让他"因交不起学费而退学"。其次，在作正面报道时也要注意可能产生的负面影响，为改革"帮忙而不添乱"，所以，在突出报道受广东省教育厅和学校的委托及报社的委派，记者历经千辛万苦来到该新生家乡并将正在建筑工地打工的该新生接回广州等感人细节时，也不忘记报道对如何完善大学奖学金、勤工助学、建立扶助大学生基金等制度提出意见和建议。

第二节　新闻敏感

新闻敏感是记者发现新闻的法宝，没有新闻敏感，就没有新闻发现。新闻敏感的作用就在于从一般事实中敏锐地抓住新闻事实或新闻线索，进而挖掘出表现新闻价值的最佳角度、最新主题、最适合的表现形式。

一、新闻敏感的含义

新闻敏感指新闻工作者敏锐识别新闻的能力，也叫"新闻鼻""新闻眼""新闻嗅觉""新闻意识"等。

我们也可以用上文笔者介绍的给概念下定义的方法，先找到它的母概念——敏感，然后再对母概念进行限制或解释。所谓"敏感"，就是主体对客体反应迅速、灵活、有智慧，是指生理上、心理上对外界事物的反应能力。如某人对花粉敏感、对天气敏感、对青霉素敏感、对政治敏感等，实际上就是指某人因某种原因，对花粉、天气、青霉素、政治等反应很快。别人见花粉没事儿，他很快就有感应，皮肤会起红点；别人不知道快要下雨，他立即就能感觉到；别人打青霉素没事儿，他不行，打青霉素身体就会过敏；别人不知道政治气候有变，他能预感到政治舞台会有大事发生。

这样，我们就可以再给新闻敏感下定义。所谓新闻敏感，是指新闻记者对新闻反应迅速、灵活、有智慧，别人识别不了，而他在新闻事实面前会很快识别出来，就是对新闻有敏锐识别的能力。具体来讲，新闻敏感是指新闻工作者对具有新闻价值的新鲜事物的敏锐发现和迅速感悟的能力。它要求新闻工作者要有灵敏的"嗅觉"、敏锐的目光、快速的综合感悟和反应能力。它是新闻工作者综合素质和能力的体现，是新闻工作者必备的基本素养和能力。

和前文讲到的媒体报道有两重境界类似，新闻敏感也有两重境界。

第一境界:客观事实已经发生,已经展开在记者面前,记者能马上意识到其中有新闻可抓,这是记者应该具备起码的新闻敏感。

第二境界:客观事实刚刚出现,如何发展还没有明确,记者根据对事实的研究,意识到将出现一种什么样的趋势,从而依据这种判断主动采写新闻,这是较高级的新闻敏感。

二、新闻敏感的特点

(1)快捷,即能十分迅速地捕捉事物正在或即将发生的最新变化。

(2)准确,即能从纷繁复杂的事物中判断和选择出有传播价值的变化,既不因一般人的熟视无睹、司空见惯而忽略事物变化的真正意义,也不因某些人的过分好奇而表现出"过敏"反应,把普通事实当作新闻事实。

(3)灵活,即不拘泥于某种固有的思维模式和工作思路,能够随时根据所观察到的事物变化调整思路,打破成见,从事物细微的"风吹草动"中敏脱地推断出事物潜在的重大变化。

(4)好奇,即对自己不认知的事物和现象容易产生兴趣。

三、新闻敏感的内容

(1)迅速判断某一新闻事实对当前社会的重大意义。

(2)迅速判断某一新闻事实能否吸引较多的受众。

(3)透过一般现象挖掘出隐藏着的、有价值的新闻事实。

(4)在众多事实中,鉴别出最有价值的新闻事实。

(5)在对事物进展过程充分调查分析的基础上,预见有可能出现的新闻。

(6)准确判断各种价值要素及其相互关系,能迅速选择恰当的表现方式。

(7)在已经报道过的新闻中还能识别出与众不同的新闻角度。

(8)在生活实践中能迅速找到符合当前政策宣传的新闻典型。

(9)政治敏感极强,能感觉到政治气候的变化,捕捉政治信息。

(10)能感受到与受众的互动信息和预测新闻的连续发展,并找到恰当的传播方式。

四、新闻敏感的作用

新闻敏感在新闻发现、新闻采访、新闻写作、新闻编辑或其他工作生活闲谈中的作用集中体现在对新闻的识别能力上。新闻敏感最重要的有三大作用:发现新闻线索的需要;发现具有新闻价值的事实的需要;预测新闻事件发生的趋势。具体作用表现在以下 10 个方面。

(1)有利于见微知著,迅速抓住新闻线索,进而发现有价值的新闻。

(2)有利于挖掘新闻素材,并从中鉴别最有传播价值的新闻事实。

(3)有利于选取最佳报道角度,把新闻事实的价值最大限度地开发出来,慧眼识珠,从已发新闻中识别再生新闻。

(4)有利于抓住事物发展的规律,对新闻进行再度开发,预测并迅速抓住新闻后面的更大新闻。

(5)有利于编辑对记者的新闻稿件进行重新鉴别,以变化角度,获取价值更大的新闻。

（6）有利于进行新闻策划，制定方案，开展媒体之间、记者之间的新闻竞争。

（7）有利于发现合适的新闻呈现方式和媒体传播方式，将新闻事实中的新闻价值最大化地呈现在受众面前。

（8）有利于新闻媒体管理者正确评价新闻作品，选取有价值的作品。

（9）有利于网络编辑对原创新闻进行重新整合。

（10）有利于新闻程序员制作融合新闻。

五、新闻敏感的培养

一个人是否具有新闻敏感，固然有天生的成分，但后天培养最为重要。培养新闻敏感的方法很多，这里主要介绍 6 种。

（一）增强政治敏锐意识

新闻敏感的核心是政治敏感，新闻工作者在辨别新闻时首先要以政治因素为依据考虑它的"重要性"。新闻是为一定的阶级和社团服务的，因此，新闻工作实际上就是政治工作的一部分，新闻敏感就是政治敏感在新闻工作中的体现。任何一个有远见的政治家，任何一个有谋略的领导，都把新闻工作当作自己政治工作的一部分，从而加强对新闻工作的管理。新闻记者如果政治觉悟不高，政治思想性不强，甚至对政治不闻不问，那他一定没有政治敏感，也就更谈不上新闻敏感了。

（二）树立社会责任感

社会责任感是新闻工作者对党、对人民、对社会负责的一种强烈责任动机，它对新闻工作者捕捉新闻起着关键的作用。新闻工作者的职业责任感就是为民立言，为社会立言，包括抨击时弊、抑恶扬善、伸张正义等。

一位新闻工作者只有对国家、人民怀有深厚情感，才会随时关注当下党的方针、政策、路线，才会对周围群众关心的一切事物保持高度的敏感。

新闻工作者的责任感越强，不但触发新闻敏感的机会越多，而且产生的动力也越大，捕捉新的信息的能动性也就越大。

履行社会责任，需要有爱心和激情。无论是坚守可持续发展理念，还是注重经济、社会、环境三重底线，无论是维护相关方利益，还是关爱弱势群体、支持社会公益慈善事业，都是在体现一种爱，这种爱是社会之爱、环境之爱、国家之爱、人类之爱，是一种博爱、一种大爱。社会责任感是关爱、是热情、是奉献、是付出、是回报、是感恩、是崇高道德的一系列社会化实践，新闻工作者满怀爱心和激情投入到这样的实践，新闻敏感性就会越来越强，手头的新闻线索就会越来越多，就会感觉永远有发现不完的新闻。

（三）锻炼好奇求新心理

记者是社会活动家，"好奇心"是激发记者新闻敏感的动力，要多和人打交道，遇事多问"为什么"，不能视而不见、听而不闻，要像小孩子一样"喜新厌旧"，善于"猎奇"。"记者"这个职业是个"很自由""日日新"的职业，不像教师，整天围在校园里和学生打交道，日复一日地重复着给学生教知识;也不像医生那样上班时间就得坐在病诊室接待病人,所看的病例大多也都是重复的;更不像工人、农民,日复一日地在机器旁重复劳动,或是一年四季与土地为伴,交替耕耘,随季劳作。记者每天的劳动内容都是新的,每天见的人、走的路、去的地方、看的材料等,几乎都是新的,更重要的是,要发现的事实、要传递的信息、要报道的人物、要关注的现象等,必须都是新的。自由和新鲜,是记者工作的两大特性。

对记者而言,写作技巧可以后天训练养成,而在先天素质里,有两样东西是成为好记者的必备条件,那就是"好奇心"和"激情"。好奇心让记者有了新闻敏感和发掘选题的能力,激情则会促使记者履行社会责任,用心去完成所发现的选题。

好奇心是人的天性,也是科学研究和新闻发现的原动力。好奇心在个体和社会互动的过程中能被引导、激发,也能被限制、约束。不断求新求异,发现和提出新的问题,是记者工作的核心。

(四)养成博学多闻习惯

学习是获得一切技能最好的钥匙,记者工作尤其如此。要想给别人一碗水,自己得有一桶水才行。要博学多闻,不仅要学党的政策、新闻理论,还要学各行各业的知识,努力使自己成为一个知识"百宝箱"。

记者是"杂家",而不是"专家",记者每天面对的是新的事物,记者要成为"社会活动家",就得和社会上各式各样的人物、部门打交道,没有广泛的知识是不行的。

(五)改变固有思维模式

记者要善于打破常规,多练就"逆向思维""追踪思维""迂回思维""跳跃思维"等科学的思维模式。这些独特的创新思维模式有利于锻炼记者的新闻敏感性。

逆向思维,也称求异思维,它是对司空见惯的似乎已成定论的事物或观点反过来思考的一种思维方式。要敢于"反其道而思之",让思维朝对立面的方向发展,从问题的相反面深入地进行探索,树立新思想,创立新形象,发现新问题。当大家都朝着一个固定的思维方向思考问题时,而你却独自朝相反的方向思索,这样的思维方式就叫逆向思维。人们习惯于沿着事物发展的正方向去思考问题并寻求解决办法。其实,对于某些问题,尤其是一些特殊问题,从结论往回推,倒过来思考,从求解回到已知条件,反过去想或许会使问题简单化。

追踪思维,也称因果思维,是指按照原思路刨根问底,穷追不舍,直至找出自己满意的答案。在物质世界里,追踪思维是普遍的、客观存在的。它与因果有关系,是由先行现象引起后续现象的一种必然联系。因果两者是对立统一的,原因和结果相互依存,没有无因之果,也没有无果之因。追踪思维法将事物归零,找到起关键性作用的因,这是因果思维的核心,同时,这个因是有决定性、奠基性的,始终决定事物的发展方向。追踪思维在发现新闻中具有很高的应用价值。

迂回思维相当于迂回战术,就是在遇到比较棘手的问题时,通过间接的思维方法将问题抽丝剥茧地分段解决,这之中最重要的就是要有耐心,能够"死缠烂打",不断克服思维疲劳,这样才能解决问题。迂回不是退缩,而是进取,有时候以曲为直,以退为进,才能够更快地抵达终点;迂回也不是示弱,而是智慧,有时候欲显先隐,在对手洋洋自得之时才能给其致命的一击;迂回不是徘徊,而是磨砺,有时候经历越复杂,成功后获得的幸福感就越大。道路不怕迂回,就怕阻塞;人生不怕曲折,就怕迷失。"山重水复疑无路,柳暗花明又一村",记者利用这种思维方法,常常也会发现新闻。

跳跃思维,简单地说,就是一种杂乱的思维方式,通常对一种事物的想象突然跳到与此事物不相干的另一事物上了,而且连续进行这样的想象。跳跃思维是指一种不依逻辑步骤,直接从命题跳到答案,并再一步推而广之到其他相关的事物的思考模式。跳跃思维一般逻辑不严密,组织杂乱无序。它与逻辑思维是相对立的。通常的表现是说话或者写文章组织不严密,立意太分散。但记者用这种思维方式也常常能增强新闻的敏感性,发现意想不到的好新闻。

(六)热爱生活,善于观察

记者是社会生活的"瞭望者",要热爱生活,善于观察,要习惯于"少见多怪",要"眼观六路""耳听八方"。记者最忌讳对生活麻木不仁,或自恃清高,目空一切。热爱生活,善于观察,是锻炼记者新闻敏感性的一个有效方法。

所谓观察,就是记者对客观事物由表及里地进行查看和感知的行为。观察和访问,是记者常用的采访手段,也是新闻发现的常用手段。观察的目的是发现新闻,也是采访新闻。如果到新闻现场去观察,要注意观察事件的表象、场景、行为、细节、人物等,在观察中获取更多材料,发现新闻价值。

记者要做一个观察家,这是对记者提出的更高要求。记者以报道事实为主,观察家以评论事实为主。观察家要善于宏观地思考问题,通过分析,提出自己独到的观点。媒体中的观察家一般有两类:一类是外请人员,即专职观察家;另一类就是记者,这些年从记者中成长起来的观察家不少。

六、正确把握新闻敏感

在新闻实践中,新闻工作者要把握好新闻敏感,须注意以下几点。

(一)坚持客观真实的报道原则

新闻报道必须真实、准确、公正、全面,但新闻实践中,一些记者一味地靠新闻敏感,刻意拔高客观事实,或者隐瞒客观事实的部分细节,造成新闻失实,在受众中产生不良影响。

真实是新闻的生命,是新闻报道的基本要求。在新闻工作中坚持真实性原则,要做到以下方面:对事实的报道必须准确无误;从总体上、本质上和发展趋势上反映事实;对事实的报道必须全面、客观、公正;坚持新闻报道客观性和倾向性的统一。

新闻真实是新闻媒体公信力的基础。新闻的价值对受众来说,就在于它是真实的和有用的。因为只有真实才能帮助人们了解和掌握客观世界的真实情况,深化认识,相应地调整自己的思想和行动。如果媒体传播的新闻不能真实地反映社会生活中最新发生的事实,那就失去了存在的价值。

新闻真实包括具体真实和整体真实。具体真实要求对事实的报道准确无误,新闻中的信息有根有据,和事实完全相符。整体真实要求新闻能够从总体上、本质上和发展趋势上反映事实。

但是,笔者认为,新闻报道还要讲求时效性,在有限的时间里,记者一方面要抢时间发稿,另一方面要做到真实准确,还要把握事物的本质,确实很难。在新闻实践中,记者要灵活处理新闻真实性和新闻时效性之间的矛盾,不能机械地让新闻真实束缚住自己的手脚,严重影响新闻的时效性。新闻真实很难像司法真实那样,所有的事实和信息都确保有证据支撑;新闻真实更难像哲学真实那样反映事物运行的规律,揭示事物的本质。但新闻真实必须高于文学真实,在新闻中报道的事情在生活中要确有其事,绝不能像文学真实那样进行虚构和塑造,用反映生活真实的各种想象代替现实中的真人真事。新闻真实是有层次性的、渐进性的,随着采访的逐步深入、时间的继续推进,新闻真实也会不断地接近真相,后边的报道会对前边的报道进行适当的修正、补充和完善。新闻报道也很难一下子做到准确无误,在新闻实践中,碰到有些新闻要素、个别新闻细节等难以快速落实时,可以采取暂时先不交代或如实叙述可能的几种情况有待最终落实等灵活多样的手段处理。

比如,全国优秀新闻工作者、原宝鸡广播电台台长、高级记者胡云林(笔名方舟)在他的新闻论文《试论新闻真实的层次性与新闻改革》一文中举了这样一个例子。1989年,宝鸡市化工厂发生火灾,电台派记者及时做了报道。第一篇报道讲,据有关方面估计,这次火灾的损失在100万元以上;因为当时烧毁现场未进行清理,报个估计数字应该是允许的。第二篇报道讲,据公安消防部门估计,火灾直接损失约80万元。第三篇报道讲,保险公司最终核实的损失为50万元。显然,前两次报道是不确切的,但当时只能这样初步估计,不能因为保险公司的结果没有出来,在新闻报道中就不敢提了,也不能说前两次报道就是失实报道。事实上,这三次报道反映的就是事物发展和认识深化的过程,是真实层次不断接近真相的过程。当然,如果记者不愿意报道第三次确切的损失,那就是极其错误的了。

(二)坚持正确的舆论宣传导向

新闻敏感必须以政治敏感为前提,把握好政治宣传的"度",在公众兴趣与宣传政策发生矛盾的时候,要毫不犹豫地坚决执行党的宣传政策和宣传纪律,正确引导舆论导向,切莫犯方向性政治错误。新闻舆论导向是指新闻媒体依据一定的思想和立场,运用新闻手段引导社会舆论的传播行为。坚持正确新闻舆论导向是巩固主流意识形态的内在要求,是社会主义新闻工作的基本方针。

1. 坚持正确舆论导向的基本目标

(1)总体目标:坚持正确舆论导向,做到所有工作都有利于坚持中国共产党领导和社会主义制度,有利于推动改革发展,有利于增进全国各族人民团结。

(2)具体目标:新闻媒体通过议程设置,将重要的新闻议题凸显出来,进入公众关注和讨论的范围,以达成比较一致的社会意见和广泛的共识。

2. 政治方向是新闻舆论导向的核心

(1)坚持党性原则,同党中央保持高度一致。

(2)坚持党性与人民性相统一。

(三)坚持全方位的新闻敏感性

新闻工作者的新闻敏感不能仅仅停留在发现新闻线索上,那是初级的新闻敏感。更高级的新闻敏感包括新闻的后续报道、新闻的再度开发、新闻的呈现方式,以及依靠新闻敏感进行的新闻选题策划等。

新闻敏感有两种境界,我们要立足新闻敏感的第一境界,开发新闻敏感的第二境界,且多多益善。新闻敏感不只针对记者,也针对编辑,针对新闻生产的全过程。新闻敏感不只针对单篇新闻报道,也针对新闻栏目、新闻频道、新闻节目、新闻媒体。

新闻敏感是一种顿悟式的思维活动,是新闻工作者政治水平、理论水平和业务能力的综合表现。新闻敏感的强弱与新闻采访报道的成败有密切关系。

新闻敏感不只在新闻领域,也常常使用在政治、经济、文化、教育等领域,长期做新闻记者的人,对形势的判断、对事物发展的判断、对人的判断等,敏感性往往比其他职业的人要强,这也是新闻职业的特点和优势。

比如,笔者 2019 年高考前夕,就猜中了高考作文题,通过微信朋友圈告诉了自家的侄子和几名朋友的孩子,后来,这件事被《华商报》记者赵瑞利发现后写了一篇新闻在很多媒体上发表,还有一些人把笔者猜中高考作文的"聊天记录"转发,让笔者着实"火"了一把。这之后,西安很多高考补习班的负责人以及学生的家长纷纷找到笔者,希望能给孩子辅导一下高考作文。事实上,这只不过是笔者新闻敏感在高考上的反映罢了。

做新闻的更"敏感"？陕西一媒体人"押中"高考作文题

《华商报》记者　赵瑞利

30 多年前曾在宝鸡一家子校当过三年高中语文教师,后来一直从事新闻工作,今年家有考生,杨先生提前"押中"高考作文题,家人调侃:"我当年高考你咋不给估个题,我也不至于上个这学校。"

杨先生名叫杨讲生,是陕西省人大常委会报刊社社长,兼任陕西省传播学会副会长,1985年开始从事新闻工作,曾多次获得全国和省上新闻大奖,是位成绩卓著的老新闻工作者。因职业关系,杨讲生很关注时事新闻,当然也包括高考。今年侄子高考,杨讲生就更加上心,"今年是五四运动 100 周年,我觉得考的可能性很大。"杨讲生说,他将这一想法发到了家庭微信群里。6 月 3 日,他又叮嘱侄子一定要学习习近平总书记在纪念五四运动 100 周年大会上的重要讲话,并将讲话全文发到了群里,他觉得很有可能会让考生写读后感。除了家庭群,杨讲生还将这一想法告诉了身边两名家有考生的单位同事,并再三强调让孩子认真阅读习近平总书记重要讲话的原文,着重领会新时代中国青年的使命。

果然,今年陕西高考作文题就是以五四运动为主题的,其中一个命题就是收看"纪念五四运动100周年大会"后的观后感,和杨讲生的猜测基本吻合。后来问起来,侄子确实认真阅读了习近平总书记的重要讲话,也搜索了一些有关五四运动的资料,考试时很是得心应手。同事的孩子们考完试也很高兴。

"其实我去年也猜了50%,我觉得可能跟我的新闻敏感有关吧。"杨讲生说,去年高考前一天他曾预测高考作文可能会涉及四川航空公司英雄机组如何在飞机破损的情况下驾机安全返航的事迹,结果作文题居然就是与空难有关。今年又猜中,而且吻合度更高,大家都说他很神奇。说起押中的原因,杨讲生说,做新闻的都关注时事,且比一般人更敏感,而高考作文往往要反映当年的形势,特别是5月出题老师开始集中的时候,新近发生的事件往往更能引起他们的关注。

说起押题这事,杨讲生觉得,平时学习要注重打牢基础,加强各类文体的写作训练,临考前猜一猜,猜中了皆大欢喜,猜不中也很正常。《华商报》记者在杨讲生家庭微信群聊天记录中看到,5月10日,他首次将自己的想法发到了家庭群里,家人开玩笑说:"我当年高考你咋不给我估个题,我也不至于上个这学校。"杨讲生说,这是他的另一个侄子,其实也很不错,现在在一家媒体当编辑。当记者问起在群里给他泼冷水的人是谁时,杨讲生说,是他的两个双胞胎女儿,一个是日本东北大学的会计学硕士,现在一家银行财务部工作,另一个是西北政法大学经济法学硕士,现在一国有金融企业法律合规部工作,她俩主要是怕爸爸把话说满了误导堂弟。

杨讲生还告诉记者,他们这个家庭群起名叫"十佳星级文明户",是因为他的家庭是咸阳市星级文明家庭,他的母亲今年88岁,是咸阳市百名模范老人,已去世的父亲当年也是远近闻名的文化人、农村优秀党支部书记。他们弟兄几个都是靠考学出来的,到了下一代也都很争气,有上部队重点院校的,有上地方重点院校的,有上国外名校的,但最厉害的就是今年参加高考的这个小侄子,他是某名校的学霸,从10次模拟考试看,最好成绩是第1名,最差成绩是第47名,有些起伏,家里人都看好他,但也为他揪心,他的目标是北大,从估分的情况看,希望还是蛮大的,大家都衷心地祝福他心想事成!

七、新闻点的"藏身"

所谓"新闻点",就是受众的兴趣点,也是媒体的关注点。在一般的事实中,新闻事实常常是隐藏着的;在新闻事实中,具有新闻价值的新闻点也常常是隐藏着的。对于新闻事实和新闻点,一般人是难以发现的,只有新闻敏感性较强的人才能发现。

新闻点,就是"新闻由头",用通俗的话说,就是新闻的引子,或者叫"新闻根据""新闻依据"。"新闻由头"是新闻的基本要素之一,是决定新闻价值的重要方面,是展示新闻价值的着眼处、着手点。

比如,有人让你给他个新闻点,意思是,你那边有什么"好玩"的事情可以上新闻?如果你负责媒体接待,那么你该回答你们举办的活动的新奇之处,能够让记者以此作为写作的由头,告诉他什么事情有意思,然后用许多材料去支撑。

要第一时间抓住新闻重点、热点、难点、焦点、关注点,首先要学会洞察你所能及时了解和知道的事实,然后要寻找出其不可思议且与众不同的新闻点。新闻点具体包括以下几个方面。

(1)意外新闻:就是完全出乎人们意料之外且无法预料的事实。

(2)反常新闻:就是异常的、不正常的、不按常规发展的事实。

(3)名人新闻:就是领袖、精英、明星、名流等著名人物的事实。

(4)名地新闻:就是在特殊地点、著名建筑物、著名地方发生的事实。

(5)极端新闻:就是事物顺着某个方向已经达到顶点和极端的事实。

(6)新奇新闻:就是新事物、新气象、新面貌和稀奇古怪、趣味横生的事实。

(7)战争新闻:就是国家、地区、集团之间进行的有规模的武装斗争的事实。

(8)改革新闻:就是国家发展中以新政策和新制度接替旧政策和旧制度的事实。

(9)丑陋新闻:就是不光彩的、不宜公开的生活和工作中肮脏的事实。

(10)推广新闻:就是经过局部试点已经取得经验且准备进行大面积实施的事实。

新闻点常常用如下具有新闻价值的词语去表现,如批准、禁止、限制、取缔、关闭、计划、考虑、将要、开始、开业、继续、困难、推迟、结束、增多、减少、太、过、批评、表扬、反对、支持、公布、修改、发现、问世、建成、成功、对比、首先、结束、开幕、闭幕、改革、启动、实施、举行、失控、罕见、异常、创纪录、发出、警告、查明、确认、揭开、提前、迄今为止等。

第三节 发现新闻事实

在新闻实践中,最先发现事实的人不一定是最先发现新闻的人,因为发现事实并不等于发现新闻,只有发现事实中的新闻价值,你才能意识到这个事实就是新闻,你才能把它当作新闻事实去采访、去写作、去传播。新闻发现的本质就是新闻记者依靠新闻敏感,找到新闻价值,发现新闻事实,制作新闻作品,传播新闻信息。

一、依靠新闻敏感

(一)新闻敏感与新闻发现联系紧密

新闻实践告诉我们两个真理:一是没有发现,就没有新闻;二是没有新闻敏感,就没有新闻发现。

所以,新闻发现的本质首先就是依靠新闻敏感,离开了新闻敏感,就像鱼儿离开了水,瓜儿离开了秧一样,新闻发现便无从谈起。反过来,不进行新闻发现,新闻敏感也就无用武之地。新闻敏感和新闻发现,联系紧密,缺一不可。

新闻界有专家把新闻分为报道性新闻、调查性新闻和发现性新闻。

笔者认为,这种观点不妥。事实上,所有新闻都是发现性新闻,只不过有的事实新闻价值比较明显,新闻事实与一般事实区别明确,而有的事实新闻价值隐藏比较深,新闻事实与一般事实难以区分;有的新闻事实里新闻价值突出,新闻角度比较明确,而有的新闻事实里新闻价值比较隐蔽,需要通过比较才能选择合适的新闻角度;有的事实要表现的主题一目了然,而有的事实要表现的主题可能是叠加的,就需要分析、比较和选择后才能确定;有的事实适合的表现方式非常明显,而有的事实的表现方式需要记者动脑子思考才能找到。我们不能认为明确的事实就不需要新闻发现,不明确的事实才需要新闻发现,新闻发现是新闻生产过程中必须经历的首要环节,而且是贯穿在新闻生产的全过程。或者也可以这样说,新闻在正式生产前,必须以新闻发现为前提,在整个新闻生产过程中,也充满了新闻发现。不过,"发现性新闻"作为一个概念的提出,其积极意义值得肯定,它重在强调新闻发现的重要性。

(二)新闻敏感与新闻发现相互区别

虽然新闻敏感与新闻发现联系紧密,但新闻敏感却不能代替新闻发现。新闻敏感只是对客观事实的一种意识和感觉,是新闻事实对人的感官刺激的迅速反应,感觉到某一事实中蕴含着新闻;而新闻发现则是对事实本身已经有了一定的认识,确定了这件事实可以进行采访,可以成为新闻事实,或是对具体事实中的某些价值方面有了一定的认识,确定了新闻的由头或角度等。因为有了新闻敏感,所以才有了新闻发现,新闻敏感在前,新闻发现在后,新闻敏感是因,新闻发现是果。

比如,看到突发火灾,很多民众都会意识到眼前发生了一个新闻事件。看到突发事件意识到新闻发生,这只是浅层次的新闻敏感,也只能得到浅层次的新闻发现,因为没有受过专业训练的人大多也都能产生这种意识,也都会发现这种新闻。但作为新闻人来说,新闻敏感不能仅仅停留于这样的浅层次上面,还应当对人们司空见惯的一些事情具有新闻敏感。

再如,某个路口经常发生交通事故,有的记者就会产生一种新闻敏感,以最近发生的一起交通事故为切入点,从信号灯设置、路况特点、行人习惯等各方面因素出发调查交通事故频发的原因,于是就有了更深层次的新闻发现。

二、发现新闻价值

新闻记者依靠新闻敏感干什么呢?有人说当然是发现新闻,这也没错。但仔细分析琢磨一下发现的过程,就会觉得,其实是在发现新闻价值,是在用新闻价值的要素去衡量和把握你所看到的事实是不是新闻。所以,发现新闻价值,这是新闻发现的又一个本质所在。新闻敏感是手段,新闻价值是标准,新闻发现是结果。

(一)新闻价值的隐藏性

新闻价值和客观事实一样,是客观存在的,需要人们去发现,如果不被发现,就没有人知道,它会永远隐藏在客观事实中,直到消亡为止。有的时候,虽然发现了事实,但却没有发现其中的新闻价值,那么,这个事实也就变成不了新闻事实,也就只能作为一般事实存在,不会被更多的人认知。

新闻价值虽然客观存在于新闻事实之中,但是很多时候,它并不是存在于新闻事实的表面,一看就会被发现,而是要靠政治感悟、知识积累、社会责任、生活激情等新闻敏感因素去刺激感官,甚至还要经过一番思考,经过深入地调查、分析与研究,才会发现其中的新闻价值,新闻事实也才会从一般事实中脱颖而出。

新闻价值在新闻事实中也不是均匀地存在着。不是随便从新闻事实的任何一个方向出发就可以轻而易举地表现新闻价值。新闻事实里也不是只有一处新闻价值,而是有好几个新闻点、好几个新闻主题、好几个新闻角度。

正因为新闻价值的隐藏性,才让新闻价值有了一定的神秘感,才让新闻敏感有了用武之地,才让新闻事实不容易从一般事实中分离,才让对新闻价值的发现、呈现、检验等有了科学研究的价值。

(二)新闻发现的对象

多年前,笔者参加全国人大常委会办公厅在北京举办的新闻培训班时聆听了时任新华社总编辑南振中先生的课。南振中先生是一位新闻大家,他对新闻发现也颇有研究,如今翻开当时的课堂笔记,有些观点至今仍有指导意义,比如,他认为新闻发现主要表现为以下6种情况。

(1)发现或者找到世界上迄今为止还没有被传媒广泛传播、鲜为人知的新鲜事实。

(2)发现或者澄清社会上众说纷纭、莫衷一是的重大事件的事实真相。

(3)发现或者提炼出有助于解决当前各种困难和社会矛盾的新鲜经验。

(4)发现或者捕捉到给人以启迪的新思想,深刻地揭示改革开放大潮中人们观念上的新变化。

(5)发现或表现最能体现时代精神,对人们有极大激励和鼓舞作用的典型人物。

(6)发现能够体现事物发展规律的新苗头、新动向,准确地预测和描绘事物发展的趋势。

以上6种新闻发现的主要表现情况,其实就是我们过去讲的新事物、新经验、新思想、新风尚、新典型、新面貌。这6个方面其实就是新闻发现的对象。

(三)新闻发现的检验

新闻记者预测的新闻价值通过新闻作品呈现给受众,是否符合受众的"口味",最终要通过新闻作品所取得的社会效果来衡量和检验。这一点很重要,它是评判新闻作品的重要标尺。笔者采写的连续报道《救救这个被拐卖的小姑娘》之所以能在全国获奖,最关键的因素是稿件播出后,社会反响强烈,听众来信数百封,罪犯被抓,小姑娘与家人团聚。这样的结果,无论是记者,还是编辑,当时都没有预料到,即记者预估的新闻价值低于受众实际的接受效果。

新闻传播的目的就是给受众提供新的信息,新闻记者发现的新闻事实,并不能直接作用于受众,而是通过新闻作品来表现新闻价值,来实现新闻价值。至于新闻价值的最终实现是否和受众的共同兴趣相一致,是否能够满足受众的需要,它体现在受众对新闻价值满足程度的评价之中。受众享有对新闻信息的选择权和接受权,新闻价值的实现程度如何,同受众选择和接受的状况有着直接联系,一般表现为5种情况。

1.受众对抗接受

受众对抗接受就是受众和媒体对新闻价值理解取向完全不同,新闻价值没有实现。也就是说,传者的传播目的不仅没有实现,还取得了完全相反的结果。这种情况发生多了,媒体的公信力将会受到很大的影响,甚至会出现破窗效应。比如,一些不按新闻规律办事的报社有时就会造成这种情况。

2. 受众选择接受

这是指受众在众多媒体和信息中选择性接受,新闻价值部分实现,如只读标题、只听导语、只看节目提要等。在全媒体时代,受众每天面对的媒体非常多,有纸质媒体、电子媒体、网络媒体、新媒体等;每天面对的各种各样的信息更呈现海量级别,受众的时间和精力有限,只能选择阅读、收听和收看那些吸引自己的信息。

3. 受众不予接受

这是指受众对传者发出的信息不听、不看、不读,这种情况导致新闻价值完全耗散。很多媒体由于种种原因,常常失去很多受众。很多版面、栏目、节目人气不旺,在这些版面、栏目和节目中发稿子,受众就看不到。还有的时候,可能是由于记者没有挖掘出明显的新闻价值,或是编辑没有理解稿子的新闻价值,将稿子发在了一个很不显眼的地方,多数受众没有看见等。受者见不到传者的东西,传授链条就断了。

4. 受众完全接受

这种情况是一种理想的情况,受众对传者的信息表现为仔细阅读,并且有很多互动,传者要表达的观点,受众也都完全接受,传者预估的新闻价值在受众那里几乎完全相等。很多优秀的媒体传播新闻,就是以这种情况为主,受众高兴,媒体也高兴,双方都达到了预期的目的。

5. 受众超额接受

这是指传者发出去的新闻作品到了受众那里取得了高于传者预期的社会效果。这种情况对媒体和编辑记者而言,是一种最为理想的结果,但并不多见。很多稿子和受众产生了强烈的共鸣,受众与传者高强度互动,甚至推动新闻事件的发展。这样的稿子,不仅给媒体和记者带来很多意想不到的荣誉,也大大调动了受众与媒体互动的积极性。`

（四）应保护新闻发现的知识产权

在新闻实践中,新闻作品在媒体上的署名一般都是作者,编辑一般都署在版面、栏目、节目之后,而新闻的发现者从来不署名。到了评奖的时候,评奖表也是这样,只有作者和编辑填写的格子,发现者无法署名。当然,媒体上绝大多数作者就是发现者,但也有个别特殊的情况,有些作者无视发现者的功劳,有些发现者个人没有写作能力,有些作品刊发出来时已经和作者的原稿完全两样,新闻角度、新闻主题都是编辑或审稿者的新发现。这样的情况如果在媒体上发表不署发现者的名字还说得过去,但如果评上奖也没有署发现者的名字,则是很不公平的一件事情。

新闻发现,其实和科学发现一样,是很有含金量的。可是,科学发现重视发现者,也有知识产权法保护,但对于新闻发现者,不仅在媒体上看不到名字,评奖也享受不到应有的奖励,更不受知识产权的保护(但通讯体裁的作者享有版权),这也很不公平。

对此,《武汉晚报》记者胡长青在《新闻发现的本质及其评价尺度:潘堂林〈怎样发现新闻〉读后》一文中认为,新闻的本质是发现,新闻发现的本质就是科学发现,为此,他呼吁并提出如下观点。

（1）新闻发现的本质是科学发现，应享有和科学发现一样的待遇，即受知识产权法保护。

（2）应建立一套科学合理且被公众认可的新闻发现评价尺度。

（3）目前的新闻奖评选办法不足以奖励新闻发现者。作品署名作者、编辑、发现者交叉，常常发现者被埋没，这很不公平。

笔者认为，媒体不署发现者的名字，评奖不列发现者的名字，知识产权法不保护发现者的贡献，这不仅是对发现者权益的侵害，也是业界长期以来忽视新闻发现的又一例证，希望尽快改变这一现象。

三、履行社会职责

（一）记者的职责

新闻记者依靠新闻敏感，找到新闻价值，发现新闻事实，制作新闻作品，传播新闻信息，分享发现成果，履行社会责任。这是新闻工作者的本职所在，也是新闻发现的本质所在。如果没有新闻发现，新闻工作者就无法履行自己的社会职责。

（二）媒体的五大功能

大众媒体一般具有报道新闻、引导舆论、传播知识、提供娱乐、刊发广告五大功能。这五大功能里，最重要的就是报道新闻和引导舆论，而要完成这两项功能，最关键的还是新闻发现。没有新闻发现，就无法报道新闻，也无法引导舆论。

而且，媒体在履行其他三项功能时也离不开发现，比如，传播新知识、举办联欢晚会、刊发政府公告和企业广告等，都离不开发现，也需要新闻报道与之配合，需要引导受众去接受，因此，新闻发现是实现媒体功能的重中之重，而媒体功能的发挥，则是实现新闻发现目的的有效途径。

思考与训练

1.什么是新闻敏感？怎样培养新闻敏感？

2.新闻价值和宣传价值有什么区别和联系？新闻实践中如何做到二者的统一？

3.按照新闻价值的"五要素"在校园或其他地方发现一则新闻。

4.什么是新闻发现？请结合实例谈谈你对新闻发现重要性的认识及其知识产权的保护。

针对本教材，作者已经录制了配套的在线课程视频，以上是关于本章内容的视频二维码。

第四章　新闻发现的原则

本章重点难点：①新闻真实原则；②追求新奇原则；③抢发新闻原则；④贴近受众原则；⑤紧跟政治原则；⑥深入生活原则。

我们经常说做人处事要有原则和底线，不能超越原则和底线。那么，究竟什么是原则？什么是底线？简单地说，所谓原则，就是说话、行事所依据的准则和规范；所谓底线，就是最低的水平线、最低的行为基准。原则是建立在底线之上的规则，而底线则是最起码的要求，是不可以突破、不可以改变的，一般而言，只有坚持原则，才能确保不逾越底线。新闻发现也一样，必须遵循一定的原则，有些原则是基本原则，必须遵守；有些原则是重要原则，应该坚持。新闻记者在进行新闻发现时，要遵守牢记原则，要积极践行原则。

第一节　新闻发现的基本原则

新闻最基本的特点就是真实和新鲜，真实是新闻的生命，新鲜是新闻的天性。首先要按照新闻的这两大基本特点去寻找新闻，即发现新闻必须遵循真实性原则、新奇性原则。由于新闻要新，因此必须讲究时效，拼力抢发；由于新闻是给受众看的、听的，因此选择新闻必须贴近受众、贴近生活、贴近实际。所以，新闻真实原则、追求新奇原则、抢发新闻原则、贴近受众原则是新闻发现必须遵循的基本原则。

一、新闻真实原则

（一）新闻和事实的关系

新闻是新近发生的事实的报道，事实是事物真实发生的状态。新闻具有真实性、新鲜性、重要性、异常性；事实具有客观性、变动性、联系性、可反映性。事实第一性，新闻第二性；先有事实，后有新闻。事实是新闻的本源、依据、基础，新闻是事实的报道、再现、反映。事实是条件，新闻是结果；事实决定新闻，新闻依赖新闻。没有事实，就没有新闻；有了事实，却不一定有新闻。

正因为事实是一种客观存在，所以新闻必须真实准确反映事实；正因为事实是在不断变化，所以新闻才要截取"现在进行时"新鲜出炉；正因为事实不是独立存在的，具有相互联系性，所以新闻必须全面公正反映事实；正因为事实具有可反映性、可复述性，所以新闻才有可呈现性、可报道性。

（二）真实从新闻发现开始

新闻必须客观真实，真实性是新闻的基本属性，也是新闻作品生产的各个环节都必须坚守的原则。坚持新闻真实性原则,这是对新闻工作者的基本要求。

真实,必须从新闻发现开始。记者在一般事实中识别发现新闻事实时,要对以下几点进行初次检验。

1.检验新闻线索是否真实

记者获得新闻线索后,要首先判断、检验这个新闻线索是否基本属实。比如,有朋友告诉你,市场上最近菜价飞涨,那你首先得问问你的家人,或是打电话问一下市场管理处,或是上网查一卜蔬菜行情等,确定线索基本属实之后再决定去哪里采访、采访什么等问题。菜价飞涨是"表",你的新闻发现重点应放在"因"上,因为受众已经知道了"表",他们最关心的应该是"因"。

2.检验客观事实是否真实

新闻是对事实的反映,那事实是否存在,是记者在核实完线索之后又要面对的一个问题。记者发现新闻时,在得到新闻线索存在的前提下,有两种选择:一种是立即去采访;另一种是再继续从侧面核实客观事实是否存在。当确定客观事实和线索都存在的前提下再去正式采访是一个不错的选择。当然,也可以立即去采访,在采访中检验客观事实是否真实。一般事实,不是指新闻事实,新闻事实是记者正式采访时着重面对的问题。

3.检验新闻价值各要素是否真实

新闻事实之所以能从一般事实当中脱颖而出,关键是具有新闻价值。新闻工作者在新闻发现环节、新闻采访环节,甚至新闻编辑环节,都需要发现和检验新闻价值。这些具有新闻价值的事实是否真实?一个具体事实中,这些具有新闻价值的方面是否真实?都是新闻工作者要着重检验核实的重点。因为我们发现新闻,依靠的是新闻敏感,目标是发现新闻价值,如果连这些具有新闻价值的因素都不真实,那么,新闻事实肯定不真实。

4.检验新闻角度是否真实

新闻发现中还有一个非常重要的内容,就是发现新闻角度。新闻角度是用来表现新闻价值的着眼点、着手处。这个着眼点、着手处也存在一个真实性的问题,采访的时候一定要再三核实清楚,如果出现不真实的情况,宁愿弃之,也不要勉强。因为新闻角度最能体现新闻价值,它往往就在新闻标题或新闻导语上,最能引起受众的关注。它是新闻发现的重中之重,对整篇新闻的效用影响巨大。

(三)在发现过程中也要善于分析真伪

新闻发现过程一般并不长,有时非常短暂。发现过程即使再短,也有一个去伪存真的分析过程。

有人认为,新闻真实只存在于采访和写作环节,其他环节无关紧要,这是一种错误的认识。在新闻实践中,发现环节、排版设计环节、播音主持环节等,造成新闻失实的例子很多。在新闻发现过程中,很多时候,只要善于分析真伪,假新闻也很容易被发现。比如,有人提供新闻线索前后矛盾,再比如,信源失实等,这些都应该在新闻发现中被甄别出来。

事实上,新闻发现存在于整个新闻生产的全过程,新闻发现内容不仅包括新闻事实、新闻价值要素、新闻角度、新闻呈现方式等,还包括发现真实与否。从某种意义上说,鉴别分析各种内容的真伪,其实就是最大的发现。比如,你发现了某个新闻角度,或是某个新闻事实,或是某个新闻由头,或是某个新闻细节等,你高兴万分,觉得自己获得了一条"大鱼",但你想过没有,这些发现万一是别人有意为之给你设下的一个圈套呢?果真如此,就是策划的事实,就是虚假新闻。如果你在任何一个新闻生产环节发现了它的虚假性,揭示出原来发现的真相,那就是更大的发现。

(四)新闻真实与宣传真实

对于新闻真实和宣传真实,新闻工作者需要加以辨别。新闻和宣传都是传播行为,新闻重在传播事实,宣传重在传播观点。宣传和新闻常常会交叉,通过新闻报道来宣传党的方针政策,这是我国新闻媒体的一项重要职责。但是,宣传报道不能过度拔高,必须以新闻事实为基础,否则,就会出现新闻失实,也会影响到宣传真实。

真实是新闻的生命。记者在发现新闻时,往往脑海里先装有宣传政策和政治导向,然后根据宣传价值在生活中找新闻典型,这本身没有错,这是记者吃透"两头"发现新闻经常采用的方法之一。但是,有的记者为了发现好新闻,就把本来和宣传不能取得一致的新闻事实强行拔高,达到新闻与宣传的"高度统一",结果造成新闻与宣传都失实的情况。

新闻真实要求新闻报道与客观事实相一致。宣传真实要求在宣传其观点时提供支撑的事实和信息真实准确。在反映事实的时候,要尊重事实,不能任意拔高,更不能无中生有、道听途说,不能为了宣传捏造事实。

关于新闻真实和宣传真实,西方资产阶级新闻媒体也声称必须尊重事实,有些记者还认为这是新闻的职业精神。但是由于受其政治制度、阶级利益、阶级立场及价值观等因素影响,在许多重大问题上以及对他国诸多事件的报道中,为达到他们宣传的目的,违背新闻报道真实性的情况屡见不鲜。

(五)新闻真实与社会效果

遵循新闻传播规律,实现新闻报道最佳社会效果,是新闻工作者必须牢记的使命。新闻媒体的基本任务就是发布新闻和引导舆论,这二者也是紧密联系的,发布新闻要有利于引导舆论,进行舆论引导时要尊重新闻规律。新闻发布有一系列规律可循,其中新闻真实和新闻新鲜最重要,但不是什么真实和新鲜的东西都可以报道,还要看是不是有利于引导舆论,即要注重传播效果;反过来,我们也不能为了追求传播效果,而违背新闻的真实和新鲜,任意拔高生活事件。社会生活缤纷多彩,社会问题纷繁复杂,社会现象相互联系,我们不能孤立地看待问题,要注重社会的大气候。

二、追求新奇原则

(一)打开"潘多拉盒子"

在古希腊神话中,宙斯给一个名叫潘多拉的女孩一个盒子,告诉她绝对不能打开,潘多拉一开始答应下来。"为什么不能打开?还要'绝对'?里面该不是稀世珍宝吧?"后来潘多拉按捺不住内心的好奇,就打开了这个盒子,谁知盒子里装的是人类的全部罪恶,潘多拉的行为让它们都跑到了人间。心理学上把这种"不禁不为、愈禁愈为"的现象,叫作"潘多拉效应",又称为"禁果效应"。潘多拉效应的心理实质是好奇心和逆反心理。

在我们的日常生活中,这种效应现象十分普遍。比如,章回体小说中每章结尾"欲知后事如何,请看下回分解",就是运用潘多拉效应,调动读者的阅读兴趣。再如,电视连续剧每集的结尾都落在最引人注意的节骨眼上,将悬念留给观众,调动起观众的好奇心。

心理学研究表明,强烈的好奇心能形成一种特殊的心理需要,这种心理上的认知需要可以转化为学习的动机,诱发学习兴趣,促使和推动学习者去探索有关的事物和认知信息。

新闻记者要发现新闻,必须有好奇心,潘多拉效应所折射出的精神不仅是新闻记者发现新闻的法宝,还是新闻记者发现新闻必须遵循的一条原则。如果没有好奇心,就会对新闻不感兴趣,就会对新闻失去知觉,就会对新闻"麻木不仁",就会对新闻熟视无睹,当然也就会难以发现新闻。而有了这种好奇心,新闻就会时时有,新闻就会处处有,新闻就会信手拈来,新闻就会源源不断。

(二)带着"好奇心"发现新闻

对记者而言,发现新闻线索越多越好,多多益善。多,主要指数量多,新闻线索以"条"而计,有经验的记者每天都有新闻线索,每天都会发一篇稿件甚至几篇稿件。媒体给记者的任务少则每周一篇,多则每天一篇,而有的记者年发稿量可以达到 400 篇以上,这样统计,他手上发现的新闻线索一年会有上千条,因为很多新闻线索最终进不了采写阶段。

为什么有的记者会有这么多新闻线索?会发这么多新闻稿件?主要是因为他有一颗好奇的心,他有"潘多拉"追问究竟的精神,他不会轻易放弃任何一条有价值的新闻线索。新闻线索"多多益善",新闻作品连续不断,这是一个优秀记者的重要标志。对优秀记者而言,新闻线索之所以多,还有两方面具体的原因:一方面是记者和媒体的要求,谁都想当一个高产记者,任何媒体都不希望自己无新闻可发;另一方面,有时一个线索会带来很多线索,一篇报道会引出多篇报道。

比如,1991 年新华社播发的一篇报道《战争气氛紧张的华盛顿》,其中信息量就很大,牵涉时任总统布什的信息就有 10 多条,每一条都是一个新闻线索,都需要进一步跟进。

再比如,全国两会上,有经验的记者每天都会穿插着跑,夜以继日地采访,一天下来发两三篇稿子的记者很多,半个月的会议竟然发了上百篇稿子。这还不算,重要的是,他在会上发现了几十条需要会后再去采访的线索,他把这些线索又分成几类,如哪些是需要马上采访的,哪些是需要缓一缓再去采访的,哪些是需要继续观察后再去采访的,这样,他就成了真正的"富记者"。

媒体和医院相似,医院越大,大夫越著名,病人就越多;同样,媒体越大,记者越有名,为他提供新闻线索的人也就越多。而且,名记者经验多,也容易发现新闻线索,线索越多,越可能抓到"大鱼"。

(三)江海之中抓大鱼

有好奇心才能发现更多的新闻,但不是只谈数量,应以质量保证为前提。记者要多发现、多采访、多写作,争做"高产"记者,但仅仅是高产还不行,还要经常"射大雕""抓大鱼",真正的名记者,不仅是靠"量"取胜,更要靠"质"立足。

如何在众多发现的新闻线索中"抓大鱼"?

一是抓独家新闻。碰到同源新闻要快速发现,快速采写,快速报道。二是抓典型报道。在生活实践中,我们要善于观察既有一般性,又有特殊性的一些有代表的人或事,这些就是典型,就是新闻报道关注的重点。三是抓深度报道。深度报道就是对新闻事件、新闻人物、新闻现象的再度挖掘。如今的受众,不只是停留在"发生了什么"上,而更想知道"为什么会发生""是如何发生的""它对我们意味着什么""它将朝着什么方向发展"等,新闻记者要朝着受众关心的这些方面继续挖掘新闻,继续在深水中去捞"大鱼"。

一个记者一生能写几篇重量级的、震撼人心的、震聋发聩的报道就很厉害了。名记者都会形成自己的写作风格,比如,我们现在经常说,要提倡"长江情怀""穆青道路""艾丰现象",说明这三位新闻人已经形成自己鲜明的新闻风格了。

(四)于无声处听惊雷

新闻是有"贫富矿"之分的,在新闻的"富矿区",新闻线索多,但在新闻的"贫矿区",新闻线索可能就少得可怜,这就需要记者"静静地守候",不要慌,只要带着一颗好奇心,潜心研究,就会有"于无声处听惊雷"之感。

处在"富矿区"的记者发现新闻,在多多益善、琳琅满目、林林总总的新闻中,常常能抓到一条又一条鲜活的"大鱼"。但在"贫矿区"的记者,由于长期生活在平静之中,反倒对平淡的生活更有体验,对"上边"的政策更有研究,往往也会写出更有与众不同的新闻来。

有些记者平时平平淡淡,不张扬,不粉饰,喜欢在平静中生活,喜欢在基层采访,这些地方新闻线索并不多,往往是新闻"贫矿区",但却总是"于无声处听惊雷",时不时放个卫星,不发而已,一发就是"惊雷"式的大新闻。

三、抢发新闻原则

新闻姓"新",如果说真实是新闻的生命,那么,新鲜则是新闻的天性,过了时效,就不是新闻了。新闻界常说"今天的新闻是金子"。这是针对纸质媒体而言的,电子媒体产生以后,传播新闻不再以"天"计算了,而常常是以"时"计算,这个小时是新闻,到了下一个小时,新闻的含金量就会大大减少。所以,遇到同源新闻的时候,报纸新闻往往落后于广播和电视。如今已是网络时代,新媒体传播以"分""秒"计算,新闻的时效性得到大大加强。新闻的这一时效属性要求记者要拼力"抢发新闻",这也是在新闻实践中必须牢记的一条战略原则。这条原则告诉我们,发现新闻要"快人一步",发现新闻比别人快,然后在尽可能保密的前提下,快速采访,快速写作,快速传播,新闻才能抢发到别人前边。

(一)争分夺秒抢发独家新闻

什么是独家新闻?对独家新闻,学术界一般有三种解释。

一是由一家媒体对外发布的新闻。比如我国党和政府的一些重大新闻,人大通过的一些重要法律,常常授权新华社一家对外发布,这就是新华社的独家新闻,其他媒体都是转发新闻。领导人的重要讲话或重要文章,常常授权《人民日报》或《求是》杂志独家发表,那么,对《人民日报》或《求是》杂志而言,就是独家新闻,其他媒体都是转载新闻。

二是只有一家媒体报道或一家媒体率先报道的新闻。这种情况比较多,新闻实践中常常表现为一些突发事件被一些媒体首先发现,首先报道,其他媒体迅速跟进。对首先报道的媒体就是独家新闻,其他媒体不是转发,而是自己采访报道,如果角度都差不多,都属于"同源新闻",那么,它们就不是独家新闻。有些新闻只有一家媒体发现报道,其他媒体因某种原因没转发,也没跟进采访报道,这也是独家新闻,但前提应该是比较重要的新闻,那些很一般的新闻,别的媒体根本看不上,习惯上认为它就不是独家新闻。

三是"人无我有",能引起广泛关注的新闻。这类新闻一般包括两个方面:一是新闻源只有一家媒体掌握,一家媒体报道,且引起了广泛关注,但并非官方授权发布的新闻,亦非其他媒体无法亲自采访到的新闻;二是新闻源都是公开的,但采访时由于某记者具有敏锐的新闻发现能力,所发的新闻角度和别人都不一样,且发表后产生了意想不到的效果。

在网络和数字化传播的全媒体时代,媒体竞争日益激烈,有人说,媒体发表独家新闻已经很难了。但事实上,只要在新闻发现上下功夫,在新闻选题上下功夫,在新闻策划上下功夫,独家新闻不仅会有,而且一定还会不少。

如何抢发独家新闻?首先,对于突发事件等同源新闻,媒体应该争分夺秒,在时间上抢发在别人的前边。这就要求媒体前方记者和后方编辑紧密配合。

比如,2003年3月20日伊拉克战争爆发,新华社在全球率先做了报道,2017年3月20日新华社终审发稿人周东耀为此专门撰文揭秘了这个过程,为了让大家体会抢发独家新闻的不易,这里全文转载如下。

14年前的今天,美国借口伊拉克"拥有大规模的杀伤性武器",悍然对伊拉克发动空袭,对其首都巴格达进行狂轰滥炸,从而拉开了美国入侵伊拉克长达七八年战争的序幕。这场出师无名的侵略战争,给伊拉克人民带来了深重的灾难,使伊拉克至今处于战火之中。而发动战争的罪魁祸首没有受到任何审判和惩罚,现在过着逍遥自在的退休生活,只是口头上轻描淡写地承认:他当时获得的情报有误。

2003年3月20日(星期四)北京时间上午,我在新华社国际部发稿中心值班。早晨七点前我就来到发稿中心,签发了十来条专稿和看了部分外电,本能感觉到"山雨欲来风满楼"的气氛,美国的所谓"最后通牒"即将到期。八点多,我去新华社总编室简要汇报说,美军随时可能开战。总编室让我们和前方密切联系,一有动作,要立即抢发快讯,尤其是英文等对外报道。八点半部汇报会上各编辑室都谈到了当天的形势和发稿计划,我传达了总编室的指示,特别强调今天开战的可能性,要抢发消息,争取时效,但强调一定要准确,作几种准备。因为北京和巴格达有5个小时的时差,他们还在凌晨,要报道员密切观测,编辑部写好几种方案。

北京时间10点半,即巴格达凌晨5时30分刚过不久,天将破晓,游弋在红海和海湾的4

艘美军战舰和两艘潜艇奉命立即向巴格达发射了40多枚"战斧"式巡航导弹,战争打响,并出动了F-117A隐形战斗机,目标是"定点清除"伊拉克总统萨达姆和其他领导人。巴格达市区顿时火光冲天,防空炮火和警报声震耳欲聋,我在前方的外籍雇员贾迈勒瞬间做出反应,通过海事卫星电话向我中东总分社阿拉伯文编辑部拨通了电话,新华社的英文特急快讯《巴格达响起空袭警报和爆炸声》发了出去,成为第一家向全球发出伊战争爆发消息的媒体,这时是巴格达时间5时33分50秒,比紧跟其后的CNN快了10秒。此后了解,这条消息先后快于美联社(北京时间10时34分26秒)、路透社(10时35分44秒)和法新社(10时36分36秒)36秒、54秒和2分46秒。紧接着,新华社又快于其他通讯社发出《白宫宣布对伊战争开始》消息;几乎同时,阿拉伯文、法文、西班牙和俄语的快讯也接连上线,新华网也据我们对内滚动快讯于10时34分11秒发出第一条消息,各大网站紧跟转载,国内和海外的中文广播、电视等媒体也根据我社的中文滚动报道消息纷纷转载。开战当天,中央电视台采用新华社稿件量约占其当天播出消息量的60%,中央人民广播电台的直播节目中几乎采用了新华社的全部稿件。

10时40分,田聪明社长和负责国际报道的马胜荣副社长、国际部主任李红旗闻讯后都来到国际部发稿中心,我们边工作边向他们汇报发稿情况,田聪明要求我们再接再厉,继续抢先,摄影部的同志还拍了我们正在工作的照片,一切进行得紧张而有序。10点43分,摄影部抓拍的电视画面也发出开战的第一张照片,11点09分,我社又发出驻多哈记者自美军司令部拍摄的照片。中午稍过,我们在滚动发出近20条中文消息后,对内1100多字的中文综合稿《美军空袭巴格达对伊战争开始》也立即发出,我们把这条有分量的稿子作者署名报道员贾迈勒,李红旗和我两人编辑签发,这条消息和英文快讯在当年就被评为社级好稿。贾迈勒也由于这次突出贡献来到北京总社,获得了"社长和总编辑奖"及奖金。

2004年7月,由新华出版社出版的2000—2003年《新华社国际新闻优秀作品选》对这篇对内综合稿的稿评是:"新华社在这场全球性的对伊战争报道的新闻战中,以罕见的速度超过所有西方媒体抢发了第一条快讯,随后的滚动消息接连不断。这篇消息高屋建瓴,对战争双方态势及进展,尤其是巴格达被袭后的情况作了具体、生动和形象的描述,使读者一目了然。播发后电台、电视台立即采用,第二天的报纸大多也用了这篇消息。"

确实,在这次抢发美伊战争的报道中,新华社的多种外语、对内消息、新华网和摄影图片的速度同时在几个领域和大面积地领先全球媒体,是新华社在新闻报道中取得的杰出成就,是新华社领导指挥、多方面密切配合的结果。在伊战爆发前的一年多时间里,国际部发稿中心就做了三次详细的计划,估计了各种可能性和做了多种应急准备。在此报道的基础上,新华社对伊战争报道势如破竹,一路向前。从3月20日至4月2日战事最紧张的14天中,共发中文对内稿769条、英文稿3310条、阿文2329条、法文1785条、西文2506条、俄文1167条、海外中文专线2113条,对战争作了快速、客观、准确、全面报道,其中还有不少有深度的好文章,有的被评为社级好稿,获得新闻界和国内外媒体的广泛认可。

14年过去了,那场战争造成的恶果越来越被世界广大人民所认识,发动战争的美国前总统布什和紧随美国的英国前首相布莱尔的丑行已经被牢牢钉在历史的耻辱柱上，人们至今都还在追究他们。作为站在世界大多数人民一边的中国通讯社的报道，已经成为忠实的历史记录；就像上面提到的那本《新华社国际新闻优秀作品选》的序言所说："作为新华社的记者和编辑，我们自豪，我们敬业，我们奉献！在全世界一百多个国外分社，我们几百位同事天天都在争分夺秒地工作，我们的足迹遍布全世界，我们只为了让我们的读者能迅速了解这瞬息万变的世界，为了让世界每时每刻听到中国的声音，为了我们无怨无悔的信念和事业，为了这个世界的主旋律——和平与发展！"

（二）眼尖手快抓"活鱼""大鱼"

"抓活鱼"是《天津日报》1979年首先提出后在全国新闻界流行推广的一句话。其实，这句话最早出自1919年徐宝璜写的《新闻学》："盖新闻犹如鲜鱼也，鱼过时稍久，则失其味，新闻逾过稍久，其价值不失亦损矣！"

作为新闻发现的重要原则，抢发新闻是全方位的，抢发突发新闻要快，抢发那些有特点的慢新闻也要快。而"活鱼""大鱼"，就是新闻发现的杰作，一般靠新闻敏感，靠强有力的新闻发现力。一旦发现后也要争分夺秒抢发出来，特别是很多媒体都在的情况下，更要如此。

比如，前文谈到的笔者采写的《法门寺僧人参加保险》就是如此。因为当时记者们都在场，记者发现后首先要做好保密工作，然后顾不上吃饭，脑子里一直琢磨这条线索的新闻价值，抓住一切机会采访，迅速写稿发稿，才成功地抢到了一个独家新闻。

笔者曾多次担任全国人民代表大会陕西代表团的"新闻联络官"，目睹了中外记者在全国两会期间抢抓新闻的许许多多动人的画面：有的记者在人民大会堂席地而坐写稿，有的记者为得到一个采访机会在采访对象驻地一直守候，有的记者一整天就吃一包方便面，有的记者为得到一次独家采访的机会天天给"新闻联络官"打电话等。有一次，接待一位新华社记者，他说他打了两天的电话，电话都是占线，于是他就亲自跑到陕西团驻地，看见新闻联络官确实很忙，中外记者来陕西团的人很多，就索性采访这其中的原因，随后，新华社就发了他的独家新闻：《陕西团新闻联络官杨讲生手机被打"爆"》，看后让人不得不佩服这位记者的新闻发现力，因为这篇新闻从一个侧面反映了中外媒体关注西部大开发这样一个主题。

（三）发现过程不宜拖得太久

新闻既要讲时效性，又要讲时宜性，即把新闻价值与宣传价值结合在一起发挥最大的宣传效果，但这往往可能就会丢失新闻。

比如，有一年，一位通讯员给笔者提供了关于人民解放军的一条人物新闻线索，笔者衡量后感觉线索不错，就对这位通讯员说，最好等到"八一"前夕发，当时才5月。可这位通讯员随后就把这条新闻线索提供给了另一媒体，一周后，这家媒体就报道了出来，而且是头版头条加"编者按"，在受众中引起较大反响，笔者追悔莫及。所以，新闻关键要有时效，别的媒体一发，新闻就失去了时效，就不称其为新闻了。拖发新闻选择时机不是不可以，但要确保不被别的媒体报道，这是一个前提。

发现新闻的时间也不宜拖得太久,不要以为就自己很聪明。要知道,你能想到的,别人也有可能想到。所以,一旦发现,就立即采访、写作、发出,只有这样,才能在抢发新闻战中获胜。

比如,《细节一小步 民主一大步》一文,就是范敬宜在全国两会上发现的新闻。作为《人民日报》总编辑的人大代表,范敬宜当时就在会场,当他看到选举时无论"投反对票、赞成票、弃权票都必须动笔在选票上填画"这一改革细节时,就激动不已。因为在这之前,投票时只有反对和弃权时才可以动笔,赞成时是不需要动笔的,所以,这就很可能妨碍了一些代表表达自己真正意愿的权利。范敬宜感觉这是一个历史的进步,新闻价值很大,可自己又不便起身离开会场,于是就立即给本社的记者发了条短信,让记者立即关注,立即采写。在会场采访的记者收到短信后立即采访,把新的选举办法与往年的选举办法进行对比,并采访有关工作人员和部门,搞清楚为什么要这样修改以及修改的全过程,会议第二天,《人民日报》就刊发了出来。后来,这条新闻发出后,其他一些媒体感叹自己迟了一步。这条新闻已经过去了很多年,今天看,新闻价值更大,因为今天已经提出了"全过程民主"这个概念。

(四)抢发新闻以不出错为前提

新闻既要讲求时效,又要讲求真实,在新闻实践中,记者有时为了抢发新闻,常常出错,造成不可挽回的损失,这些教训应引以为戒。

比如,有一年省人代会上,笔者所在的媒体,有位记者把稿子写完后找领导审稿,因领导忙没及时审,他为了赶时间,就自作主张把稿子发回编辑部,并告诉编辑说稿子已经审过。编辑部因为要截稿,就未经核实抢发了这条新闻,结果出错。稿子发出后,领导很生气,因为有些话是记者曲解了自己的意思。这件事教训深刻,大家都要引以为戒。

抢发新闻应以不出错为前提,这就要求新闻记者对新闻要素尽可能核实准确再报道,如果拿不准,或是因为要赶时间抢发,对有些新闻要素宁可暂时不报,也不要错报。错报新闻要素,会影响整个新闻的真实性。当然,如果出现了错误,后续新闻应该及时更正。

现在,自媒体等网络媒体,一味追求抢发新闻,使得新闻的时新性变成了实时性,由于没有经过稿件"三审制",导致很多情况下"新闻反转",而在很多新闻反转中,又由于没有及时发声,使得网络大V常常操纵话语权,给事态发展推波助澜,让受众情绪跟着这些网络大V走,这也是我们要不断总结并引以为戒的。

四、贴近受众原则

新闻报道的最终目的是让受众看的,新闻媒体之所以能够存在下去,关键是有受众在支撑。如果离开了受众,新闻报道便成了无本之木、无源之水,新闻媒体也就毫无存在的意义。所以,新闻发现必须贴近受众,这个原则任何时候都不能丢。

(一)受众喜好是发现新闻的动力

新闻媒体属于大众媒体,新闻传播属于大众传播,就是说,媒体面对的是社会大众,社会上的每一个成员都有权利接近媒体,都有权利接收媒体传递的信息。媒体是传者,大众是受者,所以,我们称受者为受众。当然,每一个媒体都有自己的受众群,媒体要研究自己的受众需求,急受众之所急,想受众之所想,把满足受众的喜好当作自己前进的动力。

我们创办媒体的初心,就是为了满足受众的需求,就是为了发动受众,教育受众,引导舆论,指导实践。如果离开了受众的支持,我们就背离了自己的初心,最终就会被受众抛弃。由于人民群众是受众的主体,所以,离开了受众,就是离开了人民群众,最终会被人民群众抛弃。

记者的工作说到底,都是为了人民群众,群众路线是我们党的根本路线,也是我们党走向胜利的法宝。新闻工作是党的工作的重要组成部分,新闻工作者要热爱群众,关心群众,融入群众,报道群众,以满足人民群众的需求为动力,为人民群众服务,源源不断发现好的新闻,让人民群众成为媒体的真正主人。

我们为什么要发现新闻,是因为受众需要新闻。我们要发现什么样的新闻,主要看受众喜好什么样的新闻。受众的喜怒哀乐,是媒体关注的焦点。受众的衣食住行,是媒体报道的核心。受众需要什么,我们就会发现什么,就会采集什么,就会报道什么。受众的兴趣、受众的喜好,就是我们媒体发现新闻的动力,如果某些新闻受众不感兴趣,或是根本就不喜欢,那么媒体就没有必要对此类新闻继续关注。

(二)受众喜好是寻找新闻的方向

媒体的功能是引导舆论、传播知识、监测社会、提供娱乐。简单地说,它的基本功能就是为受众服务。受众喜欢什么,媒体就提供什么,受众的喜好,不仅是发现新闻的动力,也给发现新闻指明了方向。

群众是最活跃的生产力,是新生活的创造者,新闻如果不贴近他们,而是远离他们,创办媒体就失去了意义,新闻就会一文不值。比如,在实际工作中,群众需要某项工作新经验来指导自己工作,记者就应该照着这个方向去寻找他们需要的新闻,而不是熟视无睹、置之不理。

方向和动力不同。动力是指推动某项事业、某些工作前进的力量。方向是指目标、方位。受众喜好、受众兴趣,既是我们发现新闻的动力,同时,也为我们发现新闻指明了方向。受众喜好是我们发现新闻的动力和源泉,但我们去哪里发现新闻呢? 就要到受众喜欢的地方去发现新闻。哪里有受众感兴趣的事实发生,哪里就是我们新闻发现的方向。

比如,受众关心房价,记者就去了解房地产市场,了解导致商品房价格涨跌的原因,以及未来房地产市场的发展趋势。再比如,受众普遍关心党的二十大召开情况,我们就派大量的记者及时报道关于党的二十大的各种新闻,包括制定的各项政策、人事变动、领导人履职的构想等。总之,老百姓需要什么,只要能寻找到,只要宣传纪律允许,都要千方百计地满足老百姓的各种需要。

(三)受众喜欢是发现和检验新闻的标准

我们党的一切工作都是为人民服务的,人民群众是否满意是检验我们一切工作的标准,新闻发现更是如此。记者拿什么样的标准来发现和衡量新闻? 回答是受众喜欢,是受众的共同兴趣。

比如,在新闻实践中,我们发现了一个线索,它是不是新闻线索? 我们就看这条线索受众喜不喜欢,如果喜欢,它就是新闻线索,就值得我们去深入采访,如果受众并不感兴趣,那它就不是新闻线索,就不值得我们去采访报道。

记者发现的新闻在传播后,受众满意度如何? 新闻对实际工作有什么指导意义? 受众接收了其中的哪些信息? 这些信息给受众带来了什么利益? 这一切也都需要受众回答和检验。如何检验新闻的社会效果? 回答仍然是受众的喜好。新闻记者用受众的喜好、受众的共同兴趣来发现新闻,但那只是记者对受众喜好、受众兴趣的预测和判断,至于传播后受众是否真的喜欢,是否真的感兴趣,受众的满意度究竟如何,还需要再用受众的喜好度、兴趣度来检验最初的预测是否正确。

比如,我们认为某条新闻受众会非常感兴趣,于是,我们把它放在了头版头条去报道,可是受众好像并不买账,这说明,我们之前的判断并不十分准确。相反,有一条新闻我们最初预测受众兴趣一般,于是我们就把它放在了第二版发表,但是,新闻传播后,这条新闻却反响强烈,读者来电来信很多。为了弥补之前的不足,我们再度发现新的价值,并进行连续报道。

新闻工作者一定要把群众的利益放在首位,把媒体的社会责任放在首位,切勿见利忘义。比如,民生工作、脱贫工作等,新闻工作者都要沉下心来研究,到群众中寻找鲜活的新闻,寻找典型,然后报道出去,再回到人民群众中接受检验,指导实际工作。受众是信源,也是信宿。记者要发现新闻,必须到受众中去。记者检验新闻,也必须回到受众中。受众的喜好,是记者发现和检验新闻的标准。

(四)离开具体受众的新闻毫无意义

不同的媒体有不同的目标受众,比如,老年报的受众就是老年人,那么,老年报的记者就应该关注老年人这个群体,如果离开了这个群体,发现的都是年轻人喜闻乐见的新闻,那这些新闻对老年人来说还有什么意义?

所以,受众的共同喜好、受众的共同兴趣,一方面指社会上的绝大多数受众的喜好和兴趣,另一方面指媒体的具体受众群的喜好和兴趣。一般来说,一条新闻,不可能所有的受众都喜欢。反过来,参照所有受众都喜欢的标准就很难发现新闻。

新闻记者都有自己工作的媒介和平台,我们发现新闻,首先考虑的是为自己所在的媒介服务,其次才考虑其他媒介。所以,对新闻价值而言,我们常常所说的用受众共同兴趣和喜好作为识别新闻的标准,其实具体到新闻实践中,可能更多的是考虑自己所在媒介的受众兴趣和喜好,如果离开了具体的受众群,新闻就无法在自己的媒介传播,如果离开了具体的受众,新闻也就毫无意义。

我们不妨做个实验,在荒无人烟的小岛上,我们放台电视机,每天发布新闻,一个月过后,这台电视机还是没变,所发布的新闻就像对牛弹琴一样,没有起到任何实质性作用。相反,假如我们把这台电视机放到人口稠密的大街上,一个月过后,有很多信息被人知晓了,并且产生了很多意想不到的结果。

比如,有人看到楼盘开业的新闻后,在那里买了自己的新居;还有人听到征兵的新闻后,主动报名到部队去了;更多的人看到很多新闻,心理上产生了愉悦,对未来生活充满了期待,或是看到一些不公的事实,心理上产生了愤怒和不平,用各种反馈的方式督促国家和社会自我变革,不断前进。

(五)脱离群众等于脱离新闻

新闻离不开群众,群众是新闻的主体,也是受众的主体。新闻如果脱离了群众,就等于失去了活力。比如,新闻中不见人民群众的身影,久而久之,群众也就失去了看新闻的念头,新闻工作就谈不上为人民服务了。

虽然,显著性是受众的兴趣所在,也是新闻价值的重要因素,但如果媒体把大部分精力放在了关注显著人物、显著事件上,那么久而久之,新闻就会脱离人民群众,就会失去了新闻的真正意义。

没有群众的支持,所谓的领导只是孤掌难鸣,没有群众的响应和参与,我们的工作就成了自娱自乐。我们一定要实现好、发展好、维护好与广大人民群众的根本利益,坚决避免脱离人民群众。

历史是人民创造的,人民是真正的英雄。我们发现新闻,必须有这个观念,必须树立人民第一的思想,我们的一切工作都是为人民服务的,新闻工作也不例外。如果我们脱离了人民群众,就等于脱离了历史,脱离了世界,脱离了鲜活的素材,那就失去了新闻的活力,就不能发现真正的新闻。

第二节　新闻发现的重要原则

新闻发现还有一些原则需要遵循,需要坚守,这些原则虽然不是必需的,不是每条新闻都需要体现的,但是,它们依然很重要,它们依然是我们发现新闻时需要坚持的重要原则。这些原则包括紧跟政治原则、把关意识原则、另辟蹊径原则、深入实际原则等,新闻记者熟悉这些原则,灵活运用这些原则,对于做好新闻工作,尤其对于更好地发现新闻有着极其重要的作用。

一、紧跟政治原则

提倡政治家办报,说的就是这个道理。在中国,媒体就是党和人民的喉舌,新闻发现要紧跟党和国家的政治形势。紧跟政治,这是新闻发现的一条重要原则。

(一)正确理解"喉舌论"

"喉舌论"这一观点最早是梁启超先生提出来的,他认为,报纸是国家和国民的"耳目喉舌",是"去塞求通"的重要工具。"耳目喉舌"不是大脑,不是心灵,但必须听从大脑指挥,必须按心灵说话。按照现在的说法,就是媒体必须反映党和人民的意志,必须听从党和人民的指挥,必须按照党和人民的意志办事,而不能自行其是,更不能为所欲为。"去塞求通"指的是报纸要去除堵塞,求得畅通。用现在的话来说,就是媒体必须及时准确地把党和政府的大政方针传递给人民群众,必须及时准确地把人民群众的声音反馈给党和政府,做到"上情下达""下情上达",当好党和人民之间的桥梁和纽带。

一段时间以来,有人对媒体的这一功能认识模糊,甚至明确提出反对意见。他们受西方资产阶级新闻理论的毒害,认为媒体应该秉承"中间立场",应该是"第四权力",应该是"无冕之王"。事实上,在资本主义社会,媒体也根本不可能真正做到不为哪家政治集团服务,不被哪家资本控制,所谓的"中间立场""第四权力""无冕之王"等,都是骗人的。比如,美国总统大选期间,媒体都有自己的倾向,有的支持民主党,有的支持共和党,他们完全对立,哪有"中间立场"可言。

面对媒体界的一些不清醒认识和错误立场,必须加强党对媒体的绝对领导,即在中国的媒体,不管是传统媒体,还是新媒体,都必须有喉舌意识,都必须履行作为党和人民的喉舌的义务。

那么,对新闻记者而言,在新闻发现中,如何正确理解和坚持媒体的"喉舌论"思想?

1. 必须坚持用"喉舌论"思想指导新闻发现

不管是传统媒体,还是新媒体,都要听党的话,对此,新闻记者要有清醒的认识,从新闻发现环节开始,就要有这种认识,就要学习理解吃透党的方针政策,用党的新思想、新认识、新政策、新举措去认识社会实践,去寻找新闻线索,去发现新闻价值,去报道新闻事实,去指导新闻实践,否则,新闻发现就会出现大的问题,就会给党和人民带来损失。

2. 新闻发现实践中必须坚持马克思主义新闻观

党的指导思想是马克思列宁主义、毛泽东思想、邓小平理论、"三个代表"重要思想、科学发展观、习近平新时代中国特色社会主义思想。新闻宣传工作处在党的意识形态领域的最前沿,更应该坚持和贯彻党的指导思想。在新闻工作实践中,坚持用党的指导思想来衡量新闻价值,来发现新闻事实,来寻找典型人物,来搜集新闻材料,为新闻作品的制作打下良好的基础。

3. 新闻工作者要举旗帜、聚民心、育新人、兴文化、展形象

在新闻发现实践中要按照习近平总书记在全国宣传思想工作会议上强调的"举旗帜、聚民心、育新人、兴文化、展形象"精神,更好完成新形势下宣传思想工作的使命任务。特别是要善于用我们党的指导思想来发现新闻,用典型的人和事,用生活实践中活的教材,来聚集我们的民心,来教育我们的人民,来复兴我们的文化,来展示我们的精神面貌。

4. 要加强党对媒体的绝对领导

毛泽东同志早就说过,革命靠"两杆子",一个是"枪杆子",一个是"笔杆子"。"枪杆子"就指的是军队,"笔杆子"就指的是新闻宣传战线。所以,对军队、对新闻媒体,我们党采取的是直接领导、绝对领导。党对新闻媒体的政策是明确的、一贯的,所以,新闻记者在新闻发现中,要有政治意识和政治敏感,切莫在新闻发现中犯政治错误。

(二)吃透当前大政方针

记者要吃透"两头","上头"指党的政策和政治理论,"下头"指人民群众和社会实践。不吃透这"两头",就很难发现有价值的新闻。在很多老一辈党报记者的观念中,深刻领悟马克思主义新闻观是干好记者这一行的前提和根本。

新闻媒体的五大功能和职责是传递信息、引导舆论、传播知识、提供娱乐、刊发广告。这五条中的任何一条，都与党和人民息息相关，尤其是前两条，不吃透党的方针政策，就很难准确传递党的各种政策信息，反过来，如果不吃透民情民意，不了解社会实践，也很难把人民的声音反映上去，很难用党的政策来引导舆论。

每年党和国家都要召开一些重要会议，比如，党中央全会、两会等，媒体记者要全面学习。地方媒体和行业媒体的记者，除吃透党和国家的大政方针外，还要吃透地方党委和政府以及行业的政策精神，尽可能做到用新闻的形式宣传好解释好党的政策、地方和行业的政策。

新闻工作者要吃透当前的大政方针，首先是要端正态度认真学习，要走在一般人民群众的前边，把党的政策学深学透。其次是带着问题去学习，以问题为导向，搞清楚"上边"的这个政策主要是为了解决"下边"的什么问题。再次是了解党中央的政策在省委、市委如何贯彻执行，都制定了哪些具体措施。最后是了解人民群众在执行中遇到了哪些问题和障碍，这些问题和障碍应该如何解决。

俗话说，要想给别人一滴水，自己得有一桶水。这句话是说给老师的，其实也是说给记者的。记者干的是大众媒体工作，面对的是人民群众，媒体是传者，大众是受者，在某种程度上，传者就是老师，受者就是学生，老师当然要先学习、多积累，然后才能指导学生学习和体会。当然，这不是说记者就可以高人一等，就可以好为人师，恰恰相反，记者在工作中，要和人民群众打成一片，要善于向人民群众学习，深入人民群众，深入社会实践，只有这样，才能发现鲜活的、人民群众喜闻乐见的好新闻。

党的方针政策不是一成不变的，而是与时俱进的。新闻记者要善于发现人民群众在贯彻党的方针政策时遇到的新问题、新矛盾、新困难，更要善于发现人民群众在解决这些问题和矛盾时所采取的新思路、新办法、新建议。吃透下情，通过公开报道或是内参等形式如实反映上去，为党中央下一步修改完善政策、下一步作出新的决策提供第一手可靠材料。

（三）新闻报道指导实践

和西方资本主义国家不同，我国社会主义国家的特点就是善于通过媒体的新闻报道形式来指导实际工作。新闻记者只有掌握了这个特点，在实际工作中，才能有意识地发现与之相关的新闻。

党的政策就是为了指导社会实践。党的新闻媒体很重要的一项工作就是帮助人民群众在党的思想、政策、方针以及国家的法律法规指导下从事各式各样的生产、生活实践，而要做到这一点，全面、完整、准确地宣传党的大政方针是基础。但媒体在宣传过程中，不只是准确、完整报道党的大政方针，而是要在实践中发现与之相关的新闻予以解释和报道，用生活实践中的新的活的范例来宣传党的思想、政策、方针和国家的法律等，置宣传于新闻之中，指导人民群众的实际工作。

党的政策从哪里来？不是从天上掉下来的，也不是人的头脑中固有的，而是从社会实践中来，从火热的生产实践、科学实验中来。所以，任何一项政策的制定，往往都沁透着先驱者的汗水，新闻记者要善于发现这些先驱者，发现这些新闻事实、新闻人物、新闻现象，用生动的鲜活的新闻报道指导人们的社会实践。

新闻作品包括新闻报道和新闻评论。新闻记者在新闻发现的实践中,要根据媒体的这个特点,善于发现实际工作中涌现出来的新经验、新典型,把它们报道出去、传播出去,推动实际工作。同时,也要善于发现实际工作中出现的新情况、新问题以及解决这些问题的新举措、新办法,履行好媒体的社会责任,当好党和人民之间的桥梁和纽带。

新闻的作用不只是反映报道实际,更重要的是指导社会实践。新闻报道指导社会实践形式多种多样,但最关键的,也是人民群众喜闻乐见的就是新闻故事。新闻记者要善于用讲故事的方式来启发群众、指导实践。人民群众文化程度参差不齐,但喜欢听故事,尤其对新近发生的自己身边的故事更感兴趣。榜样的力量是无穷的,实践证明,靠典型事例比照本宣科更能打动受众,所以,新闻记者要遵循这个规律,要及时发现受众感兴趣的事情,用这些鲜活的生动的新闻事实来指导社会实践。

(四)新闻的客观性与政治性的关系

有一种观点认为,新闻要客观真实,就不能同政治发生联系,说"我们的新闻是客观的、真实的,有什么事报道什么事,新闻不能靠近政治,一靠近政治就不客观了,就不真实了"等等。这个观点初一听,似乎有些道理,但其实是站不住脚的。现实生活中,每天都会发生很多事情,但媒体刊播新闻的能力是有限的,一张报纸每天也就刊登几个到几十个版面,电台和电视台每天不停机也就播出 24 个小时,网络理论上倒是可以海量传播,但问题是媒体的采编能力有限,不可能把所有发生的事情都传播出去。所以,新闻工作者每天都要面临选择,从一般事实中选择新闻事实,从新闻事实中选择谁先发,谁后发,谁在头版发,谁在其他版面发,谁发头条,谁发别的条目等,依据的标准是什么? 说到底,还是与政治有关,与新闻价值、宣传价值有关。

比如,2008 年北京奥运会火炬传递,我国媒体和世界绝大多数国家的媒体都重点报道火炬所到之处,不同的国家、地区的人们热情洋溢迎接火炬的各种动人场面等,但西方媒体却把重点放在一些动乱分子抢夺运动员火炬破坏热情祥和的个别细节上。为什么同一件事情,会常常出现不同的声音,根本原因就是政治立场不同所致。

真实是新闻的生命,但在新闻实践中,能否做到完全真实,也常常与政治有关。因为实际生活是复杂的,什么例子都可以找到。比如,我们国家也存在赌博、贪污、受贿、以权谋私等丑恶现象,党和政府高度重视并在认真解决这些问题,媒体如何看待和报道这些丑恶现象,能否真实地反映客观真实,就存在一个政治站位问题。邓小平同志在南方谈话中谈到判断是非得失的标准,他提出了"三个有利于",即看是不是有利于发展社会主义的生产力,是不是有利于增强社会主义国家的综合实力,是不是有利于提高人民的生活水平。

再比如,获第三十三届中国新闻奖一等奖的漫画新闻:《手绘长卷|长城群英绘·北京2022 年冬奥会冠军"全家福"》就是一篇很好的紧跟政治的新闻。

举世瞩目的第二十四届冬季奥林匹克运动会于 2022 年 2 月 4 日(农历大年初四,立春)在北京开幕,2 月 20 日(农历正月二十)闭幕。闭幕当天,由中国日报网、长城新媒体集团联合推出的漫画新闻作品《手绘长卷|长城群英绘·北京 2022 年冬奥会冠军"全家福"》在网上发表。

该漫画新闻长卷全长 2022 厘米,寓意 2022 年。长卷以北京长城、冬奥场馆、北京和张家口自然风光等为背景,以 109 个项目的全部 200 多名金牌获得者的漫画肖像长卷"全家福"为主题,形象、生动、有趣地呈现了北京冬奥会绚丽宏大、精彩纷呈的壮阔场景,揭示了世界一家亲、一起向未来的深刻寓意,诠释了胸怀大局、自信开放、迎难而上、追求卓越、共创未来的北京冬奥精神。

据了解,这幅精彩的长卷从选题策划到绘制完成,历时 15 天时间,由多位画家共同完成。北京冬奥会闭幕当天即推出,可见时效性非常强,选题也非常重大,新闻价值就更大,这一切,都来源于发现者的新闻敏感性,他不仅发现了这一重大新闻,还发现了用漫画形式呈现的这一重大新闻。所以,新闻发现不仅包括发现新闻内容,也包括发现呈现新闻内容的新闻形式和手段,以及发表的最佳时机。笔者认为,这些因素都足以构成了该漫画新闻作品获得中国新闻奖一等奖的原因所在。

二、把关意识原则

1947 年,美国学者卢因在《群体生活的渠道》一文中认为,在群体传播中存在着一些把关人,只有符合把关人价值标准的信息才能进入传播渠道。随后,他首创了"把关"一词。在新闻学与传播学研究中,把关人既可以指个人,如信源、记者、编辑等,也可以指媒介组织,这就是在西方传媒界盛行的"把关人理论"。

我们这里所说的把关意识原则,和新闻理论中所说的把关人理论既有区别,又有联系。把关意识原则不是侧重新闻理论,而是侧重新闻实践。把关意识原则包括两个方面:一是按照社会核心价值观和媒介遵循的新闻价值观作为把关的价值标准,将不符合这一价值标准的所有新闻拒之于自己设定的传播渠道之外;二是媒体记者按地域设立记者站,按行业分口采写,记者"守土有责",但"分工不分家","谁发现谁采写",确保在自己管辖的领域和媒体覆盖的主要受众范围内不漏掉任何有价值的重大新闻。

这两项把关内容都非常重要,前者主要涉及政治把关,后者主要涉及新闻把关。政治把关就是我们国家的"把关人理论",它是我国新闻事业的重要原则。

为了落实这一原则,确保舆论导向正确,在我国,目前媒体普遍实行稿件"三审制",即媒体总编辑终审把关,编辑部主任复审把关,编辑初审把关,记者文责自负,特别重要的稿件还要送宣传部审查,甚至送党的分管领导或主要领导审定,这是传统媒体稿件审查的一般管理原则(网络和新媒体情况比较复杂),也是我国新闻传播事业得以正常运行的科学机制。有关政治把关的有关内容不在本节讨论,本节重点讨论"把关意识"中的第二个方面——新闻把关,即新闻记者如何才能确保在自己的"领地"内不漏掉任何有新闻价值的重要新闻事实,这是新闻把关的关键,也是新闻发现必须遵循的原则。

(一)记者的"领地"

记者采写新闻有其"领地"。传媒与传媒之间、记者与记者之间,既分工,又合作,各居其位,各司其职,守住自己的"一亩三分地",这样在新闻发现上就不容易漏掉好新闻。比如,可以分为地方媒体、中央媒体驻地方记者站、行业媒体等;再比如,可以分为农业记者、工业记者、财贸记者、教育记者、体育记者、政法记者等。不仅专职的新闻记者有分工，就是兼职通讯员、自由撰稿人等，也有相对的分工，比如确保自己的单位、系统的新闻不被别人首先发现等。这种按地域、按行业把关新闻，新闻记者只要具备强烈的把关意识，熟悉自己"领地"的各种情况，时时刻刻处于警觉状态，就能守住自己的"领地"，确保"领地"内的新闻不被别人发现和报道。

当然，在我们国家，所有媒体都在党委宣传部领导下开展工作。所以，分工不是画地为牢，也不影响新闻媒体的正常竞争。相反，按行业分工，按地域采访，是为了在激烈的新闻竞争中取胜，大家"分工不分家"，谁发现，谁都有权利去采写。我国这样的新闻体制机制，不仅有利于开展新闻竞争，也有利于培养专家型记者。

比如，《人民日报》、新华社、中央广播电视总台、《经济日报》、《光明日报》等中央级新闻媒体在世界各国和重要城市、国内各省市（区）都设有分社或记者站，在中央党、政、军、人大、政协，以及各部委、各社团等，都有分管的若干专职记者或记者站。理论上，所有地方发生新闻，都可以有人负责发现和采写。而且，任何一个地方，都会有若干个媒体存在，都会有不同媒体的记者去竞争，大家为发现新闻，为传递信息，各有各的招，各有各的人脉，各有各的优势，这种竞争态势，不仅有利于媒体，也有利于受众。

（二）记者的"杂"与"专"

1. 记者要当"杂家"

记者要耳听八方，眼观六路，上知天文，下知地理。平时要积累丰富的知识，要交"三教九流"的朋友，当"杂家"是对记者的基本要求。

记者要掌握广博的知识，成为"杂家"，是新闻工作的特点决定的。媒体的内容涉及面极广，可以说古今中外、天文地理无所不包。所以，记者应该成为"杂家"。正如"传播学之父"威尔伯·施拉姆所说："一个好记者，必须同时具有政治家的大脑、哲学家的思辨、文学家的语言和外交家的口才。"在我国，早在晚清时期，著名报人、近代新闻思想的奠基人王韬就提出了记者是"杂家"的思想。他指出，报馆要由"博古通今之士以操其简"，"顾秉笔之人，不可不慎加遴选。其间或非通才，未免识小而遗大"。当今，科学技术革命浪潮滚滚，经济、社会、文化迅速发展，受众对媒体的要求越来越高，记者更需要掌握广博的知识。

记者要有广博的知识，不仅仅是为了避免差错。只有知识丰富，才能具备一双发现新闻的眼睛，否则有好新闻也会擦肩而过；只有具备丰富的知识，才能巧妙运用方法，对新闻进行解释，并把新闻写得通俗生动。记者如果缺乏广博的知识，有时会影响记者的新闻发现，甚至会给新闻报道带来负面的社会影响。

比如，有媒体报道，一位年近八旬的老人在超市排队买鸡蛋时突然心脏病发作，晕倒在地，众人伸手相帮，一位顾客把一粒速效救心丸放在老人舌下。120急救车将老人送到医院后，医生说她的方法很对，为抢救赢得了时间。标题中标出"一粒速效救心丸为抢救赢得了时间"。这个说法科学吗？不科学。一粒速效救心丸不能用于急救，需10～15粒救心丸才可能起到急救的作用。这个知识方面的差错，甚至让人怀疑新闻的真实性。这个例子从反面也证明，记者需要广博的知识。

2. 记者要当"专家"

科技发展日新月异,要求记者要跟上时代步伐,当专家型记者,这是时代对记者提出的新要求。跑口记者是通向专家型记者的大道,记者在自己的"一亩三分地"里也便于成为一个"专家",便于成为在当地、该领域的"名记者"。

这些年,很多媒体招聘记者,不再眼睛只盯着新闻学院的学生,而是既招聘新闻学院的学生,也根据"跑口"的缺额,招聘相应的其他专业的学生,比如,招聘商贸类专业的学生当商贸记者,招聘金融专业的学生当金融记者,招聘农学专业的学生当农业记者,招聘法学专业的学生当司法记者,招聘外语专业的记者当外事记者等。新闻业界的这些新动向说明,专家型记者是当代新闻记者努力的方向,这也给新闻学专业学生的就业带来挑战。

专家型记者不仅不会说外行话,更有利于发现行业内新闻。过去,记者跑口往往都是几年交换一次,记者站记者也往往是几年就交换一次,目的是让记者有新鲜感,也便于防止记者出现行业腐败或是地域腐败。但是,这些年,很多媒体已经不这样做了,尤其是跑口记者,长期不变,逼着记者做这个行业的"专家"。记者长期在这个行业活动,对行业情况熟悉,人脉也广,便于发现行业新闻,特别是便于发现行业的问题,写出相应的深度报道。

(三)记者的"守"与"跑"

新闻在某种程度上是"靠天吃饭","领地"也有"贫富矿"之分,如何才能做到既能守住自己的"领地",又能在其他领域发现新闻呢?

1. 把守"领地"

记者要有强烈的"把关意识",就是要求记者管好自己的"领地",在自己的地盘、行业,起码要做到硬新闻、大新闻不漏报、不迟报、不错报、不乱报,并且每年能够报道一两篇有深度的新闻,对当地、该行业的发展有推动作用。

记者如何守住自己的"领地"?首先要在这个地域或行业做一个"专家",通晓这个地域或行业的业务。其次,要广交这个地域或行业的朋友,包括领导和群众,甚至地域外、行业外的客户等。有些地域和行业比较大,自己跑不过来,可以适当发展一些专门给自己提供新闻线索或合作写稿的通讯员,做这个行业的消息灵通人士。再次,要善于发现地域或行业的问题,善于研究地域或行业的问题,善于提出解决地域或行业问题的办法,要经常看一些国内外有关这个地域或行业的动态,及时掌握国家有关这个地域或行业的政策和法规,熟悉这个地域或行业的风土人情和生活特点。

2. 眼盯"天下"

新闻资源从来都是共享的资源,新闻传播的分工是相对而言的,因此,记者要在守住自己地盘的前提下,主动出击,抢抓新闻。不只是要有抓地盘外新闻的意识,更要善于在自己地盘内写出超越自己地盘的好新闻来。

很多地方媒体每年获得新闻奖的作品基本上都是站在全国媒体的角度发现的,这方面出了不少人才和佳作。很多地方的好新闻往往都是由中央媒体发现报道的,好多行业的好新闻也不是行业报刊采写的，为什么？一个重要原因就是有些记者"身在福中不知福"，对情况太熟悉了，可能就会出现"熟视无睹"的情况。

所以，我们也不要过于沉浸在自己的"领地"里不能自拔，要利用假期或其他时间，与自己"领地"外的亲朋好友、同学、同事多聊天，或是旅游、参观、上网等，适当放松放松，看看外边的世界，眼盯"天下"，耳听"八方"，研究一下他人的"领地"有没有好的新闻，也许会有意外的收获。

三、另辟蹊径原则

（一）高人一筹抓新闻

没有"快人一步"抢发新闻，怎么办？有经验的记者不会轻易放弃，会对已发新闻认真琢磨，靠强有力的新闻敏感"另辟蹊径"，再度发现新闻。

这方面成功的例子很多，最著名的还是《中国青年报》刊发的通讯《为了六十一个阶级弟兄》。

事件发生在 1960 年 2 月 2 日晚上，山西平陆县修建公路的 61 位民工在工地食堂发生食物中毒，中毒者连夜分批转移到张店公社医院。医院立即向平陆县委反映，病人必须尽快注射二巯基丙醇，而且 61 人最少需要 1000 支！可当时平陆县境内没有这种特效药。为和死神抢时间，县委当即安排三路人手去寻找，同时向晋南地委、专署以及山西省委汇报，请求上级帮助。后来，其中一路去河南省三门峡市找药的人虽然没有找到特效药，但在黄河医院了解到一个重要线索，北京医药采购供应站特种药品经营部（简称新特药商店，是当时卫生部特设的药店）可以买到此药。2 月 3 日下午 2 点多，平陆县委再次召开紧急会议，县委书记郝世山下定决心："只好麻烦中央，向首都求援！"

中央接到报告后，立即指示卫生部和空军予以配合。可是，当天是正月初七，上弦月的光亮不够，夜空能见度不好。空投后药品会跟着降落伞飘到很远的地方，地面人员在夜间很难发现去向，所以药箱上必须装上发光设备。这个问题很快反馈到了新特药商店。李玉侨听说后，立刻找到了五洲电料行的贺宜安、王明德。两位师傅用了不到半小时，就在药箱四个角上都装了灯泡，由 16 节电池供电，开启后可以发光半小时。

晚上 8 点 30 分，卫生部派来了专车，新特药商店的员工抱着药箱坐上车后，开足马力驶向西郊机场。21 点 04 分，周连珊机长驾驶飞机，准时从北京西郊机场腾空而起，飞往山西，全程 500 多公里。一切顺利的话，他们将于 23 点 30 分到达空投地点上空。而此时的平陆县城一片沸腾，县里启动了应急广播，号召群众收集提供可燃物品，很快在圣人涧搭起了 4 个巨大的柴堆。在夜幕中飞行的 4215 机组，也看见了地面上 4 个大火堆。飞行员以火光为基准，下降高度，减慢速度，飞机从 2100 米高度降低到 1800 米，再下降到了 1500 米。空投高度越低，落地准确性就越高，周连珊命令把机舱门打开，高度下降到 1000、800 米……当指针指向 500 米时，周连珊果断下达了空投指令。亮着信号灯的药箱被空投员推出机舱，向 4 个火堆的中心处直落而下。"看啊，天上掉下来一盏灯！"地面上所有人都忍不住欢呼起来。忽然又有人高喊："那是降落伞！是降落伞！"没等药箱落地，寨头管理区的一名社员上前抱住了药箱，数千人簇拥着他，走向平陆县安排好的一台小车，在茫茫夜色中以最快速度赶往张村卫生院，深夜12点，二巯基丙醇终于被送到了医院。一直守候旁边的医生护士们，迅速把这来之不易的救命药注射到中毒民工的体内。果然有效！4个小时后就有患者开始清醒，终于把61位民工从死神的手里拉了回来。两天后，61名中毒人员全部病愈出院，重新出现在风南公路的施工现场上。为纪念重获新生，他们在工地上拍摄了一张合影照片。

当时，最先知道情况的是山西的媒体，可是，山西的媒体并没有首先报道。2月5日，新华社记者得知了这个事实，2月6日采访成稿后向媒体发了一个简短的电讯稿和61位民工获救后的合影照片，也没有引起更多媒体的关注。《北京晚报》2月6日以《千里急救》为题最先报道了这件事情，但他们只刊发了新华社传送的61位民工获得新生后在工地上合影的新闻。2月7日，《北京日报》以《北京工人阶级的友情传到山西平陆 披星戴月千里送药救工人》为题在一个不很起眼的地方刊发了新华社这篇不足200字的消息，报道的角度主要是表扬北京新特药店门市部和空军飞行机组为山西农民夜间送药的先进事迹。

显然，《中国青年报》记者没有及时发现这一新闻，但没有放弃对"平陆事件"的进一步认识。他们从新华社的消息中得知了这条新闻线索后，立即深入相关方面进行细致的采访，从中发现了在社会主义制度下，一方有难八方支援的共产主义精神和伟大的阶级友爱这样一个伟大的主题。1960年2月28日，《中国青年报》刊发了长篇通讯《为了六十一个阶级弟兄》和社论《又一曲共产主义的凯歌》，报道了为挽救山西省平陆县61名中毒的筑路民工，各级各地、各行各业纷纷伸出援手，合力突破当时通讯、交通极为落后的困境，用无私大爱帮助61人重生的故事。次日，《人民日报》全文转发了这篇通讯。这篇文章被国家和各地报纸电台争相转载播发，在全国引起强烈反响。后来作为经典通讯稿被选入中学语文课本，北京电影制片厂仅用50天就将此事改编为同名电影上映，激励振奋影响了好几代人。

显然，《中国青年报》技高一筹。但相关报道中，始终只字未提这些民工中毒的真正原因，人们只知道是一起食物中毒，整个舆论被《中国青年报》引导到发扬共产主义精神上面了，因为拯救六十一个阶级弟兄在当时被作为体现"阶级友爱"的典型，容不得一点玷污，也就没有人去关注其中的真相。试想想，当时如果《中国青年报》如实报道了中毒的原因，就会影响新闻所要表达的主题效果。

所以，同一件事情，新闻发现不止一次，别人已经报道了，你不要轻易丢弃这件事情，就像平陆事件一样，《北京晚报》和《北京日报》报道后，《中国青年报》的新闻影响更大。

彭菊华教授认为抓新闻有三个层次。

一是信息层次。捕捉各种信号、表征、资讯等。这是第一层次，很初级。

二是知性层次。探求新闻事实发生的原因，求其实质，了解清楚。这是第二层次。

三是理性层次。见思想、见思路、抓规律、抓历史发展趋势。这是最高层次。

在新闻实践中，大多数媒体会很容易抓住第一层次，紧接着就会去抓第二层次。但当你失去抓第一层次新闻的机会，甚至连第二层次新闻也无法抓住的时候，摆在你面前的就是两条路：一是干脆就不报道这个新闻事实了，腾出手来去抓别的新闻事实；二是不轻易丢弃，研究这个新闻事实的发展规律、本质特点，然后另辟蹊径，高人一筹，抓深层次新闻。

抓深层次新闻不是一般记者能做到的,它不仅需要对原新闻事实有更深入的了解和研究,对已经报道的新闻作品进行研究,更需要平时充足的理论准备,尤其是需要对当前党的方针政策、宣传价值、社会核心价值、民心所盼、民情所指等进行全方位的研判,要把发生的这个新闻事实放在大的环境背景中重新进行审视,发现新的亮点和主题,找出新闻事实所体现出的与众不同的新闻价值,并善于运用与众不同的呈现方式去展现这样的新闻价值。只有这样,才能技高一筹,抓到更高层次的新闻。

(二)信手拈来出新闻

生活处处有新闻,但很多记者往往关注的是"两极"新闻,因为,一般来说,"两极"事件容易出新闻。对一般化生活,很多人往往熟视无睹,其实大家都知道的问题和矛盾,如果被媒体关注,也会产生很好的新闻。

(三)人云亦云无新闻

新闻不只是报道事实,也常常报道观点,但这个观点一定要有新意,要另辟蹊径,如果只是老生常谈、人云亦云的话,就不是新闻。

任何一个新闻热点发生后,舆论最重要,新闻媒体不仅要关注舆论,还要引导舆论,要请权威人士、知名专家等发表看法,这些看法要有深度,不要人云亦云,否则,受众也会觉得没有意思。

"沉默的螺旋"理论是德国学者伊丽莎白·诺埃勒·诺依曼于1974年最先提出的。诺依曼认为,大众传媒为公众营造出一个意见气候,而人们由于惧怕被社会孤立,会对优势气候采取趋同行动,造成一方声音越来越大,而另一方声音越来越沉默下去的螺旋式过程。这一理论夸大了人的心理从众行为和趋同心理的作用,但在一定程度上反映了大众传播媒介对舆论形成所起的重要作用。

很多时候,真理往往掌握在少数人手中。在现实生活中,人们具有从众心理,大多数人都会做"沉默的螺旋",但作为记者,如果也去一味地从众,也去做"沉默的螺旋",那就很难发现新闻。所以,在"沉默的螺旋"之下,媒体更要关注少数人意见,新闻往往就在其中。

(四)柳暗花明有新闻

记者在从事新闻发现工作时,因为媒体太多,同行太多,常常处于"山重水复疑无路"的境地。这个时候,千万不要泄气,应换个思路,也许会"柳暗花明又一村",发现人们意想不到的好新闻。

比如,2020年6月,很多媒体都在报道西安"小升初"摇号的新闻,一时间,好像这个改革就解决了教育不公平的所有问题。有一个记者却转换思路,另辟蹊径,采访了教育系统和社会上方方面面的人士,刊发了《教育摇号就公平吗?》一文,最后得出结论:要关注教育更深层次的改革。这篇新闻发表后,不仅给捧场小学升初中摇号的新闻降了温,也引导舆论和教育管理部门更加关注教育的深层次改革问题。

新闻发现,不能跟着别的媒体后面人云亦云,也不能一根筋地沿着固有的思维模式寻找新闻。有经验的记者在新闻实践中,不断地调整自己的思路,当预感"山重水复疑无路"时,要勇于撤退,另辟蹊径,改变思维方式寻找新闻。这种思维方式就是记者常用的"迂回思维"方式。"迂回思维"的核心就是突破直线思维,就是不能一个道走到黑,而要换思路、换路径、换方法、换角度,很多新闻往往就在这个时候被发现。

四、深入生活原则

实际生活是丰富多彩的,记者只有深入实际,深入生活,调查研究,才能发现鲜活的新闻,这是一条亘古不变的真理,也是新闻发现的一条重要原则。

(一)新闻是"跑"出来的

贴近生活,是指新闻工作者要深入到火热的现实生活中去,深入到社会的经济、政治、文化和人民群众的日常生活中去,把新闻报道的视点对准火热的生活,关注朴素平凡的生活细节,聚焦丰富多彩的生活图景,从现实生活中挖掘生动事例,提炼新鲜素材,展示美好生活前景,把握社会主流思想,反映生活现实,使新闻工作更好地融入生活、服务生活、引导生活,注入更加丰富的生活气息。

在新闻界流行着两句话:一是新闻是"发现"出来的;二是新闻是"跑"出来的。这两句话,看似不同,其实并不矛盾,说的是一个问题的两个方面。所有新闻都是被发现者发现的,但是鲜活的新闻在基层,只有"跑"下去,深入生活,调查研究,才能发现"活鱼""大鱼"。

为了锻炼记者的"脚力",从 2013 年开始,中共中央宣传部号召我国新闻媒体普遍开展"新春走基层"活动,这是新闻界践行新闻是"跑"出来的一项有益实践。每到春节,各媒体的记者进社区、访农家、入企业、跑工地,用细腻的文字描摹节日的喜庆氛围,用生动的笔触讴歌催人奋进的时代,用写实的镜头记录日新月异的发展,推出了许多"沾泥土、带露珠、冒热气"的"新春走基层"精品佳作,呈现出一个砥砺前行、欣欣向荣的美丽中国。目前,"新春走基层"活动已开展了十余年,深受基层老百姓欢迎,成为我国新闻战线的一个重要品牌。

为什么"新春走基层"活动会受到人民群众的普遍欢迎? 主要原因就是记者深入了生活,在生活中发现了很多接地气的新闻,这些新闻都是记者"跑"出来的。新闻被报道后,老百姓拍手称赞,觉得新闻中的人和事与自己很贴近。

比如,新华社记者李佳赟在"新春走基层"活动中采写的《两岸夫妻"过年回谁家"?》就是一篇新闻佳作。2018 年时逢改革开放 40 周年,面对这一重大历史事件和新闻题材,多篇优秀作品都从较为宏大的角度回顾和展示了改革开放取得的成功经验和辉煌成就。但这篇报道另辟蹊径,从不那么宏大的主题中脱颖而出,给人留下了深刻的印象。每年春节期间,"回谁家过年"成为异地结合夫妻的"终极辩题",也是每年网络上的讨论热点之一。自两岸恢复民间交往以来,年轻的足迹纷纷跨越浅浅的海峡,成就了一段段"海峡情缘"。但和大陆夫妻一样,"回谁家过年"也是两岸夫妻在春节期间的终极辩题。近年来,年味十足的新春氛围,红红火火的大陆事业……让愈来愈多的两岸夫妻,选择"留守"大陆过年。记者深入基层发现了三位台商的"海峡情缘",发现了"两岸夫妻"这个特殊的群体。作者经过深入细致的采访,又发现了这些"台湾女婿"在如何"回家过年"上有很多与众不同的细节,正是在平凡生活中挖掘出的新鲜生动的生活细节,才感动了大家。稿件播发后经中国新闻网刊载,推至首页显要位置重点推广,并获得国内多家媒体转载。很多人在文后留言,称赞作品既具有新春温度、网络热度,又具有时代深度。假如没有"新春走基层"这样一个活动,假如记者没有深入到采访对象的具体生活,假如记者在采访中不进行细致的观察和思考,恐怕"两岸夫妻"回家过年的故事会"石沉大海"。

从这个例子我们不难看出,有温度的新闻都是"跑"出来的,记者要发现新闻,必须有与常人不一样的"脚力"。

(二)生活实践永远多姿多彩

为什么"活鱼""大鱼"都在基层,都在实际生活中,因为生活实践永远是多姿多彩的。一切从事调查工作的同志都得深入实际,深入生活,深入群众,深入基层,公务员、作家、法官、警察等都是这样,但和他们相比,记者的这一特点更突出。

记者深入生活,是要抓新近发生的鲜活的事实。生活中的事实很多,丰富多样,千姿百态。哪些事实是新近发生的,哪些事实是过去发生的,哪些事实新颖别致,哪些事实不过是对以前事实的重复,哪些事实对生活具有指导意义,哪些事实不具有推广价值等,它们在记者的眼里都得分清楚,记者是专门从一般事实中选择新闻事实的高手。

生活实践是个"大课堂""大熔炉""大舞台",这里有形形色色的人和事,这里有解决不完的问题和矛盾,这里有意想不到的故事和情节,这里有看不完的美丽风景,这里永远是好新闻的发源地。只有"跑"下去,才能"发现"这些接地气的新闻线索,才能写出有生命力、有说服力、有冲击力的好新闻,才能真正做到"抓活鱼"。正所谓新闻界常说的那句话:"干记者,要想出人头地,脚板得先着地。"

比如,笔者年轻时就曾经骑着一辆破旧自行车深入秦岭深山采访,两个月时间,走遍了太白县的所有乡镇和村庄,和山民们同吃同住同劳动,写了上百篇反映太白县乡村的新闻稿件,诸如《二郎坝的不眠之夜》《老干部王贞进山办苗圃》《山窝里飞出金凤凰》《药王庙里的秘密》等,这些反映山区人民生活的新闻报道都是用"脚板"跑出来的。那段时间,记得广播电台天天都是"本台赴太白徒步采访记者杨讲生报道"的新闻,在当地老百姓中产生了较大反响。当时笔者还曾经较真地要求领导把"徒步"两个字取掉,理由是很多时候还骑自行车采访。领导说:"自行车也是靠你的两条腿蹬,也属于'徒步'"。在这之后,那一年,电台还有 10 多名记者下到各县区"骑自行车"采访,每人最少一个月,持续了一年多,在听众中和新闻界产生了强烈反响。

(三)"办公室"里无新闻

那些想坐在办公室里就能发现好新闻、就能采写到好新闻的人,无异于缘木求鱼,是不可能获得成功的,因为"办公室"里无新闻。新闻要靠记者到现场、到当事人那里去获取,不走出去,不会知道事实的真相,不走出去,就发现不了真正的"新闻点"。

民国时期著名的报人邵飘萍有一双识别新闻的"慧眼",他说他所有的新闻都不是坐在办公室里发现的。

邵飘萍先生说得没有错,记者的"生活"丰富多彩,哪里有新闻,哪里就是记者的生活,不只田间地头、矿井车间是基层,有时人民大会堂和各级官员的办公室也是"基层",记者只要下去,离开自己媒体的办公室,生活就会多姿多彩,新闻就会处处呈现。

记者是个自由的职业,没有"朝九晚五",没有"八小时工作制",不存在上班签到、下班打卡。记者一天二十四小时都处于上班状态,包括回家与家人团聚,有可能都会从家人的口中发现新闻线索,但唯独不能坐在自己的办公室,不能像其他知识分子那样坐在室内工作,因为记者的"办公室"里无新闻。

"办公室"里无新闻,这是新闻界流行的又一句话,它和新闻是"跑"出来的是一个意思的两种表达。"办公室"里无新闻,是告诫记者不能总在办公室里"闭门造车",有的记者怕走出去,整天在办公室"做文章",看看报纸,打打电话,上上网,一天就过去了,"新闻"就出来了。可是,这样的"新闻"其实都是些"二手货",没有现场感,没有新鲜感,没有真实感,不是记者的"第一手材料",不是记者的亲身经历,和实际生活脱离,对受众没有什么吸引力,不是真正的"新闻"。

(四)网络新闻需要核实

现在是网络时代,自媒体十分发达,人人都是记者,人人都有"麦克风",手机就是移动媒介,似乎不深入实际就可以了解世界,就可以发现新闻。事实上这种靠网络写新闻的人最多就是一个"网络抄写员",就是一个"文字搬运工",不可能发现真正的新闻。

网络是一个虚拟世界,鱼龙混杂,真假难辨。当记者不能整天生活在虚拟世界里,靠网络发现新闻,并不加核实地胡乱转发,甚至发稿至自己媒体的编辑部,长期这样下去,迟早会犯大错。

当然,网络也是媒体,是了解世界的一个窗口,也是新闻记者发现新闻的一个渠道,但作为专职记者,要想真正抓到"活鱼",必须深入实际生活中,切勿轻信"网络世界",更不能整天靠网络发现和采写新闻。

商业网站的网络编辑靠"复制"整合他人的新闻,但那是一种没有办法的办法,因为商业网站没有采访资格,不能自产新闻,只有把别人的新闻"改头换面"转发后才能吸引受众,"复制"新闻成了网络新闻的一大特点。也正因为如此,在媒介融合之前,网络的原创新闻很少,网络新闻的特点就是复制新闻多。

和传统媒体新闻相比,网络上不仅复制新闻较多,而且新闻传受不分,信源复杂,"标题党"多,可信度差。所以,新闻记者可以在网络上发现新闻线索,但不能像网络编辑那样不经采访"复制"整合他人新闻,而要对网络新闻线索仔细辨析,并到实际生活中认真采访核实后再作报道。

思考与训练

1. 简述新闻的真实性原则。
2. 举例说明新闻和受众的关系。
3. 新闻记者为什么要增强政治敏感?
4. 选择并吃透一个"上头"精神,试着在"下头"采访,看看能否发现一则新闻。

针对本教材,作者已经录制了配套的在线课程视频,以上是关于本章内容的视频二维码。

第五章　新闻发现的规律

本章重点难点：①新闻源包括的类型；②寻找新闻信息；③发现新闻主题；④选择新闻角度；⑤把握新闻时机。

世界存在于运动发展之中，而事物的运动发展又是有规律的。规律就是事物发展中本身所固有的、本质的、必然的、稳定的联系。首先，理解规律需要观察和收集数据。通过仔细观察和测量现实世界中的现象，我们可以收集数据并发现其中的规律。这可能涉及定量数据的收集和分析，也可能涉及定性观察和归纳推理。其次，理解规律需要发现模式和趋势。通过分析收集到的数据，我们可以寻找其中的相似性、重复性或趋势性。这可能包括寻找规律的数学表达、绘制图表或使用统计方法来揭示隐藏的模式。再次，理解规律需要建立理论。一旦我们发现了某种规律，就可以提出相关理论来揭示这种规律存在的原因。这涉及思考和推断，通过建立假设、验证和修正来不断完善理论。

从大量新闻发现的实践中，我们寻找到了新闻发现的规律，即新闻发现活动就是新闻记者寻找新闻源的活动，就是新闻记者发现新闻信息的活动，就是新闻记者捕捉各种新闻要素的活动。新闻记者要研究这些活动，掌握其中的规律性，快速高质量地发现新闻。

第一节　寻找新闻源

发现新闻就是寻找新闻，寻找新闻是在寻找什么？首先就是寻找新闻源。新闻源是什么？就是新闻事实。新闻事实在什么地方？就在丰富多彩的社会生活之中。新闻事实是新闻的本源，是新闻的基础，是新闻的依据，是新闻的踪影。在社会生活中每天每时每刻都会有无数事实发生，哪些是新闻事实？有没有规律可寻？这里我们不妨做些静态的分析。

一、新闻事件、新闻人物、新闻事物

新闻源包括新闻事件、新闻人物、新闻事物。

（一）新闻事件

新闻事件就是具有新闻信息价值的事件。新闻事件属于新闻，发现新闻的主要任务就是把具备新闻信息价值的事件捕捉到手，把这些事件的新闻价值挖掘出来。

新闻事件一般具有如下特点。

1. 以事件为中心，有较强的情节性

以事件为中心，有较强的情节性，这是新闻事件区别于新闻人物的基本标志。新闻事件的本质和特点决定着新闻事件的主题。在一篇事件新闻中，要有一个中心事件，其他事实都围绕这一中心事件展开。

2. 事因人生,人因事显,不孤立写事

新闻事件虽然以事件为中心,但并不是只见事不见人。事件是人物的行动构成的,这就是"事因人生";人物离开了事件就成了静止的和概念化的"人",必须借助事件,人物形象才能被显现出来,这就是"人因事显"。

3. 新闻事件反映时代特征和精神

新闻事件,不管是大是小,对于大千世界来说,都不过是一滴水、一粒沙。新闻事件如同一滴水,可映照太阳的光辉。发现新闻事件的新闻价值,就是发现它表现的时代精神和现实特征。

新闻事件包括突发新闻事件与预知新闻事件,重大新闻事件与普通新闻事件,积极新闻事件与消极新闻事件,标准型新闻事件与基准型新闻事件等。新闻事件可以用动态新闻表示,也可以用新闻评论表示。这里,我们主要介绍一下突发新闻事件和预知新闻事件。

突发新闻事件在发生之前无迹象可寻,突然发生,时间紧迫,或者事件延续时间短暂,稍纵即逝。一件任何人都无法预料的新闻事件发生之时,新闻记者一旦发现后,就要争取在第一时间,以最快速度到达新闻现场。新闻现场的信息会在短时间内有所保留,但是散发和流失的速度也很快;一些现场目击者和亲身经历者在短时间内有可能找到,介绍目击情况;突发事件在短时间内可能仍在继续。记者到达现场后最好是拍摄现场,用镜头充分发掘现场,能现场直播的就现场直播,最大限度地压缩传播时间。特别需要指出的是,由于突发事件的不可预知性,要想在第一时间抓拍到突发事件,必须有一定的技术保障。国外的很多电视机构、新闻部门都装备有直升机、巡回采访车以及密布各地的通讯员网络和通信设备。对突发新闻事件的发现依靠平时的充分准备,包括建立广泛的给自己提供新闻线索的通讯员队伍等。

预知新闻事件在发生之前都已经知道,包括已预知事件的发生地点、时间以及其他一些重要因素。对这类新闻事件,记者一般都事先经过了精心的策划和准备。这类新闻与戏剧中的预先安排有类似之处,因此冠以"舞台"的名称。报道预知新闻事件要提前对事件涉及的材料加以研究,找到合适的报道角度。对一些重大的预知新闻事件,记者预先要勘测现场,确定机位设置和拍摄重点,预约相关采访对象,充分利用偶发因素,把握现场的常态与变态。预知新闻事件的短处也正是它的长处:由于事件预知,缺少悬念,但记者有充分的时间对新闻事件进行挖掘。通过预知新闻事件,通常也可预知出席新闻现场的人物,如果有条件的话,提前电话预约,事先与采访对象商量好采访内容,交换观点,这样在现场采访时会更加从容,在时间上也比较好把握。采访之前对整体新闻事件的发现不是难点,但采访新闻事件过程中对新闻的发现却是难点。

比如,中国加入世界贸易组织这个新闻事件,就是预知中有未知的新闻事件,也是可以载入史册的重大新闻事件。对此,各媒体都做了大量报道,但是,《北京晚报》的消息《本报记者将入世槌带回国》却很有特点,并且还获得了中国新闻奖。

2011 年 11 月 10 日,在卡塔尔多哈举行的世界贸易组织第四届部长级会议上,经过全体与会人员一致协商,审议并通过了中国加入世界贸易组织的决定。三天后的 11 月 13 日晚上,《北京晚报》记者郭强、侯振威来到大厅与工作人员交谈,本想提前寻找次日新闻报道的一些素材。但后来,两位记者突发奇想,这样重大的历史事件,应该带点纪念品回去。起初,他们向工作人员提出可不可以把印有"CHINA"字号的椅套带回中国留作纪念,征得工作人员同意后,他们提出想把大会主席决定批准中国加入世界贸易组织时敲响的"木槌"也带回中国。他们没有想到,这次工作人员还是同意了,他们高兴万分,这是"意外之喜"。

回到驻地后,他们越想越觉得这件事意义越大,第二天,他们就把这个"意外之喜"写成了新闻,《北京晚报》11 月 15 日刊发,有读者看到后自制了"入世槌",《北京晚报》又进行了持续报道,甚至邀请读者就如何收藏"入世槌"献计献策。12 月 12 日,报社将这一"历史文物"正式捐给了中国国家历史博物馆收藏。时任中国国家博物馆馆长表示,"入世槌"是中国发展进入新的历史时刻的见证物,是改革开放时期重要的国家级文物。《北京晚报》记者的举动让很多当时参与报道这个新闻事件的媒体记者羡慕不已,可惜,其他记者都没有这个意识,更没有这个新闻敏感性。2017 年 3 月 1 日,"大英博物馆 100 件文物中的世界史"展览在中国国家博物馆开幕。这百件大英博物馆馆藏文物讲述纵横 200 万年、横跨五大洲的世界历史。中方展出的第 101 件展品"入世槌"正是《北京晚报》记者当年从多哈背回来的。

高明的记者不仅能从重大新闻事件中发现新闻价值,见证甚至参与历史进程,也往往会从一些普通的新闻事件中找出独特的新闻视角,发现社会生活中蕴藏的新闻价值。著名记者刘白羽曾经说过,生活是瞬息万变的,有些印象稍纵即逝,记者要随时随地去捕捉,捕捉到手,就会感觉深刻,就会深入到事件的内核,了解事件的本质。

比如,20 世纪 90 年代初,《无锡日报》记者徐祖伟担任驻江阴记者站站长时曾经历这样一件事。当时,江阴正在创建全国文明城市,全市集中开展环境整治,决定集中迁移散落在城市主干道锡澄路沿线两侧的零星坟墓。不少媒体对于此项活动都以加强环境整治、创建文明城市为题刊出消息,但他思考,如何对这样一件涉及现代与传统文明触碰的活动发出声音,既能体现该市文明城市创建的活动,又能反映市民传统习俗逐渐适应现代文明。? 于是,他从该市政府与百姓一呼百应,成功迁移若干坟墓,强力推进文明城市创建工作为着力点,主标题为"江阴市请老祖宗让道",在副标题中则点出集中迁移坟墓多少座。作者希望通过这个独特的视角,一是用与其他媒体不同的视角,采写出独具效果的新闻;二是以更多的时代视野反映当时的情景,让人们读后能有更多的回味,彰显了报纸的可读性,有一定的时代意义。

(二)新闻人物

新闻人物是具备新闻价值并被传播报道而为人们所广泛关注的人物。新闻人物从来都是非常重要的新闻源,当做事的人或者人做的事成为新闻信息的时候,新闻人物就出现了。

著名记者李耐因说,新闻人物应该是这样的人物:新出现的人物;代表发展方向、有发展前途的人物;人民群众喜闻乐见、普遍关心的人物;代表某种倾向的反面人物等。他在这里讲了四种新闻人物,其实,新闻人物包括以下方面:①先进人物;②反面人物;③新闻人物;④著名人物;⑤平凡人物;⑥争议人物;⑦转变人物;⑧群体人物。

新闻人物一般需具备如下三个条件：一是和近期新闻事件有密切关联；二是因某种原因引起社会广泛关注；三是现在或曾经身居要职或关键岗位。

这三个条件并不一定要全部满足，只要有一个条件存在，就可以是新闻人物，条件越多，新闻人物的新闻价值就会越大。

发现新闻人物，重在发现人物的闪光点，通过"浓缩人生精华"来展现人物的精神风貌。发现新闻人物，重在观察，通过细致的观察，发现他与众不同的肖像特点、语言特点、心理特点、行动特点等，通过发现这些特点来展示人物的个性。发现新闻人物，还要善于挖掘人物的典型事例，捕捉人物在这些典型事例中的典型特征。

比如，2005年8月24日《长沙晚报》刊发的消息《3.5万元救命钱留给病友》，就是一篇感人至深的人物消息，在第十六届中国新闻奖评选中，这篇消息获得了文字消息类一等奖。这篇消息之所以能获奖，关键是记者发现了一个线索。这条新闻线索是记者陈国忠8月22日晚上10时许在报社值班时通过接到的一个热线电话发现的。

打电话的人名叫彭敦辉，他告诉记者，自己是一位白血病患者，正在长沙湘雅医院住院治疗。当日傍晚，与他同病室的病友欧阳志成，将治病剩下的3.5万元钱留给了他，然后放弃治疗回家了。他是在送走欧阳志成后，回到病房才发现了欧阳志成给他留下的这笔钱和一封信。在信中，欧阳志成不无遗憾地说，尽管他是最有希望治愈的，却因10多万元的费用不能到位，而不得不放弃。在他的生命即将走到尽头时，他决定将本来为自己治病准备的3.5万元留给了彭敦辉，然后悄悄地离开了医院。

放下电话，记者心情久久不能平静，他意识到这是一条舍己救人的特殊线索。一个自己本不宽裕的人捐出数万元给和自己没多大关系的人，就已经是新闻了，并且自己也同样需要治疗而依然放弃治疗，这就是更大的新闻了。陈国忠后来介绍自己的采编过程时说，越是价值大的新闻，越要慎重发稿。为了搞清事情的准确性，他不仅采访了彭敦辉，也采访了欧阳志成，还采访了他们的家人、同病房的患者，以及医院的医生和护士，并亲眼看到了信件和钱，直到第三天才把稿件发了出来。

欧阳志成将仅剩的3.5万元救命钱留给了同室病友彭敦辉，同时留下遗嘱，让家人在其去世后，将遗体捐赠给医院作解剖研究之用，为人类攻克白血病尽自己最后的微薄之力。他的这一义举经《长沙晚报》等媒体报道后，引发全国关注，感动无数的人，并获得社会各界援助，最终他和彭敦辉均康复出院。

2009年9月，欧阳志成在自己的身体恢复得差不多时，主动要求回到教师岗位。羊古坳镇中团中学同意了他的请求，安排他教语文课。2010年7月，欧阳志成听说羊古坳镇偏远的匡家铺小学师资紧缺，便主动请缨到偏远的匡家铺小学支教。在匡家铺小学工作时，欧阳志成每个月的工资只有2000多元，每个星期有10多堂课。他经常要购买抗排异的药物，一个月的药费要花掉1000多元，他还拿着仅剩的工资帮助贫困学生。后来，他先后被授予"感动隆回十大人物"等光荣称号。

又比如，广播新闻《六孔秤盘卖鱼翁》也是一篇经典的人物消息，发表于2011年12月（具体日期不详),是一个县广播站的两位记者写的。据了解,消息中所说的这个农贸市场就在广播站的隔壁,也就是说,广播站的记者们经常会去这个农贸市场,经常会见到那个卖鱼的老人,可是,为什么只有记者王险峰和雷胜利发现了这条新闻?原因很简单,其他人熟视无睹,没有新闻敏感性,而只有这两位记者善于观察,有很强的新闻发现力。消息很短,但现场感很强,说明记者的观察力很强,文中最后老人的一句话:"我活了六十多年,没有做过亏心事,怎能把水当鱼卖?"深刻地揭示了消息的主题,也刻画了主人翁高尚的精神境界。这篇人物消息也印证了我们经常说的一句话:报社隔壁有新闻。

六孔秤盘卖鱼翁

本站消息(记者 王险峰 雷胜利)今天,记者在双河农贸市场,见到一位挑着一担鲜鱼,提着六孔盘秤的老人。当他一到市场,买鱼人便呼啦一下拥了过来,争相选购。一位中年妇女在鱼桶里选了几条活蹦乱跳的鲫鱼往秤盘里一放:"喂,老大伯快点称嘛!我还要上班"。老人把秤提得高高的,笑眯眯地说:"别急嘛,你看!"只见六个孔里的水珠直往下滴。这时记者才悟出六孔秤盘的道理。

这位老人叫龙得才,是三圣乡水口山村的养鱼专业户。今年八月的一天,他挑了一担鲜鱼到市场上卖,每称一次鱼秤盘里都有些水,自己心里感到不是滋味:"把水当鱼卖,这是卖的亏心钱哪!"他回到家里,就用钉子叮叮当当在秤盘上钉了六个孔。老伴见了埋怨道:"鲜鱼水中捞的嘛,哪能没有水!"老汉笑嘻嘻地对老伴说:"人嘛,要讲道德,我活了六十年多,没有做过亏心事,怎能把水当鱼卖?"说得老伴点头笑了。

(三)新闻事物

新闻事实中有一类,既不属于新闻事件,也不属于新闻人物,我们把它称为新闻事物。如非事件性新闻、典型报道、述评性消息、综合报道等,都属于新闻事物。

新闻事物是种种具有新闻性的情形和现象,是指一段时间或若干空间发生的新情况、新经验、新问题等,其时态往往是渐进性的,比如《我国餐桌经济增长潜力巨大》《我国农民的创业半径越来越大》等都属于新闻事物的报道。

彭菊华教授总结新闻事物有如下三个特点。一是宽时限性。新闻事物的形成非一时一日,没有确定的时间标志,形成之后处在相对静止的状态,自在地摆放在那里,长时间不会消失,但却会有自我延展性,或转入新阶段,或变化成别的事物。二是非情节性。新闻事物具有新闻信息价值,是一系列"新闻景观"和新闻材料,会非线性无规则发展。三是无规格性。新闻事件和新闻人物都有规格,但新闻事物不讲规格,它可大可小,可轻可重,只要具备新闻价值就成。新闻事物是打造深度报道的绝佳题材。

笔者认为,新闻事物虽然不是纯新闻,但它却最能体现一个记者的新闻敏感性、新闻发现力。对中国记者而言,尤其要重视对新闻事物的报道,因为中国的新闻媒体不只是传递新闻,也常常兼有宣传的任务,兼有指导实际工作的任务,所以发现适合撰写典型报道、经验消息的新闻事物就显得更为重要。发现和选取具有新鲜性的、针对性的、能给人启迪作用的、具有普遍指导意义的、有说服力和吸引力的新闻事物，是中国记者需要掌握的一项基本功。

比如，《五亿农民初尝民主直选》就是一篇优秀的报道。作者王晓晖是中国新闻社的总编辑，现任南开大学新闻与传播学院教授。20 世纪 90 年代，"基层民主"这个词开始在中国流行起来，中国政府采取一系列措施推动包括基层选举在内的基层民主发展，作者当时正好负责跑民政部口，在非会议非采访的过程中了解了许多信息，得知正在进行大规模的基层民主尝试。在这之前，作者负责跑全国人大，曾采访过第六届全国人大常委会委员长彭真，为采访好彭真委员长，她通读了《彭真文选》，写了一系列有影响的稿件，为采访中国基层民主做了铺垫。作者采访民政部，总体上得到了很多宏观数据，又去河北采访，得到了四个县的微观数据，还采访了许多专家，最终撰写成了事物报道《五亿农民初尝民主直选》。稿件发表后不仅在国内产生了强烈反响，也在国际上产生了一定的影响力。

再比如，《四川日报》记者徐中成采写的消息《从受触动到行动 知识改变命运 629 户人的藏乡走出 359 名大学生》也是一篇很好的新闻事物报道。这篇报道的线索是通过走基层获得的，当时，作者在四川日报社驻阿坝记者站工作。2015 年 3 月，他来到红军长征走过的地方阿坝藏族羌族自治州求吉乡，碰到乡助学协会发起者杨秋，杨秋告诉作者。"去年，我们从社会各界募集爱心资金 79 万多元，帮助和奖励了全乡 124 名在校大学生。"124 名！作者一下子来了新闻敏感，这个数字不简单，凭借着他对四川藏区的了解，他决定深入采访，挖掘知识改变命运这样一个新闻主题。消息写成后，刊发在《四川日报》头版《行进中国 精彩故事》专栏，同时配发了评论《人口素质的量变带来农村发展的质变》，进一步提升了新闻报道的宣传价值。

《629 户人的藏乡走出 359 名大学生》是记者长期驻守藏区调查思考积淀之后，在"走转改"活动中翻越雪山深入偏远地区抓到的"活鱼"。记者发现这个可知可感、可信可学的正能量典型后，当即蹲点村寨，对农牧民送子女上大学背后的故事进行抽丝剥茧的调查采访，以讲故事的方式，生动叙述农牧民的命运起伏和人生感悟，起到了润物无声的传播效果。629 户人中走出 359 名大学生，这在内地教育发达地区也是一个不错的数据，更何况是在偏远的乡村，这显示出本文具有强烈的新闻性和重大典型意义。本文获 2015 年中国新闻奖一等奖。

从受触动到行动 知识改变命运
629 户人的藏乡走出 359 名大学生

"这两年，别人想在我们村寨娶走个媳妇都难。"3 月 25 日，记者在阿坝州若尔盖县求吉乡采访时，嘎哇村村委会主任仁卓的一句感慨引起了记者的注意。为何难？原来，村里年轻人不少都出门上大学去了。全乡共 629 户人，近 7 年间已有 235 人从大学毕业，还有 124 名大学生在读。

求吉乡地处若尔盖县和甘肃省迭部县交界处，只有 7 个村、21 个自然寨，却是全县走出大学生最多的乡镇。乡党委书记张建荣说，乡里不少学生考进了中央民族大学、四川大学等知名大学，还出了全县第一个留学生。

一个偏远的藏区乡，为啥能培养出这么多大学生？张建荣介绍，20世纪末，求吉乡村民组建了潘州物流车队，走南闯北跑运输。眼界打开后，不少村民才发现，由于自己文化程度低，做事受限，于是空前地重视起子女教育问题来。

下黄寨村村民尼美多吉开货车已有20年，"我小学二年级都没读完，好多路牌认不了，找路很不方便"。同村的巴千学不认识几个字，跑运输时要记录饭店电话，就在电话本上画个碗和筷子，再记上数字。尼美多吉一家省吃俭用，支持独生女儿罗措考入了阿坝师范学院。巴千学的儿子多吉扎西已大学毕业，正在自己创业搞现代农业。

近年来，对国家和省里的"两免一补""9+3"免费职业教育等政策，求吉乡党委、政府大力宣传，让家家知晓。每年6月1日，乡上召开群众大会，以藏族的最高礼仪，给尊师重教的好家长和爱岗敬业的好老师献上哈达，给品学兼优的好学生发放学习用品。连续多年，求吉乡的入学率、巩固率、升学率均保持在100%。

求吉乡并不富裕，村民们千方百计筹措教育费用，有的不惜卖掉家中全部牦牛。去年夏天，上黄寨村召开了一次村民会议，议题是"把重视教育列入村规民约"。原来，比起邻近的苟哇村、下黄寨村，上黄寨村的大学生较少。村民们商定，凡是有人考上大学，村上给予1000元奖励，每户村民还要各凑一两百元给他们当学费。

社会各界也伸出援手。由退休干部牵头成立的求吉乡教育助学协会，募集爱心资金70余万元，已对全乡所有在校大学生进行了资助。

据初步统计，求吉乡的大学生毕业后，少数去了成都等大城市，约90%的人回到了阿坝州工作，成为教师、医生、公务员、技术员，其中科级干部已近百人，求吉乡成为阿坝州双语干部的一个摇篮。

29岁的更巴措是苟哇村人，她从绵阳师范学院毕业后主动回乡当了一名小学语文老师，"希望帮助更多孩子走出藏寨"。

二、好消息、坏消息、中性消息

我们换一个角度观察新闻源，新闻源里不外乎三种类型消息：一个是好消息，一个是坏消息，剩下的就是不好不坏的中性消息。发现新闻既要抓好消息，也要抓坏消息，还要抓不好不坏的中性消息。

区分好消息、坏消息、中性消息，是针对受众中的绝大多数和全社会而言的，是受众和社会共同兴趣作用的结果，而不是针对某一个具体受众而言的。如果针对具体受众，同样一个消息，很可能甲认为是好消息，乙认为是坏消息，丙认为是不好不坏的中性消息。而且甲乙丙可以指具体人、具体组织、具体国家，这样一来，我们似乎就无法研究了，所以，最好的状况是，还是像研究新闻价值那样，把参照物放在受众的共同兴趣上，即我们衡量哪个是好消息，哪个是坏消息，哪个是不好不坏的中性消息，是以社会主义核心价值观为标准的，是以绝大多数受众、绝大多数组织、绝大多数国家、全社会总体认识为标准的。有了衡量好坏的统一标尺，我们就可以很容易地把新闻源分为好消息、坏消息、中性消息来研究。

当然，再仔细看看，你就会发现，其实，即便是标准不一样，对同一条消息而言，得出的结论不一样,也似乎不能从根本上影响我们这样去研究,因为对任何具体的受众而言,他也只能把新闻源分为好、中、坏三类。新闻源除好、中、坏以外,好像就再没有其他类别的消息了,所以,只要我们不探讨具体一条消息是好是坏,而着眼事物的一般规律,这样的观察和研究还是可以进行的。

(一)好消息

好消息是指被受众称为"好事儿"的新闻。就是对受众而言,是有利的、感兴趣的、激动人心的新闻。

好消息主要包括成就报道、节庆消息、好转性新闻。以正面宣传为主,传播好消息,给人以鼓舞,是我国对新闻的要求。如2021年各媒体都开设专栏迎接建党100周年,其中的消息或是成就报道,或是节庆报道,都属于好消息。再比如,2022年我党召开二十大,各媒体都报道喜迎二十大的新闻,有成就报道,有利好报道,有庆祝活动等,这些也都是好消息。

中国人喜欢好日子办好事,喜欢喜上加喜,喜欢锦上添花,不喜欢落井下石,不喜欢乘人之危,所以,一到节庆,好消息就一个接一个。《北京晨报》曾刊登的《每年国庆都有好消息》就是一篇总结节庆消息的好消息。写这篇消息的作者新闻发现力不错,他从人们司空见惯甚至熟视无睹的新闻中发现了新闻,总结国庆期间都发生了哪些好消息,是一篇报道好消息的好消息。

各式各样好转性新闻,如坏人受到查处、弊端得到克服、灾难得到控制、困难出现转机、落后变为先进、浪子终于回头等真善美战胜假恶丑的新闻,在善良的人们看来也都是好消息。这样的好消息是带有转变性的,是辩证的,是由不好向好的方向转化过来的。就新闻源而言,原来是不好的,但事物是在不断发展变化的,不好的转化成好的,或者不好的被打击、被查处、被克服、被消灭、被埋葬等,这对受众而言,当然也属于好消息,所以,好消息和坏消息在一定的条件下是可以转化的。

根据马克思主义唯物辩证法,事物都是一分为二的,任何事物都有两面性,如果我们换个角度看,同样一条消息,同样一个事物,往往也可以得出相反的结论。比如,2020年初突发新冠肺炎疫情,这当然是坏消息,但正是因为疫情蔓延,才能够检验我们社会主义制度的优越性,才能够锻炼我们各级干部为人民服务的本领,所以,坏消息也有好的一面。反过来,如果我们不能正确对待好消息,产生骄傲自满情绪,好消息也可能会向不好的方向发展。所以,事物都是变动的,新闻工作者要关注最新的状态,要多报道好消息,要多鼓舞人民的士气,同时也要提醒人民谨防骄傲自满,让好消息感动受众、激励受众,让大家一起分享好消息,让大家共同传递好消息,激发更多的人去创造更多的好消息。

不过,新闻界经常说的"好新闻"(有时也说"好消息"),其含义和我们这里说的"好消息"不同。新闻界所说的"好新闻"指的是新闻事实新鲜、角度新颖、新闻价值高、与受众贴近、呈现方式绝佳、传播效果良好的新闻作品。这类新闻作品一般很有"味道",堪称优秀新闻作品,有示范作用。能否发现好新闻线索,能否采写出好新闻作品,是判定新闻记者是否优秀的重要标准。西方新闻界流行一句话:最不好的消息就是最好的消息。我们暂且不说这句话是否完全正确,但我们应该清楚,这句话的前半句含义与我们本节讲的"好消息"含义一致,而这句话的后半句,则是指新闻界所说的"好新闻"。

好消息遍地都是,关键看有没有发现好消息的眼睛。有句话说得很有哲理:你若心情好,生活处处是阳光。在中国,新闻媒体以传播正能量为主,所以,要善于发现好消息,善于用正能量鼓舞人民士气,这是新闻记者的重要使命。

比如,2003年10月16日《人民日报》号外刊发了记者蒋建科、吴坤胜采写的消息《航天员杨利伟安全着陆 我国首次载人航天飞行圆满成功 中国成为第三个有能力将航天员送上太空的国家》就是一条鼓舞全国人民的好消息,同时也是一篇评上中国新闻奖的好新闻。我们知道,美国和苏联建的"国际空间站"不允许我国参与,所以,我们才决定自力更生建自己的空间站,而载人飞船飞行成功是建空间站的关键一步,所以意义重大。这条消息当时为了争取时效,《人民日报》打破常规出了"号外",即不列入报纸原有编号之内,指在前一期报纸已经出版,后一期报纸还没到出版时间的情况下,在两期报纸之间加一期专门报道某一个重大主题。因为有了"号外",才让《人民日报》报道这条新闻的时效性提前了一天,即报纸由"昨日新闻"变成了"当日新闻"。

报道这个好消息的作者之一蒋建科是《人民日报》的老记者,采写航天新闻,需要长期坚守,才能有所收获。20年来,别的媒体跑航天的记者换了好几拨,可蒋建科硬是在这个领域一直拼搏,而这个领域之前新闻其实并不多,起码不是新闻的富矿,但蒋建科却不愿意离开,他其实已经是半个"航天专家"了。他报道神舟五号飞船落地是做了大量准备工作的,包括《人民日报》决定出"号外",也与他的建议分不开。神舟五号飞船安全着陆的时间是2003年10月16日清晨6时23分,但当天中午,刊登这条消息的号外就在北京主要街头被抢购一空。

再比如,2019年9月18日,《河北日报》刊发记者马利、董琳烨采写的《群众呼声放心上"关键小事"抓到底 全省百万家庭"三点半难题"得解》既是一篇获得中国新闻奖的好新闻,也是一条带给全省百万家,庭甚至对全国其他地方也有借鉴作用的好消息。这条好新闻的线索最初来源于一个会议:在主题教育征求意见中,孩子放学无人管名列河北乃至全国教育系统反映最强烈的问题之一。作者听到这个线索后,敏锐地感觉到这是一条新闻线索,这个问题如果能解决,对全省乃至全国很多个家庭来说,也是一个"好消息"。"三点半难题",群众关心,政府难办,能否解决,直接关系到当时正在全党开展的主题教育成果。为此,记者开展了为期两个月的跟踪采访,记录了河北省多部门通力合作,克服重重困难,最终推出制度性普及免费校内课后服务制度,携手解决这一难题的全过程,并率先报道了这个好消息。作者从一个有名有姓的家长切入,然后推到全局,把国外讲故事的方法引用到中国媒体上。这样独特的表现方式,也是作者在表现形式上的一种新闻发现。所以,新闻发现,不只是发现新闻事实,也包括发现新闻的呈现方式。

群众呼声放心上"关键小事"抓到底
全省百万家庭"三点半难题"得解

父母接还是老人接?回家还是小饭桌?自打双胞胎女儿两年前上了秦皇岛市抚宁区骊城学区第一小学,每周5个工作日的下午3点半,都是妈妈赵岩的"焦虑时刻"。

令赵岩没想到的是，今年9月新学期开始，"班主任通知，学校开始实行免费校内课后服务，孩子可以在教室写作业或上兴趣班"。

9月17日晚6点，赵岩下班后赶到学校，女儿们正和老师道别。

孩子放学早，家长接不了。据有关部门统计，多年来，全省城镇六成以上小学生家庭都面临过同样的问题。

家长请假轮流接、求助家中老人接、花钱让"小饭桌"接……五花八门接孩子的背后，是双职工家长们的无奈：谁来为我们解"三点半难题"？

听取群众呼声，着力解决他们的操心事、烦心事、揪心事。去年以来，省委书记、省人大常委会主任王东峰多次在调研、座谈中强调。

今年3月，省教育厅、省发改委、省财政厅、省人社厅联合印发《关于做好小学生校内课后服务工作的指导意见》并进行部署。

"晚上6点以后才能送走学生，教师批改作业备课怎么安排？""课后校内安全责任重大，谁来承担？""教师多出的课时薪酬不是小数，钱从哪里来？"在全省教育部门进行的调研、座谈中，"解难题"同样面临问题。

要把群众呼声放心上，"关键小事"必须想实招、聚合力、抓到底。在今年6月开始的"不忘初心、牢记使命"主题教育中，省教育厅把解"三点半难题"当作重点整改、推进的"民生大事"，厅长杨勇表示："绝不能遇到困难矛盾躲着走。"

涉及学校多，全省教育行政部门对各地进行一对一政策专题辅导；需要资金多，全省各级财政部门筹措落实补助经费；课时薪酬要发放，发改、人社等部门提供政策支持；场地要安全，消防部门提供解决方案，"让小学生玩得开心、学有收获"承诺逐一落实。

据省教育厅介绍，截至目前，全省所有设区市城区小学和城镇小学共4929所提供了免费校内课后服务，137万小学生报名参加。

邯郸推行弹性离校，让学生放学时间与家长下班时间基本同步；唐山安排专项资金2800余万元，确保校内课后服务足额兑现；衡水按每生每天2元钱标准，对加班老师和工作人员进行补贴；承德让学生自主"点餐"，按照学生需求设置服务内容和项目；石家庄发动学生家长、社区志愿者、退休教师等进校参与托管，让课后两小时精彩纷呈。

多年难题得解，群众感到满意。唐山市光明实验小学报名参加课后服务的学生比例达到99.5%，衡水市桃城区学生、家长、学校三方满意度均在95%以上

（二）坏消息

坏消息是指人民群众所说的对那些"坏事儿"的报道，即负面新闻，如自然灾害、刑事案件、交通事故、飞机失事、医疗事故、疫情传染等。

那么，到底什么是"坏事儿"？就是指让受众、家庭、组织、社会、国家、人类等产生消极、失望、困境、心痛、麻烦、悲观、厌倦等情绪的事情。这些事情本来对受众很不利，从心理学的角度讲，受众并不想知道，也不感兴趣，但是，一旦发生，它不以人的意志为转移，受众也就应该知道、快点知道，以便早做好应对的准备。

前文讲过,西方资产阶级新闻学者认为"最坏的消息"就是"最好的消息"。不得不承认,新闻的生成却有些"幸灾乐祸"。但站在广大人民群众的立场上看,这些消息无疑都是坏消息,都是大家不愿看到的事情。过去我们不主张报道坏消息,这也是不对的。报道新闻要实事求是。及时准确发布坏消息,也是我国新闻媒体的职责。

当然,我们不只要报道坏消息,更要报道人们与这些坏事做斗争的事情,将坏消息转化为好消息,比如,批评报道、问题新闻中的多数都是这样。批评报道是媒体履行社会监督责任的一种有效形式。批评报道也叫监督报道,其中揭露的事情虽然是坏消息,但媒体发现了,并且把它及时揭露出来,对受众而言,也是一件好事情,起码被曝光后,坏人坏事很难再继续祸害社会了。问题报道也一样,出现问题不可怕,发现问题最重要,问题本身是坏消息,但媒体经过调查已经发现了这个问题,甚至提出了解决办法,或是报道后引起社会的广泛注意,大家共同想办法解决,这就是好事情、好消息。还有媒体在报道灾难时,人民群众抗灾的感人事迹,所表现出来的英勇精神,都是坏消息中的好消息,都会激励和提高广大的人民群众战胜灾害的信心和勇气。

在生活中,公布坏消息时往往要挑选一个合适的时间。假设你是一家上市公司的CEO,你们现在公司里有一个坏消息,没有办法,必须得公布了。你最希望挑选哪个日子公布?A.周一 B.周二 C.周三 D.周五。有限注意力"周五效应"理论告诉我们,选周五公布最合适。俗话说,一心不能二用,每个人的注意力在认知的过程中都是稀缺的。所以我们在处理信息或者处理任务的时候,必须分配自己有限的注意力。在一件事情上投入关注,必然导致我们在另外一件事情上注意力下降。"有限注意力"这个名词是诺贝尔经济学奖得主丹尼尔·卡尼曼提出来的。他把这种人类认知上的特征就定义为"有限注意力"。他的文章发表以后,很多金融界人士就马上意识到了价值所在。周五的时候,大家都急切地盼着要回家,所有的注意力都被即将到来的周末吸引了,再加上周末要休市,对很多消息的反应要迟钝很多。所以,如果有坏消息,就要无论如何想办法,把它放在周五来公布。因为这样造成的冲击要小得多。那如果有好消息,就千万不能够放在周五公布,必须找一个大家注意力不稀缺的日子,让子弹多飞一会儿。

但对新闻而言,往往是不适合用这种理论的,新闻讲究真实,讲究时效,讲究竞争,坏消息一旦发生,亦当及时公布,如果不及时公布,当别人公布以后,这个坏消息重要的意义就失去了。

比如,1999年5月8日,以美国为首的北约野蛮轰炸我驻南联盟大使馆,造成新华社常住南联盟记者邵云环、《光明日报》常驻南联盟记者许杏虎与妻子朱颖牺牲。事件发生时,《人民日报》常驻南联盟记者吕岩松当时正在被炸的现场,他是使馆内唯一幸存的中国记者。他不顾生命危险,第一个将我使馆被袭击的消息传回国内,使报社领导及时将这一重大消息向中央有关部门做了汇报,为我国政府及时了解前方情况、迅速作出决策起到了重要作用。他还以最快的速度发回了独家文字报道和新闻图片,分别在《人民日报》《环球时报》上及时刊出。吕岩松是一名优秀的记者,1996年5月,开始担任人民日报社常驻南联盟记者,1999年3月24日,以美国为首的北约空袭南联盟仅两个小时,他就将消息传回了报社,并于当日见报,成为国内独家新闻。那个时候,网络并不发达,传统媒体是人们获知信息的主要渠道。5月8日,我大使馆遇袭后,在当时"精神几乎崩溃"的情况下,他第一个将消息传回国内,比大使馆工作人员传递消息还快,后来又陆续刊发了《血的见证——中国驻南大使馆被炸目击记》等一系列报道。事后,吕岩松在一篇回忆文章里说,从战争爆发第一天起,他就一直承受着强烈的心灵煎熬,但由于职业的特点,新闻记者又必须时刻保持清醒,否则,一味情绪化,很可能看问题偏激,对局势走向的把握也会出现偏差。这就需要记者学会控制感情,冷静客观地分析叙述。著名记者朱建华在谈到这件事时说:"今天,我们仍很难想象,吕岩松当时是在压抑着一种什么样的心情,又是一种什么样的力量支撑着他去完成这些很痛苦的工作。"

北约野蛮轰炸我驻南使馆

本报讯(记者 吕岩松)当地时间 7 日晚,北约对南斯拉夫首都贝尔格莱德市区,进行了空袭以来最为猛烈的一次轰炸。晚 9 时始,贝尔格莱德市区全部停电。子夜时分,至少 3 枚导弹从不同方位直接命中我使馆大楼。导弹从主楼五层楼顶一直穿入地下室,使馆内浓烟滚滚,主楼附近的大使官邸的房顶也被掀落。

当时,我大使馆内约有 30 名使馆工作人员和我驻南记者。新华社女记者邵云环、《光明日报》记者许杏虎和夫人朱颖不幸遇难。据悉,这是外国驻南外交机构第一次被炸。

爆炸发生后,中国驻南联盟大使潘占林一直在现场指挥抢救。许多华侨对使馆给予了极大帮助。潘大使在被炸毁的使馆废墟前,愤怒地指出:"这是对中华人民共和国的攻击。"

南联盟外长约万诺维奇说:"使馆是中华人民共和国的领土,北约炸弹是对外交的轰炸。"

当地时间 8 日下午,中国在贝尔格莱德的数百名华人举行抗议游行,数千南斯拉夫人参加了游行。

再比如,我国媒体对 2022 年 3 月 21 日东航一架飞机坠毁的报道很及时,最初情况不明时,自媒体就开始报道这架飞机失踪,后来情况逐步明了,主流媒体纷纷跟踪报道,很多主流媒体就是从自媒体上发现新闻线索的。最初发布这一新闻的是乘坐这架飞机的乘客家属,因为飞机预定降落的时间他没有看到亲人,也得不到确切降落的时间,他开始着急、慌张,于是他就在网上发了帖子,引起了很多人的关注,大家都希望所有乘客平安,但最终,还是等来了最坏的消息。

东航一架飞机在广西坠毁

澎拜新闻综合各方消息:

3 月 21 日 14 时 38 分许,东方航空公司 MU5735 航班执行昆明—广州任务时,在广西梧州市上空失联并坠毁。机上载有乘客 123 人、机组人员 9 人。目前,现场救援、善后处置及事故原因调查等工作正在进行中。

据央视新闻 3 月 22 日 11 时 40 分许报道,目前,东航客机 MU5735 的搜救工作正在进行。坠机区域三面环山、山路陡峭,救援人员手脚并用攀爬搜救。在坠机搜救核心区域,救援人员发现了飞机残骸及失联人员的钱包、身份证、银行卡等随身物品,尚未发现失联人员。

截至 22 日 14 时 38 分,事故原因、人员伤亡情况等相关情况均尚未公布。

救援部队发现客机残骸碎片

3 月 21 日 17 时 50 分许,央视网援引广西消防消息称,广西梧州市藤县埌南镇莫埌村神塘表附近山林发生一客机坠机事故。最先抵达的救援部队发现客机残骸和碎片,但尚未发现遇难者遗体。

在莫埌村设立临时指挥部

据中新网报道,坠机事故发生后,来自消防、医疗、电力、通信甚至军方的救援力量迅速赶往事发的梧州藤县埌南镇莫埌村。

据记者现场观察,3 月 21 日晚,事发现场已有数百台公安、医疗、消防、武警、电力、通信保障等救援车辆停在山路旁。为方便工作,救援人员在离现场不远的一所小学设立临时指挥部。因为山间漆黑,当地电力部门调集发电车、泛光灯、照明无人机等设备,在野外搭建临时线路,保障救援工作顺利进行。

为了保障救援力量顺利抵达,当地救援指挥部将附近的一条高速公路单向封闭,用于现场指挥调度。当地一位网约车司机对媒体称,从 358 国道通往坠机事发地莫埌村的交会路口已经开始实行临时交通管制,除救援车辆外,其他车辆暂时不允许通行。夜间救援,事发现场启用了可以进行夜间拍摄的无人机参与搜救。

旅客名单正与家属确认

3 月 21 日 19 时,第一财经从相关人士处获悉,目前白云机场已经设立了专门的家属接待工作组,并开通了专门的家属接待区域。在工作人员的陪同下,一些家属正在询问相关事宜。对于进入该接待区域家属,工作人员会拿着一张已经打印好的白色名单要家属确认。这张长约六七十厘米的名单上,有旅客的名字(拼音)以及座位等信息。

民航局:立即、全面排查民航领域安全隐患

据民航局官网 3 月 21 日晚消息,接到事故报告后,民航局立即启动应急机制,开展应急响应,派出工作组赶赴现场指导处置并开展事故调查工作,并第一时间下发《关于加强航空安全工作的紧急通知》和《关于做好民航空防安全工作的通知》,对全行业加强当前航空安全工作提出具体要求。

其中,民航局要求,各地区、各单位要切实加强民航领域安全隐患排查,举一反三,从飞机保养维修情况、飞行天气情况、人员资质、操作技能、空防安全等方面,立即、全面排查隐患。

刘鹤、王勇赴梧州指导工作

据新华社 3 月 22 日凌晨消息,为贯彻落实习近平总书记重要指示精神,按照李克强总理召开的紧急会议部署,中共中央政治局委员、国务院副总理刘鹤和国务委员王勇代表党中央、国务院,3 月 21 日晚率有关部门负责同志赶赴广西梧州,指导东航客机坠毁事故现场救援、善后处置及事故原因调查工作。

此外,根据习近平指示和李克强要求,中国民航局、应急管理部等有关部门已派出工作组赴现场指导处置,并调派广西、广东两地救援力量赶赴现场参与救援。目前,现场救援、善后处

置及事故原因调查等工作正在进行中。

联合国向东航失事客机遇难者家属表示哀悼

当地时间 3 月 21 日,联合国秘书长发言人杜加里克在新闻发布会上表示,秘书长对中国东方航空 MU5735 航班失事的消息感到非常悲痛,向遇难者家属以及中国政府和人民表示哀悼。联合国专门机构国际民航组织也对东航 MU5735 航班不幸失事感到悲痛,并向所有受影响的人表示最深切的哀悼。

波音中国:正与东航合作,并提供支持

3 月 22 日上午,波音中国向澎湃新闻记者表示,"我们挂念着东航 MU5735 航班的每一位乘客和机组成员。我们正与东航开展合作,以向他们提供支持。同时,波音正与美国国家运输安全委员会保持联系,我们的技术专家也为协助中国民航局开展调查做好了准备"。

东航此次坠毁航班号为 MU5735,机型波音 737-800。可查资料显示,该航班注册号为 B-1791,机龄 6 年,机上共有 12 个商务舱和 148 个经济舱座位。

藤县气象台预计:将出现 7 级以上大风

3 月 22 日 12 时 31 分,广西梧州市气象科技服务中心官方微博@梧州气象发布消息称,藤县气象台 2022 年 3 月 22 日 12 时 28 分发布大风蓝色预警信号:受冷空气南下影响,预计未来 24 小时内藤县将出现 7 级以上大风,易造成灾害事故,请注意防范。

另据广西气象台此前预计,3 月 21 日后半夜冷空气将开始影响藤县。受其影响,21 日后半夜开始藤县将有一次降温降雨天气过程,预计藤县 21 日晚上到 22 日白天,大雨,局部有暴雨,东风转北风 3~4 级,气温 16℃~25℃。23 日,大雨,局部有暴雨,北风 3~4 级,气温 12℃~18℃。3 月 24 日,中雨,局部有大雨,北风转东风 3~4 级,气温 15℃~19℃。相关部门需注意 21 日后半夜开始的降温降雨天气过程对救援工作带来的不利影响。

(三)中性消息

新闻报道中也有一部分新闻,既不属于通常所说的好事儿,也不属于什么坏事儿,对于这类消息,我们称之为"中性消息"。

所谓中性消息,就是事件本身及核心事实,没有什么值得高兴的,也没有什么值得悲伤的,例如,很多揭示矛盾性的报道、探讨性的报道、周期性的报道等,如《明天三点将发生月食》等。

在互联网时代,信息呈现裂变式海量传播。近三十年,人类生产的信息已超过过去五千年的总和,人们在网上传播各种各样的好消息、坏消息。网络信息很容易分成正面和负面,即好消息和坏消息,其实,在网络时代,更需要中性消息,它可以是体育、娱乐、生活等方面的信息。有些人利用网络,把很正常的中性消息常常操作成好消息,为己谋利。

比如,股市上就经常出现这样的现象。2020 年 6 月,上海证券交易所修订上证综合指数编制方案,延长新股纳入时限。本来这是一个很中性的消息,但却被个别媒体操作成了利好消息,让市场情绪高涨,散户纷纷跟进。所以,好消息、坏消息、中性消息,在互联网时代,常常被赋予主观意志。

在生活中,很多信息都被人为地赋予了感情色彩,本来需要客观叙述,可新闻记者在叙述事件的时候,往往会不自觉地带有主观倾向性,把一个中性的消息变成了好消息,或是坏消息。我们不仅要以平和的心态,冷静地观察并客观叙述发现的信息,还要养成习惯,乐于接受媒体中性化表达海量信息的逻辑叙述方法。

比如,有一天你去一个陌生的地方,打开地图使用导航,导航给你播报了一条有趣的信息:"本次路段会经过某某地方,途中有无法避开的不可通行的门禁。"当时你听到这个消息后也许就懵掉了:"这是在耍我吗?给我指了一条路,同时又告诉我不可通行。到底是什么意思呢?"

其实这条信息包含了至少三个特点。一是中性化。它是没有感情色彩的,没说好与不好,行还是不行,它只是按照事实陈述有一条路。二是逻辑化。告诉你无法避开,意思就是说只有这一条路,但是有不可通行的门禁。三是信息量大。它不仅告诉你只有这一条路,而且告诉你这条路是不可通行的。试问一个陌生人怎么可能会通过门禁呢?但是不排除那儿有个门卫,他会打开门让你走。当然也有可能你去了之后,既没有门卫,也没有门禁。但也不排除这个门某个时间段是自动打开的。

上述这个故事不只是一个有趣的生活小细节,更是一种独特的中性表达方式。这种方式在日常生活中是很少出现的,但经常出现在抽象的哲学著作或者科研论文中。我国要建造一种千米量级的超大型航天器,全称叫作"超大型航天结构空间组装动力学与控制",这个航天器的名字就比较有意思,为什么不直接用"航天母舰"呢?就跟那条导航播报是类似的,至少满足那三个特点。中性化,这是不带感情色彩的科研活动,是没有政治、军事和文化色彩的,不构成威胁与刺激。同时它也很有逻辑,信息量足够大。这种中性化逻辑式信息量很大的表达方法,很少出现在生活中,如果出现在了生活中,那多半是为了凸显中性化、逻辑性强、信息量大这几个特点。

三、已经发生与将要发生

对新闻源做进一步探讨,发现新闻多数是新近发生的,但也有的新闻是早已发生,因保密等种种原因没有报道的或是新近发现的。这些都是已经发生的新闻,是对往事的报道。还有一种情况是没有发生,但将要发生,媒体进行预报。

例如:《日本今晨发生 7.3 级地震》等都是新近发生的新闻;《珠穆朗玛峰长高了》等都是早已发生新近发现的新闻;《十三届全国人大四次会议将于 3 月 5 日在京召开》等都是预告性新闻,事情报道时并没有发生,但将要发生。在预告新闻中,虽然事情并没有发生,但作为决定或者发现事物规律的成果而言,却已经发生了,所以它并不违背新闻的本质。

仔细观察新闻源,就会不难发现,所有的新闻大致分为两类:一类是已经发生的新闻,另一类是将要发生的新闻。

已经发生的新闻,其报道的核心新闻事实已经生成,成了客观存在,是不以人们的意志为转移的,具有不可更改性。按道理,对已经发生的事实,如果发生时间距今太久远,那就不符合新闻的要求,就不能作为新闻去报道。但是,由于种种原因,比如,国家的保密政策等,发生时媒介没有报道,现在揭秘了,或者现在才被发现了,那也算是新闻。

将要发生的新闻,其报道的核心新闻事实并没有生成,新闻报道只是一种预告,这种预告当然也是依据某些事实进行判断,比如,报道在未来的某一确定时间会发生日食,这就是科学家根据事物发展的规律计算出来的。这类事实虽然没有发生,但它是一种自然规律,所以,提前预告,让人们做好思想准备。还有一些新闻事实,不是依据事物的发展规律,而是依据某些行政程序、某些会议决定、某些专家的观点等。

将要发生的事实,算不算新闻? 如果按照陆定一同志对新闻的定义,似乎不算新闻,因为陆定一同志说,新闻是新近发生的事实的报道,将要发生,并没有发生,显然不是新闻。但是,如果再仔细分析研究,你会发现,虽然核心事实并没有发生,但是报道核心事实的由头已经发生了,比如上边说的发生日食,是科学家测算的,就科学家的这个测算行为而言,它已经发生了,所以可以当作新闻去报道。

四、事实新闻与观点新闻

发现新闻包括发现新闻事实和发现新闻观点。新闻事实一般被写成新闻报道,新闻观点既可被写成新闻评论,也可被写成观点新闻。新闻作品包括新闻报道和新闻评论。新闻报道包括事实新闻和观点新闻。我们寻找新闻源,其实就是在寻找新闻事实和新闻观点。依据新闻事实写成的新闻就是事实新闻,依据新闻观点写成的新闻就是观点新闻。

事实和观点不同。事实是事情的真实情况,大多可以用名词表示,可以用量词衡量,比如身高、体重、可以被证伪的数据等。观点是建立在个人价值观之上的主观判断,大多为形容词,比如美丑、高矮、胖瘦等。

为什么要区分事实和观点呢? 因为人和人的生长环境、教育背景、知识储备和成长经历等都是不一样的。每个人对同一件事都可以有自己的观点。观点的形成是一个很复杂很主观的过程。比如,玩家 A:这太难了,打了几次都不过。玩家 B:太简单,没用道具就通关。玩家们说的都是真的,那要信谁的呢? 都不能信,要找到观点背后的事实。产品专家俞军说过一句话,大意是:凡是来自用户的反馈,我们都要一字不落地看;凡是用户的建议,我们一个都不听。听反馈是因为用户的观点,都是用户真实行为样本的反馈,可以参考。不听建议,是因为用户并不知道产品的全貌,不知道产品的实际情况,所以不能作为决策依据。对于“纯事实”,不需要讨论,只需要收集数据,证明真伪即可。而对于“纯观点”,没有办法讨论,都是个人感受,“公婆各有理”。

不是说观点不重要,而是说有事实支撑的观点才可以讨论,有事实支撑的观点才可以有说服力。

(一)事实新闻

事实新闻包括新闻事件、新闻人物、新闻事物。新闻作品主要用来报道新闻事实,一般不明显地对新闻事实进行评论,而只是客观叙述即可。关于新闻事实的发现,前边已经做了论述,它就是新闻源,这里不再重复。但需要强调的是,新闻事件、新闻人物、新闻事物,都是作为新闻事实被发现的,而新闻源除事实以外,还会有一些新的观点、新的信息、新的思想、新的意识、新的认识、新的看法等,这些大多属于新闻评论或者观点新闻的素材。新闻观点究竟属不属于新闻事实,媒体界还有些不同的看法。比如前边讲新闻源包括新闻事件、新闻人物、新闻事物时,就是把它们都统一归在新闻事实里边了,我们说新闻源就包括这三种。但这里,又把新闻观点单独罗列出来,目的是再对新闻源进行仔细研究。

(二)观点新闻

观点新闻就是在事实的基础上发表观点,进行评论,所阐述的观点新颖、鲜明、与众不同,有新闻特色。观点新闻的特点是以报道新闻观点为主。观点新闻往往是在叙述新闻发布后出现,即作者通过对新闻事实的研究,发现了新颖的观点。有时观点新闻也在发现新闻事实的情况下直接以评论新闻的形式发布。也有时并没有新闻事实,而是通过对历史事实的分析,发现了另一种以前从来都没有过的观点。这些观点和一般的新闻事实是有区别的,其注重信息,注重意识,注重认识,注重看法,作为对事实的反映,其应该不是事实本身,而是主观的东西。

我们知道,新闻主要用来报道事实,那么,观点需不需要作为新闻进行报道? 我们的回答是需要的。观点新闻,其实就是一种解释性新闻,观点也是新闻源的一种,虽然它表面上看起来不是事实,但作为对事实的一种反映,有人反映过了,说出来了,就是一种已经发生了的事情,从新闻学的角度看,也是一种客观存在,也是"新闻事实"的另一种存在形式。

说到这里,我们不妨再给观点新闻下个定义,所谓观点新闻,就是对近期某人发表的具有新闻事实性质的、受众普遍感兴趣的"新"观点的报道。

五、新闻"富矿"与新闻"贫矿"

新闻源并不是平均分配的,在实践中,记者发现新闻也常常"靠天吃饭",有些地方、有些领域新闻很少,我们称之为"不出新闻的地方",即新闻"贫矿"。而有的地方、有些行业就常常出新闻,我们称之为"出新闻的地方",即新闻"富矿"。

要寻找新闻"富矿"。寻找新闻和寻找金矿一样,有规律可循,有些地方就是产矿石的地方,所以,探矿人就会长年驻扎寻找,如大山深处;而有些地方,即使挖地三尺,也看不到矿石的踪影,如平原地带。新闻也一样,有新闻"富矿"的地方往往就是新闻线索的来源和渠道,记者要密切关注。

虽然,新闻在于开发,有经验的记者常常在没有新闻的情况下发现了新闻,但多数时候,在新闻"富矿"更容易发现新闻。很多记者在新闻实践中发现了新闻"富矿":时事政治、经济新闻、社会新闻等都是新闻"富矿";一个国家的首都、政治军事经济强大国家、国家领袖、知名人物、知名地方、发达地区、各种会议等,都是新闻"富矿"。

在新闻实践中,新闻"富矿"碰到一个新闻敏感性不强的记者,也可能就成了新闻"贫矿"。新闻"贫矿"碰到了善于发现新闻的记者,也可能会变成新闻"富矿"。但在同样的记者眼里,从新闻"富矿"中会挖掘出更多新闻,从新闻"贫矿"中挖掘的新闻会相对较少。

其实,在各种新闻的时空环境中,都既有"富矿",也有"贫矿",新闻记者要学会找"富矿",挖"富矿",这样才能写出优秀的新闻作品。新闻"富矿"到哪里去找呢? 要站在全局的高度找"富矿",全局观念、大局意识是指政治上要清醒,要了解党的方针政策,在采访与写作中努力提高把握全局的能力,使报道达到一定的高度和深度。没有全局概念,报道只能就事论事,发现不了新问题,讲不出新情况。没有大局意识,对当前党和政府的关注点理解不透,对基层群众关心的热点、难点问题把握不准,自然难以用敏锐的时代眼光提炼报道主题,挖掘报道题材,丰富报道内涵,新闻的吸引力、感染力便无从谈起。

在新闻实践中,由于新闻源不是平均分配的:有的时间段多,有的时间段少;有的地方多,有的地方少;有的人物身上多,有的人物身上少。所以,新闻就出现了"富矿"与"贫矿"。而在同一新闻事实中,新闻价值也不是平均分配的,有的事实要素新闻价值大,有的事实要素新闻价值小,所以,新闻记者要善于选取能最大限度地体现新闻价值的事实角度来呈现新闻。

第二节   发现新闻信息

新闻和信息是两个意义不同的词语。新闻是异常变动的信息,是具有新闻价值的事实;而信息是人类传播的一切内容,是一切事实运动的表达形式。新闻信息是对事物新近运动状态的陈述,专指具有新闻价值的种种信息,以及受众欲知应知而未知的新闻资讯。新闻信息一般具有真实性、实证性、及时性、广泛性、开放性、变动性等特点。一般来说,事件发生的概率越大,信息量就越小;反之,事件发生的概率越小,信息量就越大。

一、事实与信息

关于"什么是新闻"这个问题我们在前文已经作了不少探讨,这里我们再选几个关于新闻的重要定义进行分析。

陆定一说,新闻是新近发生的事实的报道。这里就给我们指明了新闻和事实的关系:事实第一性,新闻第二性,先有事实,后有新闻(报道),而且在新闻中报道的事实是新近发生的。

范长江说,新闻是广大群众想知应知而未知的重要事实。这里也向我们明确了新闻中报道的事实是事实中的一部分,是受众关心的事实。不过,范长江却把新闻与新闻事实等同起来了,他认为新闻就是事实的一种,这就混淆了新闻与事实的本质区别。

徐宝璜说,新闻是对正确事实的选择。这个定义也揭示了新闻和事实的关系。他认为,新闻是一门选择的艺术,像绘画时选择颜料一样,新闻选择事实。在什么地方选择事实呢?当然在所有能够发生一切事实的地方,即一般事实中选择。选择什么事实呢?当然选择对受众有价值的新闻事实。依据什么标准选择呢?当然依据新闻价值和宣传政策。这就很明确地告诉我们,新闻报道只关注一般事实中极少一部分新闻事实。新闻就是选择的结果,选择正确了,就是新闻,选择不正确,对受众没用,就不是真正意义上的新闻。

那么,我们如何处理事实与新闻事实的关系呢?当我们提出新闻事实这个概念时,我们已经知晓了认识的主体,即传者。正是由于传者的介入,作为自在之物的事实,才转化为新闻事实,这样,新闻事实在传者与事实之间的反映与被反映的过程中不再仅仅表示自然存在物,而同时表示社会存在物和思维存在物。

姚远铭说,新闻是异常变动的信息。这个定义是从信息的角度来回答什么是新闻的,这说明什么问题?这说明新闻不仅离不开事实,也离不开信息。那么,事实是什么?信息是什么?

事实和信息有什么关系？为什么它们会存在于新闻中？在新闻中,事实和信息能否分离？是否存在没有事实只传播信息的新闻？是否存在没有信息只传播事实的新闻？这些问题值得我们探讨,也有助于我们发现新闻。

(一)什么是事实

事实是指事情的真实状况,包括事物、事件、事态,即客观存在的一切物体与现象、社会上发生的不平常的事情,以及局势、情况等的变异态势。新闻学常讲的"事实"包括新闻事实和一般事实。

事实具有客观性、联系性、变动性、可反映性等特点。事实一旦发生,就是一种客观存在,是不以人们的意志为转移的,你承认也好,不承认也好,认识也好,不认识也好,它都在那里,这就是事实的客观性。事实和事实之间、事实内部各部分之间都是相互联系的,任何一个事实,都不可能独立存在,都有具体的时间和空间,这就是事实的联系性。事实发生后不是一成不变的,不是静止的,而是不断变化的,是运动的,过去的状态、现在的状态、未来的状态都是不一样的,这就是事实的变动性。事实发生后,可以被认识,可以被反映,可以被叙述,可以被报道,可以被记载,正因为如此,我们才需要认识它、反映它、叙述它、报道它,并注重它的现在状态。

新闻事实是一般事实中具有特殊点的一种事实,即指那些具有新闻价值的事实。只有那些新近发生的,能够引起受众普遍兴趣的新鲜的事实,才能够成为新闻事实。简言之,新闻事实包含于一般事实之中。

对待事实有两种不同的态度。一种态度是尊重事实,在事实面前采取科学严谨的态度,事实是什么,新闻就反映什么,主客观完全统一,不夸张,不缩小,不粉饰,不加工,原汁原味反映。另一种态度是不尊重事实,在事实面前不实事求是,任意拔高,任意加工,甚至任意歪曲,任意凭空捏造事实,主客观严重背离。

(二)什么是信息

信息的概念最早出现在通信领域,申农和维纳从信息论和系统论的角度提出了信息的概念。信息是事物存在方式和运动状态的表征和陈述,是音信、消息、通信系统传输和处理的对象,泛指人类传播的一切内容。

根据信息所指范围不同,信息可以分为广义信息、一般信息、狭义信息三大类。广义信息是指所有对象在相互联系作用过程中呈现出来的各自的属性。一般信息是指与人类的认识过程和传播活动相关的知识积累。狭义信息是指能够消除受信者随机不确定性的东西。这里所说的随机不确定性或称偶然性,是指现实生活中出现的影响人类生存、发展的多种变动的可能性。

信息还可以分为事实性信息、判断性信息、预测性信息。事实性信息是指事情发生的真实状况,包括主体、时间、空间这三个基本要素的情况等,一般称为硬信息。判断性信息带有明显的主观性色彩,指人们依据一定的事实作出的评论,包括是非曲直、吉凶善恶等。预测性信息往往是对未来某件事或某个人的估计和推测,它反映的是现有事实和未来事实之间的联系。判断性信息和预测性信息都属于软信息。

由于信息能够而且必须消除人们的随机不确定性,因此信息必然包含着新的情况、新的知识、新的内容,这是信息基本的特点。除此之外,信息还具有如下特点。

(1)共享性。共享性也称使用不灭性。这是信息和物质的显著区别,单一的物质,无法被共享或同时占有。而一条信息一经新闻机构发布,就可以被亿万受众同时享有。

(2)扩缩性。信息在传播过程中可以压缩,也可以扩展。

(3)组合性。两条及两条以上的信息有机组合,可以产生出新的信息来。

(4)多角度性。从多角度运用信息,这是信息和物质的又一显著区别,物质的使用属性在生产过程中已确定下来,但人们对信息的认识却往往"仁者见仁,智者见智",因而也会从不同的角度运用信息。

(5)相对性。信息的相对性是和人们对外界信息的选择性注意密切相关的。面对纷繁复杂的大千世界的种种变化,人们通常只能注意到一部分信息;所注意到的信息又和受信者的内在需求相关。

(6)普遍性。信息是宇宙间的普遍现象,是一种不以人的意志为转移的客观存在。

(7)抽象性。不同于物质,信息是一个既没有大小,也没有重量的非实体的抽象物。

(8)表达性。信息是对事物运动变化的反映,具有表达性,因此人类才可以通过对信息的接收和处理认识世界。

(9)流动性。信息的流动性使其能够为人类所获知和处理,扮演了连接主客观世界之间桥梁的角色。

(10)载体性。信息必须由符号作为载体,附着在载体之上。

(11)识别性。信息是能够通过人的感官被接收与识别的,其感知的方式与识别的手段因信息载体不同而各异。

(12)转换性。信息可从一种物质载体形态转换为另一种物质载体形态,如由文字转换为图像等。

(13)贮存性。信息可以通过人脑记忆功能加以贮存,也可以用机器贮存,如计算机、录像机、录音机等。

(14)替代性。正确使用信息,可以提高效率、减少消耗,具有类似于资金、劳动力的作用,所以信息与物质、能量是构成现实世界的三大要素。

(15)不完全性。任何信息都不可能,也不必反映出客观对象的各个方面,只有正确地取舍信息才能有效地使用信息。

(16)时效性。信息从发生、传递到接收的过程,必须尽量加快,以便迅速加以利用。

(17)客观性。信息来源是客观存在的环境,包括自然环境和人类社会环境。

(18)主观性。虽然信息是客观的,但信息加工却是人脑的主观反映。

(19)多样性。人类社会的信息多种多样,丰富多彩。

(20)复杂性。人类社会的信息比自然世界的信息更加复杂。

（三）事实与信息的关系

事实和信息是交叉的，有的事实缺乏信息，有的事实信息量大；同样，有的信息本身就是事实，有的信息本身不是事实。

比如，家长们凑在一起，话题是"高考成绩"。家长甲说：孩子高考成绩很不理想！家长乙说：高考成绩 500 多分吧。家长丙说：考了 601 分。那么，上面这些信息哪个说的是事实？家长甲这句话是带有明显的判断意味，有可能受自己期望值和情绪的感染。家长乙的孩子究竟考多少分？这个信息太不确定了。家长丙说的 601 分是个事实，但这个事实太干巴巴，没啥回味。

我们平时在陈述一件事情的时候会不自觉地加入自己的情绪、感受或者做出倾向性的判断，好像我们习惯了这样说话，就算是同样的内容，辅以不同的语气、语调、语速、表情、动作、眼神等，如果只说事实，信息量少，好像不太行。比如，柜台销售员向顾客说：这只翡翠手镯 5000元。这个是事实，但是这个事实信息量太少了，不足以说明手镯这个价位是高还是低，有什么样的品质，处于什么样的价格区间。顾客听了，很难确定买还是不买。

事实都是客观存在的，无所谓正确与否，一旦发生，不以人的意志为转移。但判断性信息、猜测性信息，有正确的，也有不正确的。比如，你爱吃苹果，如果有人告诉你，苹果吃多了有利于身体健康，你也许会更加爱吃，但如果有人告诉你，苹果吃多了不利于身体健康，你可能会改变该吃苹果的习惯。但苹果还是那个苹果，这个基本事实不会变，而且，它对人的身体究竟有什么影响，这个基本事实也不会变，只是对它的认识方面出现了不同的信息，你认同哪个信息，可能会让你改变每天吃多少苹果这个事实。

在这个信息爆炸的时代，各种误导性、虚假性信息粉墨登场，甚嚣尘上，与许多真正的事实性信息混杂在一起，难以辨认。正如《木兰辞》里说的那句话："双兔傍地走，安能辨我是雄雌？"是的，尽管我们希望看到真相与事实，但不得不承认，我们同时生活在两个世界里。一个是我们头脑之外的客观真实世界，另一个是我们头脑中的世界（不管是自己想象还是受到假信息的影响），我们每天要做的就是准确判断我们看到的、听到的、接收到的信息是不是事实，并保证我们脑海中的世界更加接近脑海之外的客观真实世界。

二、事实与新闻

有的事实有新闻价值，有的事实没有新闻价值，有新闻价值的事实被发现后就由一般事实变成了新闻事实，没有新闻价值的事实不管发现与否都只能是一般事实。这就好像一个事实发生后，如果进入案件被法庭采纳，就成了法律事实，如果进入课本被教师采纳，就成了教学事实，而如果进入病理分析库被医生采纳，就成了医学事实一样。

事实本身是客观存在的，新闻本身是主观的，是对事实的反映。世界上每天都发生各种各样的事实，只有一小部分具有新闻价值，可以成为新闻进行广泛的传播。世界上每天也都发生很多新闻，但他们也不全都是事实，也有的新闻是传播新的信息、新的观点的，甚至还有的新闻是传播虚假事实的。

新闻事实是一般事实中具有特殊点的一种事实，即指那些具有新闻价值的事实。只有那些新近发生的，能够引起普遍兴趣的新鲜的事实，才能够成为新闻事实。

事实是客观存在,新闻是对客观事物的反映。事实是第一性的,新闻是第二性的,有事实才有新闻。

事实与新闻的组合有三种情形:一是真事实真新闻,即新闻传播媒介反映客观世界、报道事实的唯一常态;二是真事实假新闻,即新闻传播媒介对客观世界和客观事实的歪曲反映;三是假事实假新闻,即客观世界根本不存在或尚未发生而由新闻传播者或新闻当事人报道的凭空捏造的事实。

新闻是指新闻媒体报道的最新的重要事实,以及经常性地、或明或暗地对这些事实进行的评述;而事实是指一切客观存在,它既包括具有新闻价值的新闻事实,也包括没有新闻价值的一般事实。事实是运动的、发展的、不断变化的,当事实高于或低于常规活动的基线时,换句话说,当事实从日常生活中显露出来时,事实就成了新闻。

比如,飞机安全正常飞行,这个事实不是什么新闻,但飞机遇到气流,甚至发生更严重的事故,这个事实就成了新闻。

综上,事实和新闻的关系其实是一种交叉的关系,有新闻价值的事实就是新闻事实,没有新闻价值的事实只能是一般事实;新闻事实存在于一般事实中,一般事实包括但不限于新闻事实;新闻媒体除报道新闻事实以外,还报道新闻观点、新闻现象等,事实除新闻事实以外,还包括新闻事实以外的大量事实。先有事实,后有新闻,事实决定新闻,新闻是对事实的反映,并推动事实向前发展。新闻在反映事实时,有真实反映客观存在事实的情况,有歪曲反映客观存在事实的情况,有没有完全反映客观存在事实的情况。唯物主义者认为,新闻的本源乃是物质的东西,乃是事实,就是人类在自然和社会中所发生的一切事实。新闻是对客观事实的反映。新闻工作者应该坚持唯物论的新闻本源观,尊重事实,坚持每一条新闻都以可靠的、准确的事实为依据,在新闻实践中力求做到新闻符合客观事实的本来面目。

三、新闻信息

(一)什么是新闻信息

新闻信息是对事物新近运动状态的陈述,专指具有新闻价值的种种信息,即受众欲知应知而未知的新闻资讯,以及公众所关注的具有新闻价值的社会信息。

新闻信息一般具有真实性、实证性、及时性、广泛性、开放性、变动性等特点。真实性是指新闻媒体报道的信息准确、可靠;实证性是指新闻要让事实本身说话;及时性指新闻必须有新的事实、新的内容、新的形式;广泛性是指新闻媒体面向全社会和广大受众发布信息;开放性是指新闻不受任何空间限制,可以传播至世界任何一个角落;变动性是指事实不断发展和变化,新闻媒体随时关注传播最新动态信息。

新闻信息从来不限于"事实",一些观念性(判断性)信息随处可见。西方有句名言,大意是:你有一个想法,我有一个想法,彼此交换,你我都有了两个想法。

新闻信息和受众息息相关,离开了受众,谈新闻信息毫无意义。因此新闻信息又可分为信源信息、信道信息、信宿信息。信源信息就是信息的来源、信息的出处。信道信息就是传输途中的信息。信宿信息就是受众接受并认可的信息。

(二)信息与新闻的关系

一般来说,新闻发生的概率越大,信息量就越小,反之,新闻发生的概率越小,信息量就越大。当概率为"1"时,即百分之百要发生的事情,"地球人都知道",信息量为"0"。当一个新闻由多个独立的小新闻组成时,那么,新闻所含的信息量就是各个小新闻所含信息量之和。信息包含新闻,新闻属于信息。

1. 信息与新闻的相同之处

(1)信息和新闻都是对客观事物的反映。信息是对客观事物存在方式或运动状态的一种表征,新闻是对客观事物新近变动情况的报道。它们都源于物质世界,都是客观外界事物经由人的主观世界所得到的反映,而不是客观事物和物质本身。

(2)信息和新闻都有利于减少接收者对事理认知上的不确定性。信息反映的是可以帮助接收者减少对事理不确定性的事物,新闻呈现的是受众欲知而未知的最新事实。信息和新闻都能向人们提供有关事物的新情况和新知识,从而消除人们认识上的不确定性,满足人们了解周围环境变动情况的需要。

(3)信息和新闻都讲求真实和准确。信息和新闻都以满足接收者的获知需要作为存在的前提,都有可能影响人们的主观认知和行为决策,因此都必须讲求内容的真实和准确。不真实、不准确的信息和新闻,非但不能使接收者消除认识上的不确定性,还会导致他们原有的知识结构发生紊乱,从而增加其认识不确定性的程度,甚至会导致他们做出错误的判断和决策。

(4)信息和新闻都是可传递的。信息和新闻的存在价值就在于它们能为接收者所认识、所享用,但它们自身却不能直接到达接收者手中,而必须借助一定的传播手段进行传递。在传递过程中,它们可以运用共同的传播媒体,如报刊、广播、电视、互联网等。

2. 信息与新闻的不同之处

(1)信息的概念外延比新闻大。新闻是信息的一部分。新闻反映的是客观事物发展变化的最新状态,而信息反映的则是客观事物存在方式或发展变化的普遍形式与一般状态。

(2)信息的时效性不及新闻。新闻呈现的是最新发生的事实,常常需要争分夺秒,今天的新闻到了明天就成了旧闻,在满足受众信息需求方面的价值就会陡减。对于大多数信息来说,其时效性要求没有新闻强,有的信息甚至可以储存起来反复使用。

(3)信息的传播形式多于新闻。新闻传播通常以公众为传播对象,因而属于大众传播,它的传播须借助于报刊、广播、电视、互联网等大众传播媒介。而信息传播不但可以利用传播新闻的各种大众传播媒介,还可以运用其他一切传播形式和手段,如交谈、通信、授课、出版等。

(4)信息的服务效益强于新闻。新闻业为受众提供服务,主要表现是为受众提供具有新闻价值的事实信息,以及隐含其中或公开表达的意见,以增加知识和启迪智慧的方式影响受众的思想及行动,间接地为受众服务。而信息往往可以直接供接受者使用,为其提供直接的服务并带来实际效益。

3. 信息对新闻工作者的要求

针对信息的概念和特性,新闻工作者在观念上必须明确以下方面。

（1）提供信息是新闻媒体的首要功能。

（2）新闻必须致力于消除读者的不确定性。

（3）除观念、意识之外,针对信息的特点,当代新闻工作者在业务上要体现出新的要求和特色,如变一次性的终端报道为分阶段的连续报道,加强深度报道,加强新闻的综合评述,加强全方位报道。

（三）寻找新闻信息

新闻价值有三大基本要素:新的事实、新的信息、普遍兴趣。发现新闻,就是要寻找大众普遍关注的新的事实和新的信息。由此可知,信息也有新的信息和旧的信息之分,一般情况下,新闻中的信息是新的信息,广告中的信息是旧的信息。

受众普遍感兴趣、具有一定传播价值的新的信息就是新闻信息。新闻信息不仅存在于事实中,也存在于观点和现象中。

新闻包括公开传播的新近变动事实的信息。信息是在一种情况下能减少不确定性的任何事物。信息的基本功能在于消除不确定性。同时信息分为两个层次:本体论层次,即事物运动的状态和状态改变的方式;认识论层次,即主体所认知的事物运动的状态和其变化方式。我们传播的信息是基于认识论层次的信息,受限于各种压力,所以与事物本身的状态是有差异的。也就是说,新闻与事实之间存在一定的差异。

新闻包括公开传播的异常变动事实的信息。信息正常情况下不是新闻,比如:一日三餐、一年四季等,都不是新闻,而几天没有饭吃、冬天提前到来等却是新闻;工人正常在车间劳动、农民正常在田间耕种、学校正常按计划开学、医生正常按时接诊等,都不是新闻,而工厂放假、农民禁足、学校停课、医院关门等,这些都是新闻;交通正常、天气正常,股市正常、猪肉价格平稳等,都不是新闻,而出现交通事故、极端天气、股市异常波动、猪肉价格猛涨等,这些都是新闻。总之,一切信息只要处于正常状况,就不是新闻,但如果出现了异常,就是新闻。

第三节　捕捉新闻要素

我们这里所说的新闻要素,不是指"五W"等新闻基本要素,而是指新闻素材、新闻主体、新闻角度、新闻时机、新闻形式五项影响新闻发现的重大要素。实践证明,要做到新闻发现,重要的是在大量新闻素材的基础上,挖掘新颖的新闻主题,寻找绝佳的新闻角度,选择合适的时机和形式,让新闻价值最大化地呈现出来,取得良好的社会传播效果。

一、搜集新闻素材

（一）新闻素材的含义

新闻素材是指记者在采访前、采访中、采访后通过各种渠道、各种方法获得的一切与新闻报道紧密相关、关系不大,甚至无关的原始线索和材料,是记者发现新闻角度、提炼新闻事实、选择新闻题材、确立新闻主题、写作新闻报道的基础和前提。

新闻素材来源不一,而且往往零散杂错、真伪莫辨,很多材料只是接触到事物的局部细节或表象,只有经过认真的核实、鉴别、整理和提炼加工,才能成为真实、完整、典型、生动的新闻事实,成为新闻报道反映事物的本来面目、揭示事物本质的具有高度可信性和雄辩说服力的材料。一个巧妇能用平常的米、菜和佐料,做出色、香、味俱全的丰盛饭菜。一个高明的记者也应像巧妇那样,善于对一般的材料进行加工与处理,使之具有强烈的感染力和高雅的艺术性。

著名记者艾丰认为,记者的劳动对象就是材料,记者就是跑材料的,记者就是材料员。材料不等于事实,但要了解事实,却一步也离不开事实,记者采访的"成品"是对新闻事实的反映。从材料来源和传递过程看,材料可以分为第一手材料、第二手材料、第三手材料、第四手材料等。从认识阶段看,材料可以分为感性认识材料和理性认识材料。从材料的属性看,材料可分为事件材料、人物材料、事物材料、观点材料等。这里的材料包括素材和题材。题材是指经过分析和研究,写入作品里的材料。

(二)新闻素材的整理

网络环境复杂混乱,要紧紧依据新闻资料数据库,以提升新闻发现工作效率为目标,为今后顺利开展新闻采编工作提供更多便利条件。记者都明白一个道理,进行新闻写作前,要确定题材,通过实地采访、查找资料、搜集新闻素材,让新闻素材"仓满回流"。撰写新闻稿件时,采访的材料越丰富,写作时越能得心应手,下笔如神,一气呵成,做到快写快发,增强新闻的时效性,同时写出的新闻也自然饱满,说服力强。如果手中占有的素材贫乏,要写出高质量的新闻稿件,是绝对办不到的。写好一篇新闻作品,用的是一滴水,而需要我们准备一缸水。但是,我们得到了令人眼花缭乱、非常零散的新闻素材,如何进行有效整理呢?

一是普通事实情境化。事实是新闻中的关键材料。记者既要善于采用新颖、动人、鲜为人知的事例,更要善于将普通事实进行情境化处理,即将事实描绘或创设成一个可感知的具体情境。在美国房地产协会举办的一次演讲赛中,一个演讲者做了介绍费城的演讲。在论述费城是举世闻名的"世界大工厂"时,演讲者没有仅仅停留在叙述概括性的事实上,而是将一些事实描绘成具体的情境。比如,在介绍费城比当时世界上任何城市拥有更多私人住宅时,演讲者先交代私人住宅的数量——397000栋。然后又将此创设成一个情境:"如果把这些住宅放在25英尺宽的土地上,一栋紧靠一栋,排成一排,可以从费城排到我们现在所在的堪萨斯市的这个会议厅,然后再排到丹佛市。"从演讲者创设的这个空间情境中,任何一位熟悉美国地理的听众,都能在脑海里浮现出鲜明的画面。听众不一定记住住宅的数量以及排列的长度,但一定记住这些住宅从费城排到堪萨斯市再到丹佛市的情景,事实的感染力就在这样的情景中潜移默化产生了。

二是枯燥数据多维化。准确的数据在新闻稿件中具有胜于雄辩的力量,但数据毕竟是枯燥的,如果不将数据适当进行处理,在一定程度上会影响它胜于雄辩的效果。2013年日本日立电气公司产品销售额达1兆日元。1兆日元是多少呢?如果用阿拉伯数字表达,在"1"后面要加12个"0"。如果一秒钟赚1日元,那么赚1兆日元需要花3万年以上的时间,或者将1日元的铝制硬币一个个向上垒起来,一个硬币的厚度约1毫米,1兆日元则为1000000千米。

总结会上,演讲者将1兆日元这个复杂的数据进行了多维化处理,设置了几种凸现形式,即1兆日元的书写方式、1兆日元的硬币垒起来排列的长度等,才充分调动听众的多种思维形式,使之感知1兆日元的分量。这样处理后,枯燥单一的数据产生了多重作用:不仅高度评价了日立公司的成就,而且唤起了员工的自豪感和荣誉感,最大限度地发挥了数据的作用。

三是叙述故事戏剧化。记者在新闻稿件中常常要叙述生活中的故事,或引述历史故事和文学故事。叙述故事的方式可以是静态的、平面的,也可是动态的、立体的。记者可在叙述故事时采用动态的、立体的方式对故事进行戏剧化处理。我国诗人公刘随代表团访问德国,在德国海姆佗市举行的招待晚宴上,做了一次演讲。公刘成功运用了一则德国民间故事。故事的大意是:早年海姆佗市一度鼠害猖獗,居民苦不堪言。一日,忽有一穿花衣的吹笛人到来,声言他有一支魔笛可除祸患,当地贵族许诺事成之后重金酬谢。果然花衣吹笛人奏响魔笛,将众鼠引入河中全部淹死。但贵族不履行诺言,花衣吹笛人一怒之下,再次吹响魔笛,该城一百三十多名儿童闻声自动出走。演讲者在演讲时,不是平面地引述这个故事,而是将这个故事进行戏剧化处理,将一个古老的民间故事处理得富有现代气息和戏剧效果,从而让听众获得身临其境的感觉,十分具体地感受到演讲者的热情和智慧,以及中国人民的友好情谊。

四是哲理名言具象化。哲理名言是对人类社会做出杰出贡献的政治家、思想家、科学家等揭示宇宙、社会和人生原理的话语。用它做新闻背景材料,既可以增强新闻的理论深度,又可以增强新闻的说服力和感召力。哲理名言常常比较凝练,理性色彩较重。有些哲理名言即使使用了一些事物来做比喻,仍然是一种理念物语。在稿件篇幅的限制下,记者如果仅仅复述一下这类哲理名言,有时很难让听众迅速理解,很难使听众产生共鸣,从而使新闻深沉有余,通俗不够。因此记者在运用理性色彩较重的哲理名言时,就需对之作具象化处理,即将哲理名言隐含的内容用具体的形象展示出来。有一位演讲者在谈什么是成熟时,引用了尼采的话语:"一个人的成熟,在于做事时能重拾儿时玩耍时的认真劲儿。"他不是把这句话一说出来就完事,而是将它的含义用具体的形象展示出来。他说:"尼采告诉我们,真正的成熟是对人生、对事业有着执着的热情和认真的态度,就像儿时玩泥巴那样趣味盎然,哪怕把自己变成泥猴;像堆沙丘那样倔劲十足,哪怕沙丘一百次地坍塌。"成人有了像儿时那样无功利目的、完全用生命的热情去对待人生的认真态度,他就从身体到心灵真正成熟了。演讲者对哲理名言具体形象化的阐述,能使听众拓展和深化对哲理名言的理解,从而产生共鸣。

(三)发现新闻从抓新闻素材开始

会抓新闻素材的记者,都是发现新闻的高手,抓住新闻素材就能发现新闻。抓新闻素材,包括搜集新闻素材、采访新闻素材、整理新闻素材等。在抓新闻素材的过程中,记者的新闻敏感性会随时得到绽放。

记者发现新闻,无非就是发现新闻事实、发现新闻角度、发现新闻主题、发现新闻形式。而这种种发现,都离不开新闻素材。新闻素材从哪里来?不是从天上掉下来的,也不是头脑中固有的,而是从现实生活中得来的,这也就应了我们前文讲过的一个理论,即新闻的本源是事实,是现实世界。现实世界是丰富多彩的,所以,新闻素材也是丰富多彩的。我们在现实世界中搜集新闻素材的时候,就会发现新的事实、新的信息、新的角度、新的主题等,这就是我们想要的新闻发现。所以,我们说新闻发现从抓新闻素材开始。

新闻素材成就新闻发现。新闻素材一般有三种情形。一是素材就是新闻报道。很多动态新闻、经验消息、会议报道等,记者往往不用费多大力气,有的稿件甚至都是现成的简报、会议通稿、内部报道等。这些素材是采访单位提供给记者的,记者只需要稍做修改一下即可报道。二是由素材到新闻。这是指新闻记者了解的仅仅是一些新闻素材,有事实、有观点、有细节、有人物、有结果、有信息等,记者需要对这些素材进行归纳、整理和分析,从中找出新闻选题、新闻角度、新闻主题。三是无素材而有信息。记者采访并不是百发百中,空跑对记者来说是常有的事,遇到这种情况,也不要轻易放弃。要动脑子,好好想一想,为什么没有素材,这说明了什么问题,也许"此时无声胜有声"。比如,《新民晚报》记者孙洪康曾经讲过这样一件事,有一年最后一天,他值夜班,做好了抓突发新闻的准备,但直到凌晨五点都没有接到一个电话,他有些不甘心,就主动拨打了几个电话询问有没有突发情况,结果对方纷纷回复:一夜无车祸,一夜无火警,一夜无报案,一夜无情况,他脑子一开窍,写成消息《新年处处报平安》,在社会新闻版头条刊发,结果反响很好。

(四)如何抓住新闻素材

记者抓住新闻素材,就能发现新闻,就像巧妇抓住米、菜、油、盐、酱、醋一样,就能作出美味的佳肴。记者如何像巧妇那样"找米下锅"?首先要知道"米"在哪里,然后还要识别"好米""好油""好菜"等,最后就要懂得做"佳肴"的方法。那么,一个优秀的记者如何在现实中发现新闻呢?

一是在形形色色的社会生活中总能找到值得传播的新闻事实,拥有写不完的新闻素材。实践是丰富多彩的,生活中每天都有无限的事实发生,具有新闻价值的事实也很多,记者只要肯动脑子,善于观察,就不愁发现不了新闻。

二是在寻找具有新闻价值的事实的过程中,知道到哪里去抓素材。新闻事实需要材料去支撑,搜集素材有技巧、有途径、有规律,有经验的记者一抓就灵,而且,在抓这些素材的同时,就分析研究这些素材,从中发现新闻。

三是带着线索或题目去采访时,能够从实际出发,及时修正预设计划。记者在获得新闻线索后,要先进行初步的核实,然后预定新闻选题,如果在采访中发现选题不符合实际,就要进行随时调整和完善,也许会有新的发现。

四是知道今天到哪里去采访,出去以后采访什么问题,总能发现不一样的新闻。新闻记者常常手头有一大把新闻线索和新闻素材,有经验的记者会知道先采访什么,后采访什么,或者在同一个地方或区域,进行交叉采访,发现不同的新闻。

五是每每抓到好素材、大素材,总能往头版头条上去靠拢,让好素材发挥大收益。在抓到素材后,要认真分析新闻素材,尤其是要吃透"上边"的精神,搞清楚"下边"的实情,把新闻价值与宣传价值有效地结合起来,发现"活鱼""大鱼"。

二、发现新闻主题

(一)新闻主题开始于发现

"主题"一词源于德国,最初是音乐中的术语,意思是"主旋律",它表现一个完整的音乐思想,是乐曲的核心,后来广泛运用于一切文学作品的创作。古人作文很讲究立意,唐代文学家杜牧曾说"凡为文以意为主"。清代戏曲家李渔也说:古人"作文一篇,定有一篇之主脑。主脑非它,即作者立言之本意也。"这里的"意""主脑",以及古人常用的"旨""志""神",都是指文章的主题。

同样,一篇新闻作品也必须有自己的主题。新闻主题就是指新闻作品的中心思想,在记叙文里称为主题思想或中心意思,在议论文中称为中心论点或基本观点,也就是新闻写作者对所报道新闻事实的看法、态度和要表达的主观意图。

发现新闻重在发现新闻价值,新闻价值的要素很多,如真实性、新鲜性、重要性、接近性、显著性、时效性、趣味性等。这其中重要性就指的是新闻主题,因此,发现新闻关键还是要发现新闻主题。

有人说,新闻就是对客观事实的一种叙述,实事求是,越客观越好,无所谓像文学作品那样必须要有主题。这话听起来似乎有点道理,其实仔细一想,大错而特错。报道都是有目的的,都是要满足受众的某种需要或达到传者的某种目的,这些需要和目的,其实就是主题。更重要的是,进行新闻报道就是在选择事实,不可能不经选择把所有事实或者一个事情、一个人物的所有材料都报道出去,而根据什么选择呢? 就是根据主题的需要在选择材料,以表达作者的倾向性。

新闻主题与其他文体的主题相通,新闻报道有主题思想,新闻评论有中心论点。但新闻主题却有特异之处,一篇新闻有的要表达作者的观点和主张,有的要表达作者的情感和态度,而有的就是要告诉受众一个信息、趣闻而已,这些都是新闻主题。

新闻实践中,主题的确立一般有两种情况:一种是预设主题,另一种就是提炼主题。预设主题常常是来自"上边",即主题宣传,包括宣传部、新闻局给定的"主题",有时媒体事先确定一个报道主题,比如,"改革开放 40 年""庆祝建党 100 年"等,记者可根据这样的主题寻找符合主题的事实进行报道。提炼主题是指事先没有主题,记者根据发现的新闻事实进行提炼,然后发现确立一个主题。比如,突然碰到一场火灾,附近的解放军指战员奋不顾身英勇救火,于是就发现新闻应该突出表现解放军是人民的子弟兵,他们为了人民的利益不怕牺牲的英勇无畏精神,这就是根据事实发现的主题。对记者而言,预设主题是先有主题,后有事实;提炼主题是先有事实,后有主题。那么,预设主题是不是"主题先行"呢? 其实也不是,对下达主题的人或组织而言,他们在确定主题前,其实也是经过了对基本事实的深思熟虑,这样的主题宣传在我国比较常见。

（二）新闻主题重在发现

和其他文体不同，新闻的主题开始于发现新闻，侧重新闻发现，也体现着新闻发现。而且发现新闻，关键在于发现新闻主题，这是由于以下原因。

一是对新闻主题的发现贯穿于发现新闻的全过程。新闻主题不是新闻写作时才确定，而是在新闻发现环节、新闻采访环节、新闻写作环节、新闻编辑环节等不断酝酿、不断发现、不断修正的，或者说新闻发现贯穿于新闻生成的全过程，新闻发现、新闻采访、新闻写作都重在发现新闻主题。

比如，魏巍采写的新闻通讯《谁是最可爱的人》就是通过他在朝鲜战场上采访的很多事实提炼后发现的新闻主题。开始魏巍并没有想到写这个主题，后来越来越觉得"谁是最可爱的人"这个主题一直在缠绕着自己的脑海，于是，就把这个发现确定为报道的主题，然后才根据这个主题选择了三个人物来报道。

二是新闻报道最终以"意"取胜。新闻发现首先是发现素材，在此基础上发现新闻主题，并在采访、写作过程中不断提炼主题。文章贵在"立意"，没有"意"，就等于没有灵魂，一篇文章如果没有灵魂，就等于一盘散沙，最终也"立"不起来。和一般文章比较，新闻报道往往比较短小，尤其是消息，几百字就要达到作者的目的，就要满足受众的需求，必须根据主题需要精选素材，这是写作时的要求。这种要求其实是对最初发现新闻主题时的一种倒推，即开始哪个素材最触动记者发现了这个主题，记者肯定要以这个素材为主去写，比如把这个素材的内容写在标题上或导语里，然后再应用与主题有关的其他素材。

三是发现新闻主题是从客观到主观的一个过程，即"存在决定意识"。新闻记者先发现新闻线索和新闻素材，然后再去采访核实，在发现素材或是核实素材的过程中，产生了意识，发现了主题，或是采访完毕，写作之前，对掌握的素材进行进一步认识，通过分析、研究和提炼，最终发现了更好的主题。这个过程，其实就是一个由客观到主观、由感性到理性的主题认识过程。但不同的人认识水平不同、新闻敏感性不同、新闻发现力不同，所以对同一素材，可能提炼的主题会不同，或者发现主题的速度会不同，因此，发挥主观能动性非常重要，记者要不断提高自己的新闻敏感性。

（三）新闻主题的差别

新闻主题和新闻素材不同，在发现和提炼的过程中，有正确和错误之分，有深刻和浅显之别，这是区别记者水平高低的关键。同一新闻素材给不同的记者，给不同的媒体，有可能呈现不同的主题。这一方面是记者的立场、媒体的立场问题，另一方面是记者的水平、媒体的水平问题。

对于一个简单的事件来说，比如明天有大暴雨，就是一个简单的天气预报，主题就是提醒受众提前做好防灾准备，主题很简单，几乎人人都知道，不用动脑就会轻而易举发现。一般而言，这样的新闻是很难区分记者的水平的，重在比速度。但深刻一点的新闻，也就是说要通过对新闻事实的认真分析和反复比较，才能选出更深、更新、更亮的主题，才能发现和提炼出与众不同的主题。因此，记者要向事实的深度和难度要新闻，要抓"大鱼""鲜鱼""活鱼"，意味着在素材的基础上要发现时代精神，发现事物发展的规律，发现事实的本质，发现受众的"接近性"，发现生活的"共同趣味性"。

比如，2004 年 11 月 7 日，湖南省人民政府召开庆功会，庆祝袁隆平院士获世界粮食奖。当地四家媒体报道了这一新闻。第一家媒体从"50 万元奖给'杂交水稻之父'"视角切入，第二家媒体从"湖南 50 万元奖励袁隆平"视角着手，第三家媒体从"省长三祝袁隆平"视角聚焦，第四家媒体从"袁院士，请您坐中间"视角突破。谁抓取的新闻主题最新？和"50 万元的奖励""省长三祝"相比，显然"省长让座"更胜一筹。

三、选择新闻角度

（一）选择新闻角度就是新闻发现

所谓新闻角度，就是新闻报道的切入口、着眼点、落笔处。新闻角度主要有两种：一是观察角度，二是认识角度。观察角度是观察者观察事物的立足点和出发点，也称为观察点。不同的观察角度产生不同的观察效果，观察角度的选择，又受观察目的的影响。认识角度是人们认识事物的立足点和出发点，比如可以从领导的角度认识，也可以从老百姓的角度认识；可以从老师的角度认识，也可以从学生的角度认识；可以从生产的角度认识，也可以从环保的角度认识等。站的立场不同，认识的结果就不同。

"角度"源于摄影，如正面、侧面、仰面、俯角等。它是新闻记者挖掘和表现新闻事实的出发点。"角度"本来也是几何中的一个概念，被引入新闻学，作为记者写稿的出发点。新闻发现重在发现新闻价值，而最能体现新闻价值的则是新闻主题和新闻角度，因为，新闻价值在新闻事实内是不均匀的，有各种不同的"矿床"，选择好的角度，选择好的主题，就可以最大限度地体现新闻价值。如果说选择好的摄影角度是为了追求美的价值最大化，那么选择好的新闻角度就是为了追求新闻价值的最大化。

比如针对邮局变化的稿子角度就很好。过去物质商品匮乏，人们都喜欢去邮局给远方的亲朋好友寄送食品之类的东西，但改革开放后，生活水平有了很大提高，食品随处都可以买到，想吃什么买什么，不需要从邮局寄送。但同时，人们渴望知识，渴望精神产品，渴望提高自己的精神生活，所以，一段时间内去邮局寄送的不再以食品为主，而是大量的报纸、书籍、杂志等，传递科技信息，成了远方亲人关心的焦点。作者不正面说改革开放好，而是从侧面歌颂改革开放的伟大成就。

和新闻主题一样，在新闻发现过程中，记者就已经开始思考新闻角度了。用什么样的角度去表现新闻主题，去传递新闻的价值，是记者在新闻发现过程中不可回避的问题。而且，在新闻采访、新闻写作过程中，如何选择新闻角度，实质上就是新闻的发现过程。所以我们说，新闻发现贯穿于新闻生产的全过程。

(二)选择新闻角度对发现新闻意义重大

在新闻传播中,如何选择新闻角度,是体现新闻发现水平的关键。选择最佳的新闻角度,不只是要选择最佳的观察角度,更要选择最佳的认识角度。不同的观察角度、不同的认识角度,体现记者不同的新闻发现水平。如果认识水平高,但观察角度有问题,或者如果观察角度好,但认识不到位,都会影响新闻的发现。在新闻实践中,记者一般注重以下两个角度。

一是通独家。记者都喜欢写独家新闻,选择好的新闻角度可以独辟蹊径,帮记者圆独家新闻的梦。上文讲过,独家新闻就是与众不同的新闻,或是首先传播的新闻。

二是入佳境。新闻事实在不同的部位,新闻价值就不同。记者采写新闻时,往往"山重水复疑无路",这时,只要发现了一个绝佳的新闻角度,就会"柳暗花明又一村"。"佳境"就是最好的情境,就是找到了能体现新闻价值的"矿床",继续深挖下去,新闻价值就会体现得淋漓尽致。

(三)如何发现最佳的新闻角度

新闻角度的选择过程是一个不断观察、反复思考、认真比较的过程。这个过程就是从无到有、从多到一的过程。其间,记者一般要经过静态观察、凝思苦想、反复比较、多番寻找,然后,应对报道对象进行全方位考察,如正面与反面、两侧与两底、里象与表象、内因与外因等,尽量做到多侧面、多层次、多角度反复比较。高明的记者,能够根据社会的实际,来选择最佳的新闻角度。常见选择新闻角度的方法如下。

1. 以小见大选角度

一个重大的宣传主题,或者很有新闻价值的重大事件,记者直接报道可能不容易把握其内涵。如果选择一些有说服力的具体事实,通过细小却又典型的事实反映重大事件或问题,这样的新闻报道就显得生动、深刻,很有说服力。

2. 通过对比选角度

"不怕不识货,就怕货比货。"一个人的鉴别能力再差,如果把两件有可比性的东西放在一起,也能容易地分出孰优孰劣来。某个新闻事实的价值不太明显,但把它与相关或相似的事实对比一下,差别就出来了。

3. 挖掘事实选角度

新闻事实有了,怎样从纷繁杂乱的素材中把有亮点、有新闻价值的事实挖掘出来,却是需要一双慧眼的。这就要求作者具有一定的新闻敏感性,能够从众多素材中找寻不一样的"风景",挖掘与众不同的角度。

4. 事件侧面选角度

"横看成岭侧成峰",过去记者常喜欢直接从新闻的正面出发进行报道,眼睛和思维永远都只是停留在新闻的正面,而忽视了新闻的侧面。忽视了侧面既不能保障新闻播报出来会有良好的效果,也使得新闻变得枯燥、单一,但是如果用独特的侧面角度进行报道,那么可能会取得意想不到的效果。

5.受众兴趣选角度

将新闻角度的选择立足于受众共同关心、共同感兴趣的话题上,想受众之所想,说受众之所听,找出受众的关注点、兴趣点和共鸣点,这样才能让新闻避免千篇一律,才能让新闻独具魅力。兴趣是推动人们去了解某一事物的原始动力,人们只有对一则新闻报道感兴趣,他们才能花时间去阅读、去观看。

6.思想高度选角度

在进行新闻报道的时候,不能机械死板地将新闻事实经过报道出来,需要从思想层面上寻找新的视角,这样才能保障所写的新闻具有活力,不会过于死板。这就需要新闻记者有较强的新闻感知能力,在进行新闻报道的时候需要加入自己的思想观点,这样既可以开拓思维,又能够在新闻领域发掘出新的思路,能够在新闻事实的基础上有所创造。

7.站在大局选角度

"欲穷千里目,更上一层楼。"在选择新闻报道角度的时候需要从全局统筹考虑,采用全方位的视野去报道新闻事件,这样才能将新闻的全面性、权威性凸显出来。

8.盯住个性选角度

新闻工作者在报道老题材、老典型、老话题时,要紧抓事物的个性特点,从旧的新闻中发现新的个性特点,以旧见新,在老题材中发现新观点,这样才能使得选择的角度立意新颖,才能跳出传统老套的报道"怪圈",才能使受众在看到类似新闻的时候也会感到耳目一新。

9.逆向思维选角度

一般而言,记者往往喜欢从头到尾进行顺次报道,但是这样很容易让受众感到枯燥,甚至不能将新闻本身所包含的内容真正传达给受众。适当地采用逆向思维去寻求新的报道角度,往往会取得意想不到的效果。另辟蹊径选择新的新闻切入点,针对某一个新闻事件从别人没有想到的角度出发,可以让受众更加深刻地了解新闻发生的过程。

10.与众不同选角度

很多新闻媒体常常被同一单位邀请,参加同一活动,报道同源新闻。每当这个时候,有经验的记者就能脱颖而出,发现与众不同的角度,写出"人无我有"的作品。这就需要对新闻源进行深入的了解,避开大家普遍关注的点,选择从冷门的角度报道新闻。

比如,2020年9月8日,《湖北日报》刊发了甘俊超的新闻摄影作品《一起看夕阳》(见图5-1),就是一篇主题突出、角度新颖的优秀摄影新闻,获第三十一届中国新闻奖二等奖。

2020年新冠疫情发生后,一天傍晚,在武汉大学人民医院东院,复旦大学附属中山医院援鄂医疗队队员刘凯医生在护送患者做CT回病房的途中停下来,让已经住院近一个月的87岁老先生欣赏了一次久违的黄昏日落。落日的余晖照耀在他们身上,光芒四射,热烈而美好,给人信心与希望。作品通过医生带患者看夕阳这样的角度来展现全国人民战胜疫情的强大力量,歌颂白衣天使的人文关怀和敬业精神,感人至深。

图 5-1 《一起看夕阳》

四、把握新闻时机

一般来说，新闻一旦被发现，就要迅速报道，抢发报道，第一时间报道，这是新闻的新鲜性、时效性决定的，也是新闻报道的一条原则，更是新闻的一个特点。但针对有些新闻却不能只讲究一个"快"字，更重要的是要把握一个恰当的发稿时间。也就是说，在某些情况下，新闻和宣传一样，往往也存在一个时机的问题，同样一条新闻，选择不同的时机进行报道，产生的社会效果就会不一样，体现的新闻价值也不尽相同。因此，把握正确的新闻时机，选择合适的发稿时间，也是新闻发现的一个重要内容和砝码。

(一)什么是新闻时机

时机指客观条件所具备的时间，即时宜、机会、机缘、机遇、火候、际遇、良辰、空子、生机、良机、关口、巧合、节骨眼、千载一时、千载难逢、可乘之机等，比如，掌握时机、错失时机、有利时机、选择时机(择机)等。时机也是新闻宣传行业的一个专业术语。

新闻时机，也称"报道火候"，即新闻传播的最佳时间。它在新闻传播中经常出现，是作者发现新闻信息、传播新闻信息的结果。

（二）为什么要把握新闻时机

1. 任何事物都存在"时机"

时机具有时间性的客观条件。时机本意指时间机会，中性词，包括有利时机和不利时机，但现在多指有利时机。

比如，一个地方的经济发展，要抓住时机，时机成熟了，就要快速发展，时机不成熟，就要等一等、缓一缓，甚至停下来思考思考，看看前进的方向是否正确。也就是说，经济发展有时候"慢不得"，也"急不得"。

"慢不得"，是由当前该地方的实际情况、所处的发展阶段、面临的竞争态势以及所肩负的历史使命决定的，一步慢就会步步慢，差距就会越拉越大。"慢不得"的道理很明显，对于"急不得"，可能有人会困惑了，既然发展任务重，既然"慢不得"，为什么不"急一点、快一点"呢？殊不知，一些地方之所以出现这样那样的问题和不足，往往就出在一个"急"字上。俗话说，"心急吃不了热豆腐"。

事物的发展有其内在规律，当今的发展更有着深刻的内涵要求，特别是在事关全局、事关长远的事情上，要有一种定力、一种韧劲、一种钻劲，持续发力，久久为功。讲"急不得"，就是遵循发展规律，不能干只要面子不要里子的事儿，不能干只要速度不要质量和效益的事儿，不能干只图眼前利益不顾子孙后代的事儿。讲"急不得"，不仅坚持了实事求是的科学态度，坚持了科学发展的根本要求，而且对各级干部的思维观念、眼光胸襟和责任担当，也是一种考验。

2. 新闻传播具有"时宜性"

对新闻时机的把握直接影响新闻的传播效果。新闻理论讲新闻时宜性，这和新闻的时效性并不矛盾。新闻的时效性是针对新闻的普遍规律而言的，新闻就是新近发生的事实的报道，一旦发现新闻，就要快速采访，快速写作，快速传播，一般来说，不能拖后，拖后了，有可能就不是新闻了，这也是新闻的普遍性。新闻的时宜性是针对新闻的特殊规律而言的，是建立在新闻普遍性基础之上的特殊性。有些新闻时效性并不那么强，但发表的时机很重要，选择最佳时机，新闻的价值会得到充分发挥，如果时机选择不好，同样一篇新闻，就有可能会浪费一部分新闻价值，影响稿件的社会效果。

比如，你8月上旬发现了一个山区学校教师的事迹非常感人，写好稿子交到了编辑部，编辑部觉得压一压，9月初教师节来临时发表，这就是新闻的时宜性。如果放在8月初发表，因为学校都放假了，这篇稿子的新闻效果就会受到影响，而放在9月初发表，学校已经开学了，更重要的是教师节来临，新闻的社会效果就会好得多。

在新闻实践中，我们既要尊重新闻的时效性，又要尊重新闻的时宜性，在选择时机发表新闻时，要首先保证新闻不被别的媒体抢先发表。如果别的媒体抢先发表了，就不称其为新闻了，讲究新闻的时宜性也就失去了意义。所以，进行主题新闻宣传和推出重大新闻典型时，常常讲求新闻的时宜性，因为这个时候，各媒体统一在宣传部的指挥下进行，一般不会出现抢发新闻的情况。但媒体自己发现的新闻，就要特别注意不要被别的媒体抢发。

有时候,我们发现了一条新闻,但交到编辑部后,不是因为这条新闻本身要等合适的时间,而是编辑在通盘考虑。比如,昨天发,重要新闻太多,就只能发在第二版,今天发,可以上第一版,但位置一般,明天如果没有特别重要的新闻,这条新闻就有可能上头版头条。作为记者,当然喜欢自己撰写的新闻上头版头条了,但前提是新闻不被别的媒体抢先发表。这时候,信息就要灵通,假如得知别的媒体也去采访了,那记者就要把实际情况及时告诉编辑部,不要为了等事宜而影响时效。

3. 新闻舆论引导的"时、度、效"

面对新形势和新要求,新闻舆论引导既要创新方法,也要遵循新闻传播规律。时度效是检验新闻舆论引导水平的标尺,无论是主题报道、典型报道、成就报道,还是突发公共事件报道、热点引导、舆论监督,都要从时度效着力,体现时度效要求。时,就是新闻舆论引导要把握好时机、节奏;度,就是新闻舆论引导要把握好力度、分寸;效,就是新闻舆论引导要注重效果、实效。

这里我们重点谈谈把握舆论引导的时机和节奏。

第一,新闻媒体在舆论引导过程中,要做到第一时间发现舆情、搜集相关信息、研判舆情、发现敏感问题。时效性是新闻价值的一大要素,也是新闻传播活动的一大特征。在互联网新媒体传播环境下,进行新闻报道时要力争做到全时性、即时性、全天候、全过程、全方位、零时差、零距离,只有在舆论引导中占据"第一落点",才能够让权威信息的发布走在社会舆论的前面。

第二,按照及时、准确、公开、透明的原则,主动发布新闻事件及其处置的权威信息,积极回应群众关切。不但要及时发现、第一时间介入、第一时间发布,而且要及时、主动、密集发布权威信息。传播学中的"首发效应",指的就是人们接收新闻信息时,第一时间获得的印象往往容易形成先入为主的效果。新闻媒体要及时地回应社会关切,先声夺人,赢得主动,确保在舆论引导中首发定调。

第三,把握持续发布、连续发布、动态发布、时宜发布的原则。新闻媒体应当按照舆论引发、舆论形成、影响扩大、影响消退四个阶段,根据相关节点,持续、动态地发布信息,发现和选择最佳的时机发布信息。在一定程度上,密集的信息发布有利于牢牢把握舆论走向,压缩谣言滋生的空间。同时把握好舆论形成的四个阶段和发布的时机,每一个阶段都要有明确的主题,新闻报道的层次要清晰,不回避敏感问题,要言之有物,提供扎实、丰富的权威信息。见机行事是把握新闻尺度的重要内容。新闻尺度就是新闻分寸,掌握新闻分寸感,是正确把握新闻舆论导向的关键。

(三)如何发现新闻时机

1. 审知三个"时间"

在"时间"上,要先搞清楚"时代""时期""时分"三个具体概念有什么区别。"时代"是指历史上经济、政治、文化特征鲜明的某一大的阶段,如古代、近代、现代、当代等。"时期"是指具有某种特征的某一段时间。"时分"是指某个具体时间,有时精确到时、分、秒。

对新闻传播而言,我们现在当然要传播的是当代新闻、新时代新闻。除要搞清楚当代中国、新时代中国的特点外,还要搞清楚这个时代的坐标、方位、世界形势、国家方针、任务和问题等。在新时代里,还要及时了解每一年、每个季度、每个月的国家大事、社会热点等,把自己发现的新闻放在这些坐标里去衡量,看是否符合时宜。如果与眼下的形势严重冲突,那就不能发布,且要指出其缺陷。如果和当下形势没有严重冲突,一般情况下就及时发布,如遇到特殊情况,再等最佳时机发布。

2. 观察三种"气候"

发现新闻,要敏锐观察三种"气候":大气候指国内外当前的形势;中气候指某个时期的宣传方针和重点;小气候指各媒体的特点。

媒体人必须搞清楚这三种"气候"。在我们中国,任何新闻机构都不能和党、国家面临的大气候相背离。新闻媒体是党和人民的喉舌,新闻媒体所作的任何宣传报道都不能违背党性原则,都要有利于当前的大气候和中气候,同时,媒体自己也要有自己的宣传报道计划,即小气候。把大气候、中气候、小气候结合起来,就是新闻发现和新闻报道的着力点。

大气候、中气候、小气候一般都不会发生冲突,新闻报道要紧贴这三种"气候",吃透这三种"气候",同时,还要吃透民情、民意、民心,吃透受众的共同兴趣,吃透丰富多彩的社会实践。

比如,获第十九届中国新闻奖一等奖的《1980,四位新华社记者的西行漫记》就是一篇时机把握比较好的佳作,也是一篇反映新闻推动历史进程的佳作。

这是《杭州日报》副刊上刊发的一篇口述历史的作品,作者之一,也是当年四位记者之一的傅上伦新闻老前辈受邀在《倾听》栏目里讲述30年前自己的一段亲身经历:新华社四名年轻记者赴我国西北四省份39个县历时半年、行程万里调查脱贫致富现状,为中央制定包产到户政策起到积极作用。

傅上伦是有着40余年工作生涯的老新闻人,当年他们四位记者刊发的6万字内部报道有一半是由他执笔撰写的。《倾听》栏目编辑,作品另一作者韩斌邀请傅上伦来报社给编辑们讲课,傅老师讲了这段精彩的故事,大家很受感动,二人约定将这个故事写成文章发表,但当时条件还不成熟。

这是中国新闻史上重要的一页,用新闻推动历史的故事并不多见,他俩一直记着这个约定。2008年中国迎来改革开放30周年,韩斌觉得条件成熟,就去找傅老师,但傅老师仍说再等等,从5月一直等到10月,一天,南方一报纸突然刊登了他们四位记者当年结集出版的书的再版消息,傅老师终于认为条件成熟了,于是,他俩终于完成了这个心愿。可是,就在文章发表三天后,博上伦肝癌复发永远地离开了人世,这篇文章便成了他生命的绝笔。

五、寻求新闻形式

(一)什么是新闻呈现方式

含有新闻价值要素的事实并不直接作用于受众,它需要新闻工作者把新闻事实和新闻观点转换为新闻作品,使事实和观点中的新闻价值能够鲜明、突出地呈现在社会与公众面前,这个过程叫新闻价值的呈现。

新闻发现不仅包括对新闻事实、新闻观点中新闻价值的发现,还包括发现采用什么样的呈现形式以及什么时机呈现等。

新闻作品的制作包括文字稿的写作和编辑、图片新闻的拍摄与编辑、广播电视新闻的制作、网络新闻的制作等。新闻呈现包括新闻作品形式和新闻传播方式。新闻作品形式多种多样,比如文字、图片、音频、视频以及融合新闻等不同形态,如消息、通讯、特写、新闻调查、数字新闻、地图新闻等不同体裁。新闻传播方式也多种多样,比如报纸、广播、电视、网络、新媒体等;其中涉及:报纸的排版,包括位置、字号、字体、颜色等;广播电视新闻的播出时间、时段、时长等;网络新闻的页面等。

(二)呈现形式影响传播效果

寻求什么样的新闻呈现形式是新闻写作研究的重要课题,同时也展示新闻发现研究的范畴,这是新闻发现贯穿新闻生产全过程的重要体现。不同的新闻呈现形式,得到不同的新闻传播效果。而用什么样的呈现形式去传播新闻,不同的记者会有不同的思考、不同的发现。要做到"看菜吃饭""量体裁衣",不是每个记者都能够做好的。在实践中,有的记者常常面对好的新闻素材,却选择了不好的新闻呈现形式,结果传播效果就很不理想。

不同的呈现形式适宜不同的新闻事实和新闻观点。新闻记者要根据新闻事实和新闻观点选择适合的呈现形式,新闻作品制作完毕后,还要选择合适的新闻传播方式,因为现在实行媒体融合,媒体集团里各种媒介和平台都有,新闻工作者如果选择不恰当的传播媒介,也会影响新闻价值的呈现效果。

新闻呈现也受媒体立场、记者立场、阶级立场、国家立场等因素的制约,同一新闻,不同国家、不同阶级、不同媒体、不同记者对新闻价值要素的理解会不同,从而会产生不同的处理办法,制作成的新闻作品呈现形式会不同,选择的新闻传播方式也有区别,最终新闻价值的呈现效果亦不同。

(三)如何选择新闻呈现形式

《人民日报》原副总编辑、著名新闻教育家安岗说,记者起码要掌握两手,该写消息的写消息,该写通讯的写通讯。而实践中,有些记者却做不到,没有很好地掌握这两种主要的新闻体裁,没有让新闻价值得到充分发挥。有的记者只写消息,不擅长写通讯;而有的记者只擅长写通讯,不擅长写消息。这就是记者的能力问题了,新闻记者要"十八般武艺"样样会,新闻体裁形式很多,不只是消息和通讯,还有新闻特写、新闻调查、新闻专访等。而且,现在媒介平台也很多,新媒体层出不穷,那么,如何才能发现和选择最佳的新闻呈现形式呢?

1.看新闻事实本身

主要看新闻事件、新闻观点、新闻人物、新闻活动、新闻现象等,适合写什么样的新闻体裁,比如报道两会,程序性报道主要是消息,总结性报道主要是特稿,需要论述的问题主要是评论,解释性报道主要是答记者问等。

2.看新闻报道职责

主要看媒体的定位和需要,媒体不同,受众不同,选择的报道形式也不尽相同。比如,报道一场体育比赛,综合性报纸和专业性报纸选择的报道形式就不同;再比如,报道一次会议,党报和晚报选择的报道形式就不同;又比如,报道人大代表履职,人大机关报和都市报选择的报道形式就不同。

选择报道形式不只是选择新闻体裁,还包括谋篇布局、叙事方式、语言风格、版面设计等,这些都会在新闻采编课程中重点讲解,但其实也是新闻发现涉及的问题。所以,新闻发现非常重要,它存在于新闻传播的全过程。

思考与训练

1.什么是新闻源?新闻源都包括哪些内容?

2.新闻信息有哪些特点?举例说明新闻和信息的区别与联系。

3.如何发现新闻主题?简述新闻主题的两种确立方法。

4.什么是新闻角度?如何发现最佳的新闻角度?

5.五人一个小组,分析讨论今年的三种"气候",并说明如何根据这种"气候"发现新闻。

针对本教材,作者已经录制了配套的在线课程视频,以上是关于本章内容的视频二维码。

第六章　新闻发现的过程

本章重点难点：①新闻发现有一个过程；②新闻发现的过程是动态的；③新闻发现的"准备期""灵感期"和"验证期"；④"反过程现象"与虚假新闻；⑤新闻发现过程的三种情景。

我们先看看什么是过程？过是经过，过是时间和空间的流动，程是路径、步骤、程序。过程就是经过的程序、经过的流程，或者是按照顺序经过的步骤，就是一系列动作、行为、活动或者操作等。

发现新闻同发现其他事物一样，有一个过程，研究这个过程，对于新闻发现大有意义。这是一个什么样的过程，这个过程有什么样的特点，在新闻的发现中如何展开这个过程，如何克服过程中的一些弊端等，这些问题都是本章研究的重点。

第一节　新闻发现的动态过程

新闻发现的过程是动态的，在这个过程中，产生灵感是重要因素，没有灵感，就没有新闻发现，有了灵感，就有了新闻发现。新闻发现过程是一个时间过程、思维过程、认识过程、行为过程。这个过程具有整合性、非标性、短暂性、曲折性、创新性。新闻发现过程的创新性是新闻发现和其他发现的本质区别。

一、新闻发现有一个过程

任何发现都不是一蹴而就的，而是有一个过程，新闻发现也不例外。有人说，和科学发现比较，新闻发现往往付出的劳动简单，时间短暂，过程轻松。但笔者认为，这不是区分科学发现与新闻发现的根本所在。

科学发现包括科学理论的发现和科学事实的发现。科学理论的发现往往强调论证的逻辑性和创新性，而科学事实的发现则不见得必须要有创新性和逻辑性。但是，新闻发现则不同，无论是新闻观点的发现，还是新闻事实的发现，都必须具有创新性，即新闻学上说的新鲜性，有新鲜性就足够了，不一定必须有逻辑性。如果没有新鲜性，即便有严密的逻辑性，也不是新闻发现，反之，没有逻辑性的新鲜观点照样可以是新闻。

至于科学发现的过程是不是就一定比新闻发现的过程漫长且艰辛，那也不一定。有的新闻发现付出的劳动不仅仅是艰辛，也包括生命，这方面的例子很多。比如，民国时期著名记者邵飘萍为发现和揭露新闻真相惨遭反动派杀害等。再比如，调查"水门事件"的美国《华盛顿邮报》记者为了发现新闻真相，也是冒着生命危险，其过程之艰辛，情节之曲折，结果之轰动，远超一般科学之发现，最终美国总统尼克松被迫辞职。

当然，对于绝大多数新闻而言，其发现的过程往往并不复杂，也不艰辛，很多时候有一定的偶然性、巧合性，但偶然中有必然，巧合中有预设，如果没有新闻敏感性，即使新闻跑到你的面前，你也许会熟视无睹。这样的例子更多，比如，前文中举的那个例子《六孔秤盘卖鱼翁》不就是作者在很多同行记者的眼皮底下发现的一则绝好新闻吗？很多人为什么没有发现？就是缺乏新闻敏感性，缺乏新闻发现力。

总之，新闻发现是有过程的，新闻发现的过程，有时很短暂且偶然，有时又极其曲折而复杂，不管是短暂或漫长、轻松或艰辛，新闻的发现都是一个过程。如果把某一新闻的传播看作一个完整的过程的话，那么，新闻发现的过程则是这个新闻传播过程中极为出彩、关键的一段，没有这一段，"新闻"将无法传播，也不是真正意义上的新闻。在新闻传播的任何一段，都有新闻发现的影子。

比如，新华社上海分社记者陆国元、江苏分社记者张伟弟、福建分社记者周正平合作采写的《百家"三资"企业调查表明：在华投资大有可为》一稿荣登首届中国新闻奖一等奖的宝座。这篇调查性报道发现过程比较艰辛且漫长，文章数据真实可靠，不愧是我国对外宣传中的一篇力作。作者抓住国际社会关于中国的"热点"问题，不失时机地作出答疑解惑，履行中国新闻工作者的重要使命，有力地配合了党和政府的工作。

对五省市百家"三资"企业的调查始于1990年6月，一些西方国家继续对我国实行经济制裁，而我国顶着巨大的外部压力，继续实行对外开放的政策，继续推进中国特色社会主义伟大事业。在这样的大背景下，新华社三位记者采写的稿子可谓配合默契。他们历时3个月，冒着酷暑，对华东沿海5个省市100家"三资"企业逐个地进行实地调查，用辛勤的劳动汇集了10多万字的原始材料，最后精心写作，浓缩成了这篇具有鲜明中国特色的调查性报道。

新闻的发现过程比较漫长，调查也很艰辛，可以说，20世纪90年代初，我们的经济面临着困难，但国家改革开放的政策不变，而记者深入基层，看到的是很多"三资"企业不顾西方的制裁，坚定信心办企业，对着全世界喊话：中国继续对外开放，欢迎各国企业来华投资。

经济新闻不好写，过去写经济新闻往往是"观点＋数字"，这篇新闻虽然数字也多，但都是围绕"在华投资到底赚不赚钱"这个主题展开的，这个新闻主题也是新闻发现。另外，作者呈现新闻采用的是调查性报道，更有说服力，文中都是用事实说话，都是企业自己说的话，对海外受众而言，说服力更强，最后得出的结论就是：在华投资大有可为。

百家"三资"企业调查表明：在华投资大有可为

记者最近在华东沿岸对百家"三资"企业进行的一次调查表明，尽管大多数外商对大陆单调枯燥的业余生活有所抱怨，但90％以上的外方伙伴对在华投资的前景表示乐观。

这项调查是于今年六至八月间进行的。记者就这些企业的盈利情况、自主权、当地基础设施和优惠政策等12个问题，随机选择了福建、浙江、上海、江苏和山东五个省市的100家中外合资、合作和独资企业，逐家进行了走访调查。

这100家外商投资企业均已开业投资，其中39家已在原有注册资本的基础上追加了投资，另有8家也表明将于近期追加投资的意向。

接受调查的百家企业中,有 77 家已获得可观的利润,尚未盈利的 23 家企业中,因经营不善而亏损的仅有 8 家,其余 15 家则因快速折旧、还贷负担或刚刚投资等原因而未能获利。但他们认为盈利只是早晚的事。

日商独资的厦门莆田服装有限公司总经理佐藤忠良在接受记者采访时说,厦门地区的基础设施已相当完备,与海外相差无几。

另外 99 家企业在对当地基础设施进行评价时,回答较好的有 39 家,回答一般和较差的分别是 22 家和 18 家。

51 岁的中美合资无锡华门糖果有限公司总经理弗雷德·高尔文坦率地说,与东南亚一些国家相比,中国有关外资的法规和政策不够多,也不细,他们从中收益不大。将近 20 家企业的负责人发表了与他相似的意见。

然而另外 80 家企业的负责人则持不同的看法,他们将各自的成绩归功于中国的优惠政策。尽管其中 18 家认为这些政策落实得还不够理想。

调查结果表明,76％的企业对中国员工的素质表示满意。上海大众汽车有限公司董事长马丁·波斯特博士评价说,勤劳、智慧、积极、坦诚的中方合作者是联邦德国技术得以发挥效益的重要保证。

这家总投资近 10 亿元的中德合资企业,迄今已为国内市场生产了 6 万辆桑塔纳轿车,每年还出口 8 万台发动机。在回答调查中的其他问题时,74％的企业负责人认为政府的帮助是实实在在的,而 17％的企业负责人则表示没有得到政府多大的帮助。

82％的企业负责人认为他们拥有较充分的自主权,能够独立自主管理企业;另外 18 家企业的负责人则声称他们时常受到企业外部,主要是某些政府部门的牵制和干预。

大多数外商对出于追求事业的成功而选择来华工作并不后悔。中日合资的南通力王有限公司总经理加藤纪生从企业成立便来华工作,至今已有 7 年。

他操着一口流利的汉语说,南通利王投资一年后,日本力王就先后关闭了在台湾地区和韩国的分厂,将资金转移到中国。七年来,这家企业所获利润已达到注册资本的 6 倍。

(作者:陆国元 张伟弟 周正平;新华社北京 1990 年 9 月 14 日电)

二、新闻发现过程是动态的

彭菊华教授经过研究后认为,新闻发现的过程是动态的,是一种时间过程、行为过程、思维过程、认识过程。我们顺着彭教授的思路继续研究后发现,在这个过程中,灵感的触动是新闻发现的决定性因素,新闻发现过程中所做的一切,其实都是为了灵感的出现,有了灵感,新闻发现就有了成果。

(一)时间过程

发现新闻必须经过一段时间,快新闻在短时间内被发现,慢新闻在长时间内被发现,彭菊华教授认为,发现时间是由新闻事实决定的。我们研究后发现,发现时间还由主观和客观两个方面决定。新闻事实是客观因素,发现者的发现水平是主观因素。同一个客观事实,有人发现快,有人发现慢;而同一个发现者,对有的新闻发现快,对有的新闻发现慢。

新闻有两种,根据时效性,可划分为快新闻和慢新闻。快新闻是指以最快速度发现并传播的新闻,慢新闻则是需要较长时间,在全面深入调查研究的基础上发现并传播的新闻。新闻的快与慢,看上去是采访写作的问题,其实主要还是新闻发现的问题。在网络时代,碎片式的快新闻泛滥,慢新闻则强调深度,准确性重于发布速度。

无论是快新闻,还是慢新闻,其发现过程都是在时间的"隧道"中穿行的,快新闻往往是显新闻,慢新闻往往是隐新闻。显新闻一看就知道,需要耗费的时间短;隐新闻的价值一般隐藏得比较深,发现需要较长时间,甚至需要深入采访,搜集材料,寻踪觅迹,方能发现新闻价值。

比如,笔者 2009 年末采写的《人大代表履职调查》一文,采写用了两个月时间,但新闻的发现却源于 2004 年,也就是说,这篇新闻调查的新闻主题在笔者的脑海里酝酿了五年时间。不是由于笔者太忙没时间写,而是由于采写的条件不成熟,当时正值人大代表换届,新闻主题和新闻角度都需要再考量。

2009 年 10 月,中央党校面向全国征集优秀调研文章,笔者就选择了这个题目,觉得新闻价值高、宣传价值高、政治价值高,很有调查的必要。经认真调查,反复斟酌,写了这篇新闻调查。文章发表后,产生了较大反响,一些读者来信谈自己的看法和建议。本文获中共陕西省委、省政府优秀调研报告奖,中央党校优秀调研报告二等奖,陕西人大新闻奖一等奖。

(二)行为过程

记者要在这个过程中实实在在地观察新闻事实、感受新闻事实、体验新闻事实、探索新闻事实、获知新闻事实、认识新闻事实、提取新闻事实,甚至策划新闻事实、督促新闻事实、参与新闻事实、感悟新闻事实等。

这一切都是一种行为过程。人的行为一般具有起因性、目的性、思想性、实践性、智能性、自主性、规范性、指导性等特点,新闻发现行为也不例外。

新闻发现行为的起因往往比较复杂、各种各样,但新闻发现的目的都是为了发现新闻线索。新闻发现行为和新闻采编行为、新闻传播行为一样,具有很强的实践性,记者必须到现实生活中去发现新闻、感受新闻,坐在办公室里是发现不了好新闻的。

人的行为一般受思想支配,要发现新闻,必须在一定的思想指导下进行。我国新闻记者的新闻发现行为当然受马克思主义新闻观和社会主义核心价值观指导。

记者的工作自主性强,尤其是新闻发现,常常在单位之外进行,"将在外,不由帅",遇到问题,都由记者自己决定。记者的新闻发现行为规范性较弱,因人而异,不同的记者有不同的行为爱好,不管记者采取什么样的行为,能发现新闻就是有效行为。

记者发现新闻的一系列行为,都是职业行为;发现新闻的一系列行为又都是社会行为、政治行为、文化行为,因为,新闻事业是社会事业、政治事业、文化事业的一部分。这样的行为,既是脑力行为,又是体力行为;既是个体行为,又是组织行为。正是有了记者这一系列行为及其过程,才有了新闻发现,如果没有这些行为,以及行为引起的过程,新闻也就难以被发现。

比如,笔者和记者王鲁秀 1991 年初采写的《救救这个被拐卖的小姑娘》就是费尽千辛万苦发现的素材。这条线索来源于一封河南听众的来信,笔者为了搞清楚这个新闻线索的真伪,更为了解救这个可怜的小姑娘,行程千里跑到河南,与警察一起将小姑娘解救回来,又领着小姑娘走街串巷找亲人,最终让孩子与家人团聚、罪犯被抓,得到了一个圆满的结局。这篇新闻稿在社会上产生了强烈的反响。假如没有笔者这一系列新闻发现行为,新闻传播恐怕难以进行,被拐卖的小姑娘也许永远见不到自己的亲人。

这是一组连续报道,从 1991 年 1 月 3 日到 1 月 26 日共播出 14 篇新闻稿件。①听众来信《我市一名小姑娘被拐卖到河南》;②消息《51 位丢失孩子的父母听到广播后纷纷来本台编辑部诉苦衷》;③消息《本台记者和公安干警昨天晚上乘火车赴河南,部分丢失孩子的家长闻讯主动到车站送行》;④快讯《本台记者刚刚从河南打回电话说,他们已经见到了被拐卖的小姑娘》;⑤录音报道《中州大地寻孩记》;⑥消息《小文娟回到宝鸡,近百名丢失孩子的家长到本台认领亲骨肉,结果全部失望而归》;⑦消息《我市城乡掀起"文娟热",社会各界帮助文娟找亲人》;⑧快讯《拐卖小文娟的案犯姜某锁今天被公安机关依法收审》;⑨特写《本台记者带领小文娟走街串巷找亲人》;⑩快讯《今天上午,小文娟回到了自己的家》;⑪录音报道《幸福的团圆》;⑫消息《广大听众纷纷给本台打电话、写信或捐款,祝贺小文娟和亲人团聚》;⑬特写《今天上午,小文娟和亲人专程到本台和经二路派出所谢恩,他们鸣放鞭炮张贴感谢信赠送锦旗,以表达他们的感激之情》;⑭评论《超越凶杀的罪恶》。

这组连续报道最后赢得了圆满的结局,浸透着每个人的智慧和汗水。笔者当时顾不上照顾自己不到半岁的双胞胎女儿,连续几天领着小文娟找亲人;女记者王鲁秀和小文娟同吃同住,启发她回忆过去的线索;胡云林台长、雷明德主任等,大家都帮着找线索、编节目,那几天,全台、全市都形成了一个"文娟热",这就是新闻的魅力。中央人民广播电台、上海《新闻记者》杂志等媒体纷纷对此先进事迹做了报道。这组连续报道最后还荣获陕西省好新闻评选一等奖、中国广播电视新闻奖二等奖。

(三)思维过程

发现新闻行动是表象,思维才是实质。没有思维,就没有新闻发现。记者在发现新闻过程中要综合运用受众思维、平台思维、形象思维、抽象思维、比较思维、集中思维、发散思维、因果思维、归纳思维、辩证思维、追踪思维、逆向思维、迂回思维、联想思维、跳跃思维、直觉思维、立体思维、灵感思维等多种思维方式,尤其是灵感思维,这是产生新闻敏感的关键。

思维方式是看待事物的角度、方式和方法,它对人们的言行起决定性作用。思维方式表面上具有非物质性和物质性。这种非物质性和物质性的相互影响,"无生有,有生无",就能够构成思维方式演进发展的矛盾运动。

思维是有过程的,思维的过程千姿百态、丰富多彩,但从总体上看,主要有直观思维过程、形象思维过程和逻辑思维过程。直观思维过程即凭借直接感知,伴随实际行动进行的思维过程,如婴儿借助数手指学习简单计数和加减法,实际行动一旦停止,他们的思维便立即停下来,成人也有类似的情况。形象思维过程是人们利用头脑中的具体形象(表象)来解决问题的过程,如在别人告诉你有关情况,你头脑中可能会出现很多场景等。逻辑思维过程是一种抽象思维过程,主要使用概念、判断和推理的形式,如从事实中提炼主题等。

记者发现新闻,需要有灵感。灵感是在文学、艺术、科学、技术等活动中,由于艰苦学习,长期实践,不断积累经验和知识而突然产生的富有创造性的思路。它是在一定的抽象思维、形象思维或直观思维的基础上,突如其来地产生出新概念或新意象的顿悟式思维形式,具有突发性、偶然性、易逝性、亢奋性、超常性等特点。灵感的产生看上去很偶然,但其实离不开记者的冥思苦想、长期寻觅、艰辛探索。"踏破铁鞋无觅处,得来全不费功夫"就是对灵感最好的诠释。正如柴可夫斯基所说:"灵感是这样一位客人,他不爱拜访懒惰者。"

比如,《新疆日报》原记者部主任石坚在一篇文章中给我们详细真实地介绍了他发现和采写《白云,你在哪里》一文的详细思维过程,我们从中不难看出记者独特的思维过程在新闻发现中的重要性。

《白云,你在哪里》一文的诞生过程

1996年6月的一天,平淡无奇,和往常没有什么两样。突然,办公室里响起了敲门声,进来的是一位自治区农业银行办公室的同志,他来送稿,要求刊登一篇长篇通讯。

当时,报社已进行了机构改革,将政文部、经济部、驻外部采访职能合一,成立了记者部,我出任主任。平心而论,稿件写得不错,内容生动感人:吉林省延边州和龙市农行西林储蓄所发生了一起抢劫案,一女营业员因保护国家财产不幸牺牲,一年后,她的丈夫及公婆也相继离世。

另一名营业员崔福顺,承担起4岁孤儿小红莲的抚养重任。此事经媒体披露后,全国各地捐款纷至沓来,其中最为醒目的是来自新疆的"金穗",每月定期汇款,并来信表示要将小红莲抚养成人。

为此,崔福顺十分感动,几次给新疆农行写信寻找无果。原因是汇款单上只有一个署名"金穗",是中国农业银行的行徽标志,显然是农行内部的员工,却查不出具体人来,汇款一直持续了3年多。

后来,因为一场车祸,汇款人克拉玛依农行行长张培英不幸去世。人们才从他办公室的遗物中发现了一摞寄往延边的汇款单存根,故而使事实真相大白于天下。

就在前几天,《中国青年报》在《冰点》专栏中,以《寻找"金穗"》为题进行了长篇报道。我向来人耐心解释了不予刊登的理由:虽然两篇报道写作风格不同,作者也并非一人,但基本事实相同。新闻要讲时效性和新鲜性,别人刊登过了,我们自然无法再刊登。来人一脸懊恼,扫兴而归。

说实话,我心里也有些不舒服,不过没有流露出来而已。这么大一件新闻,连远在北京的《中国青年报》都晓得了,自治区农行却未给我们透露半个字。正在这时,农行办公室郭主任又来一电话,说中央电视台、中央人民广播电台、《金融时报》等中央媒体记者来疆采访张培英事迹,今晚农行做东,请新闻圈朋友小聚,也请我光临云云。

我正在生闷气之际,直接将郭主任的邀请谢绝了。不一会儿,新疆记者协会秘书长王

立保，又到办公室来代为邀请。盛情难却，我转念一想，做新闻的不能放过任何一个机会，去看看也好。

傍晚，我抱着看一看的想法，和王立保如约而至。除了几位中央媒体的，桌上大多数都是自治区新闻界的，餐桌上气氛较为沉闷。

崔福顺也来了，是个朝鲜族妇女，30岁上下，样子很是纯朴。吃饭时，我有意识地坐在她身旁。看看能不能从这位新闻主角的身上，再寻找到一点新的新闻点。

崔福顺第一次来到新疆，新疆的什么她都感到好奇。尤其是新疆歌舞，她最不能理解的就是，新疆女孩跳舞时居然会动脖子。

我和她漫不经心地聊着，有一句没一句的，话题又扯到了张培英身上，提起张培英，崔福顺显得很动感情。她说："张行长真是个大好人啊，连续3年，每月3日定期汇款，还给我来信，表示一直要寄到小红莲大学毕业为止。"

我说："是啊，真让人想不通，好人怎么说走就走了呢？像张行长这样每月汇款的人还有吗？"一句话捅到了伤心处，崔福顺眼角湿润，她顺手拿起桌上的餐巾纸，擦了擦眼睛。

崔福顺答："一般都是捐一次款的，像张行长这样的很少。"我问："那我们新疆还有没有人给小红莲捐款呢？"

崔福顺顿了顿，好像想起了什么似的，说："石河子有个叫'白云'的人，两年多了，每逢春节、五一、六一、十一都要给小红莲汇款，我打电话查过几次，也查不到这个人的真实姓名。"崔福顺又补充道，"这次主要到克拉玛依，见张行长家人表示感谢，也想到石河子去找找'白云'。"

坐在一旁的农行办公室的同志还告诉我，张培英去世后，他爱人也相继去世。"白云"又在今年4月23日给张培英女儿汇去200元钱，并在信中表示："我是敬慕你父亲一生的农业银行的工作人员之一。"

崔福顺突如其来的一语，拨动了我脑海中的灵感之弦，是"白云"汇款的事迹触动了我。"金穗"事迹已公开报道，我们还可以从"白云"事迹作为切入口，进行再次报道。

可谓山重水复疑无路，柳暗花明又一村。有心栽花花不发，无意插柳柳成荫。本没有计划来采访的，却意外发现了另一条新闻。这种看似东方不亮西方亮、偶尔得之的现象，现在回想起来，实际上也得益于记者的发现力。

我赶快和崔福顺约了采访时间，她晚上有活动安排，第二天早晨10点钟便要启程去克拉玛依。我和她约到明早8时30分，约好采访时间30分钟，绝不耽误她吃早饭和启程。

由于我和崔福顺说话声音很小，尽管和我们坐在一桌，其他媒体记者都未发现。连和我一道来的一位报社的女记者也浑然不晓，直到回家的路上，我告诉她："有大发现了。"她惊讶而茫然地说："在哪里？"我说："就在刚才的饭桌上，已约好明早采访，你来不来？"她忙不迭地回答我："来，我来，一定要带上我。"

翌日清晨，我们赶到了崔福顺下榻的宾馆，进行了当记者以来时间最早的一次采访。

采访很顺利，与歹徒搏斗，小红莲父母家人先后去世，抚养小红莲，寻找"金穗""白云"，一切都是崔福顺亲身经历的。她就像讲故事一样，行云流水般地娓娓道来，不到半个小时采访便结束了。

反向思维，其实就是对原有思路的一种背叛。这种全新的思路，常常将人的认识，带到一种全新的境界。

临别时，崔福顺动情地说："我是第一次到新疆来，从飞机上看新疆真大，新疆人好热情啊！新疆人就像雄伟的天山一样，胸怀博大，心地纯净。"

采访着这样的素材，你不能不为之心动。在喧嚣的世界，仍然有一条精神之河在静静地流淌着，它没有湍急奔腾的浪花，它没有咆哮震天的潮头，它既不显眼，也没有声响，却悄悄地滋润着土地、庄稼、青草。

也许，正是媒体人，始终在寻觅着它。于是，许许多多撼动人心、催人泪下的故事像无数涓涓细流向我们汇拢而来。我们期待这些细流小溪，能有一天汇聚成急流汹涌浪花飞溅的大河，能够流进所有干枯贫瘠的土地。

当天上午，一条新闻消息《白云，你在哪里》，在一个小时内，我一挥而就，接着又写了一篇小随笔言论《追寻平凡》。导语是这样写的：6月17日，吉林省"金融卫士"白花子烈士遗孤小红莲的养母崔福顺，乘飞机来到乌鲁木齐市，一来祭奠三年来一直给小红联汇款，因车祸不幸去世的"金穗"；二来寻找一直给小红莲汇款，至今仍无人知晓的"白云"。

消息和随笔言论写好后，我直接拿到了老黄办公室。老黄真是个报人，他看后一骨碌从椅子上跳起来，两眼盯住我，大着嗓门说："不是你编出来的吧？"我也愣了，随口答道："怎么会呢？今早刚刚采访的真人真事，百分之百真实无误。"

我也简略地向老黄讲了采访的经过，特别提到在"白云"身上打开思路的经过。老黄高兴地说："好，反弹琵琶出新闻。"

老黄一语，令我沉思良久。看来，记者只有学会运用逆向思维的方法，才会让我们的新闻发现的"嗅觉"越来越灵，才会挖掘出更有价值的新闻来。

6月21日，《白云，你在哪里》于一版头条见报，引起强烈震动。新疆人民广播电台台长随即给我打来电话，约我一道去石河子追寻"白云"，我当时太忙，婉言谢绝了他。接着，报社、电台、电视台又派出记者跟踪追击，让"白云"热持续升温。

当年年底，自治区金融系统邀请新闻界共话新春，茶话会上，自治区农业银行黄行长发言前，站起来向新闻界来宾深深地鞠了一躬。黄行长说："今年我算见识到舆论的厉害了，前几年，农行系统出了几个蛀虫，老百姓指着我们的脊梁骨骂，银行就是出腐败的地方。今年，农行出了'金穗''白云'，老百姓说我们银行也有好人。我太谢谢媒体的朋友了。"黄行长一番话，情真意切，发自肺腑，句句都是掏心窝子的话。

《白云，你在哪里》在新疆好新闻、全国党报好新闻、精神文明建设好新闻评比中屡获大奖。过了半年多，天山电影制片厂根据这一素材，拍成影片《良心》。影片里有一个蒙太奇镜头：6月21号的《新疆日报》一版头条。

（四）认识过程

发现新闻也是一个认识过程。世界上每时每刻都有无数事实发生，这些事实有一部分通过各种渠道和方式反映给记者。记者开始会有感性认识，甚至会亲身体验，对有些事实还会做深入的采访和了解。这些事实和材料在记者头脑中积累越来越多，记者就会产生一些理性认识，觉得有些没有什么价值，就会舍弃，觉得有些有价值，就会进一步深入了解，最终发现新闻，将一般事实变成新闻事实。

比如某条重大新闻，开始它只是一个一般事实，记者经过感知、认知，这个一般事实在记者的头脑里不断反复出现，并产生灵感，由感性到理性，记者觉得它的价值非常大，于是这个原来在记者头脑中的一般事实就变成了新闻事实，而且经过记者的加工制作，它由新闻事实变成了新闻作品，甚至成了头版头条新闻。"一般事实→新闻事实→头版头条"这个过程其实就是记者对这条新闻的认识过程。

从一般事实到新闻事实，再从新闻事实到新闻作品，最后从新闻作品到新闻传播，新闻工作者都是在进行选择，每一次选择都要消耗时间，每一次选择都要付出行动，每一次选择都要进行思维，每一次选择其实都是一个认识过程。不管是时间过程、行为过程，还是思维过程，最终都体现着一个认识过程。有了认识过程，才有了新闻发现，没有认识过程，就没有新闻发现。

再比如，我们来看看新闻摄影作品《孩子，妈妈带你回家》（见图 6-1）的拍摄故事。该新闻照片 2011 年获中国新闻摄影日常生活类金奖和第二十一届中国新闻奖，照片的主人公后来被媒体称为"春运妈妈"。

图 6-1 《孩子，妈妈带你回家》 新华社记者 周科 摄

一位年轻的母亲,背上巨大的行囊压弯了她的身躯,手里的背包眼看拖地,但揽在右臂中的婴孩整洁而温暖。抬头前行的年轻母亲面色红润,一双漂亮的大眼睛坚定有力。肩上扛的是生活,怀里搂的是希望。在她的左手上,是一个沉重的背包,眼看就快拖到地上。但她的右手,却抱着她的孩子,孩子在她的臂弯里,干净又温暖。这位母亲迈着沉重的步子,艰难地行走着,但她并没有被这些重担所压垮,她的眼神仍然坚定有力……

照片的作者周科十几年后写了一篇回忆文章《她脸上的笑容始终灿烂》,为我们真实地揭示了这张照片的发现拍摄过程及后续故事。

见到巴木玉布木前,我紧张得像个孩子。

十几年来,我在脑海中把她刻画成无数个形象,如今真要见面,心里依然忐忑。见到她时,我拿出那张名为《孩子,妈妈带你回家》的照片问她:"还记得这个时候的样子吗?""记得记得,这是我在南昌打工的时候。"她仔细看了看,笑了。我告诉她:"因为这张照片,我找了你11年。"她一脸惊讶。巴木玉布木个头不高,第一眼看上去有些腼腆,等我前前后后介绍完,她笑得很开心,瘦削的面孔显得比11年前更加年轻。当她从家里翻出照片中那床披在肩上的黄色毛毯时,一种久违的情愫涌上我心头。

十几年前,因为一次偶然的邂逅,我和这位年轻的母亲有了不解之缘,她也给初出茅庐的我留下了长久的牵挂。2010年1月30日,一大早,我背着相机来到南昌火车站采访。这是我第二年报道春运。按照惯例,拍完车站启动仪式上的一些活动后,我便打算返回单位发稿,但多少心有不甘。春运第一天,全国每个火车站都是千篇一律的仪式,镜头画面大同小异,发到新华社稿库很容易就被淹没。于是,我换上长焦镜头,打算抓拍旅客返家的各类表情,从另一个角度来看春运。相机斜挎在肩上,我漫步在南昌火车站广场。没过多久,一位年轻的母亲出现在远方,并朝进站口方向走来。她肩扛着超大行囊,左手拎着一个破旧的双肩包,右手抱着襁褓中的孩子,特别显眼。那一刻,我被这一形象深深震撼,丝毫没有犹豫便拿起相机,蹲下身来,在她距离我十几米远的时候把镜头推了上去。巧合的是,这位母亲原本一直低着头走路,当我按下快门的瞬间,她突然抬起头望向前方,眼神刚毅坚定。我抓紧连按了几下快门,抓拍到这位年轻母亲一瞬间的形象和坚定的眼神。就在这时,不少摄影记者也追了过来。拍摄完成后,我跑到这位母亲面前,询问是否需要帮助,同时了解了她的基本情况,并表明想继续采访。但她只是摇了摇头,向进站口方向走去。这一别,就是十几年……

随后,我回到单位,选取其中一张照片发到新华社总社。当天,新华社摄影部将这张照片取名为《孩子,妈妈带你回家》播发通稿后,被数百家网站和报纸选用,在当年海量春运照片中独树一帜。

时隔10天,2010年第6期《人民摄影》在头版以巨幅照片的形式刊发了这张摄影作品,更加奠定了它在春运报道中的地位。摄影评论员王永午点评道:"向常态要精致很难,这幅作品会在很长一段时间内成为同类题材的地标,不是风餐露宿披星戴月拼毅力拼体力就能追得上的,这是一个从练到炼的蜕变。"2011年,《孩子,妈妈带你回家》获得年度中国新闻摄影日常生活类金奖和第二十一届中国新闻奖。十几年来,这张照片不断在网络和社交平台流传,这位年轻母亲的形象还走进了画家的笔下,也被博士生写进论文。

这些年,每每想起这对母女,我心中总有遗憾,虽然离开了江西,多年来,我始终放不下她们,一直在通过各种渠道寻找她们。

2020年是脱贫攻坚决战之年,我要找到这位母亲的心情更加急切。根据近期网民提供的线索,我们最终在四川大凉山深处见面了。她已经不再是昔日的"春运妈妈",而是一位有四个孩子的彝族母亲,不认识汉字的她能说一口流利的普通话。3天时间里,她跟我聊了11年来家庭和生活的变化,对未来的生活充满希望。与巴木玉布木一样,过去8年,我国近1亿贫困人口实现脱贫,取得了令全世界刮目相看的重大胜利。巴木玉布木是我国千千万万普通人中的一员,她与命运较劲的奋斗故事令人感动。与十几年前的照片相比,在经历种种人生磨难后,巴木玉布木明显多了一份奋斗的富足、岁月的沉淀、生活的从容。看,她脸上的笑容始终灿烂!

摄影记录历史,作品定格瞬间。一幅优秀的新闻摄影作品,无论过去多少年,都能让观众在"阅读"图片的过程中,瞬间打开一条情感交流的通道,从而获取更多真实的历史信息,感受照片背后耐人寻味的过往故事。

三、新闻发现过程的特点

(一)整合性

在新闻实践中,有业务分工,记者采稿,编辑编稿,美编设计,程序员制作图表新闻,播音员、主持人出境播音等,大家各司其职。这是应该的,也是合理的。但这些环节于新闻发现中,却被打通整合在一起了,不再"各管一段"。

为什么?因为大家的目的都是一样的,都是为了将新闻价值最大化地呈现给受众,让新闻价值在受众和社会中产生最好的效果。新闻发现是一个过程,新闻发现又贯穿整个新闻制作的全过程。

在这个过程中,新闻记者对新闻发现负主要责任,因为新闻发现是新闻制作的首要环节,也是新闻制作的集中体现发现的环节。新闻采访中的发现和新闻写作中的发现也都是由记者独立操作的,新闻编辑、美术制作,包括播音主持、稿件审定等,其实都是对记者新闻发现的一种完善和修正,都是在记者新闻发现的基础上展开的。

当然,如果记者的新闻发现存在较大问题,不排除在后边的环节对记者的新闻发现进行颠覆性的修改,甚至推倒重来。但不管如何修改,对最终的新闻发现而言,其实都是一个整体,都是综合和整合的结果。但在大多数情况下,新闻发现由记者一次完成,后边的环节都是对记者新闻发现的一种认可和完善。无论是否修改,也无论修改程度如何,都不可能割裂新闻发现,都是对新闻发现的整合和综合。说得通俗一点,一篇新闻作品,不可能有两个或多个新闻主题,也不可能有两个或多个新闻角度,更不可能有两个或多个新闻的表现形式。

(二)非标性

发现新闻不是依赖等、靠、要,而是要积极主动搜寻果实。在这个过程中,从无到有,又从有到无,再从无到有,或到现场,或访问他人,或观察事物,或查找资料,完全不拘一格,没有固定流程,是非直线性的、非流程性的。

不可否认,很多新闻靠偶然获取,靠机遇获取,但对记者而言,获取这样的新闻,同样需要经历一个过程。没有过程的新闻不可想象,没有发现的新闻也不可想象,新闻事实永远不可能自动变成新闻作品。

新闻发现的过程五花八门、丰富多彩,没有统一的标准,也没有计划性的规范流程,几乎完全是因人而异、因事而异、因时而异。这样说,并不是否认新闻发现的规律性,而只是说新闻发现的过程是非标准性、非流程性的,这其实也是新闻发现的一个特殊规律。新闻发现工作不像工人在机器旁生产产品,也不像农民在田地里耕种作物,无论时间的长短、程序的先后、步骤的多少等,都不是固定的,而是具有非标性。

(三)短暂性

发现新闻的时间虽然有长有短,但长者极其罕见,绝大多数情况下都非常短暂,都要求速战速决,越快越好,以快取胜。新闻发现往往准备期、酝酿期比较长,但对绝大多数新闻而言,发现的时间往往是极其短暂的,是灵感的闪现,是一种突然之间的顿悟。这种灵感、这种顿悟,决定着新闻发现,也主导着新闻生产。

在整个新闻制作的过程中,每一次新闻发现都非常短暂,包括新闻记者对事实的发现、对主题的发现、对角度的发现、对表现形式的发现,其实都是一种灵感和顿悟,如果对发现本身仔细研究和观察,其经历的时间都是很短暂的,它不像采访和写作,需要经历较长的时间。当然,这里所说的发现时间,不包括发现前的一系列准备和酝酿,如对政策的研究、对理论的吃透、对生活的贴近,以及各种各样的采访等,这些也许都是为了新闻发现,但真正的发现,就是在一刹那。

(四)曲折性

对一些新闻,尤其是一些有深度的新闻来说,其新闻价值天然地隐蔽或被人为地隐蔽,它的发现经历曲折而复杂,甚至富有戏剧性、情节性。在革命战争年代,由于反动派封锁新闻,很多新闻被埋没,很多新闻是记者花了很长时间才发现的。比如,"共产党员刘胡兰慷慨就义"这个事实,就是25天后才被发现报道出来的;再比如,张富清同志这个典型,他在朝鲜战场的英雄事迹,以及几十年来,他隐姓埋名默默为党工作,本该早就发现,但却直到2021年才被媒体发现报道。这两条新闻,前者是国民党反动派白色统治造成的结果,后者是新闻人物高风亮节造成的结果,都是人为造成的。

还有的新闻迟迟才被发现,不是人为因素造成的,而是客观因素、自然因素造成的,比如,一些古墓被发掘文物新闻。所以,曲折性,不是新闻发现的个例,而是新闻发现中隐性新闻存在的一种普遍现象,这和新闻发现中的短暂性并不矛盾。它们不仅反映不同类别新闻被发现时各自的特点,而且,在进行新闻发现的时候,曲折性中往往有短暂性,短暂性中往往也有曲折性。

第二节　新闻发现的一般过程

新闻发现的过程既是动态的,又有静态的特征。我们如果从总体新闻事实的角度去观察,就会发现看到、见着、透视三种情形;如果从思维行为的角度去观察,就会发现横向、纵向、交叉三种情形;如果从关键节点的角度去观察,就会发现准备期、灵感期、验证期三种情形;如果从内容对象的角度观察,就会发现新闻线索、新闻事实、表现形式、媒体发表等情形。上述这些情形其实就是新闻发现的一般过程。

一、从新闻事实的角度看新闻发现过程

接触一件事实,“看”不等于“见”,“见过”不等于“见着”,“见着”不等于“透视”。发现新闻是一个从无到有、由表及里、由浅入深、从粗到精的艰辛与喜悦交融的过程,从而真正实现由看见事实到发现新闻。

记者的眼睛火眼金睛,记者的耳朵耳听八方。记者首先是靠眼睛和耳朵吃饭的,这在发现新闻的过程里全部兑现。由看到事实到发现新闻,都离不开眼睛和耳朵,都离不开眼力与听力。支持记者这种眼睛和耳朵运动的,一是记者的脚与脚力,二是记者的心与心力。发现新闻的过程,就是这样去完成的。“你看,那记者的眼睛!”“你看,那记者的耳朵!”——这是人们对新闻发现力强的记者经常赞许的两句话。

纵观新闻事实的发现过程,我们可以把新闻发现分成以下三种情形来考察和分析。

(一)看到新闻事实

新闻是新近发生的事实的报道,要报道新闻事实,首先就是要看到新闻事实。在新闻实践中,很多新闻就是记者看到新闻事实后报道出去的。新闻事实被记者看到,这是发现新闻的第一步,这是记者采访得到的第一手材料。有了第一手材料,一般而言,记者的新闻发现就有了依据,记者的新闻报道就有了把握。

那么,有没有记者没有看到事实就报道新闻呢? 有。在新闻实践中,有一些记者为了抢发新闻,常常根据一些内部信息编发新闻,或是得到新闻线索后打个电话核实一下就发新闻,或是根据新闻发布会介绍的情况编发新闻等,这不是个别情况,这是一些记者普遍采取的方式。靠第二手、第三手资料编发新闻,不是不可以,但要慎之又慎,对一些显性新闻、动态新闻、没有利害冲突的新闻等,一般没有问题,但对一些隐性新闻、深度新闻、有明显的利害冲突的新闻等,记者应该力求看到事实。

(二)见着真实的新闻事实

看到的“新闻事实”就一定准确吗? 或者说,记者得到的“第一手材料”就一定没有错误吗? 回答是不一定。因为新闻事实所呈现出的表象不一定都反映了新闻事实的真实情况,有些情况下,甚至表象和真实情况完全相反。记者看到的所谓新闻事实,有可能会是一种误导、假象,这类情况虽然不是普遍情况,但如果不深入了解,把新闻事实呈现的一种假象、误导当作新闻

发现去报道,就有可能成了虚假新闻报道,所以,也不要完全相信"第一手材料",更不要只依赖"第一手材料"。

比如,笔者 2020 年 10 月经历了这样一件事情。当时,陕西省新闻传播学会组织省内新闻传播领域的 30 多名专家和学者在西安翻译学院科技楼一个会议室召开媒体深度融合座谈会,20 多家媒体闻讯参会报道。由于会议筹办时间较仓促,主办方没来得及把挂在会议室另一侧墙上的"教育扶贫会标"扯下来,而本次会议的会标是用投影的方式显示在主席台主侧的屏幕上,这样明显的会场设置按理应该不存在任何问题,但偏偏就在这个时候出现了问题:一位自媒体记者为了抢发新闻,居然把会议名称报道成了"教育扶贫座谈会"。作为此次会议的主要策划组织者,笔者在会上看到自媒体发的这个消息后,立即在会上进行了更正,自媒体作者也很快从后台撤回了这个消息,才没有使得这条失真的消息进一步传播。所以,记者在任何时候,都要认真采访,你看到的"第一手材料"不一定都是真实的,不要为了抢发新闻,而把"假象"当成"事实"报道出去。

再比如,1960 年初,刚果当时发生内战。由于这次战争有重要的国际影响,联合国不仅派出了维和部队,而且联合国秘书长哈马舍尔德亲自去做调停,以实现停火。有一天黄昏的时候,在北罗得西亚恩多拉机场,记者们都在等候,终于他们看到一架飞机着陆了,同时看到从飞机上走下了一位男子,因为记者们一直都站在警戒线几百米之外,加之是个黄昏,看到这种情况,都赶忙发出了秘书长到达的电讯。

第二天,不少报纸就刊登了这则报道。可实际情况是什么呢?记者看到的那个从飞机上走下的人并不是哈马舍尔德秘书长,而是一位外出工作的英国外交官。就在记者们发出这个报道的时候,哈马舍尔德秘书长乘坐的飞机已经前往加丹加的途中坠毁,秘书长本人和机上的其他人员全部遇难。

后来,一位合众国际社的记者直接在媒体上讲述自己发现假新闻的经过,他说其实他看见的这个人确实很像,但也不能确定到底是不是哈马舍尔德秘书长,但当时旁边的其他记者也称自己有把握,于是就着急发稿了,结果产生了这样一个不可饶恕的虚假报道,给新闻报道史上带来了极其不光彩的一页。

(三)透视新闻事实的本质真实

新闻报道要求真实,不仅具体事情要确有其事,新闻要素要真实准确,而且还要求要抓住事物的本质。所谓发现事物的本质,就是指发现事物的内在联系,就是发现事物的本源。

虽然笔者认为,在讲求新闻时效性的情况下,记者很难在极短的时间里探究出新闻事实的本质,但这是对哲学真实的要求;记者也不可能在抢发新闻的环境下,把所有新闻要素在极短的时间里都准确无误地了解清楚再报道,但这是对司法真实的要求。然而,很多失实报道的事实又提醒我们,这些要求是对的,作为一种职业追求,应该努力去实现新闻真实性。当新闻时效性与新闻真实性发生矛盾时,应该把真实性放在第一位。

比如,1996 年 1 月 7 日,波兰前总统瓦文萨表示,由于政府没有给他及时发放总统养老金,使得自己的生活非常困难。他决定要回到自己当初起家的造船厂重当电工。4月2日瓦文萨就到电厂报到。4月12日波兰议会就通过了向瓦文萨发放养老金的决定。对于这个新闻事实,国内外新闻媒体做过很多报道,基本上都是倾向瓦文萨总统的。但其实这是瓦文萨总统的一个计谋。表面上看,政府确实没有给他及时发放养老金,其实质的问题是,他并没有因此而陷入经济困顿的境地,他重操旧业的真实原因,是想通过回到当初自己工作过的地方来唤起大家的瞩目,为了有朝一日东山再起,重返政坛。这就是问题的实质。如果我们不了解清楚这样一个实质,仅就表面事实去报道,就没有抓住事实的本质,所作的新闻报道也就不是一个很真实的新闻报道。所以,新闻记者要有火眼金睛,要透过现象看本质,不要满足新闻的具体真实,而要追求新闻的本质真实。

二、从思维行为的角度看新闻发现过程

我们知道,新闻发现的过程是个思维的过程,是个行为的过程。从新闻记者的思维向度和行为取向上考察,发现新闻的过程一般有三种。

(一)横向铺开过程

这个过程是并列性排查的,横向铺开来发现新闻,就是"移步换形""思维发散"的过程,就是运用形式逻辑的归纳、演绎、类比等方法的过程。采用这个过程在于先放后收,据事归义。一般来说,对于群体事实、综合性新闻,特别是我国独有的经验消息、典型报道等,都可用此法。

在横向铺开的过程中,会面临很多同类的事实,新闻记者要善于对这些事实比较分析,从一般事实中找出新闻事实,从新闻事实中发现新闻主题,寻找新闻角度。当然,也可以先铺开所有事实,然后发现新闻主题和新闻角度,再选择新闻事实。有时候,新闻主题可能是提前确定好的,新闻记者只需要根据新闻主题横向展开去寻找新闻事实即可。如果是系列报道,可一个事实一个角度,但都得符合大的主题和系列报道的总题目;如果是一篇综合报道,每一个事实都是从不同的侧面或不同的行业等来反映一个新闻主题,切忌,事实不能雷同和重复。

在新闻实践中,横向铺开前,记者的脑海里往往已经有了一个初步的想法,这个想法可能是建立在获得新闻线索之后,也可能是上级部门给的主题,还可能是根据时代精神与生活实践想出来的点子或选题等,所以,要有目的、有计划地铺开,要科学选好抓取事实的方向和点位。比如,《新年处处报平安》《百家"三资"企业调查表明:在华投资大有可为》《国际人士:中共二十大推进中国式现代化 助力世界和平与发展》《我国从东到西"三夏"大忙陆续结束,今年夏粮亩产喜获丰收》《全国高考今日圆满结束,各地阅卷工作明日将有序展开》等新闻发现的过程都是这样。

(二)纵向延展过程

运用这样的方法发现新闻也很普遍。纵向延展过程由低向高,由浅入深,与时俱进,循序渐进,有如掘井,和前面讲到的从看到事实到发现新闻极为吻合。很多重大新闻、很多连续报道的新闻发现等都包含这个过程。不只是发现新闻,许多科学发现都包含这个过程。

纵向延展发现新闻一般是聚焦一个新闻事实,把这个新闻事实的过去、现在甚至未来前景展现给大家,或是报道一个突发新闻事件的发生、发展的过程,或是针对现实中的一个问题,不断收集材料,得出结论后又回到实践中寻找新的事实验证,再得出新的结论,如此追问下去,发现有价值的新闻。

比如,《我们离市场还有多远:关于一桩鲜花礼仪电报业务的追访与思考》是一篇问题新闻,也是一篇理性新闻,记者沿流讨源,层层推进,步步深入,纵向延展,有情节,有细节,让读者看到了一个完整的新闻发现过程。

再比如,《武汉晚报》2018 年 10 月 12 日刊发的新闻《学分不达标,华中科大 18 名本科生变专科生》就是一篇对已发新闻事实利用纵向延展的过程而发现的新闻。2017 年,华中科技大学出台了《普通本科生转专科管理办法(试行)》政策,经媒体报道后在社会上引起了较大反响。一年后的 2018 年 9 月,又是一个开学季,《长江日报》有关部门在讨论新闻选题时,又提到了去年的新闻热点:"学习不努力,本科变专科"政策出台一年多了,实施情况到底怎么样?媒体应该追踪报道,一是追问政策的落实情况,二是追踪媒体之前报道的后续情况。选题定下后,记者就去采访,几经周折,才有了下边这篇获得中国新闻奖的新闻。该报道在《长江日报》和《武汉晚报》同日刊出,但评奖时后者进行了报送,后《人民日报》《光明日报》也进行了报道。

学分不达标,华中科大 18 名本科生变专科生

《长江日报》记者 10 月 11 日从华中科技大学获悉,该校 2018 年有 18 名学生因学分不达标从本科转为专科,其中 11 人已在 6 月按专科毕业。

"读了 4 年大学,拿不到学位证书的大有人在。"该校一名大四学生告诉《长江日报》记者,有些大学生脱离老师和父母管束,就像脱缰的野马,通宵打游戏、逃课、考试挂科的情况屡见不鲜。

之前,该校对学分不达标的学生直接给予退学处理,一些家长对此表示不理解。去年,该校出台了《普通本科生转专科管理办法(试行)》,明确规定未按要求完成本科学分的学生降为专科。

该校教务处相关负责人表示,出台《普通本科生转专科管理办法(试行)》,既是保障本科生培养质量的重要举措,也是在退学之外,为学分不能达标的学生提供的一种"人性化选择"。

据统计,华中科大的 3 万多名本科生中,在 2017—2018 学年,有 210 人因学分偏低受到黄牌警示,34 人未达到培养计划学分最低要求受到红牌警示。

今年 8 月,教育部印发通知,要求高校切实加强学习过程考核,加大过程考核成绩在课程总成绩中的比重,严格考试纪律、严把毕业出口关,坚决取消"清考"制度。

华中科大史上首次因学分不达标降本科转专科,在学生中引发震动。校方介绍,该校的本科质量提升工程一直走在全国前列,之前已取消清考制度。

(三)纵横结合交叉式过程

在新闻发现过程中,纯而又纯的横向铺开或纵向延展的过程并不多见,在许多场合,两种过程是交叉进行的。这是由新闻事实决定的,也是记者为了不发生闪失,求得发现新闻的一种十拿九稳的办法。这种交叉式的过程吸收了两种过程的长处,所以,在发现新闻的时候往往使用最多,得出的结论受众也最信任。

比如,消息《一些中央国家机关的情况表明需要加强劳动纪律》就是纵横交叉后发现的新闻。报道的内容是从 6 月 9 日到 12 日,这是纵向;中央国家机关八个部委,这是横向。纵横一结合,就发现了大新闻。

再比如,2022 年 10 月中央广播电视总台播出的新闻专题片《领航》就是利用纵横交叉的方式发现的新闻主题。《领航》以"回看、比较、远眺"为切入视角:通过"回看",展现了自党的十八大以来祖国发展的伟大成就和光辉业绩;通过"比较",凸显了习近平新时代中国特色社会主义思想的科学性和正确性;通过"远眺",展望了社会主义现代化强国建设的宏伟蓝图和民族复兴的美好未来。

《领航》共 16 集,从纵横两个方面全景式展示了十年间中国的发展。在纵向方面,从 2012 年一直讲到 2022 年,共计 10 年的时间,中国政治、经济、社会、文化各项事业发展突飞猛进;在横向方面,包含是各个行业、各个领域、各个阶层。在科教领域,《领航》通过三个方面的小人物来讲述大事业:一是教育领航——实现从"有学上"到"上好学"的新跨越,主要讲述了贵州六盘水大湾镇海嘎小学的故事;二是科技领航——创新是引领发展的第一动力,主要展现了十年来我国瞄准人工智能、量子信息、超级计算、集成电路、生命健康、脑科学、生物育种、空天科技等关键核心技术领域取得的前瞻性、战略性的科技成果;三是技术领航——每个人都可以拥有匠心,主要讲述了 21 岁的石丹获得了第 45 届世界技能大赛美发项目冠军的故事。专题片以纵横交叉的方式将中国十年来各行各业现实成果展现与个体人物见证相结合,用主题鲜明、情绪饱满、短小精悍的新媒体产品,以短平快的方式勾勒出中国共产党人的精神谱系,彰显十年征程中的伟大领航思想;以小切口呈现大主题,通过社会个体视角塑造形成了每个人的"国家记忆"相册,成功引发了民间舆论场上的共振、共情与共鸣,取得了良好的传播效果。

《领航》这种纵横交叉的展现方式,真实地透露了《领航》新闻发现的过程。十年间中国的发展受世人瞩目,不能仅从中国 2012 年与 2022 年相比看,还要从中国与世界各国比较看。只有纵横比较,得出的结论才可靠,发现的新闻主题才真实。

三、从关键节点的角度看新闻发现过程

新闻记者的工作时时刻刻都处于"临战"状态,因此,新闻记者的新闻发现过程可以前移和后延,从而使新闻发现过程大大拓展和延伸,这不仅符合新闻工作实际,也从另一个视角展现了新闻的发现过程。

(一)新闻发现的"准备期"

新闻发现的"准备期"是指新闻记者看到具体新闻事实之前的时间,即平常的准备阶段。新闻工作者的工作节奏非常紧张,常常需要快速发现新闻,快速采写新闻,快速传播新闻,所以,仅靠临时准备是不够的,需要全天候都处于待命状态,即"前发现"状态。

这种先在的"前发现"状态,就是记者的职业素养所营造的心理背景系统,它是记者新闻发现的内在驱动力,能引起记者新闻发现的兴趣,并具备一定的价值取向和价值标准。在这个"准备期",记者需要吃透党和政府的大政方针、法律法规等,多了解民情民意和社会生活,随时做好发现各种新闻的准备工作,确保新闻事实来临时,能迅速及时地发现新闻。

实践证明,新闻敏感性强的记者,往往在新闻发现的"准备期"非常忙,长期的和临时的准备工作都比较扎实。所以,当新闻事实来临时,最先看到新闻事实的人不一定就能最先发现新闻,主要原因就在这里。

(二)新闻发现的"灵感期"

新闻发现的"灵感期"是指新闻记者从接触新闻事实开始到新闻发现这个阶段,这是新闻发现的重要时期,也是新闻发现产生"灵感"的关键时段。

在新闻实践中,新闻记者的灵感往往产生于发现的新闻事实与自己脑海里的时代精神交汇的一瞬间,主要表现在两个方面:一是记者掌握了大致的价值发现趋向,在找到新闻事实之后能够迅速地产生灵感;二是当新闻事实出现后,记者能够利用直觉思维迅速判断自己的定向搜索目标和这个事实信息是否吻合。记者心中的一系列时代主题信息往往先存于思维中,一旦在事实信息的海洋中发现此类事实,记者的报道灵感就能瞬间被激发。

比如,《燕赵都市报》2009 年 3 月 31 日刊发的以下这篇新闻就是这样产生的。据作者后来回忆说,在得到本文线索之前,他就听说过村干部及其亲朋好友吃低保的事情,他们以权谋私,让党的惠民政策受到干扰,在群众中影响很坏,这就是作者头脑中的"先在"主题。作者一直想写,但没有抓住典型事实,此时,刚好收到了一封群众来信,反映了这个事情,和"主题"一拍即合,就有了新闻发现,当日调查采访,当日成稿发表,一篇好新闻就这样顺理成章地诞生了。

村支书"一家人"吃低保

枣强县肖张镇后河村的村民们怎么也不明白,集村支书、村主任、村会计职务于一身的杜西森,其妻子、岳母(与其生活在一起)、儿子、大伯都成了低保户,而且村里有多名村民被冒名办理了低保,款项不知落入了谁的口袋。更让人不可思议的是,已在 2008 年上半年去世的一位村民竟也领取了低保。

3 月 30 日,枣强县民政局向记者提供了后河村低保户春节一次性补助名单(2 月 28 日到低保户账上),上面共有 48 位村民的名字。记者拿着名单来到了后河村,随机采访了一些村民。村民们说,名单上的吕桂服是村支书杜西森的妻子,李秀珍是杜西森的岳母,杜磊是杜西森的儿子,杜福录是杜西森的大伯。而让记者想不到的是,名单上的李更仁是杜西森儿媳妇的爷爷，该人根本不是后河村人，而是肖张村的。

村民们指着枣街路那 10 间房子告诉记者，那就是村支书杜西森一家人的住处。记者远远看到，该院落很大，内有多间房屋，里面正在大兴土木盖东房，院子外面摆放着大量的水泥与沙石料。村民们说，杜西森的儿子杜磊一直在经营化肥、农药等农资产品。

多名村民被冒名领取低保

随后，记者按照名单上的名字找到了村民阮文英。阮文英是一位 72 岁的烈士军属，她说，她从来没有申请过低保，也没有领取过低保，不知道为什么低保名单上有她的名字。

接着，记者又找到了名单上的周纪皋，周纪皋说，他已经 80 多岁了，从没领过低保。石金锁的名字也在名单上，其儿子说，他的父亲今年 85 岁，生活不能自理，从来没听说过领低保的事儿，不知道是谁用了他父亲的名字领了钱。

已故村民也能领取低保

看到低保名单上的苍双林，村民们都笑了起来，说苍双林早在 2008 年上半年就去世了。他的老伴儿与儿子一起生活。儿子的生活条件很好，家里有一辆大货车，还有一辆轿车。村民们说，连死人也能领低保，真是"活见鬼"了。

（三）新闻发现的"验证期"

在新闻实践中，常常是新闻记者根据新闻选题在实践中寻找新闻事实，这种新闻选题有可能是记者自己根据对生活的观察确定的，也有可能是编辑部交给记者的主题宣传，总之，需要记者在采访实践中去寻找事实、验证新闻主题，这就是新闻发现的"验证期"。

在"验证期"，先有主题，后有事实，它和"灵感期"完全不同。在"灵感期"，先有事实，后有主题，这个主题在新闻事实出现之前是没有的，自己脑海中先前存在的只不过是富有时代精神的一系列主题信息，不是确定的事实主题。

在新闻发现的"验证期"，一般有三种情况出现：一是预设的新闻主题与新闻事实完全吻合，得到验证，这时，记者就可以按照计划采写；二是预设的新闻主题与新闻事实部分吻合，验证后主题需要修正，修正后记者才可以采访报道；三是预设的新闻主题与新闻事实完全不吻合，这时就要放弃原先的报道计划。

四、从内容对象的角度看新闻发现过程

记者不仅要发现新闻事实（事件、事情、事物）和新闻观点（新闻信息），也要发现呈现这些新闻事实和新闻观点的最佳形式，还要发现新闻传播的最佳时机。这是新闻发现的内容和对象，同时也体现了新闻发现的过程。

对一篇具体新闻而言，新闻记者总是先发现新闻线索，再发现新闻事实和新闻观点，然后再发现表现新闻事实和新闻观点的形式和方法，最后作品基本完成后才考虑传播的时机以及在哪些媒体平台上进行传播。即便是有时候因为发现时机不成熟，而暂时停止对新闻形式的选择，这种新闻发现的一般过程也没有被否定。

当然,在新闻发现的过程中,新闻事实、新闻形式、新闻时机等可能会遇到变更或调整,但也不能从根本上否定新闻发现的一般过程:"新闻线索→新闻事实(新闻观点)→新闻形式→新闻时机→新闻媒体"。

五、"反过程现象"与发现新闻

所谓"反过程现象",是指违反发现新闻的过程性的现象。发现新闻都必须有一个过程,但有人却有意为之,不讲过程,不要过程,或因主观原因而发生种种"过程"问题,都属于"反过程现象"。"反过程现象"是虚假新闻产生的根源之一。

(一)走过场现象

这在新闻发现中屡见不鲜,如一些捕风捉影、滥竽充数、硬伤累累的报道。一些新闻记者为了完成任务,常常采用这种走过场的方法。走过场新闻在中国一些媒体的报道中屡见不鲜,人民群众意见很大。

(二)无过程现象

这个听起来好像天方夜谭,但实际上确实也存在,它们都是无中生有的假新闻。这类新闻没有任何新闻发现的过程,不见新闻事实,记者脑海里倒是有预设的所谓"主题",但不是记者平时积累的结果,而是"异想天开"的结果。

比如,某报纸 1990 年刊发一条消息《女尸冷冻三十年,今朝再生颜如春》,说的是法国里昂一位 30 岁的年轻女性一直冷冻 30 年后,经现代医学起死回生。《文汇报》驻法国记者王双泉闻讯后跑去核实,证明是假新闻,并写了《现代医学乏术,冻尸无法回生》的报道以正视听。

(三)假过程现象

假过程就是有过程,但不是真过程,是假新闻发生的过程。这类新闻比较多,就是新闻制造者制造了一个假现场,来欺骗记者和受众,有时新闻记者也自己制造假场面欺骗受众。

比如,前文举过的某电视台播放的《北京街头惊现"纸馅包子"》就是一条假过程新闻,包括记者暗访制作过程,看上去都非常详细和逼真,但后来调查证实,这其实是一条假新闻,制作者就是该电视台的一个编导,他自导了一个假的制作过程欺骗受众,导致假新闻发生。

再比如,笔者有次参加某传播学会的年会,参加会议的各媒体记者开会时都收到了一个事先准备好的"新闻通稿",其中有一段是按原会议安排描述会议的过程,主要讲都有哪些人发言等。但实际情况是有家媒体的总编辑那天根本没有到会,发言的是该媒体的编辑部主任。按理,通稿只是供各媒体记者参考,当实际情况与通稿不符时,主办会议的同志应该立即给各媒体打招呼,而媒体记者应该以实际过程进行报道,可惜的是,那天双方都没有尽到责任,导致大多数与会的媒体记者都按照通稿报道,说某某总编辑在会上发言。这显然是一个虚假过程,且新闻的基本事实失实。

第三节　新闻发现过程的情境现象

新闻发现的实质就是对新闻价值的判断,但是在新闻发现的过程中,新闻记者对新闻价值的判断和评价,除受新闻事实本身、记者的新闻敏感性和新闻发现力水平等因素影响外,还往往会受到记者所处的时空环境和当下情感的影响。同一记者对同一新闻事实在不同的时空环境和不同的体验感受下,会作出不同的价值判断,这就是新闻发现过程中普遍存在的情境现象。

一、时间情境

在新闻发现过程中,新闻记者对新闻事实和新闻人物在进行新闻价值判断时,首先会受到时间情境的影响。新闻发生时,记者在不同的时间发现新闻,会对新闻价值作出不同的判断。

一般而言,新闻发生的时间与记者采访的时间差越小,新闻的感受程度就越高,对新闻价值的判断也就越准确。为什么会出现这样的情况?是因为新闻刚刚发生或者正在发生或者发生前记者本身就在现场,那么,新闻事实和新闻人物带给记者的冲击力就会很强。记者感官被刺激的程度越大,记者对新闻价值的判断就会越高;相反,如果时过境迁,一切恢复了往日的平静,新闻事实已成为往事,那么,记者对新闻事实的感受程度就会大大降低,对新闻价值判断的准确度就会大打折扣。

因此,新闻发生时,记者们都力争第一时间赶赴现场,发现新闻,耳闻目睹事件经过,如此记者自己会有更多的体验和感受,会受到新闻事实更多更大的刺激和冲击,对新闻事实产生更多的激情,对新闻价值作出更迅速、更准确的判断。

比如,笔者曾经采写过一篇连续报道《一位残疾青年的呼唤》在社会上产生了强烈反响。这个新闻源于一位残疾青年给电视台的来信,信中反映自去年冬天以来,不知什么原因,他的邻居、某仪表厂青年工人张某多次利用夜深人静之时,将屎尿倒进他的厨房内。他自己由于身残,自觉得低人一等,便一忍再忍,并多次托人劝服,一直无济于事。当年9月11日,他爱人做饭时又发现厨房内遍地是尿,臭气袭人,无法进去,邻居们看后无不气愤。第二天早上六点左右,张某又一次将尿倒在了他的厨房里,比他当场抓获,此人非常嚣张,不仅不赔情道歉,反而恶狠狠地说:"你这个瘸子,腿瘸成这个样子了,能把我怎么样?"残疾青年问编辑同志,像他这样的残疾人该怎样生活?

接到这封残疾青年的来信后,笔者立即前去调查,证明情况基本属实,但由于现场已经清理,证据不足,为了慎重起见,笔者叮咛残疾青年,下次遇到这种情况,请立即打电话。几天之后,机会来了,笔者接到电话后立即赶到现场,当时现场臭气熏天,残疾青年与张某正在理论,笔者把整个过程全部录了下来,并于当天下午六点在电台播出,此后又连续报道了三次。市长批示公安部门严肃处理,张某受到公安部门和舆论的双重压力,其嚣张气焰终于被打了下去,不得不通过媒体公开检讨,向残疾青年和听众道歉。

为什么会收到这么好的传播效果?笔者认为,与第二次现场采访息息相关。假如没有第二次笔者接到电话后第一时间迅速及时地赶去现场采访,笔者就不会有更多的真实感受,不会激发笔者愤怒的情绪,对新闻价值也就不会作出更快的判断,广播电台可能会作为一般听众来信进行报道,绝不会进行大幅度的连续报道及记者现场调查和评论,产生的社会效果也就不会那么大。正是因为笔者"第一时间"耳闻目睹了新闻事实,才让新闻事实和新闻人物的社会价值凸显了出来,所以,时间情境在这篇新闻中发挥了重要作用。

二、空间情境

空间距离也是影响新闻记者对新闻事实感受的一个重要方面。一般而言,新闻事件发生时,记者赶赴现场,距离新闻事件的发生地越近,新闻事实和新闻人物对记者产生的冲击力就会越强,记者对新闻事件、新闻人物价值的发现就会越快、越准确。

一般来说,记者在发现新闻时,需尽可能地赶到新闻现场去采访,距离新闻源越近,感受越深,尤其是采访新闻人物时,一定要面对面采访。通过面对面采访,通过和新闻人物面对面对话,交流思想,新闻人物会给记者留下一个很深刻的印象,这样就容易让记者对新闻事件、新闻人物产生更大更快的新闻价值发现。

所以新闻事件发生时,记者一定要赶到现场,而且距离现场越近越好,目击新闻事件,目睹新闻人物,贴近新闻现场,体验新闻事实,激发自己内心的情趣,比如坐在前排观看一场体育比赛,此时记者的感受会更加的强烈,这对新闻价值的判断都会起到积极作用。

新闻现场是有魅力的,新闻发生时,记者在现场和不在现场完全不一样。不仅如此,新闻现场也有不同的位置、不同的角度、不同的视线,同一新闻事实,处在后排远处的记者和处在前排近处的记者的感受会不同,尤其是对新闻细节的发现会大不一样。因此,记者到达新闻现场后,都要千方百计抢占有利地形,尤其对摄影记者来说更为重要,如果没有抢到有利地形,有可能会丢掉大新闻。

三、情感情境

记者对新闻事实、新闻人物的新闻价值判断按道理应该有一定的客观标准,比如新闻价值的要素等,但实际情况是,记者在作出判断时,往往会受到新闻事实、新闻人物的感染,有时会失去理性,过高或过低地判断新闻价值。

记者判断新闻价值一般有两种表现,即积极表现和消极表现。

从积极表现来看,主要有两个方面。一是记者的情感对信息的接收发挥着过滤作用,决定着新闻发现的导向,便于记者在较短的时间内选择新闻事实。二是记者的情感常常会激发记者对新闻事实和新闻人物的感知能力、联想能力、理解能力、体验能力和判断能力,从而较快地产生灵感。

从消极表现来看,主要也有两个方面。一是记者情感过强,常常会影响记者对新闻事实的理性判定。情感本来就是非理性的,如果将情感控制在适度的范围内,就会激发灵感产生,但如果过强,记者就会失去理智,忘却客观标准,从而影响新闻价值判断的公正性,最终伤害的是媒体和受众。二是记者在采写社会冲突事件时,如果情感过强,会过分地厌恶一方,而偏爱另一方,表现在报道里就会不公平、不公正,让一方多说话,另一方少说话,甚至不说话,带有明显的倾向性,影响对新闻价值的理性判断,最终也损害媒体的公正性。

比如,著名记者魏巍在朝鲜采访的日日夜夜,都时刻被英雄的志愿军战士的事迹感动着,一开始,根本舍不得丢弃每一个被采访的事实和人物。后来回归理性之后,才经过不断比较筛选,很快产生了灵感:他们是我们这个时代最可爱的人!发现新闻主题和新闻角度后,写作时还是边写边流泪,几次都不能自已,只好搁笔缓缓再写,最终写下了不朽的新闻名篇《谁是最可爱的人》。

思考与训练

1. 新闻发现过程有哪些特点?为什么说这个过程是动态的?

2. 举例说明什么是横向铺开、纵向延展、纵横交叉等新闻发现过程。

3. 简述"反过程现象"与虚假新闻的产生原因。

4. 举例说明情感对记者准确判断新闻价值的积极作用和消极作用。

5. 选择去一个单位采访,看看能否发现有价值的新闻,并分析你的发现过程。

针对本教材,作者已经录制了配套的在线课程视频,以上是关于本章内容的视频二维码。

第七章 新闻发现的内容

本章重点难点：①新闻线索的含义；②新闻线索的特点；③新闻线索的作用；④高质量新闻线索的标准；⑤新闻事实与新闻观点；⑥新闻表达方式与新闻时机；⑦细节与新闻发现。

我们已经知道，新闻发现就是寻找新闻源，就是发现新闻价值，但其实这些都是在揭示新闻发现的本质所在、规律所在。事物的表象，用肉眼常常难以看到，也难以给受众直接感受。事实上，我们发现和选择新闻，常常是发现和选择新闻线索、新闻事实、新闻观点、新闻体裁、新闻时机、新闻媒体等，这些都是新闻发现实实在在的内容，是受众可以直接感受到的东西，受众只有通过它们，才能进一步感受新闻的本质和规律。

第一节 新闻线索

几乎所有的新闻都是靠先发现新闻线索获得，进行新闻发现重要的一项就是发现新闻线索。虽然新闻线索只是提供新闻的苗头和信号，具有不完整性、不确定性等特点，但新闻线索却能告诉记者哪里有新闻，告诉记者哪里的新闻需要去挖掘等。所以，记者要特别关注新闻线索，不仅要获取新闻线索，还要鉴定新闻线索、扩展新闻线索。当然，新闻线索质量有高有低，高质量的新闻线索一般具有丰富性、可靠性、及时性，优秀的新闻记者总在瞄准高质量的新闻线索，从而报道受众感兴趣的新闻。

一、新闻线索的含义

线索，今有两义：比喻事情的头绪或发展脉络；贯穿在整个叙事性文艺作品中的情节和发展脉络。

线索在文章中是起连贯作用的。如果有了好的材料，再加上有使之连贯的线索，那么文章就能成为一串美丽的珍珠。在一篇文章里，事物发展的过程或作者所表述的思路，常常成为贯穿始终的一条线索。我们读文章抓住了线索，就容易掌握段落结构，领会中心思想。写作文时如果抓住了线索，就容易做到围绕中心，组织材料，使文章中心明确、条理井然，显得内容集中、脉络清晰。

新闻线索是指新闻事实发生的苗头或信号，尤其指新近发生或发现事实的简明信息或信号。它是新闻记者"捕捉"的对象。这些信息本身并不一定是新闻事实，只是新闻事实的影子。新闻线索的实质，乃是新闻"浮出水面"的征兆，是记者得以"顺藤摸瓜"的那根藤。新闻线索一般比较简单、粗略，有的比较完整，甚至还有细节。抓新闻必须先抓线索，这是发现新闻的一条重要规则。

新闻线索是新闻采访的开端,也是引发记者灵感的一个触角。绝大多数新闻事实发生时记者都不知晓,都是事后记者才得到某些有关这个事实的一些信息。当然,也有些事实还未发生但将要发生时,记者就得知了某些苗头。这些新近发生或正在发生的新闻事实的有关信息,以及新闻事实即将发生的有关苗头就是新闻线索,记者可循着这个新闻线索提供的新闻事实脉络,决定新闻选题,策划新闻采访,进行新闻报道。

显然,新闻线索不是指一般意义上新闻作品的情节和发展脉络,而是指新闻事实在被记者发现前带给记者的一种信号或暗语;不是新闻写作环节记者安排材料、组织结构时考虑的所谓脉络,而是新闻发现环节最先把记者领向新闻事实的"指向标"。这一点,千万不能混淆。

二、新闻线索的分类

(一)"冰山一角"型

这类新闻线索是新闻事实的一部分,或是事实的开头、结尾、表征、内核、正面、侧面、本质、背景等,总之,它一定是新闻事实的一毛一发。它表示事物已经显露出来,但只是"冰山一角""九牛一毛"之类,完整真实的情况需要新闻记者去采访和挖掘。

这类新闻线索和医学上人的身体给出的信号差不多。人的身体有时会发出各种征兆和信号,聪明的人得知这种征兆和信号后就会立即就医,医生根据信号和征兆做相应的检查,从而确定病情,对症治疗。比如咳嗽这个信号,医生得知后就要检查肺部和呼吸道,如果没有这种身体信号,又不去全面体检,病情就很难被提前发现。

(二)"曲径通幽"型

这类新闻线索不是新闻事实本体的某部分,而是指向该事实的中介与途径,引人由此及彼,"顺藤摸瓜",沿着"弯弯曲曲"的小路,通到"幽深僻静"的地方,去发现新闻事实,去了解事情的真相。

这类新闻线索和警察破案时知道的案件信号差不多。任何一个案件发生后,总会有"蛛丝马迹",警察根据这些"蛛丝马迹"去侦破,找到事实的真相,破获案件。如果警察没有任何信号,即没有任何线索,案件就难以破获。

对新闻记者而言,一般来说,"曲径通幽"型新闻线索比"冰山一角"型新闻线索要明确,采访起来会更容易,但也不尽然,因事而异,因人而异,因时而异。

(三)"完璧归赵"型

在新闻实践中,还有一类新闻线索,比如,受众来信完整反映某个事实、记者开会时会议材料中有某个事实的详细介绍等,这类新闻线索本身就是对新闻事实的完整叙述,只是未按新闻章法去写而已。记者只需核实线索就行,或者记者相当于编辑,核实后把原始材料稍做修改就行,线索几乎是现成的新闻作品,本来就属于媒体或适合媒体发表。提供线索给媒体,类似于"完璧归赵"。

但是,记者碰到这类新闻线索的时候,大多数情况下,应该去新闻现场采访核实。只要记者去新闻现场,总会有新的发现、新的感悟、新的思考。

这类新闻线索和上述两类新闻线索比较,记者工作相对轻松,但需要注意署名时征求原作者的意见,一般应视为合作稿件。其实,在新闻实践中,很多记者即便遇到"冰山一角"型线索、"曲径通幽"型线索,只要提供新闻线索的人有这个愿望,也往往与他们合作署名,这不仅体现记者的"高风亮节",更为记者以后获得更多新闻线索打下基础。

三、新闻线索的特点

(一)信号性

新闻线索是一种信号,是新闻事实正在发生或即将发生或已经发生的信号,属于新闻信息。作为信号,新闻线索往往一次性闪现,也有时会反复迭现,像"蛛丝马迹"一般,往往靠人的敏感性去获取,需要快速地"捕风捉影"式地获取,因为它会"稍纵即逝"。

在日常生活中,信号性的字眼容易引起人们的注意。比如,我们在学校听老师讲课,老师可能会透露很多考试的信息:这些是重点;这些必须记住;这是大家容易错的地方;这个知识可能会是考点;等等。再比如,你和对方沟通,对方常常会使用以下字眼:这件事的意义在于;我想要强调的是;需要提醒你注意的是;等等。这些都是信号性的字眼。信号性的字眼往往可能隐藏着新闻线索,记者要善于捕捉它、抓住它、体会它。

但大多数情况下,很多人的谈话中、很多书面材料等都缺失这些信号性语言,或者是对方毕竟不是新闻记者,不善于运用信号性字眼,也没有新闻敏感性,但作为记者,就要根据内容善于捕捉新闻信号。

(二)片段性

新闻线索以条计,就体貌而言,有的新闻线索很成型,有头有尾,给记者一个较为完整的信号,甚至就是一个较为完整的故事。但多数新闻线索都比较简单,仅仅是个"线索"而已,常常"神龙见首不见尾",只是一个零碎的"片段"而已,要素不全。如果一篇新闻报道是一棵树,那么它的新闻线索就是它的一枝一叶,或一根一藤。记者必须按照"顺藤摸瓜""追根溯源""管中窥豹"的方法发现新闻。

片段性不是完整性、全面性、整体性,而是只透露新闻事实的某一个方面、某一个片段、某一个局部,绝大多数新闻线索都很不完整,只给你一个信号而已:或是事件发生的原因,或是事件发生的地点,或是事件中的某个人物,或是事件的结果,或是事件的某个细节,或是与事件相关联的某个信息等,都是碎片式的。

片段性代表新闻线索的普遍性,完整性代表新闻线索的特殊性。新闻线索绝大部分都是一个个片段,新闻记者要善于捕捉这些零碎的片段,从中发现新闻事实。新闻线索的片段性决定了它常常稍纵即逝,新闻记者必须要有一双"火眼金睛",在新闻线索出现的时候,就能迅速地抓住它,及时地采写它。

(三)不确定性

作为新闻信息的信息,新闻线索犹如"浮标在水""雾里看花",看得见,但是它的意涵又往往是不确定的。对于它的获得者而言,需要去采访、去核实、去寻找完整的新闻事实。在新闻实践中,很多新闻线索具有很大的不确定性,事情到底怎么样,只有了解后才能知道。找到新闻线索并不意味着找到新闻。其结果如何,有没有新闻价值,还要靠事实说话。新闻线索的不确定性还常常表现为不真实性,即经过采访后发现,线索呈现的只是事实的一个假象而已,这个时候记者就只有果断地放弃这条线索,或者从采访的事实中去发现其他新闻线索。

发现新闻线索常常"不期而遇",多靠一些"运气",多属一些"偶然"。但"运气"和"偶然"从来都会眷顾有准备的人。记者只有不断学习、不断实践,提高自己的新闻敏感性,才能从很多不确定性的线索中发现确定性的新闻事实。

新闻线索和新闻素材、新闻来源不同,有些新闻线索可以直接作为新闻素材用,有的新闻线索提供者就是新闻来源的出处。记者主要根据新闻线索去寻找新闻源,以掌握更多的新闻素材,从新闻事实中发现新闻价值。

四、新闻线索的作用与获取

(一)提供哪里有新闻

新闻线索的指向往往就是新闻存在的地方。顺着新闻线索往前走,你很可能就会发现新闻。

新闻线索不是新闻事实,对新闻记者来讲,新闻线索只是告诉你哪里可能有新闻事实,你顺着新闻线索所指的方向去找,就有可能找到新闻事实。所以,新闻线索只是发现新闻的一个信号,很多时候,记者会空跑,这也很正常,这只能说明,有些线索的质量不高,甚至是假线索。

(二)需要记者去挖掘

新闻线索多数情况下只是一个信号,没有完整的故事情节、新闻要素,需要靠记者去寻找、去挖掘、去采访、去思考、去提炼。同一条新闻线索,不同的记者得到后,也可能会有不同的收获,因为记者发现新闻的敏感性不同,采访挖掘新闻事实的能力也不同,挖掘越深,采访越深入,得到的材料就会越丰富。

一般而言,新闻线索很少就是现成的新闻,需要记者去深入采访,深入挖掘,深挖下去,有可能就会有意想不到的收获。挖掘就是采访,就是深入地采访。新闻在于发现,但有时候发现在于挖掘。挖掘深了,新闻事实自然就会显现;挖掘不到位,即便新闻敏感性再强,也不能发现深藏的新闻。

(三)新闻敏感性是关键

新闻线索是靠新闻敏感性发现的,新闻敏感性强的记者,就容易发现新闻线索;新闻敏感性弱的记者,就不容易发现新闻线索。不仅如此,获得新闻线索后,新闻敏感性强的记者就容易找到好的角度,快速抓到新闻;新闻敏感性弱的记者,抓新闻速度较慢,甚至浪费了新闻线索。

新闻记者是根据新闻价值来判断新闻的,一般情况下,新闻线索不是新闻事实,所以,展现出的新闻价值不是很明确,但有经验的记者也能根据新闻线索对新闻价值作出大致的判断,这就需要较强的新闻敏感性。新闻敏感性强的记者,对线索的把握较准,新闻敏感性弱的记者,对线索的把握不是很准。不仅如此,新闻敏感性强的记者,有时甚至能够根据线索预测新闻。所以,对新闻线索的把握也是考验一个记者新闻敏感性强弱的重要标准。

(四)记者穷富的重要标准

记者有穷富之分,这里不是指金钱,而是指新闻线索。新华社原总编辑南振中先生说,划分"穷记者"与"富记者"的一个重要标准,就是每个记者手头掌握的新闻线索的多寡。记者要使自己由"穷"变"富",就应该尽量多记一些"线索笔记"。

穷记者的新闻线索比较少,处理新闻线索的速度比较慢,常常不知道哪里有新闻;富记者的新闻线索比较多,处理新闻线索的速度和热情比较高,常常手头一大把新闻线索,每天忙得都跑不过来。

在新闻实践中,新闻线索的多与少,掌握新闻线索质量的高与低,处理新闻线索的快与慢,挖掘新闻线索能力的强与弱,往往也是区分穷记者与富记者的重要标准。穷记者常常苦于无新闻可采写,富记者常常忙得不亦乐乎。

穷记者不只是线索少的问题,就是拿到新闻线索以后,对待线索的热情也不高,处理线索的速度也不快,有时候一个好好的新闻线索,在他的手里就有可能被白白浪费,一个主要的原因就是不及时处理,等想起来处理的时候,别人早就采访过了,甚至都发出了新闻稿。富记者不仅线索多,而且在处理线索时往往又会带来新的线索。所以,新闻线索在记者身上也会出现"马太效应",即穷的越来越穷,富的越来越富。

穷记者常常离不开编辑部,编辑部派活就去采访,采访完了就没有活干了,只等编辑部派下一个活,这种"派活记者"常常待在办公室的时候多,"吃了上顿没下顿";而富记者手头线索多得跑不过来,根本没有时间待在办公室。

比如,笔者过去的同事、《民声报》记者部主任刘子云1995年6月应邀去秦岭山区丹凤县人大采访。按照县人大的想法,是想让记者报道一下他们的代表联络工作,因为和别的县比较,丹凤县人大的代联工作确实有一些特点。他们给记者提供了很多资料,并详细介绍了一个上午人大常委会办公室工作人员如何加强和人大代表联系、为人大代表履职提供服务等,但记者总觉得不够典型,报道的火候没有到。

正在记者一筹莫展之际,中午吃饭时分,机会来了。为了表达对记者此行的重视,县人大领导专门陪同记者一起吃饭,闲聊中话题自然又聊到了代表的组成上,县领导无意中突然冒出一句:"我们这里还有个日本人。""啊!日本人?"记者疑惑地发问。午饭结束后,记者已无心再按照县人大的安排计划采访其他人了,提出马上去采访这位日本人(中文名王玉兰),因为在记者的脑海中,当年是世界反法西斯战争胜利五十周年,这条无意间得到的新闻线索要比计划中采访的新闻线索新闻价值高得多。面对记者的要求,县人大领导也只好派车配合记者采访。其实,最早发现王玉兰这个新闻人物的不是《民声报》,而是某电视台,但该电视台只是做了只言片语的简单介绍,并没有深挖下去。这篇通讯发表后,多家媒体转载,并获陕西人大新闻奖一等奖。

还需要补充说明的是,2002年,王玉兰赴北京日本大使馆提出探亲申请,这时才发现早在1993年就有人冒充她加入了日本国籍,领取了"残留孤儿"生活补助和住宅,后经日本政府调查发现这是一起通过蛇头组织贿赂当地官员导致的假冒事件。2006年4月,王玉兰携老伴回日本探亲,可这时她的父母已经去世,她只见到了健在的表姐。按照日本的规定,她仍然可以回到日本定居,但她思考再三,不听劝阻,还是依然决定回到了中国。可回来时她却把能证明自己身份的一些资料留给了日本一位企业家,这位企业家只给她留下一张"名片"便消失了,导致她后来在中国生活很不方便。2013年7月,笔者等报社一行五人带着慰问金去丹凤看望了王玉兰老人,当得知王玉兰老人身份资料丢失时,笔者还委托自己当时在日本东北大学研究生院留学的女儿杨曦寻找那位企业家,亦未能找见。2018年1月10日,王玉兰老人在陕南丹凤县家中去世,终年90岁。

五、处理新闻线索的顺序

(一)获得新闻线索

要发现新闻,必须从获得新闻线索开始,线索从无到有,从少到多,有经验的记者常常手中有多条线索。

新闻线索是新闻事实的信号,是新闻事实的向导,新闻敏感性强的记者获得新闻线索的能力很强,他们知道什么地方有新闻线索,知道怎样发现新闻线索,知道怎样根据新闻线索去挖掘新闻。

获取新闻线索是记者的一项基本功,抓不住线索就抓不住新闻,要抓住新闻,首先必须获取新闻线索。

(二)鉴定新闻线索

新闻线索有真伪之分,有价值高低之分,记者获取新闻线索后,要进行必要的鉴定,看线索有没有用,真实不真实,然后再决定是否作为选题,是否需要策划,是否前去采访,如何根据线索去挖掘新闻等等。

新闻记者在得知一条线索后,首先要靠新闻敏感性对线索作出初步判断,看其是否有新闻价值,对有新闻价值的新闻线索,也不要盲目地马上去采写,而是要对线索的真伪、质量的高低进行必要的鉴定。

在网络和新媒体时代,记者获得的新闻线索和传统媒体时代相比,数量大大增加,但同时,线索的质量又鱼龙混杂。一般来说,来自不同渠道的新闻线索质量不同,来自官方的会议资料、领导讲话等新闻线索以及事件的目击者提供的新闻线索可信度较高,而社会上一些主动的"爆料者"(特别是匿名"爆料者")给媒体提供的新闻线索,一般可信度较差。对这类新闻线索,记者要尤其认真鉴定。

如何鉴定新闻线索？不同的记者有不同的方法，一般而言，可以根据自己的关系网或者根据官方渠道、民间渠道等对线索进行初步核实，辨别真伪。当确定它是一条有新闻价值的真线索时，再分析它的新闻价值的高低。对具有一般性新闻价值的新闻线索，或是时效性要求高的新闻线索，记者可以直接采访，马上动身；而对于新闻价值高的新闻线索，或是时效性要求不强的新闻线索，记者可以做选题策划，分析研究，周密部署后再动身采访。

一般而言，记者在鉴定新闻线索时，可重点关注信源，并进行必要的逻辑推理。比如，报道某个单位的事情，可以先看看这个单位的官网有没有相关信息，必要时可以直接打电话进行初步核实。有些线索听起来就很离奇，但越是离奇的线索，越要用科学方法进行判断和推理，比如，前文谈到的发生在法国的"死而复生"新闻，用科学推理和常识就能提出质疑，或是马上打电话找相关领域的专家进行初步"鉴定"。

（三）扩展新闻线索

同一新闻线索，不同的记者所做的新闻报道，往往有高下之分，原因在于扩展新闻线索。

什么是新闻线索的扩展？就是由一条新闻线索扩展到多条新闻线索。扩展新闻线索包括内扩和外扩。外扩指由线索到线索，由此及彼，由一到多。内扩指线索到事实，由信号到详情。

比如，《福州日报》刊发《福州又发现三位中山舰幸存者》及《南方周末》根据陈细妹寻夫祭夫的动人事迹撰写的通讯《60 年的等候》等就是由扩展新闻线索得来的新闻。

再比如，获中国新闻奖的《长江日报》记者朱建华、陈洁采写的《96 家院士专家工作站被摘牌》稿件也是扩展新闻线索后发现的新闻。

2019 年 6 月 11 日，中共中央办公厅、国务院办公厅颁布了《关于进一步弘扬科学家精神加强作风和学风建设的意见》。该意见明确规定，每名未退休院士受聘的院士工作站不能超过 1 家。没过多久，有家自媒体就曝光了一个院士受聘多家院士工作站的简单信息，《长江日报》从新媒体获得这条线索后立即采访，很快发出了《一院士不到两年建 89 个院士工作站》的报道，在读者中引起反响。

但是，由于种种原因，记者计划采访的后续报道却迟迟没有出来，此事暂时搁浅。但记者一直在跟踪进展，同年底，记者在网上搜寻事情的进展时，却意外地发现了另一条新闻线索：湖北省科学技术协会网站上有注销院士工作站的信息，于是，记者根据新发现的线索另辟蹊径，通过采访发现，湖北省一年先后 4 次发公告，累计注销 96 家院士专家工作站，在全国行动最快、力度最大。编辑部认为这一选题价值重大，记者随后又多方辗转采访了科学技术协会、企业和院士。12 月 22 日，消息稿在《长江日报》头版突出刊发，头版同时配发评论，3 版刊发通讯。

报道引发舆论高度关注。新华社、《人民日报》、《光明日报》等多家主流媒体跟进，全国多位网友为规范院士工作站建言献策。报道对加强科研作风和学风建设，营造风清气正的科研环境起到了积极作用。

湖北省此举在全国形成了良好的示范效应，湖北省科学技术协会明确 2020 年要进一步规范院士专家工作站建设。中国科学技术协会为贯彻落实中央领导同志指示印发了《关于进一步做好科协系统院士工作站规范管理工作的通知》（科协企函〔2020〕32号）。2020年5月，浙江明确"开展院士专家工作站规范工作是当前一项重要任务"。很显然，此稿的反响超过了《一院士不到两年建89个院士工作站》一文。

96家院士专家工作站被摘牌

12月20日，湖北省科协在其官方网站上发布公告，注销湖北柳树沟矿业股份有限公司院士专家工作站。这是湖北今年注销的第96家院士专家工作站。

湖北省科协主管全省院士专家工作站，今年已4次公布院士专家工作站注销或撤销名单，第一次有61家，第二次有33家，第三次和第四次均为1家。按照《湖北省院士专家工作站管理办法》规定，连续两次考核不合格的工作站，予以摘牌。

院士专家工作站是一项服务经济社会发展、服务企业技术创新的开创性工作，在我国已有16年历史。近年来，多地建站速度不断刷新，建站数量不断攀升。2016年湖北全省有院士专家工作站402家，到2017年8月已增至504家。截至去年，全国院士专家工作站已有近5000家。

去年，湖北浩华生物技术有限公司院士专家工作站获评"全国模范院士专家工作站"。今年11月4日，湖北省科协在官方网站上发布公告注销了该工作站。《长江日报》记者联系到该公司负责人胡群兵，他表示已知工作站被注销一事。据了解，该站注销系"合作院士说自己精力不够，主动要求取消合作"。

湖北省科协向被摘牌的院士专家工作站所在的地市州科协发出"红头文件"，要求及时回收工作站批准文件、工作站牌匾，"建站企业不得再利用工作站及协议专家的影响开展宣传或从事其他活动"。

《长江日报》今年7月曾披露，一位院士不到两年建了89家院士专家工作站。按照中共中央办公厅、国务院办公厅文件要求，每名未退休院士受聘的院士工作站不超过1家、退休院士不超过3家，院士在每家工作站全职工作时间每年不少于3个月。

科协系统在加强院士专家工作站管理的同时，中国科学院、中国工程院今年均发出通知，要求院士严格规范参与院士专家工作站建设。12月3日，中国工程院院长李晓红与新当选的院士交流时，希望院士们"不为虚名所扰，不被功利所惑，一定要像爱护眼睛一样，爱护我们的院士形象"。

"该撤！"中国科学院院士曹文宣对湖北加强院士专家工作站管理表示支持，"一些院士工作站打着院士名号申请经费，其实是徒有虚名"。中国科学院院士张俐娜认为，规范管理院士专家工作站，该撤销的要撤销，批准新建站也要慎重，要用制度来规范。

六、高质量线索的标准

新闻线索质量有高有低，高质量的线索能带来高质量的新闻，低质量的线索则带来低质量的新闻,虚假新闻线索不仅不能带来记者和受众需要的新闻,反而还会影响记者的时间和精力。因此,有经验的记者获得新闻线索后首先要进行鉴别,看它是否值得立即去采访,或是是否值得作为选题进行策划后去采访。高质量的新闻线索一般具有三个特点。

(一)丰富性

丰富性表现为新闻主题新颖突出,新闻要素多,信息储藏量丰富,报道前景好。有的新闻线索不仅有很高的新闻价值,也有很高的宣传价值,既符合受众信息的需求,又与国家的大政方针相一致,并符合媒体自己的定位,照着这个新闻线索挖掘下去,有可能会发现"大鱼"和"鲜鱼"。

新闻线索的丰富性,有时也指一个记者手头线索多,而且有各种各样采访不完的线索:有来自会议的线索,有来自政府部门的线索,有来自基层一线人民群众的线索等;有工厂的线索,有农村的线索,有军队的线索,有商业服务领域的线索等;有人物线索,有事件线索,有观点线索,有工作经验线索等。线索五花八门,极其丰富,一看就是一个记者中的高手。这类优秀记者就是我们前文讲到的"富记者",他们常常为"穷记者"贡献线索。

(二)可靠性

新闻线索不是条条都靠得住的,很多假新闻往往来源于假新闻线索,年轻记者往往不经鉴别或不识真伪,不管什么样的新闻线索都去采访。在这种情况下,要么"识破"新闻线索,但白跑一趟;要么被人"设计",上当受骗,写回来一篇假新闻。

所以,有经验的记者首先要对新闻线索鉴别真伪,不要轻易相信别人,不要被线索提供者牵着牛鼻子走。线索的可靠性,就是指线索所指的新闻事实的真实性,新闻事实如果不存在,那么,作为"新闻事实""信号"的所谓线索,当然也就是不真实的、虚假的。

当然,线索只是一个信号,并不是新闻事实本身,但它和新闻事实本身也有类似的情况,有的线索完全失实,如故意陷害他人,或是故意捉弄记者;有的线索部分失实,提供者不是有意为之;而有的线索完全真实,甚至事实比线索还更有新闻价值。记者对线索的真实性初步鉴定后,要针对不同情况区别对待,力争把失实新闻首先消灭在"线索"这个关口。

(三)及时性

新闻的时效性首先取决于对新闻线索的获得是否及时。有的新闻线索可靠而丰富,但类似的新闻事实早就报道过,那么,这条线索就失去了新闻线索的价值,就是一条滞后线索。而有的新闻线索的其他要素都不错,类似的新闻也没有报道过,但就是事实本身早已发生,记者没有及时知晓。

及时获得新闻线索固然重要,但作为新闻记者,在获得时效性要求比较高的新闻线索后,必须抓紧时间鉴定,千万不要因为记者本人的原因而耽误新闻的时效性,要时刻想着,这个新闻线索你能获得,别人也能获得,抢独家新闻最重要。

第二节 新闻事实与新闻观点

新闻事实与新闻观点是新闻发现核心的内容。我们平常所说的发现新闻,其实就是指发现新闻事实与新闻观点,我们平常所说的新闻报道,其实也是指事实报道与观点报道。事实是新闻的本源,事实一旦被报道,就成了新闻事实。新闻事实和一般事实不同,它不仅具有客观性、联系性、变动性,还具有新鲜性、异常性、有用性。观点是建立在事实基础之上的看法,这种看法一旦发生,这时它也可以被作为事实的一种。

一、事实与观点

事实指事情的真实情况。事实一般有四大要素:一是主体,即人或物;二是现象,即社会现象或自然现象;三是时间,即过程;四是空间,即形式、方位。

事实具有如下特点:一是客观性,即任何事实都是一种客观存在;二是联系性,即任何事实都不是孤立存在的,而是与周围事物紧密联系在一起的;三是变动性,即任何事物都是发展变化的,没有一成不变的事物;四是可认知性,即事实发展规律等都是可以被认知的;五是可反映性,即人们可以借助不同的手段和方式,诸如语言、文字、声音、图像等,来描述它、表现它、反映它,这也是新闻传播活动得以进行的必要条件。

事实是新闻的本源,新闻是对客观事实的反映。先有事实,后有新闻。事实第一性,是不以人的意志为转移的客观存在;新闻第二性,是人对客观存在的反映。

事实可以分为两大类:一类是人类社会实践中发生的事实,诸如政治、经济、思想文化、军事外交等领域发生的事实,人类的科技成果、发明创造等;另一类是纯粹的自然现象,如日月运行、四季更替、寒来暑往、斗转星移、江海消涨、草木荣枯等。这些包罗万象、各式各样、各具形态、丰富多彩、无穷无尽、变化多端的事实,为新闻工作者提供了永不枯竭的源泉。

新闻中报道的事实,其实只是无穷无尽的事实中的一小部分,绝大部分事实没有被报道。没有被报道的事实就是一般事实,被报道了的事实就是新闻事实。

自然界和人类社会每时每刻都会发生无穷无尽的事实,这些事实大多处于自然状态,具有重复性、雷同性,同时也早已被人们所熟悉,没有什么新鲜的味道。也有的事实可能值得报道,但因为种种原因没有被发现,也只能被当作一般事实,或沉睡在荒野孤岛上,或尘封在历史档案中。

观点是指建立在个人价值观之上的主观判断。任何人都有评价任何事实的权利,都有发表自己观点的权利。同样的事实,不同的人,由于世界观不同,教育背景不同,看问题的方式和方法不同,有可能会有不同的观点,这很正常。

说话是人的基本权利,人每天都在说话,世界上每时每刻都会有无数个观点产生,但绝大多数情况下都是一般性观点,没有什么新意,对社会、受众等不会产生大的影响,很多属于家长里短之类,不会被媒体关注,或是也许有新意,但由于种种原因,并没有被媒体发现。

新闻工作者不仅报道事实,也报道观点;新闻工作者不仅选择事实,也选择观点。观点有新观点,有老观点;有具体观点,有整体观点;有个人观点,有组织观点;有成熟观点,有不成熟观点;有正确观点,有错误观点;有有趣观点,有无聊观点;有表层观点,有深度观点;有尖锐观点,有温和观点;有长远观点,有眼前观点;有有用观点,有无用观点;有事实观点,有无事实观点;有全面观点,有偏激观点;一般观点,有新闻观点。

人们评述事实,就是在发表观点。观点是主观的,但它同时又是可以被记载的、被传播的。正确的观点可以指导实践,错误的观点可以误导实践。

二、新闻事实

前文在考察新闻源的时候,讲过新闻事实这个概念,现在我们进一步阐述新闻学界对新闻事实的界定。比如,就外延而言,有人主张新闻事实包括新闻事情、新闻事件、新闻事物、新闻人物、新闻观点、新闻信息等一切新闻源,而有人主张不包括新闻观点、新闻信息和新闻人物。我们此处采用前者观点。再比如,就内涵而言,有人主张新闻事实是新近发生的有新闻价值的事实,不包括新近发现;但另一部分人则主张包括新近发现的有价值的事实;还有一些人认为,一些有新闻价值的新近发生的事实,如果不符合宣传纪律和政策,也不能叫新闻事实。

一般而言,新闻事实指合乎新闻传播要求的新近或正在发生、发现的事实。这个定义包括三个方面的意思。一是新闻事实是事实的一种。事实是指事情的真实情况,包括事物、事件、事态,即客观存在的一切事物和现象。事物包括事情和人物。二是新闻事实是新近或正在发生、发现的事实。任何事实的发生都有一定的时间和空间,新闻事实重点涉及现在的最新情况。三是新闻事实是合乎新闻传播要求的事实。由于种种主客观原因,很多新闻事实不符合新闻传播的要求,进入不了新闻传播领域。

新闻事实除符合事实的客观性、联系性、变动性等共有特点外,还具有自身的鲜明特点。一是现实性。新闻事实注重表现现在进行时、现在所处的状况和状态。二是异常性。新闻事实注重表现新奇的、突破事物正常运行轨迹且出乎人意料的、反常的情况。三是有效性。新闻事实能为受众提供认知、兴趣、道义等价值。现实性是新闻事实的本质所在,异常性是新闻事实的形态特征,有效性是新闻事实在价值层面上的表现。

就新闻发现的过程而言,记者一般首先发现新闻线索,然后就要去追寻新闻事实。发现新闻事实是新闻发现核心的内容。没有对新闻事实的发现,其他一切发现都是无源之水、无本之木。

新闻事实包括事件性新闻事实和非事件性新闻事实。

事件性新闻是以一个独立的新闻事件为核心而展开的新闻报道。它十分强调新闻的时效性,其新闻价值与生命力与及时性密切相关,要求迅速地反映新闻事件的发生、发展和消亡。事件性新闻包括动态消息和现场特写性新闻等。它要求记者有高度的新闻敏感,闻风而动,尽快准确地把握事件的个性特征和本质,迅速简明地加以报道,必要时可用连续报道形式。事件性报道按照报道次数,可分为一事一报式和一事多报式。一事一报式大致对应以往的动态消息,一事多报式则包含了分段报道与连续报道。

非事件性新闻是指与事件性新闻相区别的新闻报道,即对一段时间或若干空间内发生的情况、经验或问题等进行概貌性或阶段性的反映,其时态往往是渐进性的。非事件性新闻包括典型报道、深度报道、经验性消息、述评性消息等。它反映事物发展、变化的过程或阶段性,一般是报道实际工作、生产、经营、科研和教学等的进展情况,以及取得的成就、经验或存在的问题。这类报道的内容不是突发性的,又非一朝一夕形成的。它的发生、发展和结局的过程较长。

三、新闻观点

新闻观点,就是指具有新闻价值的观点,是对某个事实(包括新闻事实和历史事实)新近发表的能引起受众普遍兴趣、符合社会潮流的新颖看法。一般而言,发表新闻观点的行为主体多是某个领域的专家,或是政府官员,或是社会名流,或是当事人及相关组织等。而发表新闻观点的行为客体多为热点新闻事件,或是社会上存在的热点问题,或是某种普遍的社会现象,或是某个领域的社会治理,或是某个新闻人物等。

记者发现新闻观点和发现新闻事实一样,必须先有观点,再有新闻发现。对所发表的观点必须用新闻价值的要素去衡量,即用受众的需求去衡量,看这个观点受众是不是关心,是不是新颖。同时还要考虑它对国家、社会、家庭等是不是有积极推动作用,是不是符合国家的大政方针和法律法规,是不是符合社会主流文化前进的方向等。

发现新闻观点是采写观点新闻的前提和条件,记者的新闻敏感性是关键。我们平时和人面对面聊天交谈,或者在网上看别人聊天,往往会觉得某个人很有观点,不人云亦云,进行新闻发现就要留意这些与众不同的观点。有些与众不同的观点最后很有可能发展成为社会的热点。新闻记者要有高超的洞察力、预见力,及早发现,尽快报道。

新闻观点既包括别人的新闻观点,也包括记者自己的新闻观点。但发现采写观点新闻主要针对的是别人的新闻观点,采取的新闻形式往往是观点消息或解释性新闻。至于记者自己要发表的新闻观点一般不用观点新闻去报道,而是用新闻评论或记者述评的方式去报道。记者自己发表新闻观点时,也主要依靠新闻敏感性去发现选题,去深入思考观点,用记者观点引导社会舆论。

需要强调的是,新闻观点虽然是主观的,但必须符合客观实际,必须有事实支撑,必须符合马克思主义新闻观,绝不能为追求新颖别致而纸上谈兵,甚至误导舆论。发现和报道新闻观点,还要注意其权威性和典型性。

在新闻实践中,还是应以报道新闻事实为主。无论是报道事实,还是报道观点,都不能挑战新闻用来反映事实这一原则。因为,虽然观点是主观的,但在新闻发现和新闻报道中,它却可以按"事实"对待,即某人或某个组织发表"某个观点"这个事实已经发生,然后才有新闻发现和新闻报道。

第三节 表达方式与新闻呈现时机

以前我们谈到新闻发现,仅指发现新闻事实,但现在不同,新闻发现的内容不只是新闻事实,也包括表达方式和新闻时机,所以,笔者在第二章给"新闻发现"下定义时,就包含了对新闻事实和表达方式两个方面的"率先认知"。在上节,我们说新闻观点其实也可以被看作新闻事实的一种,在本节,我们说新闻时机其实也可以被看作表达方式的补充内容。因此,新闻发现就是对新闻事实和表达方式两方面的发现。在新媒体时代,媒体平台多种多样,表达方式十分丰富,所以,新闻记者发现新闻,不仅要注重对新闻事实的发现,也要注重对新闻表达方式的发现,只有这样,才能在激烈的媒体竞争中获胜。

一、表达方式的含义

发现新闻事实以后,紧接着就要考虑用什么形式去表达。传统的新闻体裁主要有消息、通讯、新闻专访、新闻特写、新闻调查、新闻评论、专题报道、系列报道和连续报道等。其中,消息里的经验消息和通讯里的工作通讯一般叫典型报道。典型报道是我国独有的一种新闻体裁。在新媒体时代,出现了很多新的形式,如融合报道、全媒体报道、全息报道、沉浸式报道、虚拟现实报道、互动报道、体验式报道、数据新闻、地图新闻等。这些不同的新闻体裁就是新闻的主要表达方式。

我们知道,文章基本的表达方式有叙述、议论、描写等。新闻报道一般采用叙述的方式,但有时候也用描写,很少用议论。新闻评论一般表现为夹叙夹议,以议论为主。记者述评也表现为夹叙夹议,以叙述为主。同时,传播新闻作品还要考虑平台的特点,不同的新闻平台有不同的表达方式,比如,报纸以文字表达为主,广播以声音表达为主,电视以视频表达为主。

新闻表达形式有广义和狭义两种。广义上的新闻表达形式除上述狭义上的新闻表达形式外,还包括新闻的主题、新闻的角度、新闻的选材、新闻的结构、新闻的语言。报纸的新闻表达方式包括头版头条,以及消息的版次版位、字号、字体、颜色等;广播电视的新闻表达方式包括黄金时段和普通时段、新闻节目和专题节目等;网络的新闻表达方式包括首页和一般页面、主题新闻和层次链接等。

二、表达方式的选择

新闻记者要善于根据新闻事实和新闻观点来发现和选择恰当的新闻表达方式。不同的新闻事实和新闻观点有不同的表达方式。新闻最大的特点是用事实说话,所以,进行新闻报道时一般采用叙述的方式进行,客观叙述新闻事实就可以了。当然,首先还得先确定自己用什么新闻体裁,如果事实简单,时效性强,一般选择消息;如果事实复杂,时效性不是很强,就可选择通讯。消息和通讯是新闻表达的两种主要方式。在新闻实践中,对事实复杂、意义重大的事件一般先发消息,后发通讯,或是别人发了消息,而你又找不到另外新颖的角度,这时就可以考虑将通讯发在别人前边。

有些事实现场感比较强,适合描写,这时可以采用新闻特写的方式去表达;有些主题策划、重大活动、重大突发事件等,常常可以考虑采用专题报道、系列报道、连续报道等方式;针对有些典型人物,可考虑用人物消息或人物特写,也可考虑用人物通讯或报告文学等;针对有些观点,简单点的可以考虑用观点消息,复杂点的可考虑写人物专访等。对新闻人物或是解析新闻事件,一般也采用人物专访的形式。

现在是新媒体时代,表达方式多种多样,新闻记者要针对网络互动、即时、立体传播等特点,多选用视频报道、录音报道等方式;还可利用网络海量报道的特点,大量增加对背景资料的链接点击方式解读新闻。数据新闻、地图新闻、动漫新闻、虚拟新闻等,在网络上也大量出现,新闻记者也应根据新闻事实和媒体的实力选择最能表现新闻主题的方式来表达。

对表达方式的选择没有一个固定的模式,选择时不仅要考虑新闻事实本身,还要考虑记者的特点、媒体的特点、受众的习惯等。对表达方式的选择首先在于新闻发现、新闻创新,无论传统形式,还是新形式,适合的就是最好的方式。新闻的标题、新闻的导语是体现记者新闻发现能力的关键,也是能否吸引受众继续关注的关键。

三、新闻呈现的最佳时机

新闻事实和新闻形式是新闻发现的两项重要内容,也是新闻发现的两个重要过程。因此,这两个过程完成后,一般而言,新闻作品的制作也就完成了,最后就是要考虑在哪个媒体上发表、什么时间发表的问题,这就是新闻发现的最后一个过程,也是新闻发现的最后一项内容。

当然,媒体的编排属于广义的新闻形式,常常处于发现新闻时机和发现新闻平台选定之后,这要依据不同媒体而定。新闻呈现的时机就是新闻的报道火候,之前详细讨论过,这里不再复述。但需要强调的是,新闻呈现时机选择得好与不好,常常会有不同的呈现效果。

第四节　新闻发现的细节

新闻细节是新闻事实的一个重要方面,我们发现新闻事实,不仅要发现新闻事实中的基本事实、骨干事实,还要发现新闻事实中的细节事实,即新闻细节。新闻事实都是有细节的,不管是动态细节,还是静态细节,新闻记者都要倾力去寻找、去发现,因为细节往往最能感染和打动受众,也最能吸引受众。

一、新闻细节的含义

细节就是细小的环节或情节。它是事物运动的一种状态,也是事物存在的一种方式。事物变化的过程,就是事物细节的连缀;事物的结构,就是事物细节的组合。新闻细节就是新闻事实的细小环节或情节。

穆青认为,外国记者进行新闻报道时有两个突出特点值得我们学习:一是注重背景材料;二是注意抓细节。

新闻事实都有细节,不管是动态的,还是静态的。进行新闻报道时应该重视细节,不管是撰写特写、通讯,还是消息。细节在文学作品中随处可见,小说可以说就是细节的世界。新闻作品虽然没有像文学作品那样以描写细节为主，但细节报道也很多，因为细节往往最有分量，也容易吸引受众。

比如，我国某报纸 1982 年 6 月 25 日刊发一则社会新闻，报道商洛市商州区一位 67 岁的老妇人在山上挖药打死一只豹子，吸引读者，但缺乏细节报道。后来经过详细了解，才得知老妇人抱住豹子一起滚到了悬崖下，落地时，豹子着地死亡，老妇人因在豹子的上面，所以才"死而逃生"。

这篇报道没有展示这个细节，就让人产生了怀疑。很多新闻，往往就是这样，有意无意就把一些细节忽略了，或没有发现，或发现了没有展示，导致很多新闻"有骨头没肉"，让受众觉得"不可思议"。这篇报道的作者没有发现这个细节，那属于采访不深入。记者也许发现了这个细节，但很可能在记者或编辑看来，这个细节报道出去，有损于老妇人的"英雄形象"，于是，就决定取掉这个细节。新闻靠细节支撑，没有细节的新闻是没有味道的。

二、新闻细节的特点

(一)真实性

细节描写本来是撰写文学作品中的一个基本手法，是作者利用文学语言细腻地描绘人物性格、事件发展、社会环境和自然景色等，以达到突出作品主题思想和艺术性的目的。记者借助这一手法，在新闻作品中也大量展示细节，但新闻作品中展示的细节与文学作品中的细节不同，它具有真实性，是实际生活中真真实实发生的，不允许有虚构的成分。而且，这些新闻细节除一些心理细节需要靠别的手段去验证外，其他一些细节都是记者看得见、摸得着的，都可以在现实中去发现。

新闻作品有血有肉，全凭新闻细节装扮。所以，新闻记者在新闻实践中要善于发现真实的细节，包括环境、场景、行动、语言等，并善于利用叙述、描写等手段将这些细节展示在新闻作品中。在实际生活中也会发现一些心理细节，但心理细节往往看不见、摸不着，新闻作品不能像文学作品那样有想象成分，而是要靠其他方面去佐证，比如说新闻当事人亲口说出他当时的心理活动。总之，在新闻作品中，不能有内容来自记者的想象。

电视新闻作品以及网络上的视频作品，让新闻细节有了更真实的展示。电视是通过声音和画面传递信息的，也是通过视觉和听觉来与观众进行交流的，它所传递的信息符号具有多元化的特点，因此，电视新闻细节也呈现出多元化的特点。它可以是电视画面语言的细节，也可以是同期声细节，更多的是声画结合的细节。电视展示的细节让新闻细节的真实性有了更直观的体验，观众通过电视可以看见每一个真实细节的发生。

(二)唯一性

世界上没有两片完全相同的树叶，完全重复雷同的新闻细节也是不存在的。细节是细小的环节和情节。一个人所经历的真实过程，包括时间过程、空间过程、行动过程、语言过程、心理过程等，都不可能完全重复。作为以时空过程而存在的细节更是如此，没有重复的细节，所有的细节都是独特的、唯一的。

在文学作品中常常能找到相似甚至相同的细节,这是因为文学作品中的细节是作家对生活的想象,有时会有雷同的时候。但新闻作品不一样,新闻作品是对现实生活的真实写照。在现实生活中,无论是场景、事件、现象等,还是人物的神态、语言、行动、心理等,都是丰富多彩、千差万别的,不可能出现完全一样的细节。

(三)具象性

在原始新闻事实中,新闻细节富有动态感,活生生,水灵灵,亮晶晶。新闻写作极力展示这一具象的特性,好的新闻细节可使新闻全篇生辉。中央广播电视总台著名记者白岩松表示,无论做什么选题,一要考虑人物,二要考虑细节。白岩松常作为电视直播的现场报道记者,他知道细节的重要性,电视镜头对着任何一个现场,这个现场的一草一木、人物的一举一动,都会展现在电视观众的面前。很多记者在进行现场报道时失败的原因往往就出现在细节上。

其实,不只是电视记者重视细节,几乎所有新闻媒体的记者都非常重视细节。他们靠文字、语言等手段真实叙述,同样也可以给受众提供画面感非常强的细节描写,因为在现实生活中,细节本来就是丰富多彩、活灵活现、动感十足的,细节的具象性是天然的。记者只需要如实叙述,客观描写就可以为受众勾勒出一个活生生的画面来,这样的画面对于感染受众、表现新闻主题起着重要作用。

比如,汶川地震时,有很多感人的画面被媒体记录下来,特别是那个被解放军战士从废墟中抢救上来的三岁小男孩郎铮躺在担架上行队礼的画面至今都留在国人的脑海中,为什么?因为摄影记者、电视记者、文字记者都为我们刻画了这个令人难以忘怀的画面细节:地震那天,郎铮正在上幼儿园,他和很多孩子被埋在废墟中,幸运的是他被解放军战士救出,抬到担架上,左臂已经严重受伤,他用右手举起向解放军行队礼表示感谢。这样的画面不仅温暖了在场的解放军战士,经媒体报道后也曾经感动了无数人。

我们重点来欣赏一下新闻摄影《"敬礼娃娃"》的发现过程及后续故事。

2008年5月12日8.0级特大地震突袭四川汶川,一时天崩地裂,满目疮痍。从地震废墟中得救的北川男孩郎铮,只有3岁,他抬起稚嫩的右手向抬着担架的解放军战士敬礼的一幕被前线记者用镜头记录下来,这一幕感动了无数人,他也因此被大家称为"敬礼娃娃"。

《敬礼娃娃》的拍摄者杨卫华是《绵阳晚报》摄影部主任,45岁的他不顾自己生病的儿子,从地震发生当天就一直在抗震救灾的一线工作。

《北京青年报》记者张玉洪事后揭秘了这张照片拍摄发表的前后经过。杨卫华在接受他的采访时回忆说,当时早上七点多,他一边拍摄,一边搜寻幸存者,突然在废墟里听到了一个孩子的哭声。他用手电向发出哭声的废墟中照去,大喊一声:"你能看到光了吗?"小孩没有回答,只是哭。杨卫华没有犹豫,立即和同来的几个解放军战士用手刨挖废墟,用劈柴刀砍钢筋,一直进行了两个多小时,到了上午10时左右,才把小孩救出来。

当杨卫华决定继续搜寻其他的幸存者时,一回头看了一下,看到了左臂骨折的小孩子在担架上突然抬起右手,把手放在了额头上敬了一个队礼!那瞬间让他很震撼,就立即拿起相机,只有一两秒的时间,"幸好我有良好的职业习惯,相机没关。"

《绵阳晚报》总编辑助理刘文定把自己部下拍到的这张照片誉为"千载难逢,仅此一张"。值班的他立即决定 15 日见报,"当作了主打照片,占了第四版四分之一大,配了'叔叔,请接受我的队礼'这个标题"。

这张"儿童敬礼图"其实最早是与网友见面的。杨卫华 13 日就把这张照片传给了自己的一个好朋友,"当时也没想这么多,我这个朋友喜欢写博客,就把事情经过跟他详细介绍了一下"。经记者查证,这个朋友当天晚上就在博文中刊载了这张照片,不过是放在文章的最下方。虽然该文的浏览量到第二晚才两百多人次,但照片却开始在网络上流传。还有网友为照片这个小孩设立了贴吧,以关注动态,称"一个男孩一张照片一个瞬间,感动中国"。

5 月 16 日,广州《羊城晚报》刊出了照片《获救小朋友向解放军战士行队礼》,作者标注为"网友供图"。由此可见该图片经过网络传播后影响力增大。5 月 17 日《南京现代快报》则将其在头版刊出。此后,电视媒体和网络开始大量刊用这张照片。现在成千上万个网页传播着杨卫华拍摄的这个经典瞬间,在新浪网上,关于这张照片的评论就有接近三千条。一网友感慨地说:"军人的坚实臂膀,扛起了共和国的灿烂未来;宝宝的仰天一礼,举起了中华民族的伟大复兴!"

早在 5 月 15 日,刊有这张照片的七八万份《绵阳晚报》免费发放给灾民。刘文定说:"不少人打电话来问这个孩子在哪儿,甚至有美国的朋友打电话来想领养。所以我们 17 日又在报上登了寻人启事,医院联系上我们,这才知道这个三岁半的儿童叫郎铮,父母都健在。而郎铮是北川一幼儿园 400 人中仅幸存的几个人之一。"由于北川县城不复存在,全国热心的读者或网友就把钱物寄到报社,不过郎铮都转交给了当地红十字会了。为了能让郎铮好好治病,医院已经将他秘密转移。

这张照片通过网络、报纸和电视的刊载,感动了亿万中国人。有网友看了后留言说:"小宝贝,你好坚强,更重要的是你懂得了感恩!向你致敬!"

因为这张照片,杨卫华的手机成了热线:"现在已经有三十多家媒体采访过我,我十几分钟就有三十来个电话。"其实他也是一个平凡人,"我 17 岁的儿子病了,每天都要到医院看病,自地震一发生,我至今没和他见面。在 11 天里我六进灾区,然后回绵阳发稿,往往处理完已经凌晨一两点了,在车上打打盹又开始上班了。"他说自己是军人的后代,"很想做一个战地记者,当我要到北川时,妻子说太危险了,别去了,但我还是去了,结果一到灾区,全在救人。"说这些话时,这个 45 岁的汉子有些哽咽。

2023 年,5·12 汶川特大地震已过 15 年,当年的"敬礼娃娃"已经长成一名阳光大男孩。郎铮的父亲说:"这些年来郎铮一直怀着感恩的心希望通过努力学习将来成为一名对社会有用的人,他也时常帮助他人,就像当初那些无私帮助他的人一样。"对于当年那场地震,郎铮的记忆已逐渐模糊,但他始终牢记"感恩"两个字,"大家的爱心在废墟上浇灌出了希望的花朵,在无数人的无私帮助下,我们的家乡才能涅槃重生"。

这些年他也从未忘记当年抬担架的解放军叔叔们,每逢节假日他都会给曾经帮助过他的人发去祝福短信。2023 年他以 637 分的高考优异成绩被北京大学国际关系学院录取。

此前他曾说,自己心中一直有个外交梦,希望经过努力,未来可以为国发声。收到北京大学的录取通知书时,郎铮说,北大对他来说一直是遥不可及的梦想,现在梦想实现了,"北大的录取通知书是对我18年来努力的一种认可,非常感谢我的父母的支持,也感谢母校13年来的培养和关爱。教育是一场接力赛,我已经走完了我的中学时代,现在我即将迈入一个更广阔多彩的平台。北大一直是我心目中的最高学府,未来我会继续埋首前行,不辜负每一份关心与期待"。

(四)多样性

新闻细节多种多样,可以是人物的言行,也可以是事情的特点,或者是事物的表征;可以是完整的故事,也可以一个片段、一句话、一个动作等。世界上每天每时每刻都发生着无穷无尽的事实,细节的多样性、丰富性、无限性为新闻发现也提供了源源不断的新闻源。我们发现新闻,不仅要发现事实,更要发现事实的细节。

同事实一样,不是所有的细节都会被记者发现,或是即使发现了但没有被记者选择报道。新闻细节是具有新闻价值的细节,是在无数一般细节中被记者幸运发现并被媒体报道的细节,如果没有被记者发现,它也许会永远石沉大海,如果没有被媒体报道,它也许永远是个一般细节,无人知晓,无人关注。

新闻细节的多样性,构成了新闻事实的多样性,新闻事实的多样性,让这个世界五彩缤纷、丰富多彩、多种多样。新闻细节的多样性也给记者观察生活、发现生活提供了多维的视角,记者可以从不同的角度,利用不同的手段,真实叙述描写不同的细节。比如,可以进行大场景描写,也可以从细微处描写;可以描写行动,也可以描写语言;可以关注完整的故事,也可以发现一个片段;可以聚焦物的表象,也可以透析事情的本质等。

(五)感染性

从心理学角度看,电视细节更具有暗示的感染力,从人类接收信息的规律来看,人们往往总是相信自己亲眼所见,而电视画面的真实性让受众感到电视中的每一个细节都真实地记录了生活中的原生态,并且客观地展现,使受众在接收这一信息时下意识地认为这一细节代表着作品的某种观点,并且根据自己的生活经验加以品味,在主观上产生自己的联想。

比如,湖南省广播电视获奖作品《失明老汉忙退耕》这篇消息中,就运用了这样一个细节:老人看不见,凭感觉摸着挖坑,一点一点地挖,非常艰难。观众在看到这一细节时,就会把自己的感受和联想结合起来,深刻领会这一细节所暗示的感染力,使观众联想到国家退耕还林政策的深入人心。

三、新闻细节的种类

在新闻作品中,有骨干材料,有细节材料。骨干材料就是那些具有代表性且意义比较完整,能够说明新闻主题的典型材料。细节材料就是在作品中感染受众的材料,包括详细的情节事实、片段性情节事实、语言情节事实等。这些细节都要靠记者在采访时去发现,如果采访不深入,就难以发现新闻细节。

（一）详细情节事实

详细的情节事实指一件事的开端、发展、高潮、结尾等详细过程,这和文学作品的开端、发展、高潮、结尾不完全一致,因为一篇新闻作品有可能包含好几件事。一件事的详细过程有时就是一个完整详细的情节事实,这在新闻发现中也经常碰到,即通过完整的故事情节来感染受众,表现新闻主题。

比如,魏巍采写的《谁是最可爱的人》中就有三个故事,每个故事可以说都是一个完整详细的情节事实。

（二）片段性情节事实

片段性情节就是所发现或所展示的情节不完整,不是整个故事,而是一个侧面:或为行动细节,或为心理细节,或为场景细节。作品通过发现的一个或多个片段性情节事实来感染受众,表现新闻主题。片段性情节在新闻发现和新闻作品中较为常见,它和其他材料一起让作品结构完整,有血有肉。片段性情节考验作者的新闻发现力,只有发现并抓住片段性情节,才能让作品生动形象,富有感染力。

比如 2008 年 1 月 11 日《新华日报》刊发的《洪泽湖不会忘记》这篇通讯,记者展示了一个片段性情节事实。通过这个情节,不仅感染了广大读者,也表现了共产党员在洪水滔天的生死关头,先人后己的共产主义风格和英勇无畏的博大气概。

59 岁的老党员蒉勇宽,家中进水多日。风雨中,他正在抢修两间摇摇欲坠的危房。听到抢救的呼声,他拽下两根支撑房子的木柱,扛上就往大堤奔。没跑出百米,只听轰的一声,房子应声倒下。他回头看了一眼,狠狠地抹了一把脸上的雨水,步子迈得更快了。锋利的瓦砾戳破了他的右脚心,500 米、600 米……泥泞的小路上,是一行清晰的脚印;脚印中,留下了殷红的血迹……

（三）语言情节事实

新闻语言要求具体准确、形象生动、朴实无华、通俗易懂、感情浓郁。要做到这些,就必须在采访中善于倾听采访对象的谈话,善于捕捉人物的语言细节。在新闻实践中,语言情节事实是采访中发现最多的细节,它比行动细节、心理细节等要容易发现。

人民群众的语言丰富多彩,形象生动,朴实无华,通俗易懂。记者在新闻实践中,要善于发现新闻当事人接地气的语言情节,通过语言来表现人物的内心世界,以此感染受众的情绪,展现新闻的主题思想。

比如新华社播发的通讯《县委书记的"笑柄"》,报道河南某县县委书记刘某到乡里办事,中午时分,下属们商量着如何安排吃饭。作者在采访时当事人给他提供了这样一段片段性对话记录,作品摘取了以下的语言情节。

乡里偷着给"拎提包的"说:"给刘书记弄两杯酒喝喝吧?"

"不敢不敢,你还不知道他那个脾性?"

"那是过去,刘书记干这两年,县里经济有个正儿八经的路数了,几个项目有了起色,他心里高兴,弄两杯喝喝,准行!"

"无论如何不中,他不会坏那个规矩,我知道。"

"那吃啥?"

"还是捞面条。"

四、新闻发现的细节原理

以往人们说新闻细节,往往从新闻写作的角度考察细节,谈得比较多的是如何利用叙述、描写来展示新闻细节。其实,新闻发现也在于发现细节。在新闻实践中,新闻记者抓住新闻细节就能发现新闻,抓不住新闻细节就会失去新闻。这就是彭菊华教授所说的新闻发现的细节原理。

(一)优秀细节直接构成新闻发现

在新闻实践中,新闻记者在采访时,常常会发现很多细节,有时候,一个细节就会构成一篇新闻,比如,上文刚说到的汶川地震那个行礼的小男孩,"行礼"这个细节就构成了一篇好新闻。

再比如,发表于 1948 年 4 月 19 日《晋绥日报》的《桌上的表》是一篇优秀通讯。该文就是通过对一个"桌上的表"的完整细节描述,将解放军战士纪律严明、不拿战场一针一线的铁一般纪律体现得淋漓尽致。对这个细节的发现,也说明作者高度的新闻敏感性,发现了这个细节,就是发现了这篇新闻。

桌上的表

洛阳东城门靠路南楼房上,当我们部队突进城后,少数敌人仍凭楼顽抗着。最后,两个突击队的战士首先冲上了楼,敌人已经逃走了,房主人也吓得不知躲到哪里去了。楼上静静悄悄的,一个人也没有,房内放着漂亮的花瓶、崭新的皮包和许多衣服,在一张方桌上还放着一只钢壳的怀表,雪白的表面,漆黑的表针,在灯光下看去还不到 12 点钟,细小的秒针正在滴滴答答地走着。

战士们在楼上搜寻了一会儿,没有发现武器弹药一类的东西,就急忙出去了。之后,这个楼上来来往往的战士很多,楼上的东西仍旧原封不动地摆着。

巩固突破的任务完成后,三连被命令停止在这楼上休息,只有那一只滴滴答答的表吸引了一部分同志的思绪。三排副王宝怀说:"打仗就是需要表,要在三查前,我就要把它装起来了。"但是说了后,却没有动一动那只表。其余的同志纷纷议论说:"纪律是自觉的,楼上的东西少了,咱连要负责。"正议论时,副政治指导员庄建礼同志来了,战士们问:"副指导员,你看这表好吗?"副指导员拿出小刀,拨开表壳一看,崭新的表芯镶着四颗宝石,的确是瑞士好表。看完后,表又原样摆到桌上。部队出发了,副指导员检查纪律,楼上的东西丝毫未动。那只钢壳表依然放在桌子上,滴滴答答地走着……

(二)新闻细节在发现新闻的过程中发挥着"道具"作用

新闻细节在文学作品中有时起着一个连接全文的线索作用,有时起着一个重要的道具作用,有时只是情节的需要而已。但在新闻发现中,细节发挥"道具"的作用也比较常见,记者们根据一个细节深挖下去,有可能发现"大鱼""活鱼"。

比如,笔者 1995 年 2 月 21 日在陕西省八届人大三次会议上撰写了一篇新闻通讯《丹心一片献大会——记为大会献艺的残疾人女画家左瑞莲》,就是根据一个细节挖掘出来的新闻。当时笔者去大会信访组采访,大会信访组给笔者介绍了这几天人民群众关心大会的一些事例和信件,信访组负责人在给笔者展示一幅纸画的时候,同时又拿出了送画人上午赠送时的一张现场照片,说实话,这些材料已足够写一篇主题为"我省人民群众心系大会"的综合消息。但笔者从这张照片中发现了一个细节:送画人右手残疾,五个手指都失去了。正是因为对这个细节的发现,笔者脑海里便产生了一系列问题:这样一名右手残疾的人怎么在极短的时间里剪成了这么一幅大型画?她的右手为何残疾?她为什么要向人民代表大会献画?随后,笔者决定在按计划发综合消息后,要单独采访一下这个送画人,第二天,在《民声报》就发了这篇通讯。

丹心一片献大会
——记为大会献艺的残疾人女画家左瑞莲

1995 年 2 月 21 日,是省八届人大三次会议开幕的第五天。上午,大会信访组接待了一位残疾人,她手捧一幅长 2 米、宽 1.5 米的大型剪纸画送交大会,祝贺大会隆重召开。

送纸画的这位女残疾人是西安市中心血站的职工,叫左瑞莲,今年 52 岁。她的学艺生涯是从铁窗里开始的。那是"文革"期间,他在云南省军区工作,军区一位老干部被打成了"叛徒""特务",受到关押折磨。左瑞莲冒着生命危险,爬墙上树,为老干部送饭,并尽力照顾她的子女。为此,她也被诬为"叛徒""特务"的联络员,被关在牛棚里。无数次的毒打使她的右手和左腿终身残疾。在牛棚里,她用让他写检查的纸张,拿左手练习画画和书法。

1982 年,左瑞莲调回了陕西。她专攻陕西户县农民画和安塞剪纸。长期与剪刀为伴,使她的手指上留下了厚厚的一层茧。她的画和剪纸题材大都取材于农村和人们喜爱的动物。碧波荡漾之中,一群鱼儿在嬉戏游弋;青蓄黄泥的院落,一架纺车在悠悠吟唱;公鸡在高歌,羊儿在奔跑。斗打戏闹,乐在其中,这一切都是左瑞莲用她的左手创造出来的生动画面。构思新颖,功底细腻,色彩艳丽,背后不知凝聚了左瑞莲多少心血。

她是一位女强人,生活磨炼了他,生活也给了她无限的艺术灵感。她的画多次被省上领导出访时作为赠品。1992 年省春节电视晚会上,她的现场表演也引起了观众的极大兴趣。"胆心入钢铁,刀笔指尖揉",便是对她的真实写照。

2 月 16 日,她从电视上看到省八届人大三次会议将于第二天召开的消息。一时激动不已,就拿起了剪刀,准备为大会献上一幅大型的剪纸画,以表达她的一片赤诚之心。从当晚开始,她夜以继日,眼看大会在一天天进行,她着急万分,连着干了两个通宵,到 21 号早晨,一幅大型剪纸画终于勾出来了。纸画上面写着:"热烈庆祝省八届人大三次会议隆重召开",中间主图是陕北秧歌舞、安塞腰鼓和狮子滚绣球,上面是两个大红灯笼,表示人代会照亮了人们的心,下边是公鸡长鸣,表示全省人民听了程省长的报告后信心百倍。

多么宏伟的构图,多么新颖的比喻!这构图表达了左瑞莲的一片丹心,反映了全省人民对大会的祝福和重托!

(三)发现新闻常常从新闻细节或细节性材料入手

新闻记者发现新闻常常从新闻细节或细节性材料入手,因为很多细节就预示着背后有大新闻。记者如果仔细观察,不放过任何一个微小的细节,然后经过分析和判断,就会得出一个意想不到的结论,随后再深入采访,就有可能发现更大的新闻。有的新闻记者往往不知道采访从哪里入手,每当这个时候,不妨想想,有没有感兴趣的细节,或是刚见到采访对象时的一个细节,或是观察他的生活环境有什么与众不同的细节等。从细节入手,也许会勾起被访者的话匣子。

比如,新华社记者沈路涛、邹声文采写的《细节一小步 民主一大步》就是从细节中发现的新闻。据作者后来谈到本文的采写过程时讲道,2005 年 3 月 7 日下午,十届全国人大三次会议主席团举行第二次会议。会议表决通过将十届全国人大三次会议选举和决定任命的办法草案,提请 3 月 8 日举行的大会表决。这一办法草案的附件中规定,填写选票,无论投赞成票、反对票,还是弃权票,都需要填写选票,而以往规定投赞成票无须动笔。这一细小变化引起了当时正在参加会议的新华社领导的高度关注,并立即指派记者深入采访,加以报道。

2004 年底,东北某省的腐败官员被严肃查处,而其中部分官员正是通过人代会选举程序上任的。据报道,他们当初作为候选人时,问题可能就已经存在,并被一些代表所了解。那么,这些腐败分子是如何顺利闯过选举这一关呢?我们的选举制度在细节设计上是否存在问题,致使问题候选人得以当选?通过采访,记者逐步认识到,选票填写方式的变化虽然细小,但的确意义深远,耐人寻味。

2004 年两会期间,全国人大代表王全杰曾提出改进选举和表决方式的议案,他在接受采访时说道,长期以来许多地方人代会的选举方式是赞成的不划,反对的要划×,弃权的划〇。这意味着,在等额选举中,只要动笔,就会把自己弃权或者反对的选择公布于众,无记名投票变相地成了记名投票。

此外,还有人反映细节,许多地方表决方式仍然是举手通过,如果不举手,就等于把自己的反对意见告诉了所有人。可以说,正是这些选举制度细节上的设计有令人遗憾的小问题,最终导致人大代表难以真实表达自己的意见,进而使选举结果无法真实地反映民意。

由于提前了解了这些背景,加上新华社领导的高度重视,两位记者对这一细小的变化所透露出的新闻价值重要性已经知晓,于是就立即投入了紧张的采访中。通过一整天的采访,他们掌握了人大代表亲身经历的许多生动的细节,还有法学专家入木三分的理论分析,也了解了全国人大选举和表决方式的历史演变过程,以及各地现行的选举和表决方式的不妥之处等。3 月 8 日,当十届全国人大三次会议最终表决通过选举和决定任命的办法时,《细节一小步 民主一大步》一文顺利完成,后经新华社领导和编辑的精心修改润色,3 月 9 日,稿件在《新华视点》栏目中及时播发出去,30 多家报纸次日转载。

细节一小步 民主一大步

人代会选举填写选票时,如果投赞成票,要不要代表动笔?千万不要认为这只是一个无关紧要的细节问题,因为程序是否民主,是确保民主能否真正实现的基础和前提。3月8日,十届全国人大三次会议表决通过了会议选举和决定任命的办法,在这一办法的附件中,明确写明无论是投赞成票、反对票,还是弃权票,都需要填写选票。这改变了过去等额选举过程中投赞成票不需要动笔的做法。

十届全国人大代表王全杰在基层选举中曾遇到过这样的困惑:"只要一动笔,就意味着要么是弃权,要么是反对,而且有的地方本来具备电子表决条件,却采用举手表决。""这形式上虽是无记名投票,但众目睽睽之下,代表真实表达自己的意见,尤其是反对意见会受到很大影响。"王全杰说,"即使代表认为某位候选人不合格,也会受种种因素的影响只得投赞成票。"

基层选举和表决中的这些现象,引起了王全杰的关注。在烟台市和山东省人代会上,他都提出了完善选举和表决方式的建议,得到许多代表的支持。2003年,他首次出席全国人民代表大会时,就与33名代表联名提出了关于改进选举和表决方式的议案。

全国人大代表、西南政法大学法学教授陈忠林说,选举和表决是民主政治的最基本手段,由于种种原因,一些地方对重大事项和重大人选的表决仍沿袭3种形式:鼓掌通过、举手表决或不规范的投票选举和表决。"这三种方式虽然也属于民主的形式,但由于种种缺陷和限制,一定程度上妨碍了真实愿望的自由表达。"

陈忠林分析认为,以前上述选举表决方式的普遍存在,既与我们对民主的认识程度有关,也与当时的客观条件有关。比如,早先"赞成不用填写选票"的方式,就是因为当时存在电脑技术局限、候选人过多等制约,为缩短选举表决时间而采取的。

针对这些情况,20世纪80年代中期全国人大进行了改进,启用按键表决,并在投票选举时,设立了"秘密写票处",使代表可以自主表达自己的真实意图。随后,全国许多地方的人代会也纷纷就表决方式进行改进。8日,十届全国人大三次会议第二次全体会议表决通过选举和决定任命的办法,办法的附件一《写票、投票和按表决器注意事项》中明确规定:无论是投赞成票、反对票,还是弃权票,都需要将选票上相应的椭圆形空白处用墨水笔涂满。专家表示,根据这一办法,不划票就是废票。陈忠林代表还就此建议,全国人大应通过相关法律,明确规定只要条件许可,地方人代会在选举和表决中就必须选择电子表决和设立秘密写票处。"只有在表决器无法使用等特殊情况下,才能采取举手表决等方式。"全国人民代表大会期间,近3000名代表,每投下一张选票,每按下一次表决器,都肩负着人民的重托,每一名来自农村的代表,背后是96万农村人口,每一名来自城市的代表,背后是24万城市人口。代表投票不是单纯的个人行为,而是履行宪法赋予的职权,完成光荣而严肃的政治使命。

中国社科院法学所研究员莫纪宏认为,人代会期间,投票选举是法律赋予每位代表的神圣职权,也是一种法定的职责,个人不能不作为。

在用表决器表决时，即使只需轻轻一按，但仍有个别代表放弃了这一神圣的权力。此前，通常将这种情况视为弃权。中国人民大学法学教授胡锦光认为，这一计票方式导致弃权票增多，没有准确地反映选举、表决的真实情况。"因为按弃权键是行使了表决权的，而未按表决器则根本没有行使表决权。"

这又是一个"细节"问题，同样引起了全国人大的重视。通过专门研究、广泛征求专家意见后，经委员长会议讨论同意，全国人大及其常委会决定以后的大会和常委会会议都将"未按表决器的不计入表决票数"。这一思路已经体现在本次大会通过的表决议案办法及选举和决定任命的办法附件——《写票、投票和按表决器注意事项》中。按照这两个规定，表决各项议案和人选时，采用无记名按表决器方式，未按表决器的不计入表决票数。"这一规定将使选举或表决结果能够更加精确地反映民意，具有更强的公信力。"胡锦光对这一改进给予积极评价。

全国人大今天通过的办法还首次明确了按表决器采用"无记名"方式，消除了少数代表按表决器的疑虑。"这些细节和技术问题看上去和选举结果没有关系，实际上与民主的实现息息相关。"胡锦光认为，"民主只有从程序和细节上加以保障，才能真正保证人民民主权利的实现。"

五、进行新闻发现时如何抓住细节

细节原理在新闻发现中是管用的、可靠的。但是，并非随便什么细节都能通向新闻发现。运用细节原理发现新闻有技巧。新闻记者要掌握这些技巧，善于运用细节发现新闻。

（一）观察中看细节

多抓细节，抓很多细节，发现新闻的概率就大。新闻记者要想多抓细节，就必须在生活中多观察，在采访中多观察。

细节观察指在采访中有意识地对现场事物或人物活动的某些细节留意、跟踪、捕捉以发现新闻。这要求记者事先对采访的人或调查的事有充分的了解，更好地把握细微的部分，察人所不觉，记人所无睹。

比如，1972 年 2 月，美国总统尼克松访华的时候，《纽约时报》记者马克斯·弗兰克尔在报道中特别描述了尼克松与到机场迎接的周恩来总理握手的瞬间，并将此作为一个重要背景，衬托中美外交关系的重大变化。

多年后，这位记者回忆说，他对机场设置了远景镜头，因为他想起了 1954 年，当时美国国务卿杜勒斯拒绝与周恩来总理握手的情景，因此，他要特别注意观察尼克松在机场与周恩来总理握手的情景。他说他努力争取到观察握手的适当视角，因为他准备在他的报道中要特别提到这一细节。我们很难想象，如果事先没有准备，这位记者怎么可能能架着望远镜去特别留意握手这个细节呢？

（二）访问中问细节

访问是记者采访的一个重要手段，在访问中，记者要特别重视问一些细节，让采访对象尽可能详细地回顾当时的真实情景、真实细节。每当这个时候，记者问得越细，采访对象就越可能回忆上来。

通过对细节的挖掘和再现,可从中发现新闻。在发现新闻的过程中,记者还要牢牢紧扣特点抓细节。要抓特点,抓显著特点,抓具有新闻性的特点。

比如,著名记者艾丰在回忆他采写《温州奇人——记全国优秀企业家滕增寿》一稿时说,在采写的时候,主要是抓住了体现他性格的一些细节,包括他敢于说话、敢于表态、从不考虑个人得失的个性细节等,也体现了一个企业家的敢于担当。

(三)搜集中查细节

搜集资料主要是指搜集新闻的背景资料和现实资料等,包括对已出版文献的搜集、内部资料的搜集、会议资料的搜集、信息资料的搜集等。这些相关资料一般有文字的形式,也有录音的形式、视频的形式等,记者要善于从这些资料中查找细节,通过细节材料来发现新闻。

常言道,细节决定成败。新闻发现也往往如此。发现了细节,采访就成功了,发现不了细节,采访就失败了。受众是喜欢细节的,记者挖掘新闻,要考虑受众的兴趣。受众的共同兴趣,就是新闻价值之所在。

记者在采访实践中,会搜集和遇到各种各样的资料,这些资料,不只是新闻事实,也不只是骨干材料,也有一些体现细节的材料。尤其对于视频材料,记者要认真地看,从中留意其中的细节,通过细节来发现新闻。

比如,笔者过去在采访一位全国劳模时,在见到本人之前,就查找了很多有关他的资料,其中看到了这样一个细节:厂里下文调他离开车间去坐办公室,他一听就火了,径直跑到车间主任的办公室问究竟,为啥这么大的事不和他商量? 车间主任说:"这是上边的意思,怕和你商量你不同意。"他听后摔门而去,此后再也没有人敢提这件事情。因为提前查找到了这个细节,所以采访的时候,记者有意针对这个细节,不断挖掘人物的内心世界,发现了不少新闻事实,采访取得了圆满成功。

思考与训练

1. 什么是新闻线索? 什么是高质量的新闻线索?
2. 简述新闻事实的特点。
3. 你认为新闻表达方式和新闻时机属不属于新闻发现?
4. 比较新闻细节与文学细节的异同。
5. 利用所学知识,在网上和现实中各找一条值得采访的新闻线索。

针对本教材,作者已经录制了配套的在线课程视频,以上是关于本章内容的视频二维码。

第八章 新闻发现的渠道

本章重点难点:①会议渠道;②上级渠道;③部门渠道;④信访渠道;⑤基层渠道;⑥热线渠道;⑦线人渠道;⑧通信员渠道。

记者到哪里发现新闻?通过什么渠道和途径发现新闻?这是本章要讨论的重点。渠道,指门路、途径。通常,记者可以通过会议渠道、上级渠道、部门渠道、信访渠道、基层渠道,热线渠道、信函渠道、线人渠道、同行渠道、通讯员渠道、社交渠道、观察渠道、生活渠道、旅行渠道、群众渠道,传统媒体渠道、网络新媒体渠道、异地媒体渠道、上级媒体渠道、内部媒体渠道等途径发现新闻。这些渠道分属不同的层面,渠道之间也有交叉现象。新闻记者只有通过渠道,才能获得新闻线索,才能发现新闻事实。

第一节 新闻采访层面

新闻记者发现新闻很多是在新闻采访中实现的,发现是采访的前提,而在采访中又有很多新的发现,为下一次的采访提供了可能。新闻记者出门采访,无非就是跑会议、跑机关、跑部门、跑基层、跑信访等,这些渠道和途径,都属于新闻采访层面上的,都是记者的正常工作范围。在采访工作中源源不断地发现新闻,不仅是记者的工作常态,也是新闻发现的主要渠道和途径。

一、会议渠道

(一)新闻发布会和记者招待会

通过党委、政府、人大、政协和企业都可以发现新闻,它们既有区别,又有联系。前四者侧重新闻发布,后者侧重产品推广及公关招待。但它们都是集中产生新闻的场所,比如每年的全国两会、每一场新闻发布会或记者招待会,都有大量新闻产生。

新闻发布会和记者招待会是专门集中发布新闻的会议,所发布的新闻对记者而言,多是同源新闻,在这类会议上,记者们要比速度,看谁发得快;比角度,看谁选得新;比提问,看谁提得好。作为办会者,也要尽可能地满足记者的需要,满足受众的需要,精心策划,周密组织,讲求新闻发布策略,实施科学有效的舆论引导艺术。

(二)党代会和两会

党代会五年召开一次,两会每年召开一次。从中央到地方,这三个会都非常重要,党代会制定党的路线、方针、政策,两会制定国家战略、国民经济和社会发展规划、下年度工作安排等,信息量都非常大。

　　参会的人都是各界精英,来自各条战线,本身都是新闻人物,都带来各自地方、界别的新鲜事。他们对党的工作、政府工作和其他工作进行审议、讨论,发言水平普遍很高,发言内容包含的新闻信息量很大,历来都是新闻的"富矿",是记者必争的"战场"。

　　比如,参加报道 2022 年 10 月 16 日召开的中国共产党第二十次全国代表大会的中外记者就有 2500 多名(报名要求参加的人更多,这只是被批准的人数),为什么这么多的记者要报道二十大? 因为二十大要制定未来五年甚至更长时间中国发展的大政方针,要选举产生新一届中央领导集体,要对新时代中国特色社会主义的 10 年建设进行总结回顾,要对新的世界形势和我国的经济发展进行判断和调控。

　　如此重要的会议,信息量可想而知,所以,这对搜寻信息的记者们而言,当然就是新闻的"富矿",谁不想参加? 但名额有限,各媒体只有选派精兵强将,对二十大进行充分报道。事实上,早在半年前,各媒体就开始进行预热报道,诸如开办"我在这十年""喜迎二十大"等专栏。二十大闭幕后,各媒体集中报道宣传二十大会议精神及其落实情况等,前后历经一年左右的主题新闻宣传。

　　不只是党代会,每年 3 月召开的全国两会以及在这之前的地方两会,各媒体都要投入大量精力,拿出大量的版面、黄金时间、重要页面等进行报道。从 1995 年到 2021 年,26 年时间里,笔者几乎每年都要参加陕西省人民代表大会和全国人民代表大会,并多次担任全国人民代表大会陕西代表团的"新闻联络官",对人代会新闻报道工作有不少体会,也撰写过不少这方面的论文。这里选择笔者 2020 年 1 月 17 日在省人代会上写的一篇文章,其中也谈到在人代会上如何发现新闻,供大家参考。

如何做好人代会的新闻报道工作

　　人代会新闻是人大新闻的"重头戏",每年的人代会也是各媒体大显身手、相互竞争的主要场地。尤其是近年来,随着我国经济社会发展和民主法治建设进程的不断推进,人民代表大会制度愈加深入人心,人代会的社会关注度也越来越高,参会记者数量逐年攀升,人代会新闻报道的质量,对展示一年来国家和地区的成就至关重要,因此,如何策划、制定和实施好人代会的新闻宣传报道方案,是我们从事人大新闻宣传的工作者必须深入研究和思考的问题。笔者曾参加过 10 多次全国人代会、20 多次省人代会,深知人代会新闻报道对媒介、记者和受众的分量,也探索出了一些媒体如何做好人代会新闻报道工作的经验和做法,写出来供同行们参考。

一、认真制定新闻报道方案

　　新闻报道方案是新闻编辑通过对新闻资源的开发与配置,实现最佳传播效果的创造性活动。新闻报道策划的主要内容包括指导思想、报道范围、报道规模、报道重点、报道方式、发稿计划、力量配置、运行机制等。报道方案要遵循实事求是、标新立异、灵活应变、切实可行的原则。

　　人代会召开的时间每年相对都比较固定,全国人代会召开时间是 3 月 5 日,省级人代会一般在春节前召开,市级人代会和县区人代会一般都是在春节后召开,这种提前预知的新闻和突发新闻不同,它留给媒体提前规划的时间非常充分。媒体在制定方案前,必须充分了解本次人代会的主题、议程和日常安排等,这些信息一般在人代会前的常委会和主任会上得以确定,甚至有些信息像大会的主题等,在更早的党委会、经济工作会上都会透露信息。媒体的领导要有这方面的敏感性,尽可能多地掌握第一手资料,然后根据各自的特点和力量制定切实可行的"人代会新闻报道方案"。比如《民声报》的人代会新闻报道方案每年都不一样,包括:出报计划,如出多少期报纸,每期报纸多少个版面,每个版面都开设哪些栏目;分组安排,如记者组多少人,每个代表团都由谁负责采访,编辑组多少人,谁负责编辑哪个版面,网络组多少人,融媒体如何发稿等,都非常详细。有些版块相对固定,比如"会场内外""议案点击""代表之声""市长访谈"等,但有些版块每年都在换,要和当年的形势贴近,比如"代表谈新常态""我看供给侧改革"等。人代会往往也是各媒体创收的黄金时间,所以,也要考虑用于形象宣传的版面有多少。

在我们国家,新闻和宣传往往是紧密联系的,所以,在新闻报道方案中一般都要确定宣传报道的重点。在做好会议程序性、常规性宣传报道的同时,要重点突出报道党委主要领导在会议上的讲话,重点宣传经济社会各项事业中取得的丰硕成果,重点宣传新思路、新举措,营造昂扬向上、团结奋进的氛围;突出报道党委常委和人大常委会领导参加小组讨论的情况;突出报道政府工作报告,深入浅出、生动活泼地解读其丰富内涵和精神实质。同时,报道好人大常委会以及人民法院、人民检察院的工作报告。突出报道代表心声,充分反映代表,特别是基层代表审议、讨论重要报告、规划纲要的情况。突出报道经济社会发展各层面的工作,特别是要集中宣传认真贯彻党的全会精神、中央经济工作会议精神等所取得的可喜成绩;突出报道民主法制建设和人民代表大会制度,宣传发扬社会主义民主,健全社会主义法制方面所取得的新成绩;宣传人大代表当家作主,依法行使职权所发挥的重要作用等。

二、提前两周进行预热报道

人代会新闻报道一般分为三个阶段:会前报道、会中报道、会后报道。会前报道也叫预热报道,一般至少提前两周进行,有的媒体提前一个月就进行预热报道了。会前报道的内容很多,一般根据会议主题确定,如果是换届会或制定五年规划会,一般预热报道多集中在过去五年的回顾上,媒体会提前梳理五年的成就,回访一些五年中建设的重点工程、立法、监督等。如果是一年一度的例会,则重点回顾上年的成绩单。

预热报道往往也紧随人大机关组织的一些人代会预热活动。比如,代表视察活动,一般都会在会前进行,目的是帮助代表了解情况、准备议案,新闻报道要及时跟上。再比如,关注将政府工作报告、两院工作报告提前交代表预审的情况,代表都提了哪些意见和建议,政府和两院又如何回应等。又比如,关注上次人代会一些典型议案的跟踪落实情况如何,什么时候完成的,克服了哪些困难,代表是否满意等。

这些年,由于新媒体、自媒体不断出现,人代会召开前,一些媒体往往会开通全媒体平台征求选民意见,根据平台上的留言,媒体进行集中梳理并与代表对接,把选民的意见和建议带到大会上。这些留言大多都会集中在教育、医疗、交通、食品安全、住房、金融等民生领域,代表将其整理成议案或建议,如果被大会采纳,往往会产生意想不到的效果,人民代表大会制度的优越性也就自然而然地体现出来。

当然,会前报道也包括代表准备议案、常委会会议、筹备组会议、代表到驻地报到、大会预备会、大会党员会议、主席团会议等。通过对这些活动的报道,达到了会前预热的目的。

媒体的会前报道一般都会循序渐进,避免热得过猛或过慢,不能人代会还没召开时宣传就达到了高潮,也不能明天就要召开了,今天还冷冷清清,媒体的报道还停留在每天一两篇的稿子上。《民声报》这几年预热报道做得比较好,比如开设专栏《我当代表这五年》《重点工程巡礼》等,从会前两周开始,一直持续到会议开幕,从每天一两篇稿子到后来每天五六篇稿子,等大会开幕时,受众的情绪也都到了最佳的状态。

三、围绕重点捕捉会议新闻

大会开幕标志着会议正式开始,新闻媒体对大会开幕式的报道也标志着人代会新闻报道正式进入第二阶段——会中报道。会中报道新闻非常多,新闻媒体一般按事先制定的新闻报道方案有条不紊地推进。报道大会开幕式是会中报道的亮点,电视网络媒体一般都直播,报纸媒体第二天一般都在头版头条报道新闻并配发社论。政府工作报告是开幕式报道的重点,很多媒体都会以各自的方式进行解读。比如《民声报》今年就以图表的形式解读了刘国中省长的政府工作报告,其中"2019成绩单"和"2020任务书"两个图表特别醒目,读者一看就一目了然。

开幕式之后,随着大会的进程,媒体聚焦的重点就是围绕大会的主题报道代表的审议、专访、议案等参会情况。其中领导,特别是主要领导和常委作为代表到各代表团参加审议是报道的重点,来自基层的普通代表也是媒体关注的重点。比如,我在全国人代会上采写的两篇获奖的通讯《总理到咱陕西团》和《三位农村代表的特殊礼物》就是分别对领导和普通代表的典型报道。报道领导到各团的活动,应把重点放在领导讲话的新意以及与代表的互动上,报道普通代表的活动应把重点放在对报告的审议以及所带议案、建议上。现在很多媒体对领导报道过多,对普通代表关注度不够。我记得胡锦涛同志当选主席那一年,我是陕西团的新闻联络官,预备会召开的前一天晚上,新闻报道组在大会堂召开新闻通气会,会上传达总书记对两会新闻报道的指示,要求把镜头多对准基层代表,对他自己和其他常委的报道都不要过长,对我印象非常深刻。

除开幕式外,第二次大会、第三次大会、闭幕式等也都要进行重点报道,很多媒体都进行直播,关注的重点是常委会工作报告、两院工作报告以及一些重大的专项工作报告,比如政府机构改革方案等。这些报告既是代表审议的重点,也是新闻媒体报道的重点。前些年,人民对法院和检察院工作不大满意,所以,审议两院的报告,媒体的关注度往往比较高。这些年情况发生了变化,两院的工作人民满意、代表满意,他们的工作报告表决时,票数也都比较高。

会中报道还有一些程序性报道,比如主席团会议、分团审议、小组审议等。媒体对分团审议时,政府部门派官员列席会议直接听取意见比较关注,很多问题得到当场"秒回复"成了大家关注的新闻。审议中,一些重大敏感问题,比如刑法的修改、民法典的出台、秦岭山脉保护条例等,都是各媒体和受众关注的焦点,对这些重大议题的审议过程,媒体尽可能地要详尽报道。通过这些报道,一方面体现代表履行职务和人大制度的优越性,另一方面让老百姓也接受了教育,了解了国家制度的制定过程,记住并遵守有关法律条文。

会中报道除了关注代表外,大会各工作组的情况也是媒体关注的焦点,比如议案组接收代表议案的截止时间、收到议案的数量等,各专门委员会一年来的工作情况和大会期间的工作,信访组接待人民群众信访的情况,后勤保障组为代表服务的情况等,都是媒体关注的重点。大会期间,还往往会发生一些突发新闻,比如质询案的提出、代表对突发事件的反应等。还有一些有趣的大会花絮,比如某位代表带病审议、某位代表哺乳期间带孩子审议等,我过去采写的《父子代表》《妇女代表以独特的方式庆祝三八妇女节》等,都是很好的大会花絮新闻报道。《民声报》这些年都专门开设"大会花絮"专栏,也开设"会外传真"专栏,都从不同的角度对大会主题新闻进行补充性报道,收到良好的效果。陕西电视台每年都有记者专门在会外采访,通过对出租车司机、路上普通行人、工厂车间工人、普通基层代表的家人和所在村村民等一些特殊群体的采访,反映老百姓对大会的关注度。我过去采写的《乡下人言国政》就是报道岐山县一位普通农民给全国人代会发加急电报提建议的事迹,这些都是很好的会外新闻,也都是很好的会中报道。

四、做好人代会后落实报道

媒体对人代会的报道最后一个阶段就是会后报道。会后报道从闭幕会结束就已经开始了,当代表走出会场,媒体就可以对代表进行采访,代表就可以对着镜头谈感受,谈回去如何落实会议精神等。代表团离开驻地返程也是各媒体关注的焦点,有些代表在返程的车上就给家里打电话交流会议感受;有些基层代表的村里人或工友等,打着横幅到车站迎接代表,这些场面媒体都需要关注,以营造人大代表在人民群众中的荣誉感。

代表回到家乡后,各地都会安排代表去一些单位传达人代会精神,有些代表深入田间地头、工厂车间、学校商店等,给群众传达会议精神,有些政府部门、司法机关也会安排会议进行传达,这些都是媒体要报道的重点。当然,现在媒体很发达,会议的透明度很高,老百姓通过媒体早已知晓会议的主要精神了,但仍然不知道一些信息,有些重要讲话媒体也没有全面报道,这就需要代表进行传达。现在,会议临结束时,各代表团一般都会给代表准备一个统一的传达提纲,方便代表传达,也方便媒体报道。

媒体在会后报道中,重点要关注会议精神的落实。会议结束后,人大常委会机关一般都要召开议案交办会,把会议确定的正式议案分门别类交给政府、法院、检察院等有关部门办理。媒体除对交办会进行报道外,还要跟踪关注一些重点议案的办理进展。对政府工作报告确定的一些重点工程的开工进展也要跟踪报道。对会议批准的机构改革方案落实情况,特别是新机构的挂牌、运行等,媒体都要重点予以关注。会议通过的有关法律和重大事项决定,媒体要关注它的实施时间,对内容要进行全方位解读,要向社会和公众宣传这些法律、决定的内容和精神。

会后报道一般会持续半个月左右,有些重点亮点要更长时间关注,媒体要适时将人代会会后报道转入正常的对人大新闻的报道,这个衔接要做到适时、及时,不要拖得时间过长,避免受众产生疲劳感。

有些媒体会做一些有特色的专栏或系列报道,刊发一些如何落实会议精神的社论、评论等,找一些专家进行访谈,解读会议精神,对一些重点法律还会开办专栏,邀请一些相关实施单位作为祝贺和协办单位进行系列宣传,这些都属于会后报道。比如《民声报》由我策划刊发的陕西20多所民办学校祝贺《陕西省民办学校管理条例》颁布实施系列专版就属于会后报道。总之,媒体对人代会的会后报道形式多种多样,内容也丰富多彩。在实践中,媒体每年都有创新,这对落实人代会精神起到了重要作用。

两会确实是新闻的"大富矿",每年报名参加全国两会的中外记者非常多,但最终只有3000多名记者获得入场券。记者们在两会上可以见到很多平时见不到的人,采访到很多平时采访不到的东西。

比如,获第二十五届中国新闻奖一等奖的消息《项目审批"长征"698天 泰豪动漫变"动慢"》也是在两会上获得的新闻线索。

这篇作品是在中国全面深化改革背景下的一篇微型舆论监督报道。报道发出后,江西省委书记、省长高度重视、作出批示,推动了政府机关转变职能、服务企业、简政放权、提高政府效能,创建良好的营商环境。从这个角度来说,这篇报道是一篇成功的舆论监督报道。

这篇报道很好地体现了记者敏锐的新闻嗅觉,善抓"活鱼"。这条新闻是在2014年全国两会期间报道的,在两会上的政府报告中,提到简政放权、转变政府职能的问题,作者嗅到了新闻方向,他通过和全国政协委员、泰豪集团董事局主席黄代放在两会时的交流临时获悉到的一则重要新闻线索——这家公司的一项申报项目,审批时间竟长达698天。记者马上意识到这是一则符合中央精神的重大新闻,显示了记者敏锐的洞察力和专业的新闻素养,体现了记者在挖掘新闻着眼点、提炼重大题材方面颇具眼光。

项目审批"长征"698天
泰豪动漫变"动慢"

本报讯(记者桂榕 何宝庆) 一个产业项目需闯过20道行政许可事项审批关口,涉及8个部门及省、市、县三级政府、工业园区,最后完成项目审批时间长达698天——3月18日,记者在省政府最近一份调研报告中,看到了泰豪集团"晒"出的行政审批流程图。正是这纷繁复杂的审批"长征",令起步较早的泰豪动漫项目,实施进度缓慢,"'动漫'变成了'动慢'"。

据了解,泰豪动漫产业园一期工程2010年3月立项,至2012年11月才获得施工许可证。按法定期限计算,该项目完成各项审批需392个工作日,实际办理时间为200个工作日,剩余498天由以下三部分构成:13项非行政许可事项耗时255天;工程设计、供水、电力等市场有偿服务耗时100天;泰豪集团自身消防设计、环评整改、缴纳有关规费耗时143天。

"审批事项千头万绪、过于复杂。"据泰豪集团相关负责人介绍,除行政许可事项过多以外,审批前置事项大量存在,是审批过程迁延时日的重要原因。譬如,住建部门在施工许可审批过程中存在规划方案审查、施工图纸审查等。由于部分审批前置事项还涉及垄断行业,其较低的工作效率直接拉长了项目审批时间。同时,一些政府部门服务缺乏主动性,未履行事项一次告知义务,导致申报材料、程序重复进行,令项目申报者"一头雾水"。

项目审批遭遇"长征",企业当然着急苦涩。泰豪集团董事局主席黄代放深有感触地说:"市场瞬息万变,机遇稍纵即逝。近两年的审批时间,足以将一个'朝阳'项目拖成'夕阳'项目。一些中小企业,甚至可能因投资风险和成本的增加而倒闭关门。"对审批怪圈感到无奈的,并不只是企业。省发改委专家解析:"作为欠发达省份,江西能不能抓住、用好当前难得的发展机遇,在经济升级中走出一条发展新路,关键看行政效率。"吉安高新区一名基层干部的发问引人深思:"698天过长,那法定期限392个工作日内办结,就说明我们的效率高了吗?200个审批工作日还能再缩短吗?"

"项目审批'路漫漫',吃亏的看似是项目投资者,但最终为低效'埋单'的,还是地方经济社会发展质量。"省委党校经济社会发展战略研究所所长黄世贤认为,深化行政审批制度改革刻不容缓,当务之急,既要完善顶层设计,又要抓好简政放权。期待经过不懈努力,把江西打造成为中部地区审批事项最少、行政成本最低、发展环境最好的省份。

(原载3月19日《江西日报》)

再比如,笔者拍摄的摄影新闻《父子代表 共商国是》(见图8-1)也是2013年在全国两会上发现的好新闻。

图8-1 《父子代表 共商国是》　杨讲生 摄影报道

在十二届人大一次会议上,记者发现了一对"父子代表":父亲赵步长,是山东团的代表;儿子赵超,是陕西团的代表。父子二人分别在鲁秦大地创办步长集团,艰苦奋斗,比翼齐飞,为两个省的经济建设和社会发展都做出了贡献,被双双选举为全国人大代表。图8-1为2013年3月17日上午大会召开前,父子二人在人民大会堂休息厅相遇时亲切交谈,共商国是。

2013 年 3 月 5 日至 3 月 17 日召开的中华人民共和国第十二届全国人民代表大会第一次会议是一次非常重要的会议,会议选举产生了新一届国家机构组成人员,习近平同志当选国家主席。

这是一次承前启后、继往开来的大会,也是一次举世瞩目、意义非凡的大会,笔者有幸作为陕西代表团的新闻联络官参加了这次会议。会前,为了给中外记者提供更多有关陕西团代表的信息,笔者做足了功课,不仅了解了整个团代表的总体情况,还对每一位代表的具体情况进行了深入了解。当得知赵超代表的父亲赵步长也是山东团的代表时,笔者喜出望外,觉得这是条好新闻,所以,就把这个信息告诉了本团记者,让大家重点关注。可能是由于团里的新闻太多,赵超代表太忙,大家也不方便去山东团采访赵超的父亲,因此,直到会议快结束时,这个新闻还没有被记者报道。

3 月 17 日上午召开闭幕大会,眼看这条新闻就要被淹没时,机会来了:会前记者在休息大厅碰到赵超代表,当得知父子二人就要见面时,笔者放弃了追逐其他新闻的机会,紧盯赵超代表不放,果然,不到 20 分钟,就拍摄到了他们父子二人交谈的画面。当天中午,陕西人大网就率先发了这张图片新闻,不出所料,该新闻引起了众多网友的围观,不到两小时,十多家网站转载。

对记者而言,这条新闻从酝酿、发现到发表,可以说经过了半个多月时间,但以图片形式呈现则是临时起意,事后看,这个形式的发现也很重要,比文字呈现要直观得多。所以,新闻发现,不仅仅包括发现内容,也包括发现形式。当然,这条新闻之所以在受众中能够引起较大反响,主要还是内容新奇,新闻价值大。

(三)其他会议

党的中央委员会会议、党的政治局会议、人大的常委会会议、政协的常委会会议以及纪检委会议、两院会议、财政和金融会议、经济工作会议、"三农"工作会议、扶贫工作会议、立法工作会议、社会治理工作会议、司法改革会议、外事工作会议、教育工作会议、卫生工作会议和其他各部门工作会议、专题工作会议、各类纪念名人和节日会议、各项展览会议等都很重要。这些会议新闻线索非常多,信息量也非常大,其中蕴藏着很多新闻,记者必须高度重视。

比如,1978 年召开的具有历史意义的党的十一届三中全会信息量就非常大,这次会议实现了新中国成立以来具有深远意义的伟大转折,开启了改革开放和社会主义现代化建设的伟大征程。在中华民族历史上,在中国共产党历史上,在中华人民共和国历史上,都是载入史册的重要会议。对这次会议的报道,不仅中国媒体关注,世界各国媒体也都非常关注,纷纷在重要位置予以报道。而在这次会议之前,中央工作会议在北京召开,在 20 多天的会议里,大家逐步统一了思想,邓小平同志在闭幕会上作了重要讲话《解放思想,实事求是,团结一致向前看》,为十一届三中全会的召开奠定了思想理论基础。有新闻敏感性的记者,就是从这次不同寻常的会议上发现了重大新闻。

再比如,获得第二十九届中国新闻奖一等奖的电视消息《问政现场:书记递上小纸条》就是一篇角度新颖的"会议新闻"。

2018年12月20日上午9时,湖北省仙桃市第二场全媒体问政拉开序幕。面对现场提问,市水产局局长、交通局局长答非所问,坐在现场的市委书记听不下去了,他递上纸条,此后,问政会风因纸条扭转,局长们开始直面问题,直接回答,公开向群众作出整改承诺。这个细节被在场采访的湖北电视台记者敏锐发现,他通过工作人员很快看到了纸条的内容:"局长同志,回答不要搞大话、空话、套话,离题万里,令人生厌!"最后画面又请市委书记为他的小纸条做了专门注释:"作风建设永远在路上,要一刻不停,一寸不让,一以贯之,一抓到底!"

现场问政一结束,记者赴仙桃电视台制作节目,将画面传到武汉,几个小时后,湖北电视台在《湖北新闻联播》中播出,观众看到的不是原计划整体报道仙桃问政现场的纯会议新闻,而是以"书记递纸条"为中心的现场新闻特写,编辑还为这条记者抓到的"活鱼"配上评论《实干,从说实话开始》。

国外记者报道会议,很多媒体都是抓角度报道会议,比如,欧洲议会有次开会,智利一家媒体就从议会候选人名单中发现了新闻。

五花八门的候选人

本报6月14日报道　在昨天进行的欧洲议会选举中,欧洲议员的候选人真可谓五花八门,其中有模特、记者、运动员、作家、下台部长,甚至还有一名色情电影女明星。

几乎每个欧盟成员国都有一两名特别的候选人。葡萄牙的候选人中包括诺贝尔文学奖得主若泽·萨拉马戈。

意大利的欧洲议员候选人中有一位99岁高龄的老妇。其他特别的候选人还包括捷克的色情电影女明星多莉·巴斯特和爱沙尼亚超级名模卡门·卡斯。候选人中的体育明星包括率领波兰队获得1974年世界杯季军的球星拉托和帮助斯洛文尼亚在2002年首次进军世界杯的鲁多尼亚。

二、上级渠道

(一)政策文件

党和国家,以及各省、市、自治区等上级机关下发的"红头文件",很多都是有关政策的,和老百姓生活息息相关,涉及改革、发展、民生等多个领域,新闻价值大,新闻线索。

一份"红头文件"一般都可以写一篇或多篇新闻报道,也可以涵盖多条新闻线索,指导未来的新闻写作方向。有的"红头文件"在制定过程和实施过程中也会有很多信息值得关注。

比如每年的中央文件,都有关注"三农"的内容,不断推动我国"三农"工作稳定健康发展。新闻记者,尤其是农业口的记者一定要吃透精神,否则,就难以发现富有时代感的"三农"新闻。

(二)领导讲话

各级各类的党政会议和部门会议等,领导讲话都是重头戏,往往蕴藏着很多信息,记者要密切关注。

记者聆听领导讲话，一般从讲话内容中发现新闻。领导讲话中的新闻是什么呢？是公众感兴趣的东西。公众感兴趣的不是今天哪个领导讲话，由哪些人出席，哪个人发言等，而是关心讲话中哪些内容与自己的生活和工作有关，哪些内容会影响自己对社会的认识和判断。

所以，有经验的记者在参加会议的时候特别关注领导讲话，尤其是一些领导的脱稿即席讲话，新闻价值往往更大，因为即席讲话放得开，针对性强，更具有新鲜性。有些记者参加会议，不认真听讲，根据领导的书面讲话写稿了，结果常常丢掉了大新闻，甚至出现了差错，这样的教训我们应该吸取。

报道领导讲话，不能概要报道，不能平均报道，不能泛泛报道，而要善于抓角度，抓新意，抓受众感兴趣的东西。一般一篇新闻一个主题，一篇新闻一个观点，要围绕发现的新颖观点和主题写，不要贪大求全，而要集中一点，写深写透，有时可以围绕这个观点插进去一些背景资料。

比如，笔者1995年来陕西人大报刊社采写的第一篇稿子《参加省人大制度理论研讨会的代表呼吁：把宪法赋予人大的权力落到实处》就是来自与会者的发言。当时笔者被编辑部派去参加人大制度理论研讨会，听着与会代表激昂的发言，笔者也被深深地感动了，所以，没有按照以往报道会议消息的习惯写法，只把落脚点放在"宪法赋予的权力落实"上。稿件在当天的《民声报》第二版头条位置刊登，引起读者的强烈反响，很多读者来信认为，这篇稿子反映的问题很实在，说到了他们的心坎上。

参加省人大制度理论研讨会的代表呼吁：
把宪法赋予人大的权力落到实处

本报讯（记者 杨讲生） 宪法和法律赋予各级人民代表大会及其常委会的各项职权是否落到实处？权力机关的权威是否真的树立起来了？这是近日在西安召开的陕西省人民代表大会制度理论研讨会上代表们谈论的一个热门话题。

与会代表认为，40年来，特别是党的十一届三中全会以来，人民代表大会制度在我国政治、经济、生活中发挥了十分重要的作用。但是作为这一制度重要内容的人大及其常委会的各项工作制度，目前在许多地方还很不健全，宪法和法律赋予它的各项职权还没有完全到位，有的甚至有错位现象。在谈到决定权时，有的代表提出，宪法和法律规定，凡是重大事项都需经人大及其常委会决定。但何为重大事项界限不清，各级人大应根据实际情况创造性工作。一般讲，凡是事关国计民生的大事，诸如住房改革、机构改革都需经人大及其常委会决定。关于监督"一府两院"，与会代表谈论的最为热烈。大家认为，人大监督应在整个国家监督机制中处于核心和主导地位，是最高层次的监督，但这项工作目前在人大工作中仍是一个薄弱的环节。主要表现有，人大本身监督的意识不强，案件监督太难，程序性监督多，实质性监督少，甚至在一些地方不同程度地存在着形式化问题，监督手段不力，缺乏必要的惩戒措施，软性监督多，刚性监督少。

与会代表针对上述问题呼吁,法律面前人人平等,法律之内人人自由,法律之外没有民主,法律之上没有权威,宪法和法律赋予人大及其常委会的立法权、监督权、任免权和决定重大事项权,各级人大就应积极主动地展开工作,党委要支持人大行使职权,"一府两院"要自觉接受人大的监督,使权力机关的权力真正落到实处。

(三)法律法规

法律法规指中华人民共和国现行有效的宪法、法律、行政法规、司法解释、地方法规、地方规章、部门规章等。宪法是全国人大制定通过的,法律是全国人大或人大常委会制定通过的,行政法规是国务院制定通过的,司法解释是最高国家司法机关在适用法律过程中对具体应用法律问题所做的司法解释,包括最高人民法院的审判解释和最高人民检察院的检察解释。全国人大及其常委会等有时也对立法条文进行立法解释。地方法规是地方人大制定的法规,我国省级人大有制定地方法规的权力,省会市及其他地级市经省级人大常委会批准也有权制定地方法规。地方规章指地方政府制定的规章。部门规章指国务院各部门制定的行业规章。

我国现有法律法规信息量非常大,每一部法律法规的出台和实施,都是重大新闻。每一部法律法规在制定修改的过程中都有很多内幕,都有很多针对性的措施,都有很多争议的焦点,这些都是媒体关注的焦点。每一部法律法规在实施的过程中都有许多新闻故事,都值得新闻记者去发现、去报道。

笔者因为工作的关系,参加过全国人大宪法、法律的制定和修改讨论过程,也参加过陕西省人大及其常委会制定地方法规的讨论过程,写过不少立法内幕的新闻,还参加过很多次执法检查,写过很多有关执法检查的新闻。这些新闻都来自法律法规,都与人民群众生活息息相关,都值得关注和发现。同时,笔者也深深感到,制定一部良法的确不易。

(四)书面材料

各级各类工作报告和工作总结等书面材料往往也是新闻的集中地。这些报告和总结等材料一般都会透露很多新闻线索,有的是发生过了,记者当时没有发现,有的是还没有发生,是明年计划的行动,记者都要高度重视,一个一个采访报道。

领导批示、内部送阅件、调查报告等书面材料也往往有不少可以报道的信息。记者要了解各类信息,熟悉工作动态,按照这些信息了解立法内幕和制定政策的背景,尽可能地多看一些内部信息资料、会议简报、信息动态、内参等,从中寻找新闻线索。

比如,1982年新华社记者邹爱国采写的《我们万众一心,前进!——夏衍谈〈义勇军进行曲〉》一稿就是从资料中挖出的新闻线索。这篇被作者称为"应景文章"的作品获得当年的全国好新闻奖(中国新闻奖的前身)。

1982年11月下旬,邹爱国接到采访五届全国人大五次会议的任务。这次会议的一项重要议程是通过恢复《义勇军进行曲》为中华人民共和国国歌的决议。记者的责任驱使他一定要写一篇配合这项决议的文章。怎么写? 一是根据现有材料编写情况介绍,这不费劲,因为有关同志已经写了一个初稿;二是访问人大代表、政协委员,可是访问谁呢? 不知道。邹爱国不喜欢走捷径,决心沉到会议里找采访对象,眼看通过这项决议的日子临近,他仍没有找见。一天夜里,他采访归来,便拿出几份介绍《义勇军进行曲》创作过程的简报看起来。突然,一段文字跃入他的眼前:"田汉在写出《风云儿女》影片的故事和主题歌之后,就被捕了,后来由夏衍替他改写而成……作曲的任务交给了聂耳。"他的目光停留在这段文字上,脑中在翻滚:《风云儿女》的主题歌就是《义勇军进行曲》,田汉、聂耳都已经作古,现在最了解情况的无疑就是夏衍了,让历史的见证人谈这首名曲的产生过程,比死板的资料介绍不知要好多少倍。想到这里,他拿定主意,连忙拿起电话,寻找夏衍的踪迹……

两会是夏老最忙的时候,他们约定 11 月 28 日上午 10 点访问。为了使访问直截了当,他拟定了三个问题提前告诉夏老:①当年《义勇军进行曲》词曲的创作情景;②《义勇军进行曲》的巨大影响;③现在恢复《义勇军进行曲》为国歌的深远意义。

28 日上午,邹爱国准时来到夏老的住处,前三个问题采访得很顺利,回顾往事和已故战友,夏老兴致很高。最后,邹爱国问夏老:"过去,有报纸说《义勇军进行曲》的歌词你曾做过修改?""误传! 误传!"夏老连连摆手说,"事实是这样的,田汉写主题歌的那页纸,有些字被水浸湿了,我怕别人看不清,就在旁边重新誊写了一下。"

12 月 4 日下午,3000 多名人大代表聚集人民大会堂,通过《中华人民共和国宪法》和恢复《义勇军进行曲》为国歌的决议。会上,邹爱国和一位有着丰富经验的记者谈起这篇通讯,这位同志提出最好用《义勇军进行曲》的原词作通讯的标题,这样读者好记,也有鼓动性。最终,通讯的标题就这样确定了下来。当天,新华社电讯稿发出后,《人民日报》《解放军报》等全国各大媒体纷纷采用。

三、部门渠道

党委、政府都是由各个部门组成的,比如党中央的部门有办公厅、纪检委、政法委、政策研究室、组织部、宣传部、统战部等,国务院的部门有办公厅、研究室、财政部、交通运输部、农业农村部、工业和信息化部、水利部、外交部、科学技术部、人力资源和社会保障部、司法部、中国人民银行、文化和旅游部、国资委、卫健委、教育部、审计署、海关总署等。地方党委和政府的部门原则上比中央少一些,但大多数基本与中央对应。

作为媒体,应条块兼顾,跑口分工,在这个原则下,记者们要多跑部门,因为部门掌握的情况多,每个部门都可以从中央到省、市、县(区)、乡镇(街道)、村(社区)等贯通下来。我国实行的是条块结合管理的模式,所有的重大信息,在报告当地党委、政府的同时,还要上报上级行业主管部门,所以到部门采访,是记者省时省工的简捷方法,这里线索多、信息多、情况多,而且还比较权威,可信度高。

需要注意的是，我国媒体分工不分家，跑口记者除到自己所在的分行业、分管口、分区域跑新闻外，还可以随时打乱交叉去跑新闻。新闻是谁碰到就是谁的，谁勤快谁就能发现，到部门、到地方，都有"抓"不完的新闻。一般而言，上级媒体掌握面上的材料多一些，抓到一个线索，可以直接到下面采访或通知记者站采访，也可以打电话与地方媒体合作，总之，一切以方便快捷为原则，同时还要抓独家的重大新闻。

比如，中央广播电视总台经常和地方电视台合作，《人民日报》也经常和地方党报合作。当然，上级媒体一般在地方也都有记者站或分社。

四、信访渠道

机关信访局、公检法部门、纪委监委等，往往都是群众集中反映问题的地方，记者要保持和这些部门的经常沟通和往来，碰到有些不适宜公开采访的，记者要遵守新闻纪律。

比如，笔者过去采写的《一位残疾人的遭遇》《这里的企业倒闭亏损严重》《石存爱母女惨遭虐待问题何日才能解决》《发生在建国路市场的欺行霸市事件》《救救这个被拐卖的小姑娘》《救灾款跑到哪里去了》《梦娜影楼的失窃案》等，其新闻线索都是来自信访部门。

从信访渠道得来的新闻线索多数是负面的，新闻记者要权衡把握报道的量比，要遵守以正面报道为主的方针，同时，也要实事求是地对一些典型的负面新闻予以公开"曝光"，对不宜公开的可以内参形式向上反映。

新闻媒体要做党和政府与群众之间的桥梁和纽带，新闻媒体不仅要宣传报道党的方针政策，还要及时听取群众的声音，及时反映群众的意见和建议。我们所说的群众的声音包括这样几个方面。一是群众对现行政策有什么问题反映？二是群众在贯彻政策中有哪些创造和创新？三是群众有哪些困难、困惑、要求？四是群众对社会现象的看法等。至于人民群众在日常生活和工作中遇到的一些具体的一般性问题，多数可以通过媒体转发寻求解决。

比如，1996年笔者采写的有关三百多老人被剥夺选举权和被选举权的消息就是通过信访渠道获得的新闻线索。

这年6月15日，陕西省人大人代委办公室主任文力同志告诉笔者，他们收到了一封宝鸡县（现陈仓区）贾村镇广福村老党员们的来信，反映1995年底全省乡镇人大换届选举中，他们村有300多老人被村镇干部有意剥夺了选举权和被选举权。笔者听后感到问题严重，但又觉得都过去半年了，新闻失去了时效性。为了不丢失新闻，后来笔者还是决定先采访看看，究竟为什么现在才反映这件事。

6月20日，笔者来到广福村调查，证实老党员们反映的问题属实，他们之所以现在才反映，是因为之前他们不知道政策，他们以为干部说的都是真话，即60岁以上的老年人不能参选。前几天他们才听说别的地方可以参选，回来后看到法律，才知道他们被干部骗了，干部们骗他们的目的就是怕他们当选。显然，这条新闻不存在时效性差的问题，而且，事件曲折，老年人们通过学习宪法和法律后才知道村镇干部联手干违法的事。

在调查的过程中，村镇干部居然行贿笔者，被笔者拒绝。回来后的次日，就在《民声报》头版头条发了这条消息，并配发了评论。新闻发表后，在社会上产生了较大的反响，省市领导都批示严肃查处。之后，选举重新进行，问题得到更正，有关责任人得到处理。通过负面事实一方面反映农村基层政权建设任重而道远，另一方面也反映了基层党组织、老党员和广大的人民群众法治意识在不断增强。本文获中国人大新闻奖一等奖。笔者也因此到人民大会堂领奖，并代表所有获奖作者在人民大会堂发言。

宝鸡县广福村在乡镇人大换届选举中发生一起严重违法事件

三百多老人被剥夺选举权被选举权

老人们执拐杖上访近半年　问题至今尚未圆满解决

本报讯（记者　杨讲生）"凡年满 18 周岁的公民都享有选举权和被选举权（依照法律剥夺政治权利的人除外）"，这是我国宪法和选举法赋予每一个公民的政治权利。但是，在宝鸡县贾村镇广福村，325 名 60 岁以上的老年人却被村干部无端地宣布没有选举权和被选举权。老人们手执拐杖，上访市县，要求捍卫法律的尊严。可是，5 个多月过去了，面对记者的采访，老人们又不得不深深地感叹：究竟权大还是法大！

1995 年 11 月，全省乡镇人大进行换届选举，宝鸡县贾村镇广福村在选民登记过程中明确规定：凡 60 岁以上男女没有选举权和被选举权。选民榜公布后，老人们发现没有自己的名字，纷纷向村支书和村长询问，得到的答复是按镇上安排办事，没有错。善良的老年人以为真是这样，也就再没有继续追下去。12 月 30 日法定选举日这天，被排除在选举场外的老年人心情格外难受，他们第一次真正意识到自己老了，成了个"多余人"。

然而不几天，他们即发现自己上当受骗了。既然是镇上安排的，为什么邻村的老年人却可参加选举？于是，几位有文化的老年人找来了宪法和选举法，当证实自己的权利确实被侵犯时，他们气愤至极，决定联名向上级反映，用法律保护自己的权益。从今年元月开始，老人们先后 20 多次找到宝鸡市人大常委会和宝鸡县人大常委会等，市人大建议县人大调查处理，县人大又让镇上先了解情况，就这样一直扯皮了三个月，直到 4 月 5 日，县、镇有关领导才一起来到广福村"做老人们的思想工作"。他们经过"调查"后认为：老人们没有参加选举是村委会计的"疏忽大意"，所以座谈会上只让一些人做了象征性的"检讨"，并决定恢复老人们的政治权利，向他们补发"选民证"，说是"下次可以参加选举"，至于这起事件属于什么性质，选举是否有效，有关责任人如何处理等问题却只字不提。

对此，老人们越发想不通，他们只好到省城继续上访。6 月 21 日，记者来广福村调查时了解到：广福村已有 10 多年没有发展党员了，就连部队复员回乡的预备党员也不给转正，村上现有的党员 70% 是 60 岁以上的老年人，他们和其他许多老年人看不惯现任不为群众办实事的村领导班子，从而遭到村干部的忌恨。这次选举绝非个别村干部的"疏忽大意"，他们不让 60 岁以上的老年人参选，是怕一些有威望的老年人参选对他们当权不利。

此事如何处理，本报将拭目以待。

五、基层渠道

和上级渠道、部门渠道等不同，很多新闻线索来自基层，很多新闻记者常年扎根基层，那里是很多新闻最大的发源地。

何为基层？基层指组织中最低的一层，这里和人民群众结合最紧密，这里，饱含着生活的酸甜苦辣，这里，有讲不完的新闻故事。乡镇、村组，街道、社区，工厂、矿山，军营、连队，医院、学校，商店、食堂，火车站、地铁站、汽车站，旅游景点，文化广场，农贸市场、超市商场等，都是基层单位。基层单位有党支部、有行政主管，有互助组织、物业代办，有居委会，有村委会。在我们国家，每个人都能找到自己的基层单位，所以，广义的基层单位延伸到所有组织和部门。

基层的新闻很多，基层是新闻的"富矿"，基层的新闻很鲜活，基层的新闻接地气，这是很多记者的共识。我们常常讲，记者不要浮在面上，而要下到基层，就是这个道理。为什么基层新闻鲜活、接地气？因为基层矛盾多、问题多、能人多、点子多、新事物多、新现象多、新经验多、新风尚多，记者只要一下去，就会发现那里有抓不完的新闻。

通过基层渠道抓新闻，不只是地方媒体和基层通讯员的事情，中央媒体、省市媒体的记者也都要经常下基层，最起码也要经常"光顾"一些社区党支部和居委会，通过他们了解基层的情况。如果条件允许的话，每年要抽出专门时间，下到工厂、农村、军营，体验生活，发现新闻。当然，县乡搞新闻宣传的同志、基层广大同志，可通过自己在基层的长处，源源不断地把基层的新闻投递给各级媒体，并热情接待来自各级媒体的记者同志，协助他们发现本单位新闻，报道本单位工作。

第二节　新闻职业层面

新闻职业不仅包括新闻记者，也包括新闻编辑；不仅包括专职新闻工作者，也包括兼职新闻工作者；不仅包括新闻采写者，也包括电话员、收发员、信访员等。总之，在新闻媒体内工作的人或为新闻媒体工作的人，都可以称为新闻工作者。新闻发现很多时候都通过新闻职业层面的渠道，诸如热线电话、来信来函、新闻线人、媒体同行、通讯员等。新闻记者常常通过这些渠道和途径，发现很多有价值的新闻。

一、热线渠道

媒体现在一般都开设有新闻热线，受众发现新闻后都可以拨打媒体的热线电话，直接和媒体取得联系，向媒体提供新闻线索，这是很多媒体发现新闻的主要渠道。很多媒体的热线电话确实很"热"，一天 24 小时不间断响铃，说明打电话提供新闻线索的人很多。

新闻热线一般由传统媒体开设，新媒体本身就是网络媒体，网上联系会更方便，没必要设立热线电话，但也有设立热线电话的新媒体。可能主要考虑个别不上网的老年受众。为了引人注目，简单易记，媒体的热线电话一般都是当地的特殊电话号码，比如《北京青年报》新闻热线 010-65902020、《华商报》新闻热线 029-88880000、《新民晚报》新闻热线 021-63510000、《南方都市报》新闻热线 020-87388888 等。

二、信函渠道

媒体除设立新闻热线外,还有受众来信来函,即通过书信的方式向新闻媒体反映问题,或提供新闻线索,有的媒体还专门设立群访部。群访部的工作人员每天第一件事情就是拆开群众来信。群众来信多数是反映问题的,也有的是单位回复媒体答复群众来信的,还有的是提供别的新闻线索的。群访部新闻线索很多,有经验的记者会常常光顾群访部,这里是社会的一个缩影,这里较能体现老百姓的心声。

媒体的群访部处理群众来信来函一般有三种情况。一是对反映的一般问题进行转办处理,根据来信的内容,由媒体给有关单位发函,并要求在规定的时间内向媒体答复。二是对有些典型的有代表性的或者较为严重的问题,记者亲自调查,写出批评报道。三是来信中有些是遵照媒体的要求自己调查答复的。这三种情况一般都会在媒体上刊发,报纸往往会有读者来信专版,广播、电视都会有专门的节目,比如,笔者在电台工作时,曾经有一段时间担任"听众来信"节目的编辑,很多好新闻线索也是在这个时期获得的。

媒体群访部不只是处理群众的来函来信,也直接接待群众的亲自来访,可直接采访,直接了解情况。对受众而言,亲自登门拜访,可以和记者面对面交流,节省了很多中间环节时间。对记者而言,第一时间见到来访者,第一时间出门采访,第一时间写作报道,有利于媒体及时发挥效能,有利于群众反映的问题及时得到解决。

三、线人渠道

所谓新闻线人,就是专门从事给媒体提供新闻线索并从媒体那里获得一定的报酬的人。现在很多媒体都有新闻线人,这些新闻线人不仅给媒体提供新闻线索,还给媒体提供广告线索,以便从媒体那里获得更多的经济报酬。

新闻线人现象最早出现在都市晚报类媒体上,由于媒体越来越多,媒体竞争日趋激烈,挖掘独家新闻成了各媒体竞争的焦点。《羊城晚报》等媒体率先在媒体上公开悬赏征集新闻线索,提供者一经采用,便给予一定酬劳,吸引了不少人的眼球,也调动了很多人为新闻媒体提供新闻线索的积极性。他们踊跃拿起电话,把自己身边的新闻告知新闻媒体,并很快从新闻媒体那里获得了一定的报酬,久而久之,有人就开始专门从事这项工作,他们不只是为媒体提供新闻线索,还联系企业为媒体提供广告线索。现在,各媒体都有自己的新闻线人,有的线人同时为多家媒体提供线索。

新闻线人的兴起,是媒体竞争的结果,也促进了媒体的发展,让媒体的眼线由记者扩大到普通人,便于新闻被及时发现,便于受众及时获得更多新闻,特别是新闻线人的大量出现,使媒体的社会新闻大量增加,可读性、群众性、贴近性等不断增强,也突破了我国传统的新闻信息来源采集基本上局限在"官方—记者—通讯员"的框架,使社会信息的流量空前丰富。但同时也出现了一些副作用,有些记者靠线人挖掘广告,新闻人变成了广告人;有些线人成了媒体与被批评者之间的"调停人",让媒体的监督角色变了味;还有个别新闻线人靠自己与媒体熟悉到处吹嘘,在社会上干一些不法的事情,给媒体造成损失。这些都需要在实践中不断完善和改进。

四、同行渠道

这个渠道看起来似乎不太可能,因为,同行是竞争对手,怎么可能互相提供新闻线索,但在新闻实践中确实存在着记者之间报团取暖、互相帮忙的现象。

为什么会有这种现象?原因是多方面的。一是新闻媒体定位不同,受众范围不同,传播形态不同,很多时候,线索可以同时启用,对竞争影响不大。比如,广播媒体记者把线索提供给报纸记者,老年报的记者把线索提供给综合报纸记者,党报记者把线索提供给都市报记者采访记者,市级媒体记者给省级媒体记者提供线索等,这些都是很正常的事情。二是记者外出采访,常常会吃住在一起,久而久之,就成了朋友,加上有时还会遇到意想不到的困难,互相帮助让他们之间的友谊进一步加深,由于不在同一个单位,也就不存在利益之争,因此,有了线索互相照应也很自然。三是有些新闻线索,比如批评报道、主题报道等,本身就适合多家媒体联合行动。因此,同行之间互相提供新闻线索,甚至联合采访、联合署名,成了新闻实践中普遍存在的一个现象。

需要强调的是,同行之间提供新闻线索是互相的,这次我给你提供,下次你给我提供,这叫有果子互相分享。但如果一方提供多,而另一方提供很少,甚至不提供,那么,这样的合作就不会长久。

有时候同行提供新闻线索并不是同时进行的,而是自己媒体先行一步,在准备报道的同时再给同行说,保证同行采访在自己之后和他人之前,这样既不影响自己媒体获取独家新闻的地位,又能确保同行朋友紧随其后或是在同类媒体中领先一步。

还有一种特殊情况,有时候自己有了新闻线索,但因为种种原因,比如被批评对象是自己媒体的广告客户等,自己媒体的领导不愿报道(当然这是新闻道德不允许的),这个时候,就可以考虑把线索给别的媒体,或者自己以个人名义直接给别的媒体提供现成新闻作品。总之,来自同行渠道的新闻合作方式多种多样,新闻记者可以在新闻实践中不断摸索,扩大自己的新闻信源,发现更多更好的新闻。

比如,通讯《生命的支柱——张海迪之歌》的新闻线索就是一位同行提供给《中国青年报》记者郭梅妮的。

这篇通讯于 1983 年 3 月 1 日在《中国青年报》上刊登后,在读者中引起了强烈反响,编辑部和张海迪本人收到了几万封读者来信,张海迪的事迹震撼了一代青年的心。这篇通讯被许多报刊和出版社转载和出版,并被评为 1983 年全国好新闻。

郭梅妮当时去山东参加一个会议,会后一位同行在闲聊中告诉了她关于张海迪的事迹,她听后觉得值得挖一挖,但当时任务在身,只好先回北京。可她脑子里一直在想一个问题:张海迪是不是一个具有时代特征的典型人物?她的什么精神是反映时代特征的?

几天后她又专程来到山东采访。郭梅妮深深感到在 20 世纪 80 年代,青年在人生观上有一系列的新问题,她发现张海迪在这些问题上和大家有着同样的经历,她解决得又比较好,她的事迹能够帮助和促进青年解决这些矛盾,这就是她的先进和典型意义。经过这个主题思想的提炼过程,张海迪靠什么支撑她的生命呢?她想用这篇通讯回答这个问题,便把标题定为"生命的支柱"。

五、通讯员渠道

通讯员就是业余记者,他们分散在机关、厂矿、农村、学校等基层单位,是支持办好新闻媒体的又一支队伍。

无产阶级有倡导全党办报、群众办报的传统,各级各地都有党委宣传部。宣传人员不只搞理论宣传、文艺宣传、标语宣传、广告宣传等在内的大宣传,还要协助和指导新闻媒体做好新闻宣传,所以,各级党委宣传部的新闻干事很多都是各级党报的特约记者。各企事业单位大多数也都有类似的新闻干事,他们在负责本单位新闻报道工作的同时,也积极向媒体投稿。

通讯员渠道包含两方面含义。一是通讯员自然来稿,有些直接能用,而有些需要记者下去采访重写,和通讯员共同完成报道工作。二是通讯员单纯提供新闻线索,邀请记者去他们单位或区域采访。对媒体而言,无论哪种情况,通讯员都是功不可没的,因此,很多媒体新闻来源多数是通讯员渠道,此举也减轻了媒体的创办成本。

严格意义上说,通讯员也是媒体人员,只不过他们是兼职而已,所以,通讯员给媒体提供新闻线索,一般不从媒体那里获得报酬,这和新闻线人不同。当然,在新闻实践中,也不排除少量通讯员兼职线人的角色。

第三节 日常生活层面

日常生活也是记者发现新闻的重要渠道。记者的空间无定所,记者的时间无定时,日常生活,白天晚上,都是记者的工作范围,都是记者的工作时间。记者是个社会活动家,广交朋友是对记者的工作要求;记者的眼睛是雪亮的,新闻无处不有,无时不有,记者要善于观察,勤于思考;生活五彩缤纷,日新月异,吃穿住行、旅游聚会、走亲访友、回家团圆等日常生活,都可能随时随地获悉新闻线索,记者要贴近生活,贴近群众,贴近实际,发现更多有价值的好新闻。

一、社交渠道

记者要广交朋友,和他们常来常往常聊天。记者是社会活动家,要尽可能地扩大自己的朋友圈,有空就要常聊天,多发展新闻线人和通讯员,在集市等人们聚集的地方,多听老百姓聊天,在不经意的聊天中有时往往就会发现新闻。

社交渠道方方面面,同学、朋友、同事、亲戚及陌生人等,都属于社交范畴,包括春节回家走亲戚,晚上下班与家人聊天等,都可能会获得新闻线索。在自媒体非常发达的今天,社交渠道也包含一些具有人际交往、群体交往特点的社交网站等。通过网上社交,和现实中一样,也会发现意想不到的新闻线索。总之,对记者而言,朋友越多,交友面越广,聊天频率越高,发现新闻的概率就越大。

比如,笔者曾经居住在西安小树林广场附近。小树林广场是西安有名的老百姓聚集地,这里白天晚上都人山人海,特别是晚上,各式各样的活动都有,有跳各式各样广场舞、交际舞的,有下棋打牌的,有进行各种各样锻炼活动的,有卖各种商品饮食的,有现场理发按摩掏耳朵等服务的,更有聚集在一起聊天的等等。

由于职业的原因,笔者几乎每天晚上都喜欢听他们聊天,参与在这里聊天的人大多都是一些中老年男性,少则一二十人,多则上百人,有时是围成几个小圈,各自聊各自的主题,有时干脆围成一个大圈,共同聊一个话题,有时一个晚上围绕一个话题聊,甚至第二天晚上接着聊同一个话题,有时一个晚上话题转换好几个,漫无目的,聊的内容杂乱无章,上至国际国内大事,下至本市本区本社区本小区社会管理以及近期的新闻热点和家长里短等。

笔者在这里居住了两年,从这些聊天中发现了不少新闻线索,像《这里的公厕为啥不见了》一文线索就是在群众的聊天中发现的。小树林广场东南角原来有一个公厕,但后来被拆除了,有关方面准备建加油站,群众意见很大,后来,在群众和媒体的呼吁下,有关方面最终取消了建加油站的计划,又修建了新的公厕。

二、观察渠道

观察是记者发现新闻的重要渠道,记者要善于观察,勤于思考。生活处处有新闻,时时有新闻,就看你有没有一双发现新闻的眼睛。记者的眼睛是雪亮的,记者的思维是独特的,生活中的很多细节、很多事实,一般人发现不了它的新闻价值,但记者凭借自己的职业敏感,往往就能发现它的新闻价值。

观察包括采访时抵达新闻现场进行观察和平时记者对日常生活的观察。在新闻现场观察的内容很多,诸如人物的相貌、行动,事件发生的周围环境、现场物品摆放的位置,以及事件发生的过程、细节等。通过这些观察,可以帮助记者发现事件背后的新闻意义和价值。在日常生活中,走到大街上要留心观察,坐上公交车要留心观察,与人交谈聊天要留心观察,参加各种聚会要留心观察,总之,记者的眼睛就是用来观察事物发展变化的,从观察中思考问题,从观察中发现新闻。

观察的时候,要注意寻找与众不同的新闻事实,要注意寻找受众关心的新闻事实,要注意寻找既有新闻价值又有宣传价值的新闻事实,要注意寻找新闻事实中具有反差感、画面感的典型细节,要注意寻找具有时代感的新闻人物。通过寻找这些事实、人物和典型细节,来发现新闻。

比如,《宝鸡日报》曾刊出记者郑晔采写的报道《跑了三条街,买不到一个小顶针》。这篇报道是怎么来的呢?就是记者在平时的观察中发现的线索。记者在逛街时发现,时下城市越来越洋气、物质越来越丰富,但老百姓需要的一些小物件,却由于利润小、售卖麻烦等原因,在市场上非常难找,于是便写了这篇报道。刊出后引起读者的广泛共鸣,认为这条消息简短,语言朴实,写的都是群众的真实感受。

再比如,《北京日报》2015年6月29日刊发的《污水处理站建成三年未见一滴水》就是一篇观察得来的好新闻。这篇稿子最初是奔着正面报道去采访的,当时编辑部正在策划实施京郊区县如何在发展经济中保护好绿水青山系列报道。部门主任提示说:"十年前老记者就写过'怀柔民俗村村村建成污水处理站'的新闻,十年过去了,可以做个回访报道,说明污水处理站在环境保护方面的重大作用。"跑口记者于丽爽马上和区水务局取得联系,现场去采访。但在不夜谷的民俗村,看了几户后他们却说:"这项工作其实没什么进展,倒是这几年旧村改造,有几个建污水厂的典型值得报道。"工作人员当场联系了汤河口镇,镇上反馈,污水厂是建成三年了,但一直没用上。本来这个线索可以到此为止了,但记者观察现场陪同人员的表情,感觉其中有"戏",所以坚持要去看一看,现场了解一下看有没有别的可以报道的,但水务局一直强调那里没有什么可以报道的。于是,记者只好同意"打道回府",暂时结束了这次采访。

几天后的一个周六,记者让爱人开着车陪着她,来回300多公里,到达怀柔相关村镇,夫妻俩以游客的身份暗访了污水处理站建设和农户家污水排放情况,并联系了村里的管水员,实际观察了污水处理站的现状,当天晚上才回到了家。6月29日,《北京日报》头版刊发了这篇报道。报道刊发后,引起了较大反响,北京市税务部门立即行动,对相关污水处理站进行维修,很快这一拖了三年都没有解决的问题在《北京日报》的报道下得到解决。本以为把镇干部"得罪"了,因为正面报道没写成,却写了负面报道,可最终,村镇的干部都非常高兴,还给记者提供了其他一些负面的新闻线索,邀请记者也去现场看一看:"能不能也给报道一下?"这是记者没有想到的。很显然,如果没有记者当时观察陪同人员的表情,如果没有记者坚持去现场观察,就不可能有这篇稿子。这篇稿子后获第二十六届中国新闻奖三等奖。

污水处理站建成三年未见一滴水

农村建污水处理站,本是环保的好事。可北京怀柔区汤河口镇后安岭村村民反映,他们村的污水处理站建成三年多,村民家的污水也排了三年多,污水站里却始终不见处理过的清水排出来。污水到底去了哪儿?

后安岭村是一个建在白河岸边的新村,灰色的二层小楼整齐划一,村子背山面水,景色秀美。污水处理站就在村委会楼前坡下,面积约20平方米,现场只能看到水泥地面和几处井盖、两排排气管。井盖上着锁,锈迹斑斑。

污水站下隔着马路就是白河。路面上有一道新修过的痕迹,村民说,这是修污水站时挖开的,下面埋着排水管,出水口就在河边。

记者找到出水口的位置,发现已经被水泥状的垃圾包住,周围杂草丛生,五六步外的河道里还有一处简易鸡舍。这里显然长时间没有排过水。

后安岭村搬迁后发展民俗接待,全村70多户有近一半办了农家乐。记者走进一家看到,厨房、卫生间都有下水管道。户主说,打入住那天起,污水就直排下水管道了。"肯定都进了污水处理站,不处理那还行!这白河可是饮用水源地。"

村民说污水进了处理站,可处理站里却看不到处理过的清水排出来,那全村的污水都去了哪儿?

"我们村2012年搬迁,污水处理站也是那时候建的,但建完后就没正常用过。"村党支部书记说。为什么建了不用?"处理站里一滴污水也见不到,没污水还怎么处理!"

污水没进处理站去了哪儿?"听说是管线出了问题,应该是漏到地下了吧!建设单位也在查,但管道都封在水泥地下,不好查。"一位村干部说。

一个污水处理站建成三年没处理过污水,村民家的污水是否直排到了地下?水务部门对此是否知情?

"这个项目不是我们做的,但这事儿听说了。"怀柔区水务局相关负责人告诉记者,这个项目是工程质量出了问题,但在京郊农村,建成后长期闲置的污水处理站不在少数。

原来,农村污水处理设施都由上级部门出资建设,建成后交给村里运营维护。"村里没有专业人员,哪儿坏了修不了;运行维护需要钱,一些村财力有限,就不愿意用。"这位负责人说。

为解决农村大量污水处理设施闲置问题,去年市里出台政策,鼓励区县政府以政府购买服务的形式,把这些设施交给市排水集团统一管理。今年,怀柔区拨付资金1000万元用于此项工作。

"我们正协调专业机构检修,修好后就移交市排水集团,确保后期能正常运转。"这位负责人说。

希望"专业机构"尽快修好后安岭村污水处理站,不要让白河水源地的居民再喝三年污水。

三、生活渠道

记者乘车、购物、逛公园、吃饭、聚会、上下班路上、回到家里时,都要多一个心眼,耳朵竖起来,眼睛睁大,仔细听,仔细看,往往可能会发现新闻。

比如在地铁里,别人打电话,你也许突然就会听到有用的信息。再比如,回到家里,儿子叙说学校的事情,爱人给你讲单位的事情,也许对你而言,就有可用的信息。

生活五彩缤纷,吃穿住行、吃喝拉撒、休息娱乐、婚姻家庭、子女教育、养老送终、走亲访友、同学聚会、买房购物、看病就医等生活事务,方方面面,内容庞杂,人人涉及,生活变化日新月异,生活问题层出不穷。因此,来源于生活琐事的新闻,数量极大,日常生活是一个新闻"富矿"。

比如,第一个向世界报道兵马俑的记者蔺安稳就是在回家探亲的家中与妻子交谈时发现了这个新闻线索。如果没有这段家庭生活,报道兵马俑的新闻也许会大大推后,而兵马俑的考古发掘工作不知何时进行。

1974年5月,记者蔺安稳从北京回陕西临潼探亲。在临潼县(现临潼区)文化馆工作的夫人与之闲谈时提起,秦始皇陵附近出土了陶俑。作为历史专业毕业并对西安历史文化有深入了解的记者,蔺安稳对此深感好奇。当他看到几个形同真人、身披铠甲、手执兵器的陶俑时,立即意识到这是秦代士兵的形象,是国家的稀世珍宝。

一个多月后,他回北京写出500多字《秦始皇陵出土一批秦代武士陶俑》一文在《人民日报》的《情况汇编》栏目上刊发,引起中央高层重视。有关单位立即行动起来,抽调专业人员,组成了考古发掘队,结果有重大发现。正如秦俑考古队队长袁仲一所说:"这是关于兵马俑的第一篇报道,有着特殊的意义和巨大的反响。全文只有五六百字,却像一部鸿篇巨制,引发了一阵波澜。"考古专家王学理说:"此新闻稿一经刊登,一石激起千层浪,竟惊动了中央的高层,在中华大地上迎来的将是历史的新篇章。"现在,秦始皇帝陵博物院还展出蔺安稳当年撰写的新闻稿件。

后来历经多年陆陆续续发掘,一座巨大的陶俑坑展现在今人面前。1979年10月1日,新中国成立 30 周年之际,秦始皇兵马俑博物馆正式对外开放。秦兵马俑的发现很快引起世界关注,被称为"20 世纪最伟大的考古发现""世界第八大奇迹"。秦始皇兵马俑是当地农民杨志发发现的,但如果没有记者蔺安稳的报道,也许这一发现会迟迟无人关注。

再比如,《武汉晚报》2005 年 4 月 25 日刊发的《3000 小考生"妖魔化"妈妈》就是来源于饭桌闲聊得来的线索,当时记者和几位家长谈的话题是该送孩子去哪里培优,引发了在座的"楚才杯"作文评委的感慨:现在的孩子最怕培优,作文里把妈妈都塑造成"母老虎""变色龙""河东狮吼",他认为妈妈们教育太短视、太功利,应该改一改。大家在饭桌上争论不休,记者则抓住这个话题,没有把它写成一般的社会新闻,而是敏锐地抓住这一契机,充分发掘背后隐藏着的教育体制、社会体制存在的弊端,并引导家庭、学校、政府参与讨论,提出各种破解良方,最终让报道产生了很好的社会反响,并获得了当年的中国新闻奖。

3000 小考生"妖魔化"妈妈

本报讯(记者胡俊 秦杰)"楚才杯"五年级作文题"给我一点儿时间",让 3000 名被逼培优的十龄童不约而同地将妈妈刻画成"变色龙""母老虎""河东狮吼"的形象。22 日,记者在"楚才杯"组委会发现,五年级 4200 名考生中,超过 70% 的孩子选择了一个共同的题材:被妈妈逼着整天培优,学习压力大,希望妈妈给自己一点时间。孩子们被妈妈逼着赶场培优,参加奥数,练琴学画,做着永远也做不完的练习题。

在这些孩子的笔下,妈妈是"会计师",计算好了他们的每一分钟;妈妈是"变色龙",考了满分她睡着了都会笑醒,考差了就会大发雷霆;妈妈是"母老虎",每次出去玩儿总被她准确地堵回来;妈妈是"河东狮吼",看一会儿电视她就会发作。

在妈妈们看来,这样做是因为爱,是望子成龙。但孩子们并不领情:妈妈,你在我心中的地位非常高上,我不愿意,因为这而讨厌你,害怕你,我渴望拥有快乐的童年。

华中科技大学教育专家邓丹丹认为,3000 考生不约而同地"妖魔化"妈妈,反映了妈妈们在当代社会面临的共同困惑,也说明构建和谐母子关系迫在眉睫。

又比如,《新民晚报》记者习慧泽,有次上下班路上丢掉了一条新闻线索,后来,为了寻找这条新闻线索,"守株待兔"整整一个月,直到逮住它为止。

习慧泽每天骑车上班总要经过一所小学,那天猛一抬头发现怪事一桩,两位老太太正候在校门不远的树下,手提弹簧秤见一个孩子就招呼一个孩子,招呼来干啥?称书包!骑车一晃而过,但越骑越觉得这事还挺蹊跷,赶紧折回来想去找两位老人侃侃,谁知已无踪影。为找这两位老人,习慧泽以后每天专拣这个时间从这儿过,无奈寒假已至,只好作罢。

冬去春来,习慧泽时时惦念那两位称书包的怪人。某日上菜市转悠,忽然觉得有一位老人挺面熟,赶紧上前打听,巧了,正是她!越谈越有戏,话未谈完,习慧泽就把标题想好了:《小学生书包有多重?七斤半!》。其实,比七斤半重的也有,但她俩坚持说七斤半最合适,过去战士的钢枪不就是七斤半,孩子们每天上学背的书包和战士扛的钢枪一样重!

细心的老太太发此奇想是源于每天总听孙子抱怨书包太沉,背带还老脱线,缝了又脱,脱了又缝,两位当过老师的退休老人一合计,于是站在校门口称书包作抽样调查,一个小本子上记满了数字,除向教育部门呼吁外,两位老人还给市长写信,希望市长能管管孩子们的书包:负担太重了!

"你知道我在等你们吗?两位可敬的老人,感谢你们,不仅仅是因为你们帮我写了上海市好新闻作品,而且使我更喜欢爱骑那辆老坦克了。"习慧泽多年以后这样感慨。尽管同行很多人都骑摩托车或开轿车上下班,但习慧泽一直坚持骑自行车上下班,因为习慧泽知道,只有徒步或骑自行车,才容易发现新闻。

四、旅行渠道

旅行是改革开放后才兴起的一种生活方式,人们生活富裕了,自然而然地就想出去走一走。"世界那么大,我想去看看",后来居然成了一句网络流行语。现在,旅行成了国人普遍的爱好,出国游、出省游、本省游、本市游等,假期游、周末游、周内游、反向游等,自驾游、随团游、徒步游等,各种不同的旅行方式成了不同家庭的不同选择。

有人总结旅行中必做的十件事是:住一次民宿、寻找当地美食、看一次日出、寻找当地老建筑、踩地标留美照、给朋友分享旅途中的美好、认识一些朋友、乘坐大众交通工具、在旅途中学习、一个人走走停停。还有人给旅行下定义:旅行就是从自己待腻了的地方去别人待腻了的地方;旅行就是适当的放松;旅行就是体验人生;旅行就是沿途的风景和看风景的心情。

事实上,旅行就是发现新生活,体验新生活,记录新生活。一句话,旅途中,和方方面面的人接触,人们处于最放松的状态,也最容易打开话匣子,不仅观察旅行地和旅途中的见闻,也听取来自天南海北的叙说,听取各种观点的碰撞。作为记者,旅行显然是新闻的"富矿",也容易引起记者的思考,旅行长知识,"读万卷书,行万里路",一趟旅行,记者手头会抓一大把采写不完的新闻线索。

五、群众渠道

新闻工作要坚持贴近实际、贴近生活、贴近群众的"三贴近"原则。这里的贴近群众,就指的是到群众中去,与人民群众面对面,服务群众,教育群众,指导群众,报道群众,在群众中发现新闻,通过群众发现新闻,按照群众的需求发现新闻,以群众满意不满意、认可不认可、行动不行动来作为检验新闻宣传效果的唯一标准。

群众是媒体的核心受众,发现新闻就是在寻找群众的共同兴趣。新闻来自生产和生活,而生产和生活的主体就是群众。群众既是提供新闻的主体,也是创造新闻的主体;群众既是新闻报道的主体,也是新闻接收的主体。新闻记者发现新闻最关键的就是要吃透"两头",即"上头"和"下头","上头"指党和政府的大政方针,"下头"指人民群众。到群众中发现新闻就是发现民情、发现民意、发现民声,就是发现群众在贯彻党和政府方针政策中存在的问题、意见、建议,就是发现群众的酸甜苦辣,就是发现群众创造的新经验、新智慧、新气象、新风尚等,这些都是新闻记者要特别关注的新闻源。

第四节　新闻媒体层面

我们先来了解一个新概念——再生新闻。所谓再生新闻,就是从别人已经报道的新闻事实中再度开发出新的新闻信息,它是记者或编辑在翻阅、接触其他媒体传播事实,在整体把握新闻信息内容和结构中,发现报道中还有遗漏的地方,还没有得到充分的、全面的、深刻的挖掘,于是破题发挥,把握好时间差、地域差、品位差,从另一个侧面、另一个层次、另一个角度去挖掘新的东西,去发现再次生成的新闻价值。再生新闻是新闻记者从新闻媒体层面发现的新闻。在新闻媒体层面除发现再生新闻外,还常常发现一些不是再生新闻的新闻线索,比如有人通过微博向记者提供新闻线索,或是记者通过媒体报道产生灵感发现了别的新闻等,靠这些新闻线索采写的新闻大多不属于再生新闻。

一、传统媒体渠道

从纸质媒体(报纸、杂志、书籍)、电子媒体(广播、电视)等传统媒体上找新闻线索最方便,这不是"热别人的剩饭",而是对媒体报道的进一步挖掘和发现。

这些平台往往会透露很多待进一步开挖的新闻线索,有的是综合报道透露的,有的是只报道了一个简单的消息或一句话新闻,记者要有新闻敏感性,追踪采访,进一步挖掘更大的新闻。

比如,笔者和记者李继民 1990 年 4 月采写的通讯《一封加急电报》就是从《人民日报》上发现的新闻线索。

1990 年 4 月 2 日,正值七届全国人大三次会议在北京召开之际,刊发在《人民日报》第三版的一篇综合新闻《我国各族人民关注全国"两会"》引起了记者的关注,里边列举了"两会"召开几天来各地各族人民群众给大会的来函来电的例子,其中说到陕西省岐山县农民冯剑毅给大会专门发来 1700 字的加急电报,就农村干部政绩考核、用人标准、社会科学研究、司法制度改革等问题提出意见和建议。

新闻具有接近性,当笔者读到有关陕西的信息时,立即意识到这是一条很好的新闻线索:冯剑毅是个怎样的农民?他为什么要发加急电报?他的电报花了多少钱?他的家境好吗?他到底提了哪些具体的建议?很多疑问在记者头脑中产生,受众也一定会感兴趣。想到这些,笔者心潮澎湃,就给新闻部主任做了汇报,当日下午笔者与录音员等一起便驱车来到岐山县采访,次日笔者又专程把电话打到全国人大常委会办公厅,电话采访了信访局局长。局长告诉记者,这位农民有水平,关心国家大事热情高,信访局接到电报后立即以"大会快讯"的形式传送给大会主席团成员。局长还特意请记者转达他对这位农民的问候。4 月 4 日,宝鸡人民广播电台就播发了这篇录音报道,在听众中产生了很大反响,报道被很多媒体转载,该文后来获首届全国好新闻奖。

冯剑毅当时是位 40 多岁的普通农民,高中文化,喜欢独立思考,曾经提出的"财税连环制度改革"建议被当地政府采纳。这次他从广播中得知全国两会召开,就想给两会提一些农村方面的建议,几个晚上都没有睡觉,后来终于写完了,怕邮寄太慢,收信方收到后会议就结束了,于是,在家境非常贫困的条件下,花 257 元钱发了加急电报。

该报道在《信息日报》发表时标题改为"乡下人言国政",随后中央人民广播电台等媒体也相继刊播,获全国好新闻三等奖。

二、网络新媒体渠道

在网络新媒体时代,通过网络新媒体渠道发现新闻是记者常用的一种重要方式。调查表明,截至 2021 年底,全世界 78.3 亿人当中有 46.6 亿人上网,网络普及率达 59.5%。而社交媒体用户为 42.2 亿,占全球总人口的 53% 以上。手机用户为 52.2 亿,占全球总人口的 66.6%。而且,上述这些数字,每天还都在增长,人们涉入网络的比率越来越大。我国是世界网络大国、手机用户大国,网络新媒体普及率要高于世界平均水平。

网络新媒体的快速发展,不仅改变了人们的生活,也改变了人们新闻消费的习惯,现在,大多数人都不再青睐报纸、广播、电视等传统媒体,而是乐于从新媒体上获取信息。由于新媒体具有海量、即时和互动等特点,因此,网民们不再仅仅是过去单纯的信息接收者,而是集传者和受者于一身,常常主动发送信息,主动参与新闻内容的生成和制作,从而让网络新媒体变成了最大的信源。

新闻记者要发现新闻,不仅要关注现实生活、客观实际,还要关注网络新媒体,这里信源最多,是新闻的"富矿"。新闻记者上网和一般普通用户上网不同,除获取信息、参与生产信息外,更要从中发现新闻线索,寻找新闻选题。

网络新媒体发展日新月异,形态多种多样,新闻记者要广泛涉猎,不仅要关注 Web1.0 时代产生的新媒体,还要关注 Web2.0 时代产生的新媒体;不仅要关注网络人际传播,还要关注网络群体传播和网络组织传播。

当下,网络新媒体的形式主要有两类:一类是 PC 端新媒体,包括搜索引擎、网络电视、社交媒体、网站、网络报刊、网络广播等;另一类是移动端新媒体,包括微信、抖音、新闻客户端、手机电视等。其中社交媒体包含网络论坛、博客、微博、即时通信工具等;网站包含门户网站、新闻网站、电子商务网站、视频网站等。

网络新媒体信息海量,内容庞杂,可信度不高。新闻记者对之不能轻信,要深入实际,认真核实,扎实采访,切勿不经采访,不经核实,就随意发稿。

三、异地媒体渠道

一些有经验的地方记者注重阅读、收听、收看一些外地媒体的报道,然后参照这些报道在本地寻找相似的新闻线索,往往也能发现很多新闻。这个渠道很多记者不了解,这是个别记者最初率先掌握的诀窍,那个时候媒体还没有今天这么发达,网络还没有普及。甚至各省还没有卫视,有记者就经常收听外地广播电台的节目,或者看外地的报纸,从中找到灵感。

通过异地媒体渠道发现新闻一般有两种做法。一是直接转发外地信息。在各种各样的工作上,各地的做法往往不尽相同,有先有后,通过媒体向本地介绍外地的做法,可以促进本地的工作。二是按照外地媒体报道的新闻在本地找到同样的新闻。

新闻具有地域性,同样的新闻,在本市是新闻,但放在全省或全国就不是新闻。在这个地方是新闻,但在另一个地方就已经报道过了,就不是新闻。通过异地媒体渠道发现新闻,首先要搞清楚这样的新闻本地媒体报道过没有,如果没有报道过,才有可能"照猫画虎",在本地寻找相似的新闻事实。当然,各地和各地的情况不同,千万不能强行嫁接,要根据新闻事实,或者重新选择新闻角度甚至新闻主题来发现新闻。

四、上级媒体渠道

地方媒体的记者可以经常阅览上级媒体,一是学习上级媒体的报道思路和方法,二是从上级媒体的报道中发现新闻线索。地方记者如何在上级媒体的报道中发现新闻?首先寻找一个时期的报道中心,根据报道中心在本地找新闻事实;其次寻找上级媒体报道本地的事情,看有没有需要更深入的了解,或者是否有另外的角度去挖掘。对一些综合性的报道看看有没有提到本地,如果有,可以深入采访,进行详细报道。

媒体之间其实是没有上下级的,所谓上级媒体、下级媒体,都是一种人为的叫法,是根据行政主管的上下级而说的,比如市里办的媒体,其上级媒体就指的是中央和省上办的媒体,而省上办的媒体,其上级媒体就指的是中央办的媒体,其下级媒体就指的是市里办的媒体。所有媒体都是事业单位,相互之间本身是一种合作关系,而不是上下级关系。

我们国家新闻媒体具有宣传功能和舆论引导功能,这两个方面分别叫新闻宣传和新闻舆论。新闻宣传指用新闻的手段进行宣传,即依托新闻媒体,通过新近发生的新闻事实开展宣传,传播宣传者的主张。新闻舆论指通过新闻手段反映公众意见而形成的舆论。新闻舆论的主体是公众,新闻事实是舆论的客体,媒体是舆论的载体,意见或看法是主体对客体的判断,是舆论的表现形式。大型新闻宣传或新闻舆论,一般都产生于上下级媒体统一联动。所以,作为下级媒体的记者,通过上级媒体渠道发现新闻,是一种比较常见的方法。当然,上级媒体也可以通过下级媒体发现好的新闻线索。

五、内部媒体渠道

内部媒体主要指企事业单位内部主办的报刊、有线广播、有线电视等。通过内部媒体渠道发现新闻主要是指通过内部纸质媒体发现新闻。内部纸质媒体标准叫法应为内部资料,这些内部资料一般每期都由企事业单位邮寄给各媒体单位,或是记者到企事业单位采访并把近期的内部资料带回。记者阅读单位内部资料,一方面通过该单位内部资料发现新闻,另一方面通过该单位内部资料了解该单位,为采写新闻寻找背景资料。无论是寻找新闻线索,还是寻找背景资料,都是为了采写报道新闻。一般来说,企事业单位的内部资是该单位的新闻聚集地,经常阅读各单位的内部资料,有时就能发现新闻线索,甚至发现现成的新闻。新闻记者如果去某个单位采访,通过阅读内部资料,就可以做到心中有数,采访起来也就有的放矢,容易发现更多更深的新闻。

比如,笔者采写的消息《思想政治工作显示强大威力 宝桥厂钢结构车间职工升工资互推互让》就是通过内部资料《宝桥报》发现的新闻线索,当时的情景至今想起来仍记忆犹新。

1989 年 11 月 25 日上午,笔者正准备外出,迎面碰到通联员抱着一大摞报纸邮件上来,就顺手拿了张《宝桥报》去看,在报缝中有一条不到 100 字的简讯吸引了笔者:《钢结构车间工人风格高》,说的是升工资中大家你推我让的事情。当年,大家的生活都不富裕,谁不想升工资?却偏偏有人要执意让给别人!笔者立刻意识到这是一条"活鱼"。

笔者马上意识到这是条好新闻线索,但由于是简讯,信息不多,因此需要进一步了解。回到办公室,第一件事情就是给宝桥厂宣传部打电话,厂宣传部部长唐涛恰好就是这条简讯的作者,他在电话里给笔者介绍了有关情况。由于他知道的情况并不多,当天下午,笔者便来到了钢结构车间,采访了车间主任和推让升工资的有关职工,事迹非常感人。

回到台里,夜幕已经降临,笔者顾不上吃晚饭,立即写作,次日早晨宝鸡人民广播电台新闻节目播出;同时《宝鸡日报》当天在头版刊发;次日,《陕西工人报》也在头版头条刊发,并配发评论《重提一个口号》(指"毫不利己,专门利人"),引起受众强烈共鸣。作者之一的唐涛夸赞专业记者还是"厉害",厂报一条简讯,经专业记者采访,就变成了头版头条,由此可见,新闻敏感性是区分内行和外行的关键。这条新闻之所以能上头条,关键是它反映了一种新风格、新气象、新精神,而这样的新闻正是我们这个时代所需要的。厂报之所以能做简讯报道,主要是相关人员没有意识到其中的新闻价值。该报道获陕西省好新闻三等奖。

思想政治工作显示强大威力
宝桥厂钢结构车间工人升工资互推互让

本报讯(杨讲生 唐涛) 过去曾经在调资中争得面红耳赤的铁道部宝鸡桥梁厂钢结构车间工人,在近日的调资中却出现了你推我让,争着把自己多升的半级工资让给别人的感人事迹,车间领导也由过去为了应付增工资的争吵局面而发愁,变为为说服一些职工不要推让而犯愁。

钢结构车间是宝桥厂最大的车间,有 470 多名职工,是铁道部双文明先进单位,车间党支部今年被评为铁道部先进党支部。近几年,由于工厂经济效益好,职工先后遇到了三次调资机会。前两次,这个车间为解决调资中的问题,主任书记昼夜值班接待职工,但由于日常思想政治工作薄弱,一切向钱看的思想存在,许多职工仍为升工资争得面红耳赤,致使车间生产几乎停顿。

这次升工资,车间根据技术精、贡献大、纪律好的标准,对每个职工的出勤、产量、质量、安全、工龄、现行工资六个方面综合打分,根据工厂下达的指标,确定车间 1/3 职工升一级工资,其余职工升半级。方案确定后,车间领导在平时耐心细致地做思想工作的基础上,先后召开职工会、班组会、党员会,教育大家顾大局、识大体,使这次调资能顺利进行。由于思想工作做得扎实细致,分数公开后,许多得知自己升一级工资的党员和群众纷纷找领导,争着要让出自己的半级工资,出现了许多感人的事迹。

分数为满分的省劳动模范、共产党员丁奚落,先后五次找车间领导,要求让出半级工资。在他的带动下,同班的陈冉福、汤江怀、杨成生、王学建等职工也让出了自己该升的半级工资。上调组组长、共产党员向世平看到同组有两名技术骨干工资偏低,这次因名额有限未进入升一级的行列,就主动提出让出自己的半级工资,然而,同组的共产党员杨继乾、高明天却对向世平说:"你工资还没有我高呢,我俩让。"向世平说:"让工资是我提出的,我让定了。"杨继乾说:"我爱人是农村户口,但开了个小商店,这几年我的经营状况比你好,该我让。"车间主任曹连生为此感动得流下了眼泪。

1987年因升工资停工的精细组,这次也互相推让。45岁的党小组组长李福元提出让工资后,他的徒弟、青年党员陈文杰说:"师傅都让了,我还年轻,以后升级的机会多,我也要让。"钻孔组工长张金海的爱人还找到车间领导,帮着张金海说服领导,让领导同意张金海让出半级工资。

现在,该车间调资工作已顺利结束。车间领导对记者感慨地说:"在整个调资中,该车间无一人为自己升工资而找领导,充满了互相礼让、先人后己的可贵风格。这次调资调出了风格,调出了团结,调出了干劲。调资的九、十两个月,这个车间生产不但没受到影响,反而超额完成的产量产值任务。由此可见,抓不抓思想工作大不一样,这次调资的新气象就是重视思想政治工作的可喜结果。"

思考与训练

1. 为什么说会议是新闻的"富矿"? 记者如何在会议上发现新闻?
2. 谈谈你对新闻线人这个职业的理解。
3. 举例说明什么是再生新闻? 如何发现再生新闻?
4. 周末走上大街,利用你的眼睛、耳朵和嘴巴,看看能否发现一则新闻?

针对本教材,作者已经录制了配套的在线课程视频,以上是关于本章内容的视频二维码。

第九章　新闻发现的思维方法

本章重点难点:①受众思维法;②媒介思维法;③全局思维法;④追踪思维法;⑤逆向思维法;⑥迂回思维法;⑦跳跃思维法;⑧发散思维法。

思维活动是一个由多种因素构成的动态系统,思维对象、思维主体和思维方法是思维活动中最基本的三个要素。思维对象是思维活动的原材料。思维主体是具有认识能力及相应思维结构的人。思维方法是思维主体为了实现特定的思维目的对思维对象进行加工制作的方式、途径、工具和手段。在思维活动中,思维方法具有十分重要的作用。它是思维主体和思维对象发生联系的中介和桥梁。没有科学的思维方法,人们的思维活动就不能顺利进行并取得成效。

新闻记者的思维和从事其他职业的人员的思维不大一样,尤其是在发现新闻的过程中,常人不太用的一些思维方法,有时却成了新闻记者打开发现之门的金钥匙。优秀的新闻发现往往取决于新闻记者科学的思维方法,而思维的广度、高度、深度是新闻记者在具体思维过程中必备的基本素质。新闻记者只有不断地创新思维,提高自己的思维层次,在新闻实践中综合运用多种思维方法,才能发现更多有价值的好新闻。

第一节　一般思维方法

一般思维方法,即普遍性的思维方法,这些思维方法无论思维主体或思维客体等,一般会被经常用到。比如受众思维法、媒介思维法,虽然名字看上去为媒体人独有,其实它和企业的用户思维法、平台思维法等联系紧密。至于全局思维法、追踪思维法、归纳思维法、辩证思维法、演绎思维法、形象思维法、抽象思维法、比较思维法等,其普遍性和一般性就更突出了,很多不同职业的人都经常运用这些思维方法。不过,新闻人运用这些思维方法和其他职业的工作者还是有一些区别的,尤其是在新闻发现这个环节。所以,新闻记者应该多实践、多运用、多总结、多体会,用科学思维指导新闻发现。

一、受众思维法

受众是新闻传播学领域一个经典的概念,指信息的接收者。不同媒体的受众的叫法不同,报纸的受众叫读者,广播的受众叫听众,电视的受众叫观众,网络的受众的叫法在不断变化,开始叫网民,现在很多人主张叫用户,原因是在网络新媒体上,传者和受者已经模糊不清,发信息的人不只是媒体,受众也常常发信息,"互动"成了网络新媒体的"常态"。

受众思维法指新闻工作者要以受众为中心思考问题,换位思考,站在受众的角度,替受众考虑,想受众之所想,急受众之所急,做受众之所需。具体到新闻发现上,就是要发现受众感兴趣的新闻事实,提炼受众感兴趣的新闻主题,选择受众感兴趣的新闻角度,提供受众感兴趣的新闻呈现方式。

受众思维法是新闻记者的核心思维法,新闻记者的其他思维方法的目的也都是为了受众,因此,可以说其他思维方法都是在受众思维法的基础上展开的。媒体的受众和企业的用户一样,媒体的新闻就好像企业的产品,产品好不好,用户说了算;新闻好不好,受众说了算。为受众寻找他们需要的信息,是新闻记者思考的核心问题。

受众具有受众思维的前提是要有受众意识。受众意识是指传播主体以受众为中心,尽心为受众服务。尊重受众的知情权和参与权,以优质的资讯满足受众的信息需求,以平等对话的姿态满足受众的参与权,便是记者受众意识的体现。记者的受众意识有四个具体方面:一是研究受众,了解受众的兴趣、爱好;二是满足受众的信息需求;三是对受众负责任;四是引导公众"积极向上"。

比如,每年高考填报志愿,学生和家长就希望得到更多的信息,包括招生数量、招生专业、学校实力、就业前景、往年分数、学校环境等,新闻记者都在为家长提供这方面的信息,包括专访学校招生办主任,采访问题也是站在学生和家长的角度提的,尽可能挖掘到学生和家长需要的信息,满足他们填报志愿的需要。

二、媒介思维法

媒介思维法是指新闻记者在发现新闻时要考虑媒介的定位、平台的特点等。在互联网行业里,人们常谈及的一种商业思维也叫平台思维,这跟我们这里讲的还不大一样,他们所说的平台思维更多是一种商业模式,我们所说的媒介思维是新闻工作者经常运用的一种思维方式。

不同平台的新闻记者在发现新闻时的思维内容不尽相同,比如:《人民日报》记者和地方报的记者思维就不一样;老年报的记者和青年报的记者思维就不一样。再比如,对同样一件新闻事实,报纸记者、摄影记者、电视记者、广播记者、网络新媒体记者思维都不大一样。当然,他们对新闻价值、宣传价值等的思维判断都是一样的,但对各自媒体的特殊性也必须考虑。

在网络新媒体时代,承载新闻信息的平台和过去大不一样,新闻生产的程序和过去也大不一样,所以,新媒体记者的思维就很独特,发现新闻时常常会思考这个选题会不会在网上形成舆论,是用文字去表达,还是用视频去表达,或是如何去制作融合新闻,去哪里搜集该新闻的更多背景资料等。

比如,笔者采写的长篇通讯《谁制造了这起冤案?》,所发现的新闻主题是在人大的不懈监督下,陕西省法院系统纠正了一起罕见的错案,从而体现了我国人民代表大会制度的优越性。《民声报》《法治与社会》杂志、陕西人大网作为陕西省人大常委会主办的媒体,刊发这样的报道显然很适合。

而同样一件新闻事实,《人民法院报》记者在报道这件事时所选的报道角度则是有错就改,接受人大批评,公正审判。《陕西日报》作为党报,报道角度则重点体现在党的领导下有错纠错的主题。《南方周末》作为都市类媒体,报道这起新闻事件时更突出新闻人物的告状曲折性、故事性、案件本身的复杂性,以此来增加可读性。总之,记者都在考虑各自媒体的定位,即用媒介思维法来选择报道角度。

三、全局思维法

全局思维是一种战略思维,就是要站在一定的高度发现问题、看待问题、处理问题。新闻记者在发现新闻时就要有这种思维方法,比如,你给中央媒体投稿,你就要站在全国的角度看问题;你给省级媒体投稿,你就要站在全省的角度看问题;你给市级媒体投稿,你就要站在全市的角度看问题。有些新闻在本单位是新闻,在当地是新闻,但放在全省、全国就不是新闻了。所以,新闻记者一定要有全局意识,站在全局的角度发现新闻。

很多通讯员给媒体投稿,常常石沉大海,一个重要原因就是没有全局思维,没有大局意识,常常是站在本单位、本地区的角度看问题,殊不知,这样的事情在全省、全国早就发生了,并不是什么新鲜事。

比如,毛泽东同志亲手写的新闻名篇《人民解放军百万大军横渡长江》就是一种全局思维的杰作。这是毛泽东同志在 1949 年渡江战役将要胜利时写的一篇新闻,刊发于 1949 年 4 月 24 日的《人民日报》上。当时,人民解放军正以排山倒海之势取得了一个又一个伟大胜利。人民解放军百万大军从一千华里的阵线上,冲破敌阵,横渡长江。

坐在作战指挥部的毛泽东同志听闻胜利喜讯激动不已,而当时很多作战记者发回的报道却没有面上的,选择的新闻角度都属于点上的报道。为了鼓舞全军和全国人民的士气,毛泽东同志当晚站在战场全局的角度一气呵成写下了这一不朽的新闻名篇。

毛泽东同志的这篇消息播出后,果然极大地激励了前方将士,渡江战役很快取得了全面胜利。现在看,毛泽东同志的这篇消息不仅气势磅礴,高屋建瓴,而且角度新颖,新闻发现力极强,刊发效果极佳,不愧是中国新闻史上的名篇。

再比如,《西安全力筹办十四运》这篇新闻,虽然说的是西安市的事情,但全运会是全国人民高度关注的事情,站在全国角度看,无论央媒、省媒、市媒等,都可以报道。

又比如,笔者采写的《范肖梅副省长向人大述职》不仅省媒报道,而且很多央媒也进行了报道,原因是这件事情在全国也是新闻,当时其他省还没有出现省级领导向同级人大述职的先例,陕西省人大此举开创全国先例,用全局思维法考察,央媒报道很正常。而两个月后,别的省也进行了省级领导述职活动,央媒却没有关注。

四、追踪思维法

追踪思维就是刨根问底,这是孩子的天性,也是成人的天性,更是新闻记者的职业天性。世界上万事万物都是运动变化的,都有其表象和本质,发现新闻就是由表及里、由果索因,就是追逐最新的变化。这是记者的职业要求,也是记者的工作特性。

有经验的记者在采访的时候,和采访对象聊天,整个采访过程,就是顺着采访对象的思路刨根问底,不断地追问,就会有新的发现。比如,原中央电视台著名记者王志,他的采访风格就是这样,他通过追踪思维,连珠炮式地发问,往往会收到意想不到的结果,发现别人发现不了的事情。

追踪思维要求我们用心去寻找那些人们想知、应知而未知的事情,只要我们善于发现别人忽视的地方,善于探索未知的世界,通过仔细观察和思考,然后步步深入地追究下去,从已知到未知,从现实到可能地进行思考,最后就能产生创造性成果。

新闻记者用这一思维方法,不仅会发现更多的新闻,还会对已经报道过的新闻进行追踪报道,因为很多新闻刊发后,受众也想知道后续的发展。沿着追踪思维的方向,新闻记者就会发现前边报道的效果,或者事情的最新进展。很多连续报道、深度报道、解释性报道,正是记者运用追踪思维的结果。

有时候,一些著名的新闻报道、著名的新闻人物、著名的新闻事件,若干年后,人们其实还是想知道后续的情况,新闻记者仍可以利用追踪思维继续挖掘新闻,满足受众的需求。

追踪思维不仅是新闻记者常用的思维方式,也是新闻记者的工作习惯。新闻记者的工作就是外出采访,对看到的、听到的都要感兴趣,都要刨根问底,问得越多,得到的素材就越多,越有可能发现意想不到的新闻。

追踪思维不只是新闻记者常用的行为方式和工作习惯,其实,很多从业人员都喜欢这样的思维,比如警察就经常靠这样的思维来破案,科学家经常靠这样的思维来揭开很多谜底,医生经常靠这样的思维来诊断病情等。人类正是有了追踪思维,才得以不断前进。

年轻记者给编辑交稿子,编辑经常给的意见就是两个字——继续,意思是让记者追着不放。有时记者不解地问:"我都写了好几篇了,还追呀!"编辑回答:"继续就是没有追完,至于追什么,自己去想。"年轻记者常常就是在这样的氛围中不断成长的。

追踪思维可以是"无限接近真相",可以是还有疑问没有解决,可以是事情有了新的变化,可以是停滞了的事情有了进展,可以是新闻背后的新闻,可以是又发现了一个新的疑点,总之,只要可以继续,就不要停止发现的步伐。

比如,2013 年 7 月 2 日至 20 日,《三秦都市报》刊发的 14 篇连续报道《一碗面温暖两座城》就是不断追踪的结果。

2013 年 2 月 1 日,央视报道了出现在郑州一家面馆的爱心故事。这家面馆老板李刚患有骨肿瘤,他在网上发出"可不可以来我的店吃碗面"的请求援助。人们争相前来吃面奉献爱心,成为郑州的一段佳话。

7 月 1 日,李刚肿瘤复发来西安救治,《三秦都市报》继续追踪报道。该报记者首先与河南的《东方今报》携手,将李刚送进西安的唐都医院接受治疗,然后两报共同倡议,在西安、郑州联合爱心餐饮企业同时开展"你吃一碗面,我捐一元钱"爱心捐助活动,只要有人在参与活动的餐馆消费一碗面,店方即捐出一元钱,所得善款资助李刚。《三秦都市报》7 月 2 日至 20 日,对这一活动进行大篇幅跟踪报道,西安参与爱心活动的爱心店发展到 16 家,共为李刚筹集善款101214 元。

陕西省委宣传部对这一报道给予高度评价。央视同时又做了追踪报道,介绍了《三秦都市报》追踪新闻活动的做法,不仅体现了媒体的追踪新闻意识,也体现了媒体的社会责任意识。该组报道获 2013 年陕西报纸传播创新案例奖。

采写这组连续报道的《三秦都市报》记者宋雨说:"李刚原本不是西安人,但是,当他来到我们身边,来到西安这座城市时,促使我们分享那份发生在郑州的感动,追踪那份故事的继续。"

正像央视评论员所说:"被救助的是一个人,共享温暖的却是一座城。"李刚从郑州来西安治病,素不相识的西安人,不辞辛苦地跑去看他,跑去吃一碗面,吃一桌饭,为的是帮他筹钱治病。

一碗面温暖了两座城。持续半个多月的连续报道,人与人之间的善意和爱心,被激发,被调动,善的力量被激发,温暖和感染着豫陕两地的每一个人。

五、归纳思维法

归纳思维是指以个别事物为前提,推导出一般结论的思维方式。归纳思维又叫归类思维。常言道,物以类聚,人以群分。世界上万事万物,都分门别类,人们运用比较的方法鉴别出事物的共同点和差异点,然后在此基础上,根据共同点将事物归合为较大的类,根据差异点,将事物归合为较小的类,从而把事物划分为不同的层次、不同的门类。

归纳思维不仅可以帮助人们把复杂的事物简单化、系统化、条理化,而且可以帮助指导我们发现新的事物。

在新闻实践中,我们常常运用归纳思维法归纳"新闻眼"。"新闻眼"是一则新闻的灵魂,是整个新闻思路和整篇新闻文脉交织的枢纽。归纳"新闻眼",就是依据客观事物,舍弃个别的非本质的属性,抽出共同的、本质的属性,归纳出传神之语(即所谓"原理")。

有一类新闻介乎事件新闻和非事件新闻之间,我们称之为"软事件新闻"。它是资深新闻工作者展示其新闻眼力的代表性品类。它的奥秘和难点就在于对"新闻眼"的归纳。

比如,《大寨也不吃大锅饭了》《"泡厕所现象"消失了》《武钢七万人不吃"钢铁饭"》等都是这类新闻,这类新闻既不是事件性新闻,也不是非事件性新闻,而是靠归纳出的新闻主题反映一种现象。

再比如,《陕西日报》一版有个专栏《请您快办群众急需的事》,从 2013 年 3 月开始办起,解决了不少发生在群众身边的小事、急事、难事。这个栏目名称是如何产生的呢? 其实就是记者在采访中发现群众身边的很多着急事情自己难以解决,而对政府等有关部门而言,也许却并不难解决。于是,报纸编辑部和记者运用归纳思维的方式确定了新闻栏目的名称,专门刊登这类群众身边急需政府解决问题的新闻,用舆论监督的方式直接督促政府尽快解决。

这一栏目的开设,把一版的一个重要的位置留给了老百姓,是陕西日报传媒集团践行"走转改",贴近百姓生活,强化群众意识的重要举措。这种报道方式在一版只用三五百字对所调查的事件做简单介绍,并印有视频链接二维码,详细的文字报道在当日报纸的新闻调查版刊登。读者在阅读文字的同时,只要用手机扫一扫二维码,即可看到这次调查的真相和相关视频。

栏目开办以来,解决了不少群众身边的小事、急事、难事,如《武功县联合村 800 多村民望着水塔寻水吃》《华山景区采石场乱采滥挖现象严重》《韩城一企业部分职工退休后医保没着落》等。此栏目受到中宣部的阅评表扬,并专门对此类贴近百姓的报网互动栏目进行了专题的调查。《中国青年报》等媒体也借鉴了《陕西日报》的这一做法。

六、辩证思维法

"辩证"一词出自希腊,辩证法原指古代哲学家在辩论问题时通过揭露对方议论中的矛盾以取得胜利的艺术方法。

所谓辩证思维法,就是把握事物的矛盾法则,观察事物分析问题的时候"一分为二",首先从对象中找到矛盾的两个方面,然后分析它们之间的对立统一关系。

比如,《东方风来满眼春:邓小平同志在深圳纪实》是 1992 年 3 月 26 日在《深圳特区报》刊发的一长篇通讯,该文详细报道 1992 年邓小平同志在深圳的视察活动及发表的重要谈话。

20 世纪 90 年代初,全国要求加快改革开放步伐的声音一度减弱。当时社会上还在争论改革开放要不要继续向前推进。在这历史关头,南方谈话具有重大的历史意义和现实意义。邓小平同志用辩证的思维方法清楚地回答了人们的模糊认识,吹响了新一轮改革开放的号角。

这篇万字通讯的作者是时任《深圳特区报》的副总编辑陈锡添,当时他全程跟随邓小平同志在深圳视察,也成为历史的见证者和记录者。有人把陈锡添这篇《东方风来满眼春:邓小平同志在深圳纪实》和 1978 年在《人民日报》刊发的《实践是检验真理的唯一标准》相提并论。

对立的两极并非永远对立,在一定的条件下可以相互转化和统一。热点是公众关注的焦点,自然是新闻的重要来源,这里不再赘言。表面上看,冷僻部门、冷门话题、偏远地区等"冷点"不是公众感兴趣的焦点,但是,这些"冷点"也常常是蕴含着丰富的新闻资源的"富矿"。热点与冷点的关系是辩证的。今天的冷点可能是明天的热点和焦点。

七、演绎思维法

所谓演绎思维,就是用已知的一般原理来考察某一特殊对象,推出有关这个对象的结论,是从一般到特殊的一种推理性思维。演绎思维法是人们常用的一种基本思维方法,它典型的形式是三段论,即由大前提、小前提、结论三部分组成。大前提是已知的一般原理,小前提是研究的特殊对象或场合,结论是将特殊对象或场合归到一般原理之下而得出的新知识。比如,凡金属皆导电(大前提),铁是金属(小前提),所以,铁是导电的(结论)。

因为推理的前提是一般,即普遍性的知识、原理、定律、公式等,推出的结论是特殊的知识,一般中概括了特殊,凡是一类事物所共有的属性,其中每一特殊事物必然具有,所以,演绎思维法的结论是可靠的。

演绎思维其实是以归纳思维为基础的。在思维过程中,我们不仅要十分重视演绎推理的前提所依据的一般原理,还要重视这些一般性原理是如何从大量实践经验中归纳出来的,如此才能正确理解和运用一般原理去进行演绎推理,得出正确的结论。

比如，前边我们举的《陕西日报》开办的栏目《请您快办群众急需的事》，从栏目名称确定的过程看，运用了归纳思维。但是，栏目一旦确定下来后，记者根据栏目确定的宗旨、主题、特点，去寻找新闻事实，则运用的是演绎思维法。事实上，很多主题新闻宣传报道都是这样，在主题确立的过程中运用归纳思维法，在主题新闻宣传实施的过程中运用演绎思维法，新闻记者根据预设的主题在实际生活中去寻找新闻事实。

八、形象思维法

形象思维法是人类能动地认识和反映世界的基本方式之一，同时它也是新闻发现的主要思维方式，即运用一定的形象去感知、把握与认识事物，因此也可以说它是一种通过具体的感性的形象去达到认识事物本质规律目的的思维形式。通常我们可以从以下三点了解并认识形象思维。

一是形象思维始终离不开具体可感的形象。新闻记者新闻发现的全部过程需要与具体的形象紧密相连，在采访中新闻记者往往会把得到的材料在脑海中想象成若干个形象或场面。

二是形象思维被视为新闻发现中的主要思维，其全过程都需要依赖想象与情感等，想象与联想作为形象思维的主要活动方式，情感对形象思维也有着特殊的作用。运用形象思维时，离不开个体生动的想象与丰富的情感。新闻记者通过积极能动的创造活动，发掘出蕴藏在客体事物中的新闻价值，因此可以得出在形象思维中，想象是核心，情感是动力。如果在新闻采访中缺失了想象与情感，就无法进行形象思维，也就很难发现新闻。

三是形象思维具有整体性的特点，相对应的新闻发现过程也始终具备整体性的特点。抽象思维侧重分析，而形象思维则侧重综合，它更加强调的是从整体上去把握事物，通过事物的整体形象去把握内在的本质与规律。

形象思维包括感性形象思维和理性形象思维。理性形象思维就是我们常说的意象思维。意象思维是对在感性形象思维阶段捕捉到的生活表象进行联想、想象和典型化处理的一种思维。意象思维创造出的形象代表着事物的本质形象，也就是意象。意象是对同类事物一般特征的理性反应，具有典型性、普遍性和概括性。

意象思维是决定媒体如何发现新闻和如何报道新闻的关键，它是对发现主体创造性思维的充分体现。形象思维可以把互不关联的事物交融在一起，传递出独特的神韵，可以创作出源于生活而又高于生活的画面，甚至可以把教科书上的概念转化为令人称道的优美形象。

意象思维也称象征思维，是用某种具体的形象的东西来说明某种抽象的观念或原则，是一种由具体到抽象的飞跃。中国传统的意象思维可分为三类。一是符号意象思维，即用某种符号象征一些神秘的自然法则。二是玄想意向思维，即用选择出的意象符号来象征事物的本质。三是审美意象思维，即通过发现和塑造审美意象来达到某种思想意境。

我们现在喜欢用讲故事的方式来叙述新闻，而故事是由一个个细节组成的，新闻记者要善于发现新闻细节。发现新闻细节的方法大致有两种：一是去新闻现场通过观察发现新闻细节；二是通过听新闻当事人讲述来想象新闻细节。因为大多数时候，记者赶到新闻现场时，新闻已经发生过了，所以，形象思维对记者来说非常重要，直接决定在采访中能否发现更多的新闻。

比如,笔者刚进入新闻媒体时采写的新闻特写《为了六百八十名学生》,1985 年 6 月 1 日在《中国教育报》刊发。这篇特定原为新闻通讯《当洪水袭来的时候》,2500 多字,报道三个场景故事,5 月 4 日至 7 日,中央人民广播电台、陕西人民广播电台、宝鸡人民广播电台等先后播发,20 多天后《中国教育报》选取其中的一个故事作为新闻特写并改成现在的题目刊发。其实,这篇新闻特写中的新闻故事,笔者没有亲眼看到,洪水发生后的次日笔者才赶到新闻现场,其中的新闻细节都是靠"第二手材料"通过形象思维发现的。

为了六百八十名学生

5 月 3 日下午,在陕西省宝鸡县(现陈仓区)天王镇初级中学,毕业班的学生正在进行紧张的毕业考试。校园内一片安逸、静谧。就在这个时候,意外的事件发生了:历史上罕见的特大洪水冲开沙沟河河堤,无情的河水如脱缰之马,似离弦之箭,夹带着大量的泥石、沙土和柴草向校园滚滚而来。水位急剧的上升着,全校 680 名学生的生命危在旦夕。

面对险情,校长赵江舟大声喊道:"全体学生向教工宿舍楼转移。"一声令下,几十名教师自觉地排成了两队,把学生一个个从教学楼护送到教工宿舍楼上,并把身有残疾或是身体瘦弱的学生直接背到楼上。这些教师中,有的年迈体弱,有的身患疾病,有的家里或者宿舍也已进了水,但此时此刻,他们把自己的生命和财产安危置之度外,心目中只有一个目标,一定要确保学生的安全。

洪峰又一次向人们扑来。赵江舟同志明白,一旦曹家沟水库决口,教工宿舍楼也难逃倒塌的危险。他一面吩咐教师们稳定好学生的情绪,一面决定亲自到镇政府去搬援兵。往日举足可达之地,如今却像隔着千山万水。校门口洪水滔滔过不去,赵校长转身向侧面红砖墙奔去。翻身过墙,扑通掉到了水里,脚碰到了石头上,一阵刀割般的剧痛,鲜血染红了水面,眼前冒着金星,但他咬紧牙关奋力爬起来,再继续地跑……

在同一时刻,副校长王宜焕和十几位老师一起,冒着倾盆大雨,在齐肩深的横水里打捞窗户、桌凳、学生的自行车及其他学习用品。一不小心,王校长掉进了两米多深的水坑。他奋力跳出旋转的急流,又继续干起来。王录校、陈林娣、王岁喜、彭广明等老师为了转移学生,为了打捞学生的东西,已在水里奋战了两个多小时。寒冷、疲劳、饥饿、苦痛,都被他们抛在了九霄云外。

终于,镇党委书记带领援兵来到学校,680 名同学被一个一个送了过去,送到了镇政府办公室的大楼上。

680 名同学脱离了洪水的危险,老师们疲惫不堪的脸上露出了欣慰的笑容。

九、抽象思维法

抽象思维,又称词的思维或者逻辑思维,是指用词进行判断、推理并得出结论的过程。抽象思维以词为中介来反映现实。这是思维的本质特征,也是人的思维和动物心理的根本区别。

抽象思维属于理性认识阶段。抽象思维凭借科学的抽象概念对事物的本质和客观世界发展的深远过程进行反映,使人们通过认识活动获得远远超出靠感觉器官直接感知的知识。科学的抽象是在概念中反映自然界或社会的内在本质的思想,它是在对事物的本质属性进行分析、综合、比较的基础上,抽取出事物的本质属性,撇开其非本质属性,使认识从感性的具体进入抽象的规定,形成概念。空洞的、臆造的、不可捉摸的抽象是不科学的抽象。科学的、合乎逻辑的抽象思维是在社会实践的基础上形成的。

抽象思维作为一种重要的思维类型,具有概括性、间接性、超然性等特点,是在分析事物时抽取事物最本质的特性而形成概念,并运用概念进行推理、判断的思维活动。

抽象思维深刻地反映着外部世界,使人能在认识客观规律的基础上科学地预见事物和现象的发展趋势,预言"生动的直观"是没有直接被提供出来的,但存在于意识之外的自然现象及其特征中。它对新闻发现具有重要意义。

有经验的新闻记者在新闻发生后,不仅能及时发现并报道新闻,而且还能及时预测新闻事件未来的发展趋势,从而提前做好新闻选题的策划,这主要靠抽象思维。不仅如此,记者在新闻发现的过程中,要访问,要观察,要搜集材料,要去伪存真,要提炼新闻主题,要选取新闻角度等,这些都离不开抽象思维。

抽象思维让认识进入质的跃升。新闻记者每天都会碰到很多事实,如何让一般事实上升到新闻事实,这需要对事实进行认识。认识分为感性认识和理性认识。利用抽象思维就是让认识从感性上升到理性,从而判断这个事实是不是新闻事实。所以,一般而言,发现新闻离不开抽象思维,抽象思维是决定新闻价值的关键,也是探索新闻事实本质的关键。

比如,在《中国青年报》上刊发的著名的"三色通讯":《红色的警告》《黑色的咏叹》《绿色的悲哀》,就是时任《中国青年报》黑龙江记者站站长雷收麦会同该报国内部记者李伟中、叶研,实习生贾永在火场奔波一个月时间,靠抽象思维的方式发现的新闻主题。这组报道获当年全国好新闻奖(中国新闻奖前身)特等奖,成为我国深度报道的典范。

1987年春,大兴安岭发生特大森林火灾,大火足足烧了25天。对于这场灾难的报道,被人们称为中国新闻史上少有的壮举。当年有150多名记者奔赴大兴安岭报道火灾,发出了近千篇的新闻报道。但是真正震撼人心的,进入许多人长久记忆的,恐怕还是《中国青年报》的这组"三色通讯"。这组"三色通讯",不仅如实报道了灾情,以及军民奋勇扑火的业绩,而且从抽象思维的方式出发,深刻分析了人与社会、人与人、人与自然之间的各种关系,解剖了火灾发生的深层次原因,所以给人留下了非常深刻的印象。如果不是抽象思维,单靠表面上的材料是写不出这些新闻报道的。

"三色通讯"作者之一的叶研三十年后在接受《中国青年报》记者专访时透露,他们这组报道是在现场采访结束三四十天,高炮预备师利用天气条件实施人工催雨,山林的暗火最终熄灭,他们离开了灾区以后才正式开始写作的。当时他们的关注是多方向的,比如环境和环境保护观念、人们在灾难中的心理和行为、事件经过的所有细节等。但最让他们揪心的是灾民。他们在废墟堆里采访一对老年夫妇,手里只剩半口缸米,那时他们心里真是难过。叶研认为在理论上,记者的立场是客观、公正、准确、均衡,同时记者也是有感情的,记者的感情立场是大众立场、公众立场。正是这种公众立场决定了他们对保护环境的态度,决定了他们对灾难的视角和透析力。叶研认为,这组报道的意义与价值是直面现实。灾难就是灾难,A 就是 A,不是"非A",不是 B,就这么简单。把 A 说成"非 A"是人为的更大的灾难。正因为这样,他们才可以抛开一切干扰因素,深度分析,认真思考,通讯发表后才受到了民意的普遍肯定和欢迎。

显然,对"三色通讯"主题和角度的发现,主要取决于作者的公众立场和揭露真相的态度,取决于作者的深入采访和认真思考,取决于作者对人民大众的热爱等朴实的感情,如果没有这些作支撑,"三色通讯"的新闻素材是难以被发现的。事实上,面对灾难,新闻记者不仅要如实报道灾难真相,揭露造成灾难的原因,也应及时报道军民救灾抗灾中的英雄事迹以及党和政府的积极作为,以鼓舞人民群众战胜灾害的士气。

十、比较思维法

比较思维是一种重要的思维方式,是思维主体为达到一定的特定目的,把两个或两个以上思维客体进行比较分析的一种思维活动。通过对照、比较、分析,对事物的本质和规律就有了更进一步的认识,有利于对事物作出更加客观的评价。

比较的内容多种多样,有相似性比较、差异性比较和正反比较,这是基本的比较方法,即比较研究对象间在时间、空间和物质成分上的相似性、差异性和正反性,从而得出规律。第一,这种比较应该是三维的,常常从一维甚至二维角度看上去相似的事物在三维角度上看差异却是很大的。第二,这种比较应该是动态的,即要把比较对象理解为运动着的对象,在某一时刻研究对象间的异同、正反,会发现有可能在发展过程中发生变化甚至走向反面。第三,这种比较应该是复杂的,因为物质成分本身就是复杂的。某几种成分的异同或正反,并不能决定比较对象的异同或正反。但对所有成分都比较是不可能的,问题的关键是要找出由研究目的所决定的成分,并且还要尽量排除其他成分可能带来的影响。第四,要注意比较对象的域,即不同域中比较对象间的异同或正反有相对性。在某一时空范围内研究对象间的异同、正反换一个时空范围有可能发生变化甚至走向反面。第五,要正中比反,反中看正。不存在绝对的正反,反正是可以转化的。第六,要注意比较的相对性。世界上没有绝对的相似,也没有绝对的相异。在一定的条件下,相似、相异、正反都可以相互转化。

新闻记者在新闻发现实践中经常遇到典型比较、重点比较和系统比较。典型比较就是从一系列待比对象、待比特征中找出具有典型意义的、有代表性的对象或特征进行比较,从而指导一般性的研究。比如,当前在某一政策出台之前常常要选择一些有代表性的地方、企业或群体进行试点等。重点比较就是抓住关键的特征、关键的对象进行比较。系统比较是指对待比对象从时间、空间、物质成分上进行全面、详细的比较,这是一项非常仔细严肃的工作,一般在典型比较和重点比较基础上进行,宜于得出一般性的结论。如果一开始就进行系统比较,所花费的时间、精力等是显而易见的。

对新闻事实,新闻记者还经常进行横向比较、纵向比较和纵横比较。所谓横向比较,是指对不同现象、不同事件、不同因素的比较。通过横向比较,找出有新闻价值的主要事件、主要事件中的主要矛盾、主要矛盾中的主要方面以及主要方面的主要控制因素等。所谓纵向比较,是指对同一事件在其演化过程中各个环节的比较。我们在观察待比对象时,务必把它们理解为运动中的对象,即它们是变化着的事件中的某一环节。通过纵向比较,划分事件发展的各个阶段,以突出新闻事实现阶段的新闻价值。所谓纵横比较,是将横向比较和纵向比较结合起来进行比较。对于两个或多个平行发展的事件有时需要对各个不同纵向事件中的不同发展阶段进行横向比较,进一步发现新闻价值。

新闻记者的工作是一门选择的艺术。记者每天都要从很多一般事实中选择新闻事实,这就需要进行比较,需要用新闻事实的标准进行衡量,即用新闻价值的要素去衡量。通过比较和衡量,新闻事实自然就会从一般事实中脱颖而出。如果有两个或两个以上的新闻线索,先采访哪个,后采访哪个,也需要进行比较,通过比较思维,把那些新闻价值大、时效性要求高的新闻尽快采访,而那些新闻时效性要求相对较弱的新闻缓后采访。就是对同一新闻事实,新闻记者在采访的时候,往往也要有一个采访的顺序安排。

新闻编辑更需要比较思维,可以说编辑工作就是比较思维的工作。首先,新闻编辑要对记者的稿件进行修改,为什么要修改,因为在他看来这样改会更好,通过比较,改前和改后稿件所突出的新闻价值就不同。其次,新闻编辑还要把不同的新闻稿件进行比较,在一个版面或一个时间段,排出不同的顺序,哪个新闻应放在头条,哪个新闻应放在后边等,都需要比较,通过比较,再度发现新闻价值。

无论新闻记者,还是新闻编辑,在发现新闻的过程中,在衡量新闻价值的过程中,也常常用"上边"的文件精神与新闻事实本身做比较,或者用受众的共同兴趣与新闻事实本身做比较,或者用媒体的定位与新闻事实本身做比较。通过这些比较思维,确定新闻事实本身的价值和传播后可能会起到的社会效果。

比如,获得第三十届中国新闻奖一等奖的消息《告别"同命不同价"!》就是《羊城晚报》记者运用比较思维发现的一篇好新闻。

2019 年 12 月 24 日上午,广东省高级人民法院召开新闻发布会,发布《关于在全省法院民事诉讼中开展人身损害赔偿标准城乡统一试点工作的通知》:自 2020 年 1 月起,无论受害人是城镇居民还是农村居民,统一按照城镇居民标准计算受害人的残疾赔偿金、死亡赔偿金、被扶养人生活费等,平等保护受害人的生命权和健康权。

这是一个同源新闻,参加新闻发布会的媒体很多,为什么只有《羊城晚报》获奖?原来,在新闻发布会召开前,作者一次在和广东省人民法院的一名法官聊天时得知,广东将在年底推出改革举措,即提前就已经了解到了这个新闻线索,通过比较思维:同是一条人命,过去一直实行不同的赔偿标准,这显然是不公平的。如今改革这一做法,今昔对比,城乡对比,平等对待生命权、健康权所折射出的意义非常重大,彰显社会的重大进步,也把宪法规定的"法律面前人人平等"真正落在了实处。如果再把一改革举措和几年前的人大代表选举实行城乡同一比例的举措相比较,作者更加感觉到这是一条新闻价值极高的好新闻,它不只具有经济价值,更体现了一种政治价值。所以,作者早早地就投入到这篇稿件的采写准备中,发布会还在进行,作者的稿件就已经在网上第一个被推送出来,当天下午出版的《羊城晚报》也在纸媒领域率先刊发。假如不提前准备,假如没有意识到它的新闻价值,也不可能做到网报同时全国首发。

告别"同命不同价"！

告别"同命不同价"！广东省高级人民法院 24 日上午发布了《关于在全省法院民事诉讼中开展人身损害赔偿标准城乡统一试点工作的通知》（以下简称《通知》）。农村居民受害人可获赔的"两金一费"（残疾赔偿金、死亡赔偿金、被扶养人生活费）数额，从此将有较大幅度提升。

《通知》打破了目前存在的城乡差异局面，明确了统一标准，实现了"一视同仁"。《通知》明确，2020 年 1 月 1 日以后发生的人身损害，在民事诉讼中统一按照有关法律和司法解释规定的城镇居民标准计算残疾赔偿金、死亡赔偿金、被扶养人生活费，其他人身损害赔偿项目计算标准保持不变。

现行司法实践中，"两金一费"因城乡居民不同身份采用不同计算标准，导致赔偿数额差异较大。根据《广东省 2019 年度人身损害赔偿计算标准》，2018 年广东省（深圳、珠海、汕头除外）城镇居民、农村居民人均可支配收入分别为 42066 元/年、17168 元/年，相差达 2.45 倍；人均生活消费支出分别为 28875 元/年、15411 元/年，相差达 1.87 倍。也就是说，同样的人身损害，城镇居民获赔，有可能分别是农村居民的 2.45 倍和 1.87 倍。

以广东省某起机动车交通事故损害赔偿责任纠纷为例，35 岁的农村居民王某被机动车碰撞身亡，双方承担事故同等责任，王某生前与另一人共同抚养其 60 岁的母亲。按照 2019 年度农村居民人身损害赔偿计算标准，其近亲属可获得死亡赔偿金 20.6 万余元，其母亲可获得被扶养人生活费 9.2 万余元，两项合计 29.8 万余元。若按照城镇居民标准计算，死亡赔偿金为 50.4 万余元，被扶养人生活费为 17.3 万余元，两项合计 67.7 万余元。赔偿权利人获得的赔偿数额提高了 37.9 万余元，达 2.27 倍。

"开展人身损害赔偿标准城乡统一试点，是人民法院深化司法体制改革，为促进城乡融合发展提供司法服务和保障的根本要求，也是平等保护受害人的生命权、健康权，更好地实现公平正义的重大举措。"广东高院副院长谭玲告诉记者，"试点期间，受诉法院将在立案、审理环节向当事人主动释明统一适用城镇居民赔偿标准，平等、充分地保障当事人诉讼权利。"

第二节　独特思维方法

独特思维是针对人类一般思维而言的，说它独特，就是指一般不经常用到，不普遍用到，而是在特殊情况下才运用。但是，对新闻记者而言，诸如逆向思维、迂回思维、联想思维、跳跃思维、发散思维、集中思维、灵感思维、直觉思维、猎人思维、立体思维等这些独特思维其实并不独特，因为新闻记者从事的是一种创造性劳动，他们会经常运用这些所谓的独特思维方法，久而久之，在记者的眼里，这些独特的思维方法也就具有了一定的普遍性和一般性，所以，我们经常说记者的思维和常人不大一样，原因就在于此。

一、逆向思维法

逆向思维法是一种从相反的方向来考察事物，或者干脆把思考对象颠倒过来进行思考的方法，是一种翻过来考虑问题的方法。世界上的事情有上下、内外、正反、左右之分，当大家都执此一端报道时，你可以从另一端进行报道，当用顺向思维不能发现新闻时，你可以从反面考虑问题。逆向思维是新闻记者常用的一种独特思维方法。

逆向思维，也称求异思维，它是对司空见惯的似乎已成定论的事物或观点反过来思考的一种思维方式。要敢于"反其道而思之"，让思维向对立面的方向发展，从问题的相反面深入地进行探索，树立新思想，创立新形象。

著名的"司马光砸缸"故事就是逆向思维的典型例证。有人落水，常规的思维模式是"救人离水"，而面对紧急险情，司马光运用了逆向思维，果断地用石头把缸砸破，"让水离人"，救了小伙伴性命。与常规思维不同，逆向思维表示反过来思考问题，即用绝大多数人没有想到的思维方式去思考问题。

通常人们只看到事物的一面，而对事物的另一面却视而不见。运用逆向思维能克服这一障碍，往往会出人意料，给人以耳目一新的感觉。当大家都朝着一个固定的思维方向思考问题时，而你却独自朝相反的方向思索，这样的思维方式就叫逆向思维。人们习惯于沿着事物发展的正方向去思考问题并寻求解决办法。其实，对于某些问题，尤其是一些特殊问题，从结论往回推，倒过来思考，从求解回到已知条件，或许会使问题简单化。

记者发现新闻要会用逆向思维，善用逆向思维，巧用逆向思维。有时，那些看似平常的事情、事件、事物和日常工作等，看起来都貌似没有什么新闻价值，但如果调整一下自己的视野，换个角度，逆向去观察，往往就会有意想不到的收获，就会发现蕴藏在其中的"新闻眼"，甚至能写出获奖的好新闻。

比如，报道王海打假的新闻《刁民？聪明的消费者？》，就是一篇典型的逆向思维报道，有人说王海是刁民，记者反方向去看，王海不仅不是刁民，反而是聪明的消费者。如果不使用逆向思维，就得不出这样的结论。

再如，别的记者都从正面报道贫困地区孩子免费用教材，而有一个记者却不跟风，他利用逆向思维从反面写了篇《贫困地区的孩子就只能用黑白版教材吗？》的报道，在社会上产生了很大的反响。类似当别人都关注给贫困地区捐款捐物的时候，你却可以从相反的方向去思考：这些捐献的款物是不是都用在了扶贫帮困上，这样思考下去，也许会有大新闻，总之，不能和别人的思维同向。

又如，获得第二十九届中国新闻奖二等奖刊发于《新民晚报》上的作品《卫计委主任"转岗"社区家庭医生》，也是一篇运用逆向思维写出的好新闻。国家新医改的核心内容之一是强基层，上海在全国率先启动社区卫生服务中心综合改革，起到表率作用。如何提升社区的医疗质量和服务水平，决定着分级诊疗推行的效果，近年来，国家卫健委以及各地卫生行政部门出台各项政策，鼓励专家下基层看门诊，快速提升社区医疗服务等级。该报道源自记者下基层采访所获得的一手消息，通过蹲点采访医生和患者，在全市范围内独家首发，讲述了一名原先的医疗行政部门管理人员如何转型成为社区居民"健康守门人"的故事。

好的消息作品，要有独特的新闻视角。该文作者找到孙晓明这个代表性人物，可谓找到了新闻的最佳视角。这个人物身上有两个"新闻眼"。一是"从政策制定者变成践行者"——他曾是浦东新区卫计委主任，逐渐形成在上海全面推进全科医生家庭责任制的一整套想法，并作出示范——这一身份转变，本身就带有新闻性。二是"国内全科医学奠基人之一"成为社区居民"健康守门人"，这样的人在社区开设工作室，探索推进全科医学，更有说服力。可以说，该报道最大的新闻就在于标题。从标题到行文，都围绕这一典型人物的身份变化展开。通过身份变化，展现上海医改的实践探索和时代意义。人物身上的新闻性，确保了这一新闻事件的成功。

二、迂回思维法

迂回思维是指绕开被报道对象的正面，兜一个圈子，从侧面寻找具有新意的事实材料、报道角度、报道思路等。迂回思维也就是我们平常说的绕道去想。当"山重水复疑无路"时，运用这样思维也许会"柳暗花明又一村"。

迂回思维又可以称为 U 形思维，是指在思考某个问题有思路障碍时，寻求避开或越过障碍而解决问题的思维方法。迂回思维法的主要特点就是要顺应变化，灵活而及时地做出思路上的调整，从而达到解决问题的目的。

迂回思维的实质是抽丝剥茧、曲径通幽。刑侦警察经常运用迂回思维解决了很多复杂的案件，他们总能迂回攻破；很多难解的谜题，他们总能绕个弯，找到最终的答案；面对高智商罪犯，通过诱导，总能轻而易举地令他们主动说出真相。新闻记者在新闻实践中，有时苦思冥想，也找不见新闻，但运用迂回思维，往往却能发现意想不到的消息。

比如，新华社原社长穆青初当记者时与张铁夫合写发表于《解放日报》上的《人们在谈说着赵占魁》就是运用迂回思维的经典。作者不直接去写劳动模范赵占魁，而是通过赵占魁周围人的反映来表现他的先进事迹和先进思想。文章一开头就是厂长的风趣介绍："有些自我吹嘘的人，把自己装饰得圆满，甚至他能谈得使人家把他很瘦的身体当成一个大胖子。你也能找到一种完全相反的人，对于自己从来没有讲过，但只要你和他一块待上三天，你就不会不佩服他。"

再如，原长江日报社社长潘堂林年轻时采写的作品《妈妈的回国行李》也是一篇"侧面迂回"之作。这篇作品 1985 年在《人民日报》刊发，作者不直接去写武汉生物制品研究所主管技师全家斌出国进修期间勤奋刻苦，成绩卓著，而是通过两年没见到母亲的儿子的角度去表现：儿子急切盼望母亲从国外给自己带回"洋货"礼物，可当他打开母亲行李箱的时候，看到的却是医学博士学位证书、一大包生物化学试剂、各种英文日文的技术资料等，儿子虽有些失望，但心理却理解，母亲带回的是多么宝贵的财富。

又如，笔者 1996 年上半年给《民声报》策划的三个新闻点子就是运用迂回思维的成果。往年的元旦，许多新闻单位都去报道节日市场、欢庆气氛等，但《民声报》在这一天组织记者搞了个"特别大行动"，真实报道在新年的第一天里各界人士，包括省长、专家、工人、农民、军人、学生、旅客、下岗职工、特困户等，他们新年第一天都在想什么——《1996：我们期盼的火红日子》。

报纸用整整两个专版图文并茂地进行了报道,在读者和新闻同行中引起了很大反响,陕西电视台新闻部主任来信称赞说,这是他近年来见到的一个最好的新闻点子。

1996年2月,陕西省人代会召开,别的单位新闻记者都去争抢会内新闻,《民声报》记者在报道会议新闻的同时,却运用迂回思维,把精力放在了会外。他们走出会场,报道人民群众对大会的关注。笔者策划的这一点子实施后效果也非常好。

1996年春节后,一些记者说现在各地普遍反映执法太难,好像一时还很难找到一个好办法。于是,笔者又一次运用迂回思维法:既然一时难以找到好办法,不妨就在报纸上开展大讨论,让受众出主意,找根源,解难题。《执法难大讨论》连续刊登了两个专版,很多读者都在撰稿讨论,大家共同出主意、想办法,报社趁机又召开专家学者座谈会,在报纸一版开设相关栏目,整个活动持续了半年多,收到了良好的社会效果。

三、联想思维法

联想是由某人、某事、某概念、某现象想到与之相关的人、事、概念、现象的思维过程。世间的事物林林总总,但都是互相联系着的,如果孤立地看似乎意义不大,如果展开联想,把此事物与他事物联系起来,进行思考,加以比较,就容易发现它的意义,从而加深对事物的感受。当然,就像鸟儿飞翔依靠翅膀一样,联想也是需要条件的,联想的条件就是要有一定的生活经验和文化知识。

联想思维是在人脑内记忆表象系统中由于某种诱因使不同表象发生联系的一种思维活动。联想思维和想象思维可以说是一对孪生姐妹,在人的思维活动中都起着基础性的作用。

可在创新过程中运用概念的语义、属性的衍生、意义的相似性来激发创新思维法,它是打开沉睡在头脑深处记忆的简便和适宜的钥匙。

联想的形式多种多样,丰富多彩,有相似联想、接近联想、对比联想、连锁联想、飞跃联想、因果联想、仿生联想、表象联想、本质连想等。

在新闻实践过程中,新闻记者要善于展开联想思维:看到一个新闻事实,想到另一个新闻事实;看到一个新闻人物,想到另一个新闻人物;看到一个新闻现象,想到另一个新闻现象。通过联想,也许就会有新的感悟、新的发现、新的认识。

比如,获得第八届中国新闻奖一等奖的新华社记者采写了新闻特写《别了,"不列颠尼亚"》,作者就运用了联想思维。根据作者获奖后的回忆,当时他们采写这篇稿子的时候,首先想到了毛泽东同志的《别了,司徒雷登》,其次还想到了著名战地记者朱启平采写的记述日本受降仪式的《落日》。正是当时通过联想思维,让他们想到了这两篇经典,所以,在当时的一次"头脑风暴"会上,新华社对外部的冯秀菊同志便脱口而出直接讲出了"别了,'不列颠尼亚'"的新闻眼,发现了新闻眼,就发现了新闻标题,发现了新闻主题,发现了新闻角度,发现了新闻文体,新闻发现有时就这么简单。

1997年7月1日零时,香港回到祖国怀抱,这是一件对中华民族具有重大意义的政治事件,香港政权交接仪式吸引着世界各大媒体的目光。作为我国的国家级媒体,如何记录下这划时代的场面,如何描绘出这难忘的瞬间,是记者发现新闻的重要课题。

6月30日,在香港飘扬了150多年的英国米字旗最后一次降落后,接载查尔斯王子和末任港督彭定康回国的英国皇家游轮"不列颠尼亚"号驶离维多利亚港湾,这是英国撤离香港的最后时刻,新华社记者周树春等四位记者敏锐地抓住了这一历史性的时刻,以新闻特写的形式精雕细刻,并多处穿插背景材料,写下了这篇新闻价值极高的名篇。

这是一篇非常经典的新闻特写,被选入中学语文课本。特写聚焦英国在香港的两个标志物:国旗和游轮,用这两个标志物的特征和变化来反映英国在香港的统治。

别了,"不列颠尼亚"

在香港飘扬了150多年的英国米字旗最后一次在这里降落后,接载查尔斯王子和离任港督彭定康回国的英国皇家游轮"不列颠尼亚"号驶离维多利亚港湾——这是英国撤离香港的最后时刻。

英国的告别仪式是30日下午在港岛半山上的港督府拉开序幕的。蒙蒙细雨中,末任港督告别了这个曾居住过25任港督的庭院。

四时三十分,面色凝重的彭定康注视着港督旗帜在"日落余音"的号角声中降下旗杆。根据传统,每一位港督离任时,都举行降旗仪式。但这一次不同:永远都不会有另一面港督旗帜从这里升起。四时四十分,代表英国女王统治了香港5年的彭定康登上带有皇家标记的黑色劳斯莱斯,最后一次离开了港督府。

掩映在绿树丛中的港督府于1885年建成,在以后的近一个半世纪中,包括彭定康在内的许多港督曾对其进行过大规模改建、扩建和装修。随着末代港督的离去,这座古典风格的白色建筑成为历史的陈迹。

晚六时十五分,象征英国管治结束的告别仪式在距离驻港英军总部不远的添马舰东面举行。停泊在港湾中的皇家游轮"不列颠尼亚"号和邻近大厦上悬挂的巨幅紫荆花图案,恰好构成这个"日落仪式"的背景。

此时,雨越下越大。查尔斯王子在雨中宣读英国女王赠言说:"英国国旗就要降下,中国国旗将飘扬于香港上空。150多年的英国管治即将告终。"

七时四十五分,广场上灯光渐暗,开始了当天港岛上的第二次降旗仪式。156年前,是一个叫爱德华·贝尔彻的英国舰长带领士兵占领港岛,在这里升起了英国国旗;今天,另一名英国海军士兵在"威尔士亲王"军营旁的这个地方降下了米字旗。

当然,最为世人瞩目的是子夜时分中英香港交接仪式上的易帜。在1997年6月30日的最后一分钟,米字旗在香港最后一次降下。英国对香港长达一个半世纪的殖民统治宣告终结。

在新的一天来临的第一分钟,五星红旗伴着《义勇军进行曲》冉冉升起,中国从此恢复对香港行使主权。与此同时,五星红旗在英军添马舰营区升起。两分钟前,"威尔士亲王"军营移交给中国人民解放军,解放军开始接管香港防务。

零时四十分,刚刚参加了交接仪式的查尔斯王子和第28任港督彭定康登上"不列颠尼亚"号的甲板。在英国军舰"漆咸"号及悬挂中国国旗和香港特别行政区区旗的香港水警汽艇护卫下,将于1997年底退役的"不列颠尼亚"号很快消失在南海的夜幕中。

从 1841 年 1 月 26 日英国远征军第一次将米字旗插上港岛,至 1997 年 7 月 1 日五星红旗在香港升起,一共过去了 156 年 5 个月零 4 天。大英帝国从海上来,又从海上去。

(新华社香港 1997 年 7 月 1 日电　作者 周树春 胥晓婷 杨国强 徐兴堂)

四、跳跃思维法

跳跃思维就是一种杂乱的思维方式。通常对一种事物的想象突然跳到与此事物不相干的另一事物上,而且连续这样跳跃想象,画面感非常丰富。跳跃思维不依逻辑步骤,或逻辑不严密,组织杂乱无章,往往从命题直接跳跃到答案,它与逻辑思维是相对的,也称选单式思维。

跳跃思维有优点,也有缺点。优点是对事物认识的切入点很多,可多方面思考或换位思考,不会对事物钻牛角尖。缺点就是没有逻辑性,没有因果性,会打击有序的思考模式。很多资质聪明的孩子经常有这种思维。如一位年轻的妈妈给三岁的孩子出了一道题:在小猪、小狗、妈妈、小鸟四个选项中,选择一个特别的,结果孩子选的是小鸟。妈妈生气地问:"为什么要把妈妈和小猪、小狗放在一类。"孩子回答:"小鸟会飞,你们三个会飞吗? 小鸟会下蛋,你们三个会下蛋吗?"妈妈哭笑不得。

跳跃思维省略的常常是接通媒介的部分或全部。它可以是横向跳跃,也可以是纵向跳跃,还可以是不同层面的跳跃。有跳跃思维的人适合做创造性工作,新闻记者有需要这样的思维,很多新闻就是凭借这样的思维发现的。

比如,1986 年 1 月 8 日《人民日报》刊发的《该给小姐换装了》就是依靠这样的思维发现的新闻。该文讲的是一个小孩看到商场橱窗模特大冬天还穿着夏装时,就对妈妈说:"赶快给她换衣服吧。"这一幕恰巧被路过的记者看见。孩子的思维是跳跃的,记者的思维也是跳跃的,二者一拍即合,一篇好新闻就这样产生了。

五、发散思维法

发散思维又称辐射思维、放射思维、扩散思维等,是指大脑在思考时呈现的一种扩散状态,表现为视野广阔、多维发散、一点多发。发散思维也是一种创造性思维,被新闻记者经常运用在发现新闻的过程中。

发散思维法打破了固定的思维模式,让思维"飞起来",从源泉出发,动用各种感官,成立"爆炸式"的立体思维空间,向四面八方辐射。要求新闻记者对一个事件从多维度去考察,包括事件发生的背景(社会背景、经济背景、文化背景等)、原因(本质原因、隐形原因、直接原因、间接原因等)以及发展、高潮、结果、影响(长期影响、短期影响等)。通过对这些不同维度的考察,发现新闻价值。如果考察一个人,也要从多方面去了解,包括这个人的成长环境、家庭背景、性格特点、工作经历、社会关系、思想状况,以及做事风格等。

运用发散思维最大的优势就是多方寻求答案,一题多解。这样不仅能帮助人们发现新问题,而且能对所要解决的问题提供众多新设想。在实践中,有人习惯于运用一种思维,脑海里常常产生思维定式,这样思考的结果不利于寻求更好的答案。比如,树上有 6 只鸟,打死 1 只,还剩几只? 如果是思维定式,就会得出 5 只的结论。但如果发散思维,可能就会出现多个结果：用有声枪打，还是用无声枪打；6只鸟儿的听力如何等。

我们知道，散文是形散而神不散。发散思维如同散文一样，表面上看起来四处散射，"漫无边际"，但实际上是围绕一个中心，依据一定的目的，涉及不同的角度、不同的维度、不同的层面。运用发散思维，有时候由一个结果寻找多方面原因，有时候由一个原因去寻找更多的结果。

比如，曾获第二届中国新闻奖三等奖的作品《全国药交会开幕式成了闭幕式》就是运用发散思维的结果。这则新闻突破了一般的会议报道的传统模式，在全国药交会的开幕当天，记者前往现场采访，然而到达现场以后却发现开幕式会场来宾稀稀落落，一些主要的业务交易场所和前几天爆满的宾馆也冷清了下来。这是什么原因呢？职业的新闻敏感让记者发散思维，顺藤摸瓜，进行了深入细致的采访，最后终于了解到，由于市场竞争的加剧，人们不再按部就班地等待大会的安排，而是纷纷提前到会做起了生意，到大会开幕式，成交额已达十亿元，大部分代表已打道回府，记者成功地挖掘出"全国药交会开幕式成了闭幕式"这样一种新闻中的新闻。如果不用发散思维，一根筋地按照会议原定的程式报道，这样的新闻是发现不了的。

六、集中思维法

集中思维是和发散思维相对立的一种思维方法，又称聚合思维、聚敛思维，就是从已知的种种信息中产生一个结论，从现成的众多材料中寻找一个答案。集中思维是鉴别、选择、加工的思维，因而也是一种创造性思维。创造性思维实际上是发散思维和集中思维的有机结合。集中思维是一种"求同"思维，发散思维是一种"求异"思维，它们都是新闻记者在新闻实践活动中经常用到的独特思维。

运用集中思维时，往往是在发散思维的基础上进行分析、判断、评价和取舍，所以，集中思维是一种批判性思维，是人类思维的高级思维阶段。

1960年英国某农场主为节约开支，购进一批发霉花生喂养农场的十万只火鸡和小鸭，结果这批火鸡和小鸭大都得癌症死了。在我国某研究单位和一些农民用发霉花生长期喂养鸡和猪等，也产生了上述结果。1963年，澳大利亚又有人用发霉花生喂养大白鼠、鱼、雪貂等动物，结果被喂养的动物也大都患癌症死了。研究人员从收集到的这些资料中得出一个结论：在不同地区，对不同种类的动物投喂发霉花生，结果动物都患了癌症，因此发霉花生是致癌物。后来又经过化验研究发现，发霉花生内含有黄曲霉素，而黄曲霉素正是致癌物质，这就是对集中思维法的典型运用。

比如，前文提到的消息《新年处处报平安》就是运用集中思维的结果。大年三十，值班记者在编辑部值班，一夜没有电话，记者还是不踏实，就分别给几个不同的地方打电话，结果证实确实没有事。于是，记者就得出一个相同的结论进而发现新闻——新年处处报平安。

再比如，1989年10月31日是球迷们心情跌宕起伏的一天，当时由高丰文率领中国国足冲击世界杯不幸落败。但与其他媒体对赛果的报道不同，中新社原社长章新新转换视角，聚焦足球队的教练高丰文，集中写他一个人的心态、状态和表态，因为记者通过运用集中思维后认为，高丰文此刻的表现集中代表着其他球员和整个球队乃至球迷们的心情。

高丰文："把眼泪咽进肚子里"

中新社北京 1989 年 10 月 31 日电（记者 章新新） 今晚,落败狮城归来的中国足球队将士,在这里迎接他们的没有鲜花,更没有欢声笑语,只有几位球迷默默地送来几份评论他们败绩的报纸。他们低头不语,唯有一位球员仰脸长叹:"这回惨了!"

高丰文脸上失去了笑容。他对记者倾诉真情:"我们把眼泪都咽进了肚子里!"其实,这位中国队教头是"福将"。他曾为中国足球第一次敲开三扇大门:率军进抵奥运,统军杀进世青赛,领军跻身柯达杯八强之列,功不可没。"下回再干!""老高,还是一条汉子!"今晚,球迷们搂住他的肩膀,字字句句依然充满期待。

回顾中国队 9 年间几度兵败狮城,高丰文确有不堪回首的意味。"输了,没有办法。最后一步,这最艰难的一步,我们没有迈出去,我和全体球员都十分遗憾。但现在不是悔,更不是恨的时候。而是一切要向前看。"他认为,中国人不该失去信心,不然,这将打垮中国足球事业。

面对失败,高丰文确是一条硬汉。他称,中国队根本而言还是实力问题。为逐步提高整体实力,他准备从拼抢和在有利时如何控制局面两个方面着手进行训练。话语间,他给人的印象是,尽管重重困难,但他仍未放弃自身的责任。

把泪水都咽进肚里的高丰文,与迎接他的国家体委副主任徐寅生、训练局局长李富荣紧紧握手,随后,匆匆告别众人。

七、灵感思维法

灵感思维是指人们在科学研究、科学创造、产品研发,或问题解决过程中突然涌现,使问题得到解决的思维。灵感思维具有偶然性、突发性、创造性。灵感是新东西,即过去从未有过的新思想、新念头、新主意、新方案、新答案、新现象、新风尚、新观点、新面貌、新主题、新角度、新标题等。灵感是三维的,它产生于大脑对接收到的信息的再加工,即储存在大脑中沉睡的潜意识被激发,仅凭直觉领悟事物的本质。

灵感其实也是一种顿悟,是一种久思而至、梦中惊成、自由遐想、急中生智、触类旁通、豁然开朗、见微知著、巧遇新迹的思维过程。对灵感的捕获来自长期的思想活动准备、兴趣和知识的准备、智力的准备、乐观镇静的情绪、摆脱习惯性思维的束缚等。

新闻记者在发现新闻过程中的一切思维活动可以说都是为了灵感的出现,没有灵感,就没有新闻发现,有了灵感,才有新闻发现。"踏破铁鞋无觅处","得来全不费工夫",灵感常常就这么奇怪。

新闻发现的思维过程大体可分为三个阶段,即准备阶段、灵感阶段、印证阶段。新闻发现的准备阶段在新闻实践中常常会有以下这几种状况。一是最先接触新闻事实的记者不一定是最先发现新闻的记者。二是最先接触新闻人物的记者不一定是最先发现这个人物新闻价值的记者。三是最先到达新闻现场、"身临其境"的记者不一定是最先理解这个新闻现场的记者。这些"先见""先到"的记者为什么却没能"先发现"新闻,是因为他们没有产生灵感。

新闻发现的灵感阶段是新闻发现过程中的关键阶段。在采访实践中,记者新闻发现的灵感往往是在寻找新闻事实与意义交汇点的过程中产生的。其表现主要有以下两种：一是记者把握住了大致的价值发现取向，在寻找到事实信息线索后迅速地利用发散思维激发灵感；二是当新闻线索出现后，记者往往可以利用直觉思维迅速判断出自己的定向搜索目标是否与这个事实信息相吻合。记者心中的主题信息通常预存在自己的思维中，一旦在诸多的事实信息中发现此类相关的事实，报道灵感瞬间就会被激发。

比如，前文提到的笔者采写有关法门寺僧人参加人身意外伤害保险的消息，笔者灵感出现得就很快，这是因为在笔者的头脑中，早就积累了两类信息：一类是人身意外伤害保险非常重要，体现了社会主义"一方有难，八方支援"的精神；另一类是一些有宗教信仰的人很少参加这类保险。所以，在不经意间的交谈中，当保险公司的工作人员说出给法门寺僧人办理人身意外伤害保险的信息时，笔者的头脑瞬间就产生了灵感：僧人都参加保险，更何况常人？说明保险何等的重要。于是，新闻发现在瞬间就确定了。

八、直觉思维法

直觉思维是指对一个问题未经逐步分析，仅依据对内因的感知迅速地对问题作出判断、猜想、设想，或者在百思不得其解之中，突然对问题有了"灵感"和"顿悟"，甚至对未来的结果有了"预感""预言"等。直觉思维是一种心理现象，它在创造性活动中起着十分重要的作用。直觉是只可意会不可言传的预感，有人称之为"第六感觉"。

直觉，就是直接感觉，就是不经过逻辑分析，不经过概念解释，不经过原因寻找；直觉没有科学解释，完全是一种本能的反映。直觉思维包括直觉判断、直觉想象、直觉启发等。直觉思维和灵感思维等紧密相连，很多时候是一种突然间的"顿悟"，但直觉思维又和灵感思维不同，灵感的产生，有时候可能会酝酿很长时间，而直觉的产生却一定是短暂的、瞬间的、完全靠感觉的。

直觉思维的结果不一定都是正确的，当直觉思维不正确的时候，如果我们一味地相信直觉，就会给工作和生活带来麻烦。所以，直觉思维其实是一把"双刃剑"，一方面，它节约成本，效率极高；另一方面，它阻碍人们产生正常的科学思维，产生很多消极影响。

新闻记者的工作是创造性的工作，是时效性极强的工作，直觉思维会给新闻工作者带来很多便利。新闻记者要善于利用自己的直觉，善于在直觉中发现新闻，但同时也要防止直觉带来的弊端。

比如，《纽约时报》著名记者泰勒初涉新闻业务时，靠直觉就出现过重大失误。有一回，他奉命去采访一位著名的女演员。这位女演员准备进行一场演出，当泰勒兴冲冲地来到剧场后，见门前冷清，后又得知演出已经被取消，于是泰勒凭直觉认为没办法报道了，便不假思索地回家睡觉。半夜时分，编辑用电话叫醒泰勒，气冲冲地说，那个演员已经自杀了。泰勒遗憾地遗漏了这条重要新闻。其实，著名女演员首场演出被取消，本身就属于一种反常的事件，不管是否出现意外。这件事成了泰勒一生难以忘怀的教训，以后的日子，泰勒特别慎用自己的直觉，有时直觉出来后，只要时间允许，自己总要去验证一番。当然，这只是个例，也不应该抹杀直觉思维的重要性。

九、猎人思维法

猎人思维法的核心含义是：当你走进一片不熟悉的、充满各种不确定和危险的树林时，你必须像猎人一样，将你的注意力分散在各个角落，并通过快速地搜集信息，获得一张完整的地图和危机清单，以保证你在树林里高效、安全地前行。

在办公室里，经常会有这样的同事，他们的桌面异常混乱。打开他们的电脑，你会发现，他们的电脑桌面比办公桌面还乱，密密麻麻的文档都快让人产生密集恐惧症了。但是，这些人的工作效率和思考效率却异常高效，更有意思的是，你如果好心帮他们整理好了办公桌面或者电脑桌面，那么，他们的工作效率就会大打折扣，除非他们再次恢复混乱。

很多时候，教授书桌的混乱程度与他的创造力成正比。猎人思维告诉我们，不那么循规蹈矩，学会拥抱混乱，甚至主动制造混乱，更能激发出创造力，当你不去努力计划成功的时候，你可能离成功更近。

新闻记者本身就是天生的"自由者"，工作性质常常让其"混乱不堪"，甚至很多记者穿戴都不修边幅，尤其是新闻线索多的记者，每天都处在忙乱之中，没有时间去整理这些该整理的桌面。但有经验的记者就像猎人一样，在"信息爆炸"的环境中，却能有条不紊地工作，甚至信息越多，可供选择的事实越多，发现的新闻信息越多，价值就越好，这说明什么？说明他们学会了猎人思维法。

当然，这不是说所有记者都喜欢乱，也不是说喜欢整理信息和资料的记者就发现不了新闻。每个人都有自己的生活习惯、工作习惯，有人习惯在脑海中整理，有人喜欢把脑海中的东西变成书面的东西，有人喜欢用表面的条理化来促进思考的条理化。猎人思维本质其实强调的是如何在信息繁杂的情况下发现新闻。

比如，著名记者、新华社原总编辑南振中就是一位喜欢整理资料的人，但同时他又是一位新闻发现的大家。2015年2月2日，南振中在给一位青年学子的回信中这样说道。

年轻人好奇，经常问我究竟有多少本笔记。我可以告诉你，我有3000多本笔记本，排列起来占了书房的一面墙。我的笔记是整理过的：封面上写有"内容提要"；"书脊"上标明笔记主题及年、月、日；前几页是笔记目录。所有笔记本均以时间为序存放。

在数字化时代，我对原有的纸质笔记进行了整理，将每本笔记的目录输入电脑，按日保存。每个月的笔记目录连成一个小型文本文件；每年12个月的笔记目录连成一个中型文本文件；每10年的笔记目录连成一个大型文本文件；50年的笔记目录连成"总目录索引"。如果需要从纸质笔记本中寻找什么资料，只要输入检索词，很快就可以查到这一资料记在哪一年、哪一月、哪一天的笔记本中，从书架上抽出即可。

1992年，我在继续使用纸质笔记的同时，开始用电脑记笔记。"数字笔记"按年、月、日排列。如果每天有几件重要的事情需要记入笔记，或者阅读过程中有两个或两个以上的感悟，则应记两则或两则以上的笔记，不要把一天的笔记变成"大杂烩"。在"数字笔记"项下，每年建一个目录；在年份项下，每月建一个子目录。每天无论记几则数字笔记，都要在日期之后写上简明标题。经过这番整理，无论按时间检索，还是按主题词检索，都很方便。

与此相适应的是建立"电脑资料库"。我的电脑资料库包括世界形势资料库、国内形势资料库、新闻理论资料库、新闻作品总库。在每一个资料分库中,建立若干个子目录,比如"新闻作品总库"下面建立"写作素材库""报道思想库""未定稿库""已发表作品库""已结集出版作品库"。"写作素材库"储存着写作时有可能用到的素材。"报道思想库"也叫点子库。在阅读和工作中受到启发,对于生活中某些事件有了新认识、新体验、新感受、新联想,要把这些突然萌生的念头输入电脑,存入"报道思想库"。"未定稿库"是基本成型的各类作品,只是主题思想还需要进一步深化,文字还需要进一步增删。"已发表作品库"和"已结集出版作品库"含义明确,不需要解释。

由此可见,南老的资料相当丰富,但他却整理得清清楚楚、井井有条,这也可能就是他一生在新闻领域取得卓越成就的重要原因之一。1985 年他就出版了他的第一部著作:《我怎样学习当记者》,之后又连续出版了《记者的发现力》《与年轻记者谈成才》《大学该怎么读:给大学生的 75 封回信》《亲历中国民主立法:在全国人大常委会发言实录》等多部新闻学、政治学方面的著作。尤其是在新闻发现、新闻采写、新闻理论等领域,他提出了很多非常独到的见解,诸如"两个舆论场"的概念等都是他首先提出来的。如今,深受新闻同行爱戴和尊重的南老已经退休,又回到了讲坛,为新闻学子们传授他的新闻经验。在写作本书时,笔者很想得到一本他的《记者的发现力》,可惜未能如愿,深感遗憾。

十、立体思维法

立体思维是相对平面思维、线型思维而言的,它是指在事物发展的不同层次上向纵、横方向延伸的一种思维。立体思维也称多元思维、全方位思维、整体思维、空间思维、多维性思维等,是跳出点、线、面的限制,能从上下左右、四面八方思考问题的思维方式。也就是说,立体思维是"立起来"的思维,反映事物在一定时间、空间内的整体结构,反映该事物与其他事物的纵向、横向联系的网络,以及这种联系网络运动变化的立体状态。立体思维具有多向性、综合性、连续性、思辨性。在新闻发现过程中运用立体思维往往能发现具有深度的报道主题。

比如,曾刊载于《人民日报》的《中国改革的历史方位》一文,作者把中国改革放到世界经济发展与人类进步的大背景下进行对照,上下几千年,纵横数万里,有横向的比照,有纵向的剖析,有多角度的审视,有深层次的叩问。文章作者通过对大量历史事实和现实问题的回顾分析,有说服力地回答了中国改革所面临的诸多问题,揭示了中国改革的历史必然性。这篇力作之所以脍炙人口,重要原因就是运用立体思维,发现了新闻事实的深刻思想内涵,赋予了文章超常的深度。

再比如,曾刊载于《经济日报》的一组"来自湖北搞活国有经济的系列报道":《资本运营:找到一金钥匙》《资本运营:谁来使用这把金钥匙》《资本运营:用好这把金钥匙》《资本运营:认识上的新飞跃》。这组文章的作者也是运用立体思维法从不同侧面、不同角度,综合性、连续性地反映了湖北国有企业进行资本运营的新做法、新经验和深远的意义,通俗而又具体地让人领悟到"资本运营"这一政治经济学术语的深刻内涵。作者以其超常的深度、敏锐的眼光,提出了深刻的问题,引人注目,历久难忘。

思考与训练

1. 为什么说受众思维是新闻记者的核心思维?

2. 简述追踪思维与记者的职业天性的关系。

3. 举例说明什么是逆向思维? 它在新闻发现中有何作用?

4. 分析灵感思维与直觉思维的异同。

5. 试着运用迂回思维法发现一则发通过在你身边的新闻。

针对本教材,作者已经录制了配套的在线课程视频,以上是关于本章内容的视频二维码。

第十章　新闻发现的技巧

本章重点难点：①筛选"最"字法；②寻找"异"字法；③针对"难"字法；④紧盯"名"字法；⑤宣传"政"字法；⑥宣传时机法；⑦沙里淘金法；⑧预设主题法。

达尔文说："最有价值的知识是关于方法的知识。"这句至理名言，掀起千千万万人探究和钻研各门学科最佳方法和技巧的热情。

新闻发现面对的是纷繁复杂的客观世界，记者个人的知识修养、思维习惯不同，新闻发现的具体方法也形形色色。新闻发现有技法，无定法。掌握在实践中经过检验的行之有效的方法，往往可以把人导入"无定法"的境界，达到事半功倍的效果。

从新闻视角出发，要用马克思主义新闻观解释新闻事实，用马克思主义立场、观点、方法观察、发现、分析、报道客观世界发生的新情况，有针对性地回答、阐述和说明人民群众普遍关心的新问题。

第一节　常见新闻发现技巧

我们知道，新闻讲究"新""异""特""奇""趣""政""名"，即新鲜性、异常性、特别性、奇怪性、趣味性、显著性，由此引申"快""最""难"，即时效性、唯一性、问题性。新闻发现的常见技巧，其实就是在纷繁复杂的一般事实中寻找选择具有特色的新闻事实，找到了，就是发现了新闻；没有找到，就是没有发现新闻。

一、筛选"最"字法

"最"字，表示某种属性超过所有同类的人和事，含有极、尤、无比、聚合、第一、总计诸意。独一无二、无可比拟谓之最。"最"字新闻具有非同一般的新闻价值和广泛的受众市场。

记者要善于抓规模上的"最大"、程度上的"最烈"、进程中的"最先"、水平上的"最高"、影响上的"最坏"、信息上的"最新"、时间上的"最快"以及"最佳、最差、最迟、最后、最小、最美、最丑、最少"等。"最"字新闻有些是显性的，但大量是隐性的，要靠记者去发现。

新闻可以分为两大类。一类是显性新闻，就是明摆着的新闻，如新闻发布会上发布的新闻，以及各类重大活动新闻、突发事件新闻等，这类新闻几乎不用记者去研究发现。当然，要写出与众不同的新闻，还需要深入研究和发现。另一类就是隐性新闻，是隐藏着的新闻，是待发现的新闻，它们蕴藏在人世间的各个角落，一般人看不见，需要记者去思考，去研究，去发现，去报道。获奖新闻绝大部分都是隐性新闻。隐性新闻最能体现记者的新闻敏感性和新闻发现力。

显性新闻和隐性新闻既有区别，又有联系。首先，二者都是新闻，都具有新闻的特征和属性。其次，它们的区别在于：一个在明处，记者看得见，摸得着；另一个在暗处，需要记者去发现，去挖掘。

　　有人认为"最"字新闻是显性新闻,是明摆着的新闻,不用去思考,不用去发现,不用去挖掘,记者只需要按照事情的本来面目报道就是了。这种观点不完全正确,事实上,有些"最"字新闻是显性新闻,而更多的"最"字新闻则是隐性新闻,是"待发现新闻",并不是天然的"最"字新闻,需要记者去思考,去挖掘,去发现。如果不深入挖掘和分析,"最"字新闻就不会被发现,更不会被报道,也许永远隐藏,也许自然悄悄消失。

　　比如,获得第二十一届中国新闻奖二等奖的《重庆日报》刊发的作品《中国早期共产主义运动又一重要档案解密 91 年前的今天,中国最早的共产主义组织在重庆诞生》就是一篇隐藏了91 年的"最"字新闻。

　　根据传统的观点,新闻是新近发生的事实的报道。但还有一种情况,事实可能发生在很久的过去,却是刚刚被人们发现,也同样是新闻,值得报道。发现新闻需要锐利眼光,以选择时机凸显新闻价值。

　　2011 年 6 月,中国共产党成立 90 周年前夕,重庆市委宣传部、市委党史研究室召开学党史部署会,很多记者被邀请到会采访。在会上,该文作者无意间听说重庆是中国共产主义组织在中国最早的诞生地的说法。大家知道,以前的说法是中国共产主义小组早期在上海、北京、广州成立,没有人提到重庆。"最早"意味着比已经确定的三个城市成立都要早,作者没有放过这一重大新闻线索,因为这一认知上的全新变动,或许就是重大新闻价值所在。毕业于四川大学历史学专业、稿件作者之一的向泽映异常兴奋,但如此重大的历史线索,要把它转化为新闻报道出去,必须慎之又慎。会后经深入采访发现,这一说法不仅真实,而且史料认证也很权威:解密的《重庆报告》原存于共产国际档案馆,1956 年移交给中共,毛泽东同志做了批示,并且保留有俄文翻译件。

　　他和另一名参加会议的记者程必忠以及党史学界的刘志平三人一起精诚合作,采写了一组有相当分量的系列报道(该文是其中的开篇),并选择"91 年前的今天"这个"时机"发表,为党的 90 岁生日"献礼"。该文九易其稿,最终将 2800 字的长文压缩成一篇 700 多字的消息发表,使用了大量背景资料。

中国早期共产主义运动又一重要档案解密
91 年前的今天,中国最早的共产主义组织重庆诞生

　　重庆,作为"中国早期共产主义运动发祥地之一"的结论,最终被史实印证。

　　1920 年 3 月 12 日,一群进步青年在重庆率先于全国成立"四川省重庆共产主义组织"。91 年后的今天,这段鲜为人知、且在中国革命史上具有重大意义的历史档案得以解密。

　　在中国共产党成立九十周年前夕,中央档案馆同意《重庆日报》独家公开发表这群重庆青年当年写下的《四川省重庆共产主义组织的报告》。

　　这一珍贵文献大约作于 1920 年,是"四川省重庆共产主义组织"的四位负责人给共产国际中共代表团的一份报告,共七个部分。其中第三部分详细介绍了组织的历史,并报告"1920 年3 月 12 日,我们的组织在重庆正式成立了"。

　　这是迄今国内发现的成立时间最早、且不依赖共产国际帮助、由一群拥护马克思主义的重庆青年独立自主地建立起来的共产主义组织。

　　该组织有近40位正式成员和一批候补成员，机构包括书记处和宣传、财务、出版三部，并在川西、川西南、川东南、川北和川东建立了支部。当时四川省有成都、叙府（宜宾）、雅州（雅安）、顺庆（南充）和重庆5个共产主义组织，而重庆是"总的组织""正式组织"。他们宣称"共产主义是现在和未来与邪恶斗争的手段"，并主张建立一支红军队伍。

　　该报告为俄文译稿，是中国共产党"一大"档案的一部分，原存于共产国际档案馆，1956年由苏共中央移交给中国共产党。中央档案馆将部分中文译稿送给毛泽东等中央领导同志审查，毛泽东做了批示，董必武认可了这批档案的真实性。但由于种种原因，这批档案一直未公开。后来，一些专家学者对此反复研究、考证，最终经中央档案馆同意，在今年3月12日这一特殊日子公开这份尘封已久的档案。

　　市委宣传部常务副部长、市委党史研究室主任周勇认为，《四川省重庆共产主义组织的报告》的价值在于：它是中国早期共产主义运动乃至中国共产党创建史上一份极为珍贵的史料，它再一次证明了中国共产主义运动的发生，以及中国共产党成立的历史必然性。

　　（原载《重庆日报》2011年3月12日，作者：向泽映　程必忠　刘志平）

　　再比如，新闻摄影《常泰长江大桥：世界最大跨度斜拉桥》也是一篇抓"最"字的好新闻。本照片新闻获第三十三届中国新闻奖新闻摄影类三等奖（见图10-1）。作者曹政是《淮安日报》摄影部副主任、淮安市摄影家协会主席、淮安市航拍摄影家协会主席，本照片是他利用无人机航拍技术拍摄的。

图10-1　《常泰长江大桥：世界最大跨度斜拉桥》　曹政　摄

常泰长江大桥位于江苏省泰州长江大桥与江阴长江大桥之间,2019年1月开工,工期预计为5年半。它连接常州和泰州,建成后在当时刷新了"六个世界之最",实现了"四个世界首创",大桥主跨1176米,是世界上最大跨度的斜拉桥。该桥采用上下层布置,上层桥面为双向6车道高速公路,设计时速100公里,下层桥面为设计时速200公里的两线城际铁路与设计时速80公里的普通公路,是集高速公路、城际铁路与普通公路"三位一体"的跨江大桥。

又如,笔者1995年采写的新闻特写《特殊考场——副省长范肖梅述职速写》也是一条"最"字新闻。范肖梅副省长将向省人大常委会述职。当时一个月前笔者就得到信息。所以,1995年8月24日这一天,和其他记者一样,便早早地就来到了会议厅,等待新闻事实的发生。

由于这是全国首次省级政府组成人员向人大述职,因此新闻价值很高,很多央媒的记者也都来了。为了和其他媒体竞争,为了向读者突出述职的现场感,笔者选择了用新闻特写的方式报道这件事,在新闻角度上突出"特殊考场"。由于准备充分,会议结束时,特写就完成了,马上发给了一家广播电台,中午就播了出来,次日,报纸也登了出来。

这条新闻几乎各大媒体都进行了报道,在全国引起了较大反响,一时间,范肖梅成了新闻人物,陕西人大也成了焦点,很多省份来陕西考察学习。两个月后,很多省份便陆陆续续出现了省级领导向人大述职的新闻。

特殊考场——副省长范肖梅述职速写

本报记者 杨讲生

8月24日上午,陕西省人大常委会新办公楼会议厅,国徽高悬,灯光辉煌。陕西省人民代表大会第八届常务委员会第十四次会议将在这里举行。一大早,首都和西安各大新闻单位的记者们便早早来到会场等待一个重要新闻:省长向人民述职——这在全国还是第一次,标志着我国民主法制建设又向前跨越了一步。

8时50分,委员们和列席人员已陆续就位,他们分坐在会场中央和两侧,在国徽下的主席台上有省人大常委会主任张勃兴,副主任牟玲生、毛生铣、高凌云、沈晋、任国义和秘书长陈富深。副省长范肖梅等述职人员的位子安排在前排左侧。

9时整,张勃兴主任宣布会议开始。首先述职的是副省长范肖梅,当她从位子上站起来走向位于主席台左侧的述职台前时,会场上一片肃静,没有掌声,也没有笑语,只听见委员们翻阅述职报告纸张的"沙沙"声,此情此景,确切地讲,这不是会场而是考场——一个特殊的考场。考官是代表人民权力的人大常委会委员,考生是副省长和三位厅长。"主任、副主任、各位委员:向省人大常委会述职,对于我是一次接受人大监督,认真总结工作的良机。我愿通过述职,真诚听取各位意见,更好地完成省委、省人大、省政府交付的各项任务,当好人民的'公仆'"。

述职台上,副省长范肖梅以这样的开首语向委员们讲述着自己长达6000字,共分五个部分的述职报告:上任之初的责任与思考;步入岗位的困惑与思路;工作中抓大事,求真务实;来自各方监督是依法行政的动力;任职两年来的不足与体会。这五个部分是一个副省长两年工作的高度概括;有成绩和优点,也有教训和不足;有胜利和喜悦,也有泪水和困惑……据说,这个述职报告是范副省长熬了好几个通宵才写成的。今天,当她站在述职台前一字一句宣读述职报告中的每一个部分时,看得出,她着实有些紧张和激动。主席台上的主任、副主任、秘书长和台下的委员们有的凝神思索,有的动笔勾画,有的翻阅报告,他们代表人民,在认真地履行着自己神圣的职责,那么认真,那么严肃,那么一丝不苟。的确,这是一份很不容易的答卷,用范副省长的话讲,分量很重,能得多少分,她自己心里也没个底。

作为特殊考场上的一名考生,范肖梅自然成为本次常委会上的一位新闻人物,10时10分,当她从述职台上走下来的时候,很快便被记者请到了场外团团围住:请问您是如何看待人大监督的?您认为您是一个合格的副省长吗?作为女省长,我们很想知道您的家庭情况?……范肖梅又在一一回答着记者们一连串的发问,下午视察组将向委员们报告对她工作的视察情况,明天,她还要面对面地听取委员们对她工作的评议,也许有非常尖刻的批评与责问,她得有这样的思想准备。

考试仍在继续……

(本文发表于 1995 年 8 月 24 日《民声报》,获 1996 年"中国人大新闻奖"二等奖)

二、寻找"异"字法

"新"和"异"是一对孪生兄弟。"异"含有分别、不同、差异、奇异、异常、异样等意思。异能给人新鲜感,使人喜闻乐见。寻找"异"字新闻,是记者辨别客观事物的基本思维,事物之间的区别,不在"相同",而在"相异"。

在新闻实践中,寻找"异"字要善于寻特点、寻变化、寻异常。寻找"异"字新闻,其实就是新闻记者利用散发思维,沿着不同方向、不同角度扩散,发现不一样的信息。如果把人的大脑看作一棵大树,树枝越多,交叉越多,寻找异常的机会就越多,发现的新闻就越多。新闻记者在寻找"异"字新闻时,要着力追寻多种原因、多种结果、多种形态、多种方法、多种过程、多种方向。通过比较,找出异常。

新闻是异常变动的信息。任何处于正常情况下的信息不会成为新闻,只有出现异常变动,一般信息才能变成新闻信息。比如,飞机正在正常轨道飞行,就不是新闻,而如果突然出现异常,如晚点、偏离轨道等,就是新闻。

新闻姓"异",如果一个事实和另一个事实相同,就没有报道的价值,就不是新闻。当然,"异"也是相对的,也是有范围的,一个事实在全国不是"异",可能在全省、全市就是"异",那它只能是局部新闻。事实是复杂的、变动的,此时没有"异",也许一段时间后就会出现"异",媒体关注的是出现"异"的那个"点"。当然,"异"字新闻并不排斥"同"字新闻,"异""同"是辩证的,同中有异,异中有同,但"同"字新闻往往是在不同事物的对比中产生的,没有"异",就不可能有"同"。世界因为有了"异",才变得丰富多彩、奇妙无比。

比如,我们到企业采访,就要关注企业的异常情况,因为异常情况就有可能产生新闻,比如企业税收申报,如果出现异常情况,可能就会有下列情况:申报时间延误、申报地点变化、申报信息错误、申报税种不全等,沿着这些异常情况去挖掘,就会发现新闻。

再如,《却道"火"炉好个热》就是记者通过对比我国三大"火炉"城市重庆、武汉、南京各自的特点以及和历史上的差异后发现采写的新闻。文中围绕"热"的话题,以"热的变奏""热的风情""热的随想"等角度,折射出历史前进的步伐。

又如,《中国财经报》1993年2月20日刊发的消息《不比虚数比实绩:国家统计局用"增加值"向外发布信息》也是一篇"异"字新闻。和以前相比,国家统计局发布信息,不再用工农业"总产值"发布新闻,改用第一、第二、第三产业的增加值指标对外发布信息,这就是不一样的地方,是新闻所在。

三、针对"难"字法

无难无以叫生活。常言道,大有大的难处,小有小的难处,富有富的难处,穷有穷的难处。难就是充实的生活、丰富的人生和多彩的世界。难题、难处、难点等都是一些复杂的难事,遇到难事,刨根问底,往往就会发现新闻。

改革中有很多难啃的骨头,脱贫有很多难办的事情,各行各业都有自己的困难,新闻记者要迎着困难做文章,围绕国家、社会、家庭、个人等普遍关心的问题,仔细观察,认真分析,刨根问底,发现难点,解决难点。

比如,"教育改革的难点在哪里""垃圾分类为什么这么难""房价为什么居高不下""如何解决农民工子女上学难""聚焦小区成立业主委员会难在哪里""解决人民群众菜篮子'最后一公里'问题"等,都是针对"难"字发现的新闻点。

四、紧盯"名"字法

名人身上有新闻,名地方里出新闻,名事件里生新闻。一句话,新闻是逐"名"的,无论名人、名地、名事,只要"著名",就会有新闻产生,那些默默无闻、平平常常的人、地、事,是很难产生新闻的。

显著性是新闻价值的一个重要因素。显著性是指事实能够引起绝大多数人的注意,因为越显著,人们关注的程度就越高。显著性同新闻事实所涉及的人物、社会组织、地区等知名度有关系,越是著名,越能产生新闻。

一般来说,那些政界要人、科技精英、文体明星、商界名流等公众人物身上会产生更多的新闻,因为他们被人们的关注程度比较高。还有一些特殊的地点、一些著名的建筑物等,与这些有关联的,都可能出新闻,因为受众对它们关注的程度比较高。比如,没有重大人员伤亡的建筑火灾一般不会成为新闻,但是2019年4月巴黎圣母院的火灾就成为全世界媒体关注的焦点,主要是由该历史建筑物的显著性所造成的。

比如,《人民铁道报》1993年刊发的《革命圣地延安结束无铁路的历史》、2003年刊发的《中国地铁列车今天穿过天安门广场》两篇新闻均获得当年的中国新闻奖。为什么这两篇稿子不仅在头版刊发,而且还获得新闻大奖?一个重要原因就是它们都是"名"新闻。延安、天安门广场都是世界著名的地点,作者都抓住了这个特点,不但主题凸显地名,而且标题也凸显地名,因为这两个地名在海内外都有很强的符号意义。如果是一个普通的地方,通铁路和地铁就很可能算不上新闻,而这两个地方,通铁路和地铁就是大新闻。

五、宣传"政"字法

新闻和政治息息相关,新闻本身就是政治的一部分,要大力提倡"政治家办报"的思想。很多报人就是政治家,很多政治家也经常写新闻,用新闻宣传政策,指导革命实践。

大众媒体既受到社会政治的影响和制约,又以自身的功能和特性影响社会政治的发展过程,并发挥着一定的作用。在现代民主政治中,新闻媒体发挥着以下作用:维护政治权力,传播政治意识形态;通过舆论来影响和参与政治决策;塑造政治文化,唤起大众意识和政治热情;将公众的监督传达给政府,使政府接受公众监督等。

新闻记者要关心政治、投身政治、了解政治、研究政治、报道政治。一个时期有一个时期的政治,新闻记者要认真学习马克思主义新闻观,及时了解党的路线、方针和政策,用这些思想和精神指导新闻实践。

我们常说的"按政策找新闻",就是指"按政策衡量事实的新闻价值",就是宣传"政"字法,就是寻找新闻事实中的新闻价值和宣传价值,这是新闻记者发现新闻常用的有效技巧。

比如,消息《首趟中欧班列今天从西安发出》就是配合十八大后国家提出的"一带一路"倡议报道的新闻,是一篇既有新闻价值,又有宣传价值的"政"字新闻。后来,笔者随陕西省政府慰问团去欧洲访问,在罗马尼亚等地参观了中欧班列的装货现场。

再如,消息《我国电子雷管产量持续增长》就是为了配合国家的供给侧改革政策而发现的新闻。在供给侧改革的强力推动下,我国雷管产量2022年1—10月,比上年同期增长188%,而传统工业雷管已于2022年6月底全面停产。很多人对供给侧改革政策不大了解,这篇新闻的宣传价值就在于很好地宣传了我们国家实行的供给侧改革政策,它是一篇很好的宣传"政"字新闻。

六、凸显"奇"字法

"奇",就是指罕见的、奇怪的、非常的、神奇的、惊奇的、奇妙的、奇异的、令人难测的、出人意料的事实。新闻要凸显"奇",这不只是西方新闻观,也是我们的新闻观对奇异的东西感兴趣,这是人类的共性。

西方有人曾给新闻下过这样一个神奇的定义:凡是能让女人大喊一声"哇,我的天呐",这就是新闻。仔细想想,这个定义从一个侧面揭示了新闻的本质。女人的感官是很灵敏的,见到神奇的事情,感官就会受到强烈的刺激,就会不由自主地喊叫。神奇的程度越高,对感官刺激越大,喊叫的声音也就越大,新闻也就越吸引人。人就是一个很神奇的动物,对越刺激的东西就越好奇,这是人的天性。新闻是要给人看的,越是刺激人,越是吸引人,新闻记者越要寻找和关注。

记者发现新闻,要依据人的这个天性,注意抓取"离奇古怪"的事情,诸如奇人、奇事、奇谈、奇论、奇闻、奇景、奇艺、奇法、奇思、奇想、奇见、奇味、奇踪、奇迹、奇伟、奇力、奇大、奇小、奇美、奇丑等。但凡人间奇事,都是记者关注的对象,关注这些,寻找这些,发现这些,就是发现新闻。

比如,据法新社报道,2021 年,全球仍深受疫情困扰,与抗疫、隔离等主题相关的奇事也不断发生。2021 年初,加拿大一对夫妇因违反疫情宵禁令遭到处罚,被抓时妻子将丈夫用绳索牵引,强行辩解说自己在"遛狗"——根据当地防疫政策,遛狗是居民唯一合理的外出理由。2021 年 10 月,意大利一名男子请求警方将他逮捕并送进监狱,只因为他无法忍受与妻子"共处一室"。

再如,两男子为博眼球网购"囚服"上街,"如愿以偿"被行政拘留。陕西西安两名骑摩托车者,身穿印"囚服"在马路上骑行,警方很快找到两人,了解到原来他们是为了博人眼球,在网上定做了这套衣服。两人均被依法处以行政拘留 10 日的处罚。

又如,据台湾地区媒体报道,2021 年 4 月,台湾地区一家寿司店推出活动,名字中带有"鲑、鱼"二字或谐音字的顾客可享受较大优惠。为了"薅羊毛",岛内有数百人直接将自己的名字改成了"鲑鱼"。另据台湾地区媒体报道,岛内一名银行雇员为了最大限度利用婚假规则,在短短一个月内与伴侣结了 4 次婚。

七、选择"特"字法

"特",就是不一般、不平常,就是指特点、特别、特殊,简而言之,就是和一般的人和事不一样。

我们认识事物、认识人物、认识现象,都是首先从认识其特点开始的。只有抓住了事物的特点,才能把甲事物和乙事物区别开来,才能具体问题具体分析。唯物辩证法告诉我们,事物具有普遍性和特殊性,即共性和个性。普遍性存在于特殊性之中,特殊性反映着普遍性。认识事物,既要认识它的普遍性,又要认识它的特殊性,事物的特殊性往往就是事物最为引人注目的亮点和闪光点。

新闻记者认识事实,要善于认识事实的特点、亮点、闪光点,这些特别之处就是新闻,就是新闻记者发现的重点、要点、焦点,就是受众期待的新闻。新闻记者要善于抓取这些非同一般的新闻,包括特别事件、特别人物、特别现象、特别观点。新闻记者采访人物和事件,最关键的是要抓住人物和事件的特点,包括表象特点和本质特点、具体特点和整体特点。抓住了特点,就意味着抓住了新闻。

比如,下边这条报道卡塔尔世界杯的新闻就很特别,作者仅仅抓住这届世界杯的特点进行报道,给受众留下了很深的印象。

世界杯来啦!

据网媒报道,北京时间 2022 年 11 月 20 日晚,第二十二届世界杯在卡塔尔首都多哈开幕。

这届世界杯在开幕前就吸引了全世界的关注。不仅因为这是自 2020 年新冠疫情以来,首个向观众完全开放的世界级大型赛事,还因为它在世界杯的历史上创造了多项纪录。

首先,这是世界杯第一次在中东地区举行,也是首次在北半球的冬季举行。卡塔尔位于波斯湾西南岸的卡塔尔半岛上,国土面积 1.1 万平方公里,跟我国天津市的面积差不多大。这里属于典型的热带沙漠气候。按照以往惯例,世界杯通常在 5、6、7 月举办。但是夏季卡塔尔温度最高可达 40～50℃,显然不利于高强度运动。考虑到举办地的实际情况,因此本届世界杯改到 11 月举办。为了让足球场能更加适应比赛要求,卡塔尔还不惜耗费巨资,为此次世界杯八座球场中的七座都安装了节能降温系统,利用太阳能制冷,再将冷空气通过管道循环至整个球场。

在露天的体育场,一边敞着篷,一边呼呼地吹着冷气,听着就很"壕"是不是?没错,说到这,就要说说这届世界杯的另一个纪录:其高昂的花费达到了历史之最。据媒体报道,为了这届世界杯,卡塔尔前后已经花费了近 2300 亿美元,约合人民币 1.6 万亿。要知道,在它之前,花费最高的巴西世界杯是 150 亿美元,而卡塔尔的花费是它的 15 倍!

那么,卡塔尔为啥要花这么多钱,这些钱又都花在哪儿了呢?

依靠中东地区得天独厚的石油和天然气资源,卡塔尔成为亚洲乃至全世界最富有的国家之一。不过,人口少、面积小,基础设施相对也没那么多,而要承办 2022 年的世界杯,意味着这个全部人口 260 多万的国家要在一个月的时间里迎接全球各地的 100 多万球迷。

在 2010 年获得世界杯举办权后,卡塔尔用 10 余年时间实施了一个大规模工程建设计划。首先,大手笔花 450 亿美元为这届世界杯造了一座面积仅次于首都多哈的城市卢塞尔。此外,又修建了七座新的体育场馆、一座新机场、三条地铁线,以及其他数十个酒店、道路、公交系统项目。

特别值得一提的是,在这些工程建设中,"中国制造"可谓大放异彩。世界杯的主场馆、可容纳 8 万名观众的卢塞尔球场,由中国企业设计施工总承包,并创造了多项专业领域的世界纪录。在 2020 年卡塔尔央行发行的 10 里亚尔纸币上,就出现了卢塞尔球场的图案。

除了卢塞尔球场,卡塔尔另外几座世界杯球场的建设也有中国企业参与。此外,为了解决球迷的住宿问题,卡塔尔还建造了 1 万多套集装箱式房屋,建立"球迷村"。这些集装箱房屋也是由中国建工企业制造生产的。建造板材被运送到卡塔尔之后,当地工人再像搭积木一样把房子搭建起来,两到三位经验丰富的安装师傅 4 个小时就能装好一套房屋。

除了这些,还有中国制造的纯电动公交车和接驳车,来自中国义乌的世界杯周边产品,包括衣服、帽子、背包等,甚至球场外围公园、道路边的几万棵绿化树,也是来自中国的园林公司。

卡塔尔世界杯还有一个新的纪录:国际足联为本届赛事提供的总奖金高达 4.4 亿美元,也创造了历次之最。据报道,本届赛事有望为东道主以及国际足联带来创纪录的收入,预计全球将有数十亿人观看本届世界杯。

在昨晚世界杯的开幕式上,我们已经见识到了充满阿拉伯风情的舞台,还有以卡塔尔人的传统服饰为设计灵感的本届世界杯吉祥物拉伊卜——中国的球迷亲切地叫它会飞的"饺子皮"。希望拉伊卜的笑脸和足球带来的快乐,能传递给人们更多的活力,还有积极向上、无畏前行的勇气。

目前,世界杯揭幕战已经结束,厄瓜多尔以 2:0 击败了东道主卡塔尔。接下来更多的精彩赛事,让我们一起期待吧!

八、注重"新"字法

新闻姓"新",这是常识,也是共识。新闻要有新意,没新意,就不是新闻。"新鲜性"是新闻价值的基本要素,也是必须要素。一条有价值的新闻,它可以不重要、不显著、无趣味,但不能不新鲜。如果一个事实不新鲜、无新意，那这个事实就没有新闻价值，即便它再重要，也绝不是新闻事实，而只能是一般事实。

新闻事实贵在"新"，因为"新"，事实才可能从一般事实中脱颖而出变成新闻事实，因为"新"，它才具有了传播价值。新闻事实的"新"是相对的、变化的，今天的"新"，就可能是明天的"旧"；今天的"旧"，可能是昨天的"新"。新闻事实的"新"与"旧"总是相对于特定的传播背景而言的，在某些地区已是比较常见的事，在其他地区也可能是具有新鲜性的新闻；有些新闻事实，放在全国，甚至全省，它可能并不新鲜，不值得报道，但在当地，却是实实在在的新闻，值得受众期待，值得传播报道。

新闻记者发现新闻，一个永恒的技巧，就是看这个事实新不新，"新"就是新闻，不"新"就不是新闻。当然，衡量新闻的标准，除"新鲜"外，还有重要性、显著性、接近性、趣味性等，但这些因素都不是必需的。国内一些新闻媒体，往往把重要性看得比新鲜性还重要，其实，这是不符合新闻规律的。我们常说的新闻宣传，是指通过新闻媒体来进行宣传，这首先得是新闻，其次才是宣传，那些没有新闻价值的宣传是一般宣传，不是新闻宣传，不应打着新闻的名义进行宣传。

新鲜性除事实新以外，还应包括时间新近、主题新鲜、角度新颖等。时间新近是指新近发生、刚刚发生、正在发生；主题新鲜是指尽可能地表现新颖的主题，不要落入俗套；角度新颖是指新闻的着手处、着眼点不落入俗套，别致新颖。当然，我们在发现新闻时，还是要更加看重新闻事实，只要新闻事实新，其他的都好办。

比如，下边这条报道东航飞机失事的不幸消息就是例子。事实上，在央视报道半小时之前，一些新媒体就已经报道了，但因为消息不确切，不是官方消息。央视 2022 年 3 月 21 日接近 16 时的报道具有权威性。

东航一架客机在广西坠毁

据央视新闻报道，一架东航搭载 132 人的波音 737 客机在广西梧州藤县发生事故，并引发山火。目前救援队伍已经集结正在靠近，伤亡情况未明。

该航班于 13 点 15 分在昆明长水机场起飞，原本预计 15 点 05 分在广州白云机场降落。根据 Flightradar 24 显示，该客机速度和高度在梧州附近出现骤降，航班为东航 MU5735，机型为波音 737-800NG 客机，注册号为 B1791，机龄 6.8 年，可载客约 189 人。

根据实时飞行数据显示，14:20，飞机高度为 8869.68 米，14:21 左右巡航高度急剧下降，ADS-B 应答机没有回复，在梧州附近失联，14:22 高度为 1333.5 米，而梧州当地海拔约为 200～300 米。

在这种 2 分钟内急速坠落 8000 米的情况下，机上人员生存下来的概率极小。

随后，民航局确认称，东航一架波音 737 客机在执行昆明—广州航班任务时，于梧州上空失联。目前，已确认该飞机坠毁。机上人员共 132 人，其中旅客 123 人、机组人员 9 人。民航局已启动应急机制，派出工作组赶赴现场。

九、追求"趣"字法

趣,即兴味,可使人感到愉快,如有趣、乐趣、兴趣、童趣、风趣、趣味。新闻媒体不能板着面孔,要有趣味,要迎合受众的兴趣,要引起受众的兴趣,要吸引受众,要满足受众的需求。一般来说,受众的兴趣越浓,新闻的作用越大。趣味性包含巧合、有趣、怡情等性质。

国外一些新闻,很讲究追求趣味,就是我们常说的有看头、有意思、有吸引力、有可读性。一些外国记者写新闻最大的特点就是将新闻故事化,用讲故事的方式写新闻,受众爱听故事,自然就会爱读新闻。

要把新闻写得有趣味,首先得发现事实本身的趣味,然后再创新趣味形式。讲故事必须有情节,情节由若干个细节构成,观察事实,必须注重发现新闻细节,通过细节来表现新闻主题,来叙述新闻故事。细节有趣,情节感人,故事才富有感染力,新闻才具有趣味性,才能吸引人,才具有可读性。

新闻记者发现新闻,要尽可能地去发现一些有趣的素材,包括有趣的故事、有趣的人物、有趣的相貌、有趣的语言、有趣的行动、有趣的情节、有趣的细节、有趣的巧合等,总之,要首先把新闻事实本身有趣的东西挖掘出来,然后再发现用什么形式去表现会更有趣,更能吸引受众阅读和观看。

比如,据报道,中国旅法大熊猫欢欢和圆仔 2021 年广受关注,令外媒颇为震惊的是,它们在一天之内尝试交配多次,因此被法新社称为"最浪漫的大熊猫"。8 月,欢欢诞下双胞胎宝宝"欢黎黎"和"圆嘟嘟"。

再如,新闻《男孩作文将妈妈比喻母老虎爸爸写成猪》也很有趣。2020 年 10 月 9 日,湖北仙桃,刘女士儿子的老师,在国庆假期布置了作文,写"我的妈妈"或者"我的爸爸"。不料儿子把妈妈比喻成胖花孔雀和母老虎,刘女士便把作文撕了,让其重新再写。儿子又把爸爸比喻成"猪",用家乡土话标注了拼音,拼音也有错误。刘女士称儿子上六年级,她看到作文感到又好气又好笑。刘女士表示,儿子现在已经认识到了错误。可笔者觉得,刘女士和她的丈夫似乎还没有认识到他们的错误。

十、力争"快"字法

新闻是新近发生的事实的报道。新闻报道时间距离事实发生时间的时间差越小,新闻价值越高;时间差是零时,即新闻现场直播,新闻价值最高。

"快",就是快发现、快采访、快写作、快发表。采写新闻最快的形式是消息,快是消息的基本特征,也是消息的优势。简讯是消息中最简洁的,常常是一句话新闻。消息特有的魅力在于对现实的反应十分迅速、及时。在新闻界广为流传这样一句话:今天的消息是金子,昨天的消息是银子,前天的消息是垃圾。时效性是决定消息价值的首要因素。

对一些突发事件,对"快"的要求就更高。新闻记者发现新闻速度要快,关键是新闻敏感性要强,只有快速认识、快速发现,然后才能快速采写、快速传播。一般而言,对于比较重大的新闻,能直播就直播,不能直播的新闻,一旦发现,就要快速报道。媒体竞争,在某种程度上就是速度的竞争,特别是对同源新闻、突发新闻,谁报道早,谁就能抓到独家新闻。

比如,2003 年 3 月 20 日,美国总统布什对伊拉克发出最后通牒,不到两个小时,巴格达当地时间 5:30,北京时间 10:35,美国发动了对伊战争,不到 2 分钟,新华社在全球第一个发出战争已打响的电讯稿,中央电视台同时打出了字幕:伊拉克战争打响。随后,中央电视台四套节目很快在国内率先以"关注伊拉克战争"为总题目直播战事消息。紧接着,中央电视台一套也以"伊拉克战争直播报道"为题对战况进行了直播,中国的电视观众从国内媒体上第一时间看到了战争实况。

第二节　特别新闻发现技巧

常见新闻发现技巧通常发现显性新闻,而很多隐性新闻靠常见的技巧往往难以发现,需要靠诸如挑战螺旋法、软硬互补法、以点带面法、沉浸体验法、由此及彼法、异地搬迁法、宣传时机法、沙里淘金法、旧事重提法、预设主题法等一些特别的技巧才能发现。新闻记者在新闻实践中要不断摸索,认真总结,既要掌握一些常见发现技巧,又要掌握一些特别发现技巧,用科学思维理论和实用技巧方法共同指导新闻发现实践。

一、挑战螺旋法

"沉默的螺旋"理论是新闻传播学的一个著名理论。根据该理论,舆论的形成与大众传播媒介营造的意见气候有直接关系,而人们由于惧怕孤立,往往会对绝大多数人的意见所形成的优势气候采取趋同行动,造成一方声音越来越大,而另一方声音越来越小,弱小的声音就像螺旋一样沉默下去,直至消亡。

"沉默的螺旋"理论反映的实质是人们的一种从众心理。从心理学的角度讲,群体的压力会让人感到内心失调,而从众是减少内心失调的一种有效方法。但是,正因为人们普遍具有从众心理,所以,现实中很多正确的观点被埋没。新闻记者发现新闻不能有这样的从众心理,不能人云亦云,不能"落井下石",也不能"锦上添花",而要反其道而行之,要"雪中送炭",要敢于挑战"沉默的螺旋"理论,从相反的方向去考察。

当社会上对某一人物、某一事情、某一现象存在一片褒扬之声时,你却一反众人的思维定式,从中发现出该否定、该贬损的方面;反之,当众人都对其贬损时,你则要反其道而行之,看看有没有值得褒扬的方面。总之,不从众,不一边倒,就有可能发现新闻。

比如,20 世纪三四十年代,国民党统治下的一些媒体一直诬蔑中国共产党,美国操纵下的世界舆论也不看好中国共产党,在这样众人一片喊杀的背景下,有两个记者偏偏不从众,不人云亦云,就想实地看看中国共产党及其军队究竟怎么样:一个是美国记者斯诺,一个是中国记者范长江。他们二人都冲破国内外反动派的重重阻力,从不同的地方先后来到延安,见到了被媒体严重抹黑的共产党军队,通过实地采访和体验,发现了不少与众不同的新闻,向世界人民和中国人民如实报道了共产党在延安的真实情况,不约而同地得出结论:中国的希望在延安。

二、软硬互补法

新闻有硬新闻和软新闻之分。硬新闻是指关系到国计民生以及人们切身利益的新闻,包括党和国家的重大方针、政策变化、军事动态、市场行情、股市涨跌等。硬新闻能为人们的政治、经济、工作、日常生活的决策提供依据。对硬新闻的报道有着极其严格的时间要求,且要尽可能准确,信息要尽可能量化。从总体上说,新闻媒介以传播硬新闻作为生存、发展的基础。软新闻是指人情味较浓的社会新闻,如社会花边新闻、娱乐新闻、体育新闻、服务性新闻等,形式上通俗,注重趣味性。它和人们的切身利益并无紧密关联,主要是向受众提供娱乐,用于开阔眼界、增长知识、陶冶情操。人们一般在硬新闻获得满足后才需要软新闻。新闻记者在新闻实践中,可以让事实软硬互补,即让硬事实求软,让软事实求硬,从而会发现与众不同的新闻。

"硬中求软",指从生硬的工作报道主题中发现具有可读性的事实进行"软化",变"工作广告"为"工作新闻"。典型报道是我国独有的一种报道形式,主要是报道先进工作和先进人物,用以指导工作实践,推动社会发展。但是,目前在我们的媒体上,特别是一些主流媒体上,一些典型报道常常变成了生硬的工作报道。这类报道没有新闻性,不讲究报道方法,新闻界把这些僵硬介绍日常工作的纯工作报道称为"工作广告"。这类"工作广告"不掏广告钱,却以"新闻"形式出现,是中国新闻媒体产量较大、版面较多的报道。如果我们适当让硬新闻"软化",仔细研究工作中的一些事实,就会发现很多有可读性的故事、细节和人物,再摒弃那些生硬的无新闻价值的事实,典型报道就变成了真正的新闻报道。

"软中求硬",指发现社会新闻的着眼点。这里所说的"求硬",是指发掘社会新闻的思想内涵,寻找社会新闻的背景意义,尽可能地使报道体现积极的宣传意图,反映重要的社会价值。社会新闻不像政治新闻、经济新闻、军事新闻等硬新闻那样常常天然地具有积极的主题,记者在采写恋爱婚姻家庭、天灾人祸、犯罪破案、乡俗民情、逸闻趣事、自然变迁等社会新闻时,也常常为新闻主题发愁,原因是没有发现这些社会软新闻的时代意义。所以,记者要在实践中化"软"为"硬",寻找软事实的宣传价值和时代意义,让"软新闻"放射出时代的光芒,赋予其时代的意义,于是,新闻价值也就自然而然地提升。

比如,我国著名记者、原长江日报社长潘堂林在担任该报政文部主任期间就对通讯员孙梅珍送来的稿件进行了"软化"和润色,让一则很不起眼的工作报道变成了可读性较强的新闻故事,即《一节葡萄枝》。

1992年3月的一天,武汉市江汉区人民检察院孙梅珍同志来到《长江日报》编辑部投稿,潘堂林接过稿子一看,上千多字的稿子全面介绍他们单位重视群众举报工作,查处大案要案的成绩。稿件中举例谈到一名群众用"葡萄枝"作为信号报案,检察长明察秋毫破案的事情。一向新闻敏感性极强的潘堂林马上意识到这是一个很好的新闻线索,对孙梅珍同志说:"和平年代'用葡萄枝报案'与战争年代'用鸡毛信报案'一样有意思,便于人们口耳相传,把这件事专门抽出来作为新闻故事展开写,有头有尾,有人物对话,有前因后果,有曲折经历,能赋予枯燥的工作报道浓厚的生活气息,读起来就会很有味道。"

最后,通讯员孙梅珍按照编辑潘堂林的指点,重新构思,补充采访,让没有意思的"工作报道"变成了情节生动、思想性强、读起来很有味道的"新闻故事"。后来,这篇新闻还获得了武汉新闻奖一等奖、《中国检察报》"红塔杯"头条新闻大赛一等奖。值得一提的是,这篇稿件最后署名仍是孙梅珍一人,可见潘堂林同志风格之高尚,这也从一个侧面又一次验证了前文说到的我国目前"新闻发现者"仍不能享有著作权,甚至不能署名的事实。

再如,《光明日报》1995年刊发的《一窝蚂蚁值多少钱》却是一篇"软中求硬"的好新闻。这篇报道是该报记者从一场涉外经济官司中发现的大新闻。北京大华衬衫厂一批服装出口到日本,日本方面打开集装箱发现有蚂蚁,把衬衫退回中国,运费全由大华厂承担,为此,大华厂损失100万美元。干净衬衫出厂哪来的蚂蚁?会不会是集装箱到达日本后爬进去的?大华厂请蚂蚁专家鉴定。我国著名的昆虫学专家唐杰拿出了一份权威报告,结论是集装箱里的蚂蚁是日本蚂蚁,日方最后赔偿一切损失。大华厂打赢了这场官司,很感激唐杰教授,送给唐教授一件衬衫作为回报。

官司报道属社会新闻,可以从多个角度去写,一些媒体作为"硬新闻"去写,把矛头对准了日本,报道大华厂为国争了光,成了一篇涉外新闻。还有一些媒体按社会新闻去写,却对这篇"软新闻"没有赋予更高的主题,即没有进行"硬化"。《光明日报》独家从知识价值的角度提出问题,给这则社会新闻赋予新的意义,把软新闻"写硬了",收到了意想不到的效果,引起了全国公众的讨论,成了一个热门话题,连中央电视台也加入了讨论的行列。读者不仅读着有意思,而且也引起了深深的思考。

又如,笔者和原宝鸡电台台长谢义民1990年初采写的人物通讯《你这个傻铁匠!——记宝鸡石油机械厂工人汤振清》也是一篇"硬中求软"的好新闻。写工厂的劳动模范,属硬新闻,但我们从发现新闻事实的若干细节入手,到发现别具一格的"第二人称"表现形式,全篇读起来不仅感染人,思想性强,也诙谐幽默,风趣十足,让受众在轻松自然和潜移默化中受到启迪和教育。

你这个"傻铁匠"!
——记宝鸡石油机械厂工人汤振清

汤振清,说你傻,你可真傻!从19岁拜师当铁匠,大铁锤一操就是35年。在你的手里,大铁锤换成了蒸汽锤,又换成了风动锤。在你的锤下,一批批优质产品飞向四面八方,可你仍然不愿意离开又苦又累的锻造台。

就说1976年春吧,一纸电令从国家石油部传到了宝鸡石油机械厂:"油田急需100幅50吨单臂吊环,请速完成。"当时宝鸡正在闹地震,"只拉车不看路"的帽子满天飞,可你却不顾这些,攥了攥手中的大锤,把胸膛一拍,"俺干!"第二天就风风火火地干了起来,徒弟小王替你担心,开导你别这样傻干,弄不好会戴上顶"唯生产力"的帽子。你却说:"啥叫傻干?没有吊环,打不出油井,还不是国家做难?俺是共产党员,不能看着国家经济受损失。在入党时,俺就说过,要为党的事业舍命干,挨批斗算啥,俺不怕。"徒弟只好摇摇头,和你一起干了起来。经过20多天的连续奋战,100幅吊环,终于保质保量地如期装上了列车,可你却因为过度劳累昏倒在锻台上。

再说那次给5号管头打孔的事儿吧。大锤落下，一个近两寸长的铁屑蹦进了你的脖子上，你一咬牙，一把将铁屑从肉里抠了出来，擦了擦手上的血，又干了起来，直到下班铃响，你才最后一个离开了锻台。回家脱外衣时，才发现衣领已被鲜血浸透了，硬邦邦地粘在伤口上。老伴儿一边替你洗伤口，一边埋怨："你这个傻铁匠，轮起大锤就不要命。"你却笑着说："人在锤不停，轮起大锤百病消，这点伤算啥？你的傻铁匠结实着呢！"

在厂里，谁都知道有一句名言，那就是"当工人就要当铁人王进喜那样的工人，有十分劲，不能自使九分九。"有些人以为这不过是你说说而已，谁知你还真是认了真，把它当成了座右铭。于是在你的身上又添了几分傻气，本来你汤振清只需要管锻造，至于打磨的事儿，历来都是工厂出高价请民工干，可招来的民工常常是干了半年，又嫌脏又嫌累，又嫌噪声大，卷了铺盖走了。看到这种情况，你又冒了傻气，找到领导主动要求干。从此，锻造房又多了一道工序，而你带上两个徒弟，首先走上了精磨岗位。"滋，滋"的刺耳噪声震得耳朵生痛，剧烈伴动的工件震得双手都裂开了血口子，徒弟换了一茬又一茬，你硬是从没离开过精磨机一步，可在你的手下精磨出来的钻杆吊环荣获金奖并被送到国际博览会展出。

你汤振清办过的傻事儿可真是层出不穷。别的不说，就说实行经营承包责任制以后的事儿吧，职工的积极性普遍提高，但对那些批量小、难度大、费工费时不出活的任务，愿意干的可真不多，可你却对领导说："俺是老工人、老党员，有什么难活小活脏活，只管交给俺，保证干好。"于是你就成了生产中的收容队，专检别人不愿意干的难活、脏活、累活干，从不计较报酬的多少。这还不算，你还常常干出一些让大家意想不到的事儿。比如，加工净化装置的法兰盘，按厂里的工时定额干，可以很轻松成倍地拿到奖金，对这样的便宜事儿，你汤振清偏不干，主动请求厂里重新修订定额。锻打吊卡锁子，原定一个小时干一件，可你却要求减到45分钟完成一个。有人说，你真是冒足了傻气！一听这话，你睁着双眼反问说："冒这种傻气是正气，有啥不好？"

要说你汤振清这大半辈子干的最傻的一件事儿，恐怕要数你不坐办公室的事儿了。在300多人的锻造车间，你老汤的资历最深，技术最强，贡献最大。1988年厂里给你定了特级锻公职称，让你去坐办公室，可你却很不情愿，仅仅在办公室待了不到一个月，就坐不住了。找领导软磨硬泡，硬是又回到了火炉前，操起了大锤。哎！汤振清，你真是有福不享，自讨苦吃的傻铁匠！可你听了这话却动了情，眼圈儿一红，深情地说："俺是党的人，党把俺从水深火热的旧社会解放了出来，不再挨地主的皮鞭，只要对党的事业有好处，就是再苦再累，俺觉得甜呀！"

不过，要说你汤振清傻得实了心，可也真是冤枉了你。有时你还真能够动脑子，会算计。虽然你没有上过一天学，可你挺喜欢捣鼓搞技术革新。就说厂里承接的那批高难度的万向轴锻打任务吧，由于工艺要求高，过去三个火炉紧紧张张干一年，才能完成700件，可经过你改造，功效提高了21倍多，仅20天就完成了900件，质量还是全优！最邪乎的事儿，你还敢跟外国人比试，1987年，副省长从美国考察回来，特意找到你问："老汤啊，咱们石油开发急需要一批蹲锻活环，可目前要靠从美国进口，你能不能把它打出来？"面对着棘手的活，你说："只要国家需要，我拼上老命也要把它打出来。"从此，握惯了大锤的手拿起了笔，拿起了计算尺，翻阅技术资料,利用工余时间认真地测算,仔细琢磨,经过两个月的拼搏,你还真是爆出了一个大大的冷门,打锻出了我国第一个蹲锻活环。听到这个喜讯,副省长专程赶来祝贺。说来也真让人难以置信,近十年来,你一个没有念过一天书的傻铁匠,竟然成功地搞了 42 项技术革新,为国家创造经济价值 30 多万元。你也被石油部授予优秀共产党员称号,去年还被评为全国劳动模范,受到江泽民总书记的接见。

不过大家还是愿意叫你啥铁匠,你呢,也乐意做这样的革命的傻铁匠!

(本文获 1990 年度陕西广播电视新闻奖)

三、以点带面法

"以点带面"是我党常用的一种推动工作的方法。就是一项新的工作在开展之前,先选择几个地方进行试点,然后在取得成功的基础上再进行大面积推广。或者有时经过调研,发现几个先进典型,他们的经验有代表性,值得宣传报道,然后带动全局工作。做好"以点带面",关键是要把"点"选好,"点"选错了,就会直接影响到"面"。

新闻工作也一样,很多时候,记者被邀请去采访,人家首先给你一大堆材料,你在这些材料中就要找"兴奋点",找到了"兴奋点",你就会眼前一亮:"哇,这就是新闻!"然后通过发现这个"点",就会反映一个"面"。单位里每天发生的事很多,但很多事在单位中是大事,在社会中或行业中却没有新闻宣传价值,而有些小事反而有新闻价值,记者要学会发现这些所谓的"小事",往往从小事能做出"大文章"。

美国《华尔街日报》记者写硬消息,有一个固定的格式,叫"华尔街报章体",开头都是首先以一个具体的事例(小故事、小人物、小场景、小细节)开头,即以"点"开头,待读者被吸引过来,再自然过渡到"面"上进行严肃的主题叙述,在结尾再呼应开头的"点",回归到开头的人物或事件身上,进行主题升华,意味深长。"华尔街报章体"通过"以点带面",对硬新闻进行一种软化处理,能够把枯燥、干瘪、索然无味的硬新闻变得生动活泼、通俗有趣,并且使新闻具有极高的心理上的接近性,从而吸引受众,还可以为记者节省大量笔墨,同时让受众在轻松的阅读状态中获得丰富的信息。

一些记者写消息时往往"板着面孔",不知道找受众的"兴奋点",不知道用故事化的方法去叙述非故事化的新闻。在这一点上,不妨借鉴美国的"华尔街报章体"的写法。当然,这个写法的关键首先要发现好的"点",然后才能更好地写好"面"。这样写,肯定会比平铺直叙、大而化之效果好一些。

比如,《大众日报》记者齐淮东、姜国乐 2010 年写了一篇消息《让职工得实惠 16 万魏桥人两月普涨工资 200 元》,导语就写了一个职工:"18 岁的刘林娜最近干起活儿来特别有劲头。她是魏桥创业集团邹平第三工业园细纺车间职工,4 月初拿到上月工资表时,发现'增资'一栏里又多了 100 元,工资总额达到 2804 元。虽然进魏桥不过 9 个月,但在 300 多公里外的邹城看庄镇刘官庄村那个五口之家,刘林娜俨然成了经济支柱。"通过刘林娜这个"点",带出整个魏桥创业集团善待职工这个"面",然后是企业、职工"双赢"这个结局。

再如,前文提到的职工升工资互推互让也是"以点带面"的好消息。当时,笔者发现这个具体的事例后,马上意识到这个厂的思想政治工作做得好,这显然是"面"上的工作,通过"升工资"这个"点",反映了全厂职工的整个精神面貌,故事感人,主题突出。果然,《陕西工人报》刊发这个消息时,还专门配发了评论《重提一个口号》,而这个口号就是"思想政治工作",就是"毫不利己专门利人"。

四、沉浸体验法

这是指一种难以抓到真凭实据的事实,一种难以具体反映的社会腐败现象,一种众人将信将疑而社会上确实大量存在的非事件性报道对象,经记者以模拟者的角色做沉浸体验式采访而显性化,从而发现新闻进行报道。

沉浸体验式采访是新闻记者运用的特殊采访方法,因为通过这种采访方法获得的素材真实、可靠,也容易让非事件的东西事件化。这种采访是指仿照一定的榜样,做出类似的动作和行为的过程,是记者模仿、扮演当事人或普通民众去沉浸其中,体验生活,抓到素材,发现新闻。这种采访的优点在于能更真切地了解事物的真相,能更快更方便地获得需要的素材,有利于写出更加生动的报道。但这种采访有一定的局限性,采访是在暗中进行的,记者具有采访者和当事人两种不同的身份,采访具有一定的冒险性,而且记者的能力有限,有些事情不适宜记者这样采访。

沉浸体验法的哲学基础就是一般与个别的辩证关系。一般和个别是反映事物之间以及事物内部各素之间的共性和个性、特殊性和普遍性的相互关系的一对范畴。一般是指同类单个事物的普遍性或共性,即同类事物的共同本质及其所表现出来的共同现象。个别是指单个事物,即一个事物不同于其他事物的特殊本质及其所表现出来的特殊现象,也就是把事物与其他事物区别开来的个性、特殊性。任何事物既是个别的,又是一般的,一般存在于个别之中,个别包含着一般。

新闻记者通过沉浸体验法发现新闻是一种捷径,严格地说,这样的方法违背记者的职业道德和法律法规,但由于不采用这种方法就难以发现事情的真相,因此在特殊的情况下,也是被许可的,但不能被广泛采用。

比如,1995年5月29日《新闻晨报》刊发法国女记者爱丽丝的长篇报道,披露她用3万法郎的贿赂金获得一套低租金住房的经过。巴黎房源紧缺,房租奇贵,有6万多人正在排队等待分配低租金房。政府的初衷是好的,但年年建,房源却一年比一年紧张,这其中的原因就是一部分不具备条件的人通过歪门邪道获取了房源,这个秘密很多人都知道,可是没有真凭实据。一天,爱丽丝拿着微型录音机按照朋友的介绍来到一家酒吧,与一位女秘书模样的人见面交谈,之后她就交了3万法郎成功租赁了一套70平的廉租房,整个交易过程被她用录音机全部录下。报道刊发后,舆论界一片哗然,最后火都烧到了总理阿兰·朱佩身上,因为他为前妻、儿子、女儿也捞取了这样的房子,检察官调查后责令他退掉了房子,很多人因此得到了处理,巴黎低租金住房市场恢复了正常。

纵观这个事件,首先是爱丽丝得知了巴黎低租金房市场混乱这样一个信息,可是没有具体证据对这个观点作支撑,于是,她只好采用体验式采访,乔装打扮,模拟租户,发现了一个有头有尾的新闻事件。

再如,笔者和记者吕向阳采写的《比比看,哪家商场价更高》一稿,新闻发现也来源于沉浸体验法。笔者知道这家商场商品价格高,可该商场自己宣传其商品价格低,也有媒体报道其价格低,怎么办? 记者就假装顾客在各大商场买了同样的商品进行比较,最后结论显而易见。

又如,过去很多媒体揭露一些传销组织的新闻,揭露一些制造假冒伪劣窝点的新闻等,都是通过模拟假扮打入内部,获得"第一手材料",从而发现新闻,进行报道。

五、由此及彼法

就是接触其事物,然后联想到同类事物,即可发现新闻,要求记者要善于类比和联想。类比,就是要善于把两种在某些特征上相似的事物联系在一起观察分析,就会发现新闻;联想,就是遇事能够灵敏地调度头脑中的知识储备,善于由某一概念引发出相关的概念。

使用由此及彼法时,运用的思维方法包括联想思维法、类比思维法、想象思维法、对比思维法等。思维方法只是为发现新闻提供了一种思路。使用由此及彼法时,中间可能会有很多转换,不是由"此"马上想到"彼",而是中间绕来绕去,新闻记者要善于总结这个过程的规律。

新闻记者在新闻实践过程中经常采用这种独特的技巧发现新闻,因为事实具有客观性、变动性、联系性。有时候,我们看到一个事实,就会联系到与之相关的事实,分析二者之间的联系规律,就会发现意想不到的新闻。

比如,《湖北日报》1991 年 7 月 13 日刊发的新闻《26.94 米;60 年前三镇尽成泽国 看今日——武汉百里长堤巍然锁大江》就是一篇应用由此及彼法写成的好新闻。作者彭晓、汪洋在报道这篇抗洪救灾的事件时,突破传统的做法,没有简单报道水文的动态状况,而是由此及彼,看到达到 26.94 米的水位时,武汉三镇依旧安然无恙,心情非常激动。他们想到了 60 年前的 1931 年,面对同样的水位,汉口溃堤,由此发现了新的角度。这篇新闻的标题也是作者由此及彼联想的结果。

再如,著名记者、原长江日报社社长潘堂林采写的新闻通讯《"借太公"为何不理"狗肉账"》就是利用由此及彼法发现的新闻。1988 年夏天,他去武汉照相机总厂采访,该厂因年年亏损刚被长江动力公司兼并,厂成品仓库有一本"狗肉账"引发他对"国有企业"通病的思考,企业债台高筑,居然有 200 多部照相机"被借了出去",至今没有归还,由此他有联想到了"借太公",厂里生产什么,他借什么,借与被借的双方都觉得是"公家的东西",借出再多不心疼,借者不还也心安理得,于是,就发现了这条新闻。

六、异地搬迁法

这是一种把别的地方的新闻"搬迁"到本地的思维方法。一些有经验的记者常常看外地电视,听外地广播,读外地报纸,然后根据自己关注的新闻在本地找类似的新闻事实,诸如经验新闻、综合新闻、工作新闻等,常常可以这样做,然后在本地媒体发表。

我们知道,新闻的新鲜性是相对的,同样的事情,在当地新鲜,但放在外地或者全国,就不一定新鲜了。反过来,一个新闻在甲地发生并被当地媒体报道,恰好被乙地记者看到,他受到启发,几天后在乙地也找到了同样的新闻,乙地媒体照样可以报道,因为对乙地媒体和受众而言,他们一般并不知道甲地发生过,仍觉得很新鲜。新闻记者要善于借鉴异地的做法,异地新闻媒体报道后,记者如果觉得有意思,就可以顺着这个思路在本地找同样的新闻,移花栽木,静待春来,同样会取得意想不到的效果。

比如,笔者在广播电台当记者时,曾经有一段时间任《信息之窗》栏目编辑,报道的都是外地新闻,目的是给本地受众和各行各业提供可以借鉴的信息。为了办好这个栏目,除订阅《信息日报》外,笔者坚持收听多家外地广播电台的节目,碰到好的信息就编进去播出。那个时候,没有卫视,没有网络,受众了解外地信息不容易。后来,笔者离开了这个栏目组,但仍养成了收听外地广播的好习惯,遇到有意思的外地新闻,就在本地找,居然找到了不少类似的新闻,有的还获了奖。

笔者后来调到了陕西省人大常委会负责报刊社和新闻中心工作,将这种异地搬迁法又带到了人大。各地人大的报纸、杂志每期都会邮寄过来,人大机关报纸也设有《他山之石》栏目,目的是借鉴外地经验,推动本省人大工作。有一些好的内容,笔者就在本地找,像《人大代表的履职日记》《农业家政在我省关中农村开始兴起》等,都是借鉴外地新闻"异地搬迁"过来的。

七、宣传时机法

新闻和宣传,本来是两回事,但在中国却紧密联系。新闻是指新近发生的事实的报道,新闻的五要素是时间、地点、人物、事件、原因;宣传是运用各种符号传播一定的观念,以影响他人的思想和行为,宣传的五要素是主体、内容、载体、对象、效果。新闻主要是传播事实和信息,而宣传主要是传播观念和观点。宣传形式多种多样,但搭新闻的车效果最好,我们称之为新闻宣传。

新闻宣传就是以报道新闻的方式实现宣传目的,所以,新闻宣传首先要具有新闻性,如果一个事实没有新闻价值,却在媒体上进行宣传,那就不叫新闻宣传。新闻宣传之所以能收到比较好的宣传效果,最重要的原因就是用事实说话,而且是用新鲜事实说话。进行新闻宣传时,要恪守新闻的真实性原则,要以新闻事实为报道依据,所作报道要完全符合新闻事实的实际情况。

我们国家的新闻媒体除传播新闻信息外,还肩负引导舆论、宣传政策的责任,所以,新闻记者在发现新闻的过程中,对有些新闻,不仅要看它的新闻价值,还要看它的宣传价值。新闻是要抢时间发表,而宣传是要等待时机发表,所以,对于有宣传价值的新闻,在不过分影响其时效性的前提下,还要着重等待它最佳的宣传时机。如果在最佳时机发表新闻,它的新闻价值和宣传价值都会相应提高。

宣传时机法就是指发现一个事实之后,根据需求,选择发表的宣传契机,让新闻价值扩大化。新闻契机是指报道一则新闻的最佳时机和最好切入点。

捕捉契机可从三方面入手。一是寻找某一新闻须在某一日发表的必然依据,即找到由头。二是量变中找到质变,在渐变中找到突变,把握质变突变中的关键环节和瞬间。三是选择与人民群众生活息息相关的兴奋点作为新闻报道的切入点。

比如,前文提到的关于工人汤振清的新闻,其实是当年2月就已被发现,但稿件一直等到

"五一"前夕才发表,因为他是劳动模范,这个时间发效果会更好。类似的例子很多,像优秀共产党员张富清隐姓埋名几十年这样的典型,媒体等建党 100 周年前夕才报道,目的也是想取得最佳的报道效果。当然,有时候对于某些负面新闻,如果碰到比较祥和的日子或是比较敏感的日子,媒体也可能也会有意缓一缓再作报道,目的是不影响良好的气氛。

八、沙里淘金法

金是一种稀有金属元素,在地壳中的含量极少,且分布稀落,主要来源为山金及沙金。山金夹在岩石和矿石中,含量极少,提取极为困难;沙金本也是山金,历经千百年来的风吹雨打,被冲入江河,与沙一起沉积成矿床,通常每吨沙中含金 3~10 克。从古到今,人类都是采用"沙里淘金"的方法开采黄金,即用重力选矿法,利用黄金与沙子的比重差异,用水反复淘洗得到,过程异常艰苦。

新闻记者发现新闻,其实也就是"沙里淘金"。因为,世界上每天发生的大大小小的事实无穷无尽,而真正被发现报道的却是九牛一毛,为什么?一是因为媒体条件有限,每天只需要记者从无数的事实中选择极少的一部分来报道;二是因为绝大部分事实都是重复性的,没什么报道价值。

新闻姓"特"、姓"异",不姓"全"。一全就不是新闻了,写人物新闻、工作新闻尤其如此。可以这样说,凡是面面俱到的稿件,作者都是没有完成新闻发现。在这样的情况下,需要用沙里淘金法来完成新闻发现。

大家都知道,会议是新闻的富矿,从实际情况看,会议确实出新闻,有些会议和领导人讲话,都是振奋人心的新闻。遗憾的是,许多有价值的新闻,被长篇消息所淹没。

比如,著名战地记者、报告文学作家魏巍采写的《谁是最可爱的人》,就是用沙里淘金法发现的新闻。

魏巍反复琢磨,发现了一个重大主题:谁是最可爱的人。于是,就精选了 5 个事例,后来又删掉了 2 个,在文章里只写了具有代表性、典型性的 3 个不同类别的事例。文章开头写了新闻发现过程:"在朝鲜的每一天,我都被一些东西感动着;我的思想感情的潮水,在放纵奔流着;我想把一切东西都告诉我祖国的朋友们,但我最急于告诉你们的,是我思想感情的一段重要经历,这就是:我越来越深刻地感觉到谁是我们最可爱的人!"

这篇通讯最先刊发于 1951 年 4 月 11 日《人民日报》,后入选中学语文课本,此后解放军广泛地被人们称为"最可爱的人"。

九、旧事重提法

旧事重提是指传媒过去报道过的新闻因某种原因被重新提起。追踪以往报道过的人和事,时常可以再发现新闻,即"旧闻"变"新闻"。这里的"旧闻",不是过去一般的新闻,而是有重大影响的人物或事件,在过去"人人皆知"的人物或事件,经过若干年后,人们还想知道他们(它们)的近况,或是因为生活的改变,人们常常想起他们(它们),对过去的新闻产生了新的兴趣。新闻记者依据这些兴趣,跟踪报道,挖掘现实意义。

为什么旧闻会有新义？从心理学的角度讲，人们在现实面前，往往有怀旧心理，怀念过去的人和事，尤其是昔日一些重大报道、热门新闻、热点人物等，人们往往对他们（它们）的现状有强烈的"了解欲"，尤其是当受到现实刺激的时候，这种"了解欲"往往会更强，新闻记者应满足受众这一愿望，善于从旧闻中抓新闻。

比如，《浙江日报》记者徐永辉被誉为"摄影史官"，他追踪浙江农民叶根土一家40多年生活变化轨迹的报道，就用的是旧事重提法。类似的新闻还有《一户人家10年间》《陪嫁的传家宝》《一曲难忘30年》《一组珍贵的照片》《"京郊四胞胎"长大了》《今日的大寨》《小岗村再出发》等，都是围绕过去人们熟悉的"旧闻"来发现今天的"新闻"。

再如，《工人日报》1995年5月17日刊发记者孙德宏采写的一篇人物通讯《寻找时传祥》就是"旧闻"变"新闻"的典范。时传祥是30多年前家喻户晓的新闻人物，但时过境迁，很多年轻人不知道时传祥了。作者选取典型事例，在现实与历史的叩问中寻找"人们精神家园"的问题，在"旧闻"中挖掘出具有重大现实意义的主题，让"旧事"重提，让"精神"再放光芒。

十、预设主题法

就是围绕某一主题、某一报道思想，从某一社会现象、某项工作中，抓取一件能够集中反映新闻主题，又有头有尾的情节化事件，着笔这一例事，用一斑反映全豹。

新闻主题是新闻报道的中心思想和基本观点，也就是新闻写作者对客观事实的看法、态度和通过事实的报道所要表达的主观意图。

新闻发现重在发现新闻主题，而对新闻主题的选择，一般有两种基本的方法：一是提炼主题，即从发现新闻事实入手，先有事实材料，后有新闻主题；二是预设主题，即从主题入手，"先有主题，后有事实"，带着主题在实践中找事实。需要说明的是，后者并不是"先有思想，后有实践"，"预设"只是对记者此时此刻发现新闻而言，而预设的主题，其实也是宣传部、编辑部，甚至记者本人在长期的实践中提炼的，一旦有了主题，就可以根据主题再找事实。

在许多情况下，我们事先知晓了主题，再根据实践中的事例一一进行比较，找见契合点，就发现了新闻，找不见，新闻尚有待继续寻找。寻找对比的过程，在某种意义上说就是发现新闻的过程。我们国家的重大主题新闻宣传报道，对记者而言，其实就是根据预设主题法寻找事实，发现新闻。

我们常说记者要吃透"两头"，提炼主题其实就是先有"下头"，再有"上头"，而预设主题，其实就是先有"上头"，再有"下头"。比较包括相似度比较、相反度比较、情景度比较等，通过相似度比较，会发现正面新闻，通过相反度比较，会发现负面新闻，通过情景度比较，会发现很多活的新闻细节。

比如，新闻名篇《西瓜兄弟》就是在表现八路军遵纪爱民主题下寻找的一个典型事件。在战争年代，表现我党军队遵纪爱民的主题应该是个老主题，记者们应该都知道，但是，能否发现新的事实，并且把发现的事实和这个老主题联系起来是关键。假如记者头脑中没有这个预设的主题，对比西瓜兄弟面对八路军和蒋匪保安团不同的遭遇，也许就体会不出它就是绝好的新闻。

西瓜兄弟

记者随军路过淮阳县李楼村时,听到群众间流传着西瓜的故事。当地有李姓西瓜兄弟两人。每年每人种亩把好西瓜,这方圆一二十里地内,也只有他们兄弟俩种西瓜,因此大家就叫他俩西瓜兄弟。西瓜老大的地在村东大路边上,西瓜老二的地在村西南小路边上。今年虽雨水多,可是他们的瓜地高,西瓜还是长得又大又甜。

刚熟的时候,村东头走过来一对蒋匪保安团。那些饿狼一看见老大的西瓜,顿时你抢我夺地,不一会儿,一亩多地的西瓜就一个也不剩了,地里只留下一片踩烂的瓜藤、瓜叶及吃剩的瓜皮、瓜子。

在蒋匪过去的20天里,村里忽然来了八路军,巧的是,这回八路军从村西南西瓜老二的瓜地路过。"我这瓜地完了!"西瓜老二想,"我这命也不想要啦!我就躺在瓜地里看他八路军摘我的瓜吧。"西瓜老二灰心丧气地往西瓜棚地里一坐,看着八路军过来。谁知道队伍里有多长呢?往北看,不见尾。"这西瓜长得好!"领头的一个兵说,"还有三白瓜哇!""这瓜一个怕有30斤。""吃上两个才解渴呢。"路过的兵,你一句我一句,接着赞叹不止。一听见说西瓜两个字,西瓜老二的心就痛得像刀扎。但是他却奇怪,这些人说说就完了,连脚都不停,一股劲地往前走。西瓜老二把头偏西一看,南也看不见队伍的头,北也看不见队伍的尾。他自言自语地说,"这八路军就是怪呀",说着就站起来,提着瓜刀跑到地里,拎起一个大西瓜,往路边一放"刺刺"地切开了,"吃西瓜,兄弟们!"西瓜老二向八路军叫,但都没有人答应他。"走路渴啦,来吃块瓜!"西瓜老二又向另一些兵士叫着,但回答仍是:"谢谢您,老乡!俺不吃。"这一下,西瓜老二可急了,大声嚷起来:"看你们八路军,把西瓜切开了,怎么不吃呀?"这时候,有个十六七岁的小司号员向他问:"老乡,你这西瓜多少钱一个?""不要钱,随便吃。"西瓜老二边说边拿起瓜往小司号员跟前送。小司号员连忙说:"俺不吃,俺不吃!"脚不停就往前走了。西瓜老二捧着瓜,直愣愣地在西瓜地边站着,队伍还是肩并肩地往南走,前不见头,后不见尾。

思考与训练

1. 为什么说马克思主义新闻观是新闻发现的最大技巧?
2. 在十大常见的新闻发现技巧中分别找出各自对应的新闻价值要素。
3. 如何让软新闻变硬,硬新闻变软?
4. 试运用沙里淘金法发现一则校园新闻。
5. 简述确立主题的两种基本方法及如何通过预设主题来发现新闻。

针对本教材,作者已经录制了配套的在线课程视频,以上是关于本章内容的视频二维码。

第十一章 新闻发现的三种形态

本章重点难点：①新闻发现的初级形态；②新闻发现的中级形态；③新闻发现的高级形态；④隐形新闻与角度新闻；⑤新闻选题与新闻策划。

新闻发现，说到底其实它就是一种对事实的敏感力和判断力，就是一种开掘事实并对新闻事实存在规律和价值的探寻能力，从而实现新闻价值的最大化。新闻处处有、时时有，但能不能发现，什么时候发现，怎样发现，则是一个有趣的过程。

仔细研究新闻发现的过程，并跳出来从宏观角度观察新闻发现的过程，你会发现不同类别的新闻，发现过程有着很大的差异：显性新闻发现过程短，思维简单，发现者一蹴而就；隐性新闻发现过程长，思维复杂，需要发现者苦思冥想；而一些重大主题新闻的宣传报道则需要提前进行选题论证和组织策划。我们把这种现象叫新闻发现的三种形态。

新闻发现的三种形态和前文提到的灵感思维的三个阶段不同。灵感思维的三个阶段是从微观角度研究新闻发现过程的，新闻发现过程其实就是灵感思维产生的过程，这个过程可分为灵感准备阶段、灵感顿悟阶段、灵感印证阶段。而本章要讲的新闻发现的三种形态，则是从宏观角度研究新闻发现过程的，新闻发现过程可分为新闻发现的初级形态、新闻发现的中级形态、新闻发现的高级形态。

第一节 新闻发现的初级形态

凡是能够通过眼、耳、嘴等感官直接快速了解到的新闻其实都是新闻的初级形态，这些新闻大多都是显性新闻，即明摆着的新闻，无需记者过度用脑，一看便知，一听便懂，一问便晓，或者别人稍微指点一下就会明白，操作起来也不难。对这样的新闻，一般年轻的记者一上手就会，但前提是要勤看、勤听、勤问、勤学，再简单的新闻都不会自动跑到记者的笔下，丢失显性新闻的情形也时常发生，所以，新闻记者切莫忽视。

一、用眼睛发现新闻

眼睛，是人身上灵敏的器官，它像一架精密的自动摄像机，随时随地摄取瞬息万变的生活场景。人的眼睛可以分辨出太阳光谱中的 180 种不同的色调，如果把每种色调的明度也计算在内，人能分辨出 10000 多种色调。据科学家分析，人脑储存的信息中，60％以上来自视觉。

新华社原总编辑南振中先生给他的新闻作品集专门起名为"记者的眼睛"，他觉得记者的眼睛在新闻实践中至少有四项作用。一是有许多事情，光靠别人介绍很难深刻理解，记者亲眼看一看，可以增加感性知识，有助于正确认识客观事物。二是用眼睛发现，可以纠正传闻中许多不实之处，获得更真切的第一手材料。三是用眼睛发现，可以抓取更多的富有特征的生活细节，使新闻报道具体、形象、生动。四是用眼睛发现，可以使记者受到生活事件的感染，容易产生激情，从而增强新闻作品对读者的感染力。

我们常说的"眼观六路"，就是指遇事要多方观察，全面了解。六路指上、下、左、右、前、后六个方向。

现实中不注意察言观色的人很多，只知道闷着头干。不是说这种人不好，也不是说不需要实干的人和说实话的人，而是说现实中有些人往往没有眼色，尤其是在交际场合，没有眼色的人常常会在关键的时候破坏气氛。

新闻记者要善于"察言观色"，尤其是要用眼睛来发现新闻，这是职业的要求，并不是说在现实中就提倡大家看人脸色行事，而不注重实干。人常说，记者的眼睛是很"尖"的，就是指记者需要用锐利的眼睛去观察事物，全方位观察，多角度观察，深层次观察。

新闻记者要处处留心观察，新闻无处不有、无时不有。优秀的记者能在蛛丝马迹中看到新闻亮点。尤其是在信息爆炸的时代，能否抓到有价值的信息，是体现一个记者"眼力"的表现。那么，在纷繁复杂的生活中，新闻记者如何用眼睛去看呢？

一是看媒体。记者看报、看电视、上网和别人不一样，主要不是了解信息，而是寻找再生新闻，寻找可以报道的新闻线索。现在是全媒体时代，不仅有传统媒体，还有各式各样的新媒体，尤其是网络媒体，是发现新闻线索的便捷平台，媒体上有些新闻值得继续深挖。新闻记者要养成经常看的习惯，在媒体上找新闻线索，找新闻灵感，是发现新闻行之有效的方法。

二是看材料。新闻记者参加会议，或到一个单位去采访，或通过其他渠道和途径，经常会接触到一些材料。有些材料是官方的，有些材料是非官方的，只要授权允许，要尽可能地认真看这些材料，很多新闻线索就在材料中，一看材料便知。材料各种各样，林林总总，新闻记者不仅要养成看材料的习惯，还要善于甄别各种材料，从材料中发现新闻。新闻记者从某种意义上说，就是跑材料的，所以，最早时把新闻记者叫"材料员"，看材料、跑材料、从材料中找材料、在写作中选材料等，都是新闻记者的职业特征。材料丰富，新闻线索就丰富。

三是看事实。生活中处处有新闻，记者的眼睛要和别人不一样，要善于观察，如衣食住行等，都要留心看。大千世界，无奇不有，只要善于观察，用心观察，新闻到处都是。比如走在大街上，发现一伙人围在一起，你不妨上去问个究竟。回到小区，发现小区门口有好几辆警车，这些别人可以不关心，你必须上前问问，也许就会发现好新闻。新闻记者要养成多看多问的好习惯，很多新闻都是表面的，是新闻的初级形态，一看一问便知晓。

四是看表情。新闻记者经常在采访中会问到一些敏感话题，采访对象有可能不愿意说，但新闻记者可以通过观察他的表情来进行判断，然后再想办法用其他方法证实，新闻可能就会出来，这就是我们常说的"察言观色"。很多新闻，记者只要善于察言观色，也能被发现，因为从心理学的角度讲，一些秘密能在表情上反映出来。新闻记者要善于看别人的表情，从表情中发现新闻。

五是看场景。新闻发现和新闻采访常常是交织在一起的，有时先有新闻发现，然后再去进行新闻采访,而有时在新闻采访中,却有了更多的新闻发现。采访时会遇到很多场景,诸如个别采访、新闻发布会采访、座谈会采访、新闻现场采访、蹲点调研采访、参加会议采访、问卷调查采访、电话连线采访等;生活中也有很多场景,诸如喧嚣闹市、宁静夜空、热火朝天、众人沉默、笑声阵阵、哭泣一片、尴尬邂逅、老友重逢等。这些场景各有不同,每时每刻也都可能会有新的变化,新闻记者要善于看场景,从场景中发现新闻。

比如,笔者1994年参加陕西省人大常委会报刊社招聘考试,组织者把所有考生都拉到西安炭市街市场,让考生在炭市街市场自行寻找新闻,两小时后再回到考场写一篇消息。笔者在市场上一直观察,却没有找到可以采访的线索,直到快结束时,才看到一个卖南塘的摊位前排着长队,一个顾客要买两斤,摊主(是一位老头儿)说每人限购一斤,顾客和摊主争执不休,摊主最终也没有让步。笔者看到这种情况忙上前采访,才得知摊主在这个市场已经卖了几十年南塘了,由于质优价廉,买的人很多,为了让更多的人吃到他的南塘,近几年他一直实行限购政策。这不就是笔者要找的新闻吗?回到考场,笔者就按要求写了一篇消息《犟老头儿卖南塘质"犟"量"犟"价也"犟"》,结果那篇消息在200多人的考生中得了最高分,还被时任陕西省新闻工作者协会秘书长、负责此次考试阅卷的新闻专家直接推荐到报纸上发表。

又如,下边这篇刊发于2007年6月29日《北京青年报》的消息,就是作者徐笛通过观察后发现的新闻。作者走进人大常委会会议室,看到参加会议的委员们和往常不一样,没穿西装,全穿的是衬衫,一打听才知道了原委。新闻敏感性极强的他将自己用眼睛观察到的这一发现第一时间采写发表。该文获第十七届中国新闻奖一等奖。

人大常委会会议委员改穿衬衫
审议节能法草案同时带头节能　会场空调温度调至26℃

本报讯　按惯例,参加全国人大常委会全体会议,男委员应穿正装——西服以示庄重,而昨日下午朱相远委员身着浅蓝色半袖衬衫就走进了全体会议厅。原来全国人大常委会趁正审议节能法草案的"热度",将全体会议的空调温度也由24摄氏度调"热"至26摄氏度。这一温度变化,源自朱相远委员在三天前提的建议。

"节能是全社会每个人的责任",26日下午在十届全国人大常委会28次会议分组审议节能法草案时,朱相远委员发言称,"立法机关也应带头节能"。接着他话锋一转说:"日本在夏季召开内阁会议时,内阁成员都身着衬衫,室内空调温度能开得高一些,耗电会少一些。"说到这儿,正在埋头记录的委员们纷纷抬起头注视着朱相远,他接着说,"以往在召开全国人大常委会全体会议时,男士都需身着西装,以示会议庄重肃穆,全体会议厅内空调温度也相应设置在24摄氏度。我建议今后在夏季召开全体会议时,男委员改穿衬衫,这样既不会影响会议气氛,更重要的是空调温度也可调高至26摄氏度,更节能更省电。"话音刚落,立刻有委员表示"支持"。

这个呼声甚高的建议被记入了当天的"会议简报",送交全国人大常委会其他组成人员阅读。27日朱相远委员又给全国人大常委会副委员长、秘书长盛华仁递了一张纸条,再次表达改穿衬衫、调高空调温度的建议。建议"掷地有声"。昨天上午分组审议时,各小组组长口头通知:"今天下午全体会议上,男委员可以不穿西服而改穿衬衫,会场空调温度也调高至26摄氏度。"

昨日下午3点,第三次全体会议开始,大部分男委员都穿着衬衫入了场。在26摄氏度空调微风吹拂下,穿半袖衬衫的朱相远委员"感觉很舒适"。他希望"通过电视镜头,让全国人民看到,立法机关在带头节能,全社会也应行动起来"。

二、用耳朵发现新闻

我们还常说"耳听八方","八方"指的是东、南、西、北、东南、西南、东北、西北,"耳听八方"指的是耳朵同时能洞察各方面来的声音,形容人很机警。这里指我们了解事情要多方面听取意见,不能偏听偏信。就新闻记者而言,耳听八方,不仅能有更多的机会发现新闻,而且还能准确、全面地了解事情的真相。

记者要有顺风耳,要随时处于采访状态,要对周围发生的一切事情感兴趣。很多有价值的独家新闻,不是记者在新闻发布会上采到的,而往往是从各种社交活动中,从天南海北、无拘无束的谈论中听到的。

记者的耳朵要特别灵敏,乘地铁、坐公交、逛公园、听广播等,都要留心,旁边一个人冷不丁地打个电话,有可能都是新闻。记者参加会议,要认真听会,领导讲话时可能会脱稿,新闻往往就会在此时发生。

有些记者参加会议往往靠"经验"行事,把材料一拿,照材料写稿,或者在会上只顾写稿,不注意听讲,结果往往酿成大错。

比如,《四川日报》2019年5月17日刊发的《这两天是哪天?今天还是明天?凉山易地扶贫搬迁工作调度会辣味足》就是记者靠在电视会议现场亲耳聆听获得的新闻,而且记者的耳朵很"尖",调度会从晚上7点一直开到晚上10点,在11个贫困县设分会场,各县轮流接受质询,三个小时的质询,说的话肯定很多,记者一直没有离开会场,一直用耳朵在听,最终,在那么多会议的信息中抓到了"新闻点":当金阳县在介绍某点位施工进度时,表示"施工现场缺少木工,县里已经督促,要求施工单位这两天解决",凉山彝族自治州副州长马上追问:"这两天是哪天,今天还是明天?""明天去现场督促配齐人手。"电视屏幕那头金阳县负责人马上表态。

我们可以设想一下,三个小时的会议,如果记者当时离开现场,或者在关键的时候走神,或者仅凭一些事先准备的材料写稿,这样有动感、有价值的"对话"新闻是无论如何也抓不到的。所以,新闻记者在任何时候,都不要迷信书面材料,要亲耳聆听,抓现场新闻,多听有益。多听,才有更多的机会发现新闻。

三、用嘴巴发现新闻

石本无火,相击而发灵光;水尝无华,相荡而生涟漪。许多有灵气的思想火花就是在谈天说地中闪现出来的,就是在一问一答中呈现真相的,就是在不断沟通和交流中得到答案的。

访问,是新闻记者采访的常用手段,访问主要靠嘴,通过一连串提问、追问、反问等,把信息问出来。有时候一些比较敏感的问题,采访对象可能不愿意回答,这个时候,新闻记者可以试着换个角度或方式去问,也许就会如愿以偿。

访问要有艺术,访问和聊天不一样,记者要多问少讲,问出来才能记,但要问得关键,问得自然,问得简练,问得合适,并不是一件容易的事情。在新闻实践中,记者可以从理性和感性两个方面去总结问的技巧,诸如问答式、诱导式、回忆式、宽松式、讨论式、开闭式等,记者可以灵活运用,目的是打开对方的话匣子,问出有价值的信息。

聊天,是人际交往的重要形式。记者要善于交朋友,多参加各种各样的聚会,要和什么人都能聊得来,如和同学、朋友、同事、家人、亲戚等,就是出门在外,在飞机火车上,碰到陌生人,也要善于聊天,东西南北,天上地下,乱侃乱聊,有时看见别人聊,也加进去聊,通过聊天,聊着聊着,也许就会发现新闻,很多时候,新闻是聊天"聊"出来的。

网上聊天是一种新形式,记者不需要出门就可以和各种人聊天,可以和熟人聊天,也可以和陌生人聊天,可以和本地人聊天,也可以和外地人聊天,可以在朋友圈聊,也可以一对一单独聊,可以自己参与聊,也可以看别人聊。通过聊天,结识新朋友,聊出新话题,对方无意,记者有心,聊着聊着,新闻就出来了。

比如,笔者采写的《这里的厕所哪去了》一文就是在西安西郊小树林广场晚上锻炼时和陌生人聊天聊出来的新闻;而《西安一位出租车司机眼中的红绿灯》一文则是笔者在乘坐出租车时和司机一路闲聊聊出来的新闻。这样的例子很多,很多新闻的发现源于用嘴去"聊",说者无意,往往听者有心,聊着聊着,新闻就出来了,尤其是类似出租车司机这样的职业,他们见多识广,信源丰富,新闻记者尤其不能放过。

四、用日历发现新闻

笔者经过研究发现,新闻的分布不是均衡的,它是"嫌贫爱富"的,它是"喜闹弃静"的,它是"追逐名贵"的,它是"连续不断"的,它是"周而复始"的。新闻在空间上有"富矿"和"贫矿"之分,有的地方常出新闻,有的地方很少有新闻;新闻在时间上有淡季和旺季之分,重大节庆、特殊日子、月末年尾等,都是新闻的旺季,而平常日子、月中年中等,却是新闻的淡季;新闻在人群里,喜欢名人精英,而平常人身上,很少有新闻发生;新闻一旦发生,就会不断变化,相互联系,不是孤立存在,不是一成不变;新闻传播和自然季节一样,有周而复始的运动规律,年复一年,日复一日,循环往复。

说新闻"周而复始",并不是说新闻真的可以重复,新闻是不能重复的,新闻必须新鲜,所谓"周而复始",是指从年初到年底,好多同类的新闻都是在那个固定的时间段发生,年复一年,循环往复。比如,元旦左右都是总结新闻、计划新闻;春节左右都是慰问新闻、迎新新闻、团圆新闻;到了3月,都是两会新闻、代表委员新闻;清明节左右,都是祭祖新闻、踏青新闻;"五一"左右都是劳动新闻;"六一"左右都是少年儿童的新闻;"七一"左右是歌颂党的新闻;"八一"左右是报道人民子弟兵的新闻;6—8月还有高考、中考新闻;到了9月,则是开学季,多为歌颂老师、迎接新学期的新闻;"十一"左右多为歌颂伟大祖国的新闻;11月开始入冬,多为供暖新闻、关怀新闻;12 月则是加班加点完成全年任务的新闻等。除这些重大节日外,在一些重要事件、重要人物、重大活动的纪念日,以及一些重大自然灾害、重要法律宣传日、重要行业节日等,新闻也要密集发布,从年初,到年底,以此类推,循环往复。

有经验的新闻记者都有一张特殊的日历表,重大节日、历史上的今天、人物日志、季节变化、重点工程等,都是重要的新闻源,要经常拿出来查一查,在这些日子到来之前,寻找相应的消息,常常会有收获。有时候,发现一些新闻线索,可能会有意识地放一放,等待它的宣传火候的到来,再去采访发表,实现新闻价值的最大化。比如,《我国春运列车开始运行》《西安多条道路拓宽喜迎十四运》《双节到来之前各大商场加紧备货》《全国两会代表委员陆续返京》《解放军今日开始冬训》《各地喜迎建党 100 周年》《今冬将提前一周供暖》《我国从东到西开始夏收》《清明来临各地文明祭祖》等,都是日历新闻,这些新闻其实每年都有很多相似的地方,有经验的记者根据日历提前进入准备状态,提前搜集新闻线索,做好新闻发现准备。

再如,1989 年"六一"前夕,笔者依据日历新闻的规律,就去教育部门了解新闻线索,果然很快就获知了一位 12 岁少年发明"墨水一擦净"的新闻故事。经采访,制作了一期颇受小朋友们欢迎的配乐少儿录音节目《小小发明家》,半小时的节目播出后,深受广大少儿朋友的欢迎。节目的开头是这样的。

同学们,你们好,我是王欢阿姨,很高兴咱们又相会了。最近我到一些学校去采访,发现许多同学文具盒里新添了一样东西,这就是"墨水一擦净"。有了它,把用钢笔写错的字,一擦就净。同学们高兴地称他为钢笔橡皮。今天呢,我就来给大家讲一个"墨水一擦净"的故事。同学们,你们先猜猜发明"墨水一擦净"的是谁呢? 哦,猜不着吧? 好吧,我来告诉你们,他就是咱们宝鸡市渭滨区孔江庄小学六年级 12 岁的学生韩江涛,再过几天,小江涛将作为我省唯一的"神童"选手,和爸爸妈妈一起去广州参加首届中华百绝博览会,这可是咱们全市少年儿童的光荣和自豪呀! 说到这里,同学们一定很想知道,江涛小朋友又是怎么想起发明"墨水一擦净"的呢? 在发明的过程中都遇到哪些困难和失败呢? 最近,我和本台记者杨讲生叔叔一起采访了这位小小的发明家……

第二节　新闻发现的中级形态

和新闻发现的初级形态相比,新闻发现的中级、高级形态就不那么简单了,仅靠记者的眼、耳、嘴等难以搞清楚,而要动脑筋、想办法、出点子。比如我们常说的追踪新闻、隐性新闻、角度新闻、问题新闻等,就属于新闻发现的中级形态,这些新闻都有一个共同的特点,即它们都不是显性新闻,发现这些新闻,不是一蹴而就的,需要费力费神,或需要记者动脑追踪,刨根问底;或看不见、摸不着、问不出,需要记者认真思考,主动发现;或表现新闻事实存在多个着眼点、入手处,需要记者寻找最佳角度;或在现实生活中存在的焦点问题、难点问题、热点问题,需要记者去主动发现并提出解决这些问题的办法等。

一、追踪新闻

报道追踪新闻时,要抓住新闻人物、新闻事件刨根问底。如动态新闻、人物新闻等,媒体报道以后,常常需要继续跟踪,进行连续报道,这个时候,新闻记者应该穷追不舍,追踪下去,往往就会发现受众更关心的消息。

报道追踪新闻仅凭耳闻目睹不行,它属于新闻发现的中级形态,不同的记者、不同的媒体,追踪的效果往往不一样。记者需要深入思考,这条新闻需不需要追踪,什么时候追踪,从哪个角度追踪,怎样追踪,追踪要达到什么目的等,以上内容都需要提前策划,并在追踪过程中及时修正。

追踪新闻有正面新闻,也有负面新闻。追踪正面新闻要抓"大"放"小",要和党的方针政策紧密结合,要针对生活实践和群众实际,一般的新闻只报道一次就可以了,重要新闻、群众关心的新闻,不仅要追踪,而且要反复追踪。追踪负面新闻,也就是我们平常说的批评报道,只要公开报道了,原则上都应该有后续报道,有的需要连续报道。追踪新闻的过程,其实就是不断发现新闻的过程。

比如,2018 年 6 月 20 日《新安晚报》刊发记者陈牧、夏丽霞采写的消息《苏明娟设立助学基金传递"希望"》就是一篇很好的追踪新闻,该文获第二十九届中国新闻奖二等奖。

1991 年,一张照片《我要读书》(图 11-1),在方兴未艾的互联网上引起了广泛的传播,甚至一度登上了小学课本。这张照片是对一个正在上课的小女孩的面部特写:乱糟糟的齐耳短发,粗糙干燥的皮肤,破旧的棉袄⋯⋯圆鼓鼓的大眼睛中透露出对知识的极度渴望,戳中了无数人的泪点。照片中的小女孩叫苏明娟,她因这张照片被大众亲切地称为"大眼睛女孩"。自那时开始,希望工程受到了全社会的广泛关注,无数失学儿童得以重返校园,圆了求学梦。苏明娟也就此成了希望工程的"代言人",命运也因此而改写。

图 11-1 《我要读书》 解海龙 摄

围绕这张照片,媒体不断追踪,从中我们了解到一些信息:该照片的作者叫解海龙,是来自北京的一位摄影师,他当年下乡采风时照的这张照片确实改变了苏明娟的命运。照片在希望工程的宣传海报上发表后,苏明娟成了"名人",在大家的资助下,她顺利地读完了小学、初中、高中。1997年,苏明娟受邀到北京参加了中国共青团第十四次全国代表大会,成了会场里年龄最小的一员。会议后,她被选举为团中央候补委员。2002年6月7日,苏明娟参加了高考,功夫不负有心人,她成功考上了一本,进入安徽大学金融专业学习。

苏明娟设立助学基金传递"希望"

本报讯 她曾受助于希望工程,如今设立助学基金为更多贫困学子传递"希望"。6月19日,记者从安徽省青少年发展基金会、安徽省希望工程办公室获悉,以苏明娟本人名字命名的"苏明娟助学基金"在当天收到了首笔善款。该助学基金成立于一周前,由苏明娟个人拿出3万元家庭积蓄作为启动资金。

1991年,在中国希望工程的宣传照上,一双渴望读书的"大眼睛"分外醒目,照片上的小女孩就是金寨县桃岭乡张湾村的苏明娟,她的人生也从此发生了转变。在希望工程的资助下,苏明娟成功步入了大学校园。2005年,苏明娟参加工作后,把领到的第一个月工资全部捐给了安徽省希望工程办公室。从此,她每年都会去省希望工程办公室捐献1000元助学金,至今从未间断。

多年关注公益事业的苏明娟,在2017年12月15日当选共青团安徽省委副书记(兼职)。"这半年多,我一直考虑做点事情,所以有了设立助学基金的想法。"苏明娟昨天告诉记者,她是在希望工程的关怀与支持下成长起来的,滴水之恩当涌泉相报,于是在6月12日,她来到安徽省青基会、安徽省希望工程办公室,办理了设立"苏明娟助学基金"的相关事宜,并拿出3万元家庭积蓄作为助学基金的启动资金。

昨天,安徽省青基会、安徽省希望工程办公室相关负责人在接受记者采访时表示,已经按规定程序和章程办理了设立基金的相关事宜,同时将严格按照希望工程基金管理办法管好、用好这些善款。6月19日,有一笔500元的善款指定捐给"苏明娟助学基金",这也是该基金收到的第一笔善款。"当年是希望工程改变了她的人生,作为希望工程的受助生,她希望通过这种方式来回报社会。"这位负责人说,该基金今年将首次资助5名2018级贫困大学生。"愿社会各界能源源不断为助学基金注入善款,以汇聚更多公益力量,帮助更多贫困学子圆梦。"苏明娟说,目前助学基金主要关注贫困大学新生,在基金逐步壮大之后,还将用于留守儿童教育、贫困地区优秀教师奖励及农村学校基础设施建设等诸多方面。

二、隐性新闻

生活中的新闻可以分为显性新闻和隐性新闻。显性新闻一般具有明确的新闻来源和清晰的事件发生、发展过程,能通过新闻记者的耳闻目睹和访问获知信息,一般看得见、摸得着,往往表现为信息的公开性。

而隐性新闻一般看不见、摸不着，也问不出，被表象掩盖着，常常表现为来源的不确定性和隐蔽性，大多要靠新闻记者去认真思索，去主动发现，有时候是"新闻中的新闻"。简单地说，隐性新闻是对隐含于公开的新闻事实中的独有价值进行再次开发，深挖其内涵，放大其社会效应，从而变成独家新闻的一种报道形式。

隐性新闻的线索往往是不确定的。它或是新闻中的一个镜头、一个数字，或是文章中的一句话、一个字眼，或是报道中提到的一种现象。只要你稍不留意，就有可能与其中宝贵的新闻信息失之交臂。隐性新闻大多是独家新闻，新闻记者一般通过新闻价值要素挖出新闻背后的"蛛丝马迹"，以体现报道的稀缺性。

隐性新闻就是寻找不一样、不一般，求不同、求异常、求新奇。思贵创新，文贵求异，"新""异"，是一对孪生兄弟。异，就是不一样，就是新奇，就是新闻。找变化，找异常，就能发现新闻。

前文我们提到的"最"字新闻就属于常见的隐性新闻，包括规模上的最大与最小、数量上的最多与最少、时间上的最早与最迟、程度上的最高与最低等。"最"字新闻就是不可比拟的、独一无二的新闻，受众当然关心，而且，有时，"第二""第三"也是新闻。

比如，2002 年 8 月 8 日《广州日报》刊发李妍、李婧、林朝晖采写的新闻通讯《方寸工资条 折射沧桑变》就是典型的隐性新闻。以工资为主要收入的工薪族，每月都会领到一张小小的工资条。你可能没时间在意它，但如果把它跟 10 年前、20 年前，甚至 50 年前的工资条放在一起。你就会觉得它的变化实在是太大了。作者通过张先生不久前整理房间时，偶然发现的一张泛黄的 1990 年的工资条这一新闻事实说起。那时候，张先生刚大学毕业参加工作，工资条上的工资总额只有 203 元。不比不知道，一比吓一跳。一直在原单位工作，现在工资条上 8000 元的月薪是过去的 40 倍。过去三年买辆单车，现在一个月就抱回一台彩电。过去出自大锅饭，现在凸显市场味儿。过去生老病死全靠单位，现在失业退休都找保险。工资条虽小，却是反映人民群众根本利益的晴雨表，它清晰地折射出时代的变迁和社会的进步。

再如，2018 年 7 月 12 日《新华日报》刊发记者王慧采写的新闻通讯《从蒸汽火车到内燃机再到高铁动车 祖孙三代开火车 见证中国速度》也是一篇很好的隐性新闻。7 月 5 日，从南京发往杭州的列车，从站台缓缓驶出，驾驶室内，55 岁的火车司机姜爱舜在这长长的铁轨上已整整行驶了 27 个年头。在他的家族里，三代人的火车情缘一直延续着。父亲姜福临是新中国的第一代火车司机，他的两个双胞胎儿子大学毕业后也成为火车司机。从蒸汽火车到内燃机、电力机，再到高铁动车，火车速度从每小时 20 千米跃升为 350 千米。姜家祖孙三代亲历了中国火车的转型升级，也见证了中国铁路半个多世纪以来的时代变迁和飞速发展。过去开一趟车下来，只有牙齿是白的，小小的驾驶室内，说话基本上靠吼；如今在常州买一碗馄饨，开火车到了南京还是热乎乎的。对这个典型事实的发现，充分说明了改革开放 40 年来中国发生的翻天覆地的变化。

三、角度新闻

我们常说"横看成岭侧成峰,远近高低各不同",说的就是角度不同,看到的风景就不同。前文我们讲过新闻角度,这里我们再强调一下:角度者,立意也。新闻角度就是记者发现事实、挖掘事实、表现事实的着眼点和入手点。同一新闻事件和人物,选择角度不同,可以运用不同的材料进行报道。所以,有些新闻,一些记者已经报道了,没有报道的记者就要认真思考,若选取不同的角度进行报道,也许仍然会收到很好的效果。

新闻发现不只是发现新闻事实,也要发现表现新闻的最佳角度。不是所有的新闻报道都能选取最佳角度进行呈现,好的角度是通过认真思考、反复比较才发现的,我们通常把选取最佳角度呈现的新闻叫角度新闻。

角度新闻贵在发现角度,是在知晓事实的情况下如何做到"人无我有""人有我优",避免重复,追求独家。发现角度有时候比发现事实还重要,因为对于新闻记者而言,常常是新闻事实已经有了,却为选取一个好的角度而苦思冥想。发现新闻事实有时也很容易,很多新闻事实出现于新闻发现的初级阶段,而发现好的新闻角度并非靠发现者的感官,它需要多种思维的叠加才能呈现。

比如,2004年11月8日,湖南省人民政府召开庆功会,庆祝袁隆平院士获世界粮食奖,当时,多家媒体都对此做了报道,但报道角度各不相同,我们从几种报纸的主标题就可以看出来。《长沙晚报》的主标题是"50万元奖给'杂交水稻之父'",《潇湘晨报》的主标题是"省长三祝袁隆平",而《三湘都市报》的主标题是"袁院士,请您坐中间"。通过对这几个角度的比较,最后的"省长让座"角度最好,因为这个细节最能体现党、政府和人民对袁隆平院士、对科学家的尊重和爱戴。

袁院士,请您坐中间

本报11月8日讯(记者 李贵洪 实习生 王静) "让我们请袁隆平院士坐中间。"今天下午,省政府隆重召开袁隆平院士获世界粮食奖庆功大会,周伯华省长走上主席台时发现袁院士的座位未在中间,马上亲自动手把写有"袁隆平"三字的座位牌放到主席台正中,并恭请袁院士入座。看到这一幕开场插曲,会场上响起热烈掌声。

周伯华省长在庆功会上发表了热情洋溢的讲话,他祝贺袁隆平院士获得世界粮食奖,祝贺由其主持的超级杂交稻课题组提前一年实现了超级稻中稻研究第二期目标(即育成大面积亩产800公斤的水稻品种)。

周伯华强调说,为了选拔培养一批像袁隆平一样的世界一流专家院士,湖南的科技工作在资金使用上将突出重点项目、突出重点人才。

会上,省政府对袁隆平院士奖励50万元。袁隆平院士在致辞中说,自己仍有老骥伏枥的雄心壮志,争取在2010年完成超级杂交稻大面积亩产900公斤的第三期攻关目标。今天,袁隆平还正式将世界粮食奖的12.5万美元奖金悉数捐献给了袁隆平农业科技奖励基金会。

除上述这篇角度新颖的文字报道外,还有一篇报道袁隆平的图片新闻《追科技之星》也很有角度,并且还获得了第三十届中国新闻奖新闻摄影二等奖、2019 年度全国新闻摄影作品"金镜头"日常生活和新闻人物类单幅金奖(见图 11-2)。

图 11-2　　《追科技之星》　辜鹏博 摄

2019 年 9 月 16 日,袁隆平出席湖南农业大学 2019 级本科新生开学典礼。得知消息的辜鹏博提前半小时赶到人山人海的现场,换上广角镜头,设置好相机拍摄参数,等候袁老的车。"拍摄前,我其实已经想到照片画面——周围学生簇拥而上,袁老在画面的中心,是画面的焦点。"辜鹏博回忆道。

车停下的瞬间,辜鹏博被人流挡住,不得不把相机高高举起,连拍好几张。袁老下车后,向大家挥挥手,所有人的注意力都集中在这位伟大的科学家身上,一张照片《追科技之星》就此诞生。

这张照片有力穿透社会共识,颠覆受众关于"年轻人只追娱乐明星"的普遍认知心理,让人们重新审视当代年轻人追科技之星而体现出的积极进取的力量。

辜鹏博是《湖南日报》的摄影记者,他拍摄新闻照片时不仅善于选择与众不同的角度,在新闻事实的选择上也很讲究用新颖别致的角度反映新闻主题。在《追科技之星》获中国新闻奖二等奖后的第二年,他拍摄的《跃·悦》又再次夺得中国新闻奖二等奖(见图 11-3)。

"我拍到了!!!"连续按动快门的辜鹏博激动不已。

2020 年 7 月 8 日,一年一度的高考正在紧张进行中。长沙市第一中学门口,挤满了等候的老师和家长,以及维持秩序的民警。拥挤的人群中还有不少摄影师。从 2014 年开始,长沙一中的学生都会以狂欢、庆祝的方式结束高中生涯,因此,长沙一中也成了拍摄高考的"网红考点"。每年来长沙一中门口拍摄的摄影师超过 100 人,长枪短炮,阵容颇为壮观。

图 11-3 《跃·悦》 辜鹏博 摄

校门口人行横道右侧面,辜鹏博一身黑衣,早就架好照相机,将快门速度设置为 1/640,对焦模式调整为连续自动对焦,紧张地等待第一位考生出来。作为一名摄影记者,辜鹏博知道考生们出来时速度会非常快,只有保证快门速度,主体才不会虚化。

"铃铃铃"随着铃响,2020 年高考结束了!考生们交完卷后兴奋冲出考场。这时,一名女生从人群中跳出来,以谁都没想到的方式,接连跳出两个"一字马",辜鹏博闪电般连按快门。随着一声声的咔嚓声,"开心到劈叉"的照片被捕捉到了。

照片和视频通过报纸和新媒体传播后,"开心到劈叉"的主人公健美操特长生罗子欣火了。《人民日报》、新华社、光明网、《中国青年报》等多家媒体转载,引起社会关注和网友热议,成为当天的传播热点。

第三十一届中国新闻奖初评评委点评道:照片作品现场气氛喜悦、律动,洋溢青春气息。瞬间抓取得当、动感强烈,把别样的高考胜利结束表达得淋漓尽致。一图胜千言,图中有不凡。"空中一字马"考生这个主体人物激动得开心到劈叉、"一马当先"冲出考场的超常举动,其他飞奔到校门口的考生的兴奋喜悦和激动都定格在这疫情之下的特别高考,这特别的瞬间。

这样闪电般的捕捉、触动与共鸣,为什么会不止一次地被辜鹏博抓到?微信公众号"传媒茶话会"记者叶莉在报道上述两张获奖照片时认为,善于选择与众不同的角度,抓住记录时代的瞬间,是辜鹏博连续获奖的秘诀。

虽然这两张照片都来自普通的日常采访,但作为新闻照片,背后灌注了记者多年的经验,如对社会热点的关注、对大众疑问的回应、对舆论的引导,通过新闻照片所特有的色彩、质感、影像等直观性信息内容,激起大众的兴趣与情感,带动大众深入参与社会话题的讨论与思考。对新闻摄影记者来说,拍摄需要一种冲动,而冲动背后是不断磨炼出来的较强的思想领悟能力、新闻价值判断能力和现场瞬间抓取能力。

再如,2007年4月15日,世界植物园大会在武汉召开,会场摆满了各种赠阅的资料,《长江日报》的记者敏锐地发现,这些材料的纸张比平时使用的纸张要厚、要粗糙、要黑一些,而且背后都标明"用再生纸印制",后经采访,果然是主办方的良苦用心:从会议本身做起,给大家一个倡导资源节约型社会的示范,与"植物园大会主题"息息相关。于是,记者就从这个角度出发报道会议,和其他媒体比较,《长江日报》报道会议的效果更好,不仅在受众中起到了新闻宣传的作用,而且主办方也很满意。

一箱再生纸 一棵参天树
植物园大会拒绝木浆纸

本报讯(记者王兴华 胡孙华 王作晖) 昨日,参加世界植物园大会的代表都领到了一本75页的会议指南,这本会议指南颜色呈淡灰色,看上去不如普通纸那么白,用手摸起来还有些粗糙。而在这本册子的封底,用英文印着一行字:Print by recycled paper(用再生纸印刷)。

在武汉科技会展中心的三楼,有大会免费发放宣传材料的位置。随手拿起一本名为Cuttings的杂志,封底印着Printed on 100% recycled paper(完全以再生纸印刷)的字样。在这里摆着的是十多种宣传材料,不论是用汉语、英语、日语,还是用法语,都无一例外地标明使用的是再生纸。

据介绍,再生纸的原料绝大部分来源于回收的废纸,而非木材,被誉为低能耗、轻污染的环保型用纸。

由于再生纸的原料中大部分是废纸纸浆,因此颜色要比普通纸黯淡一些。事实上,再生纸只要添加荧光粉和增白剂等化学成分,也能制作得很白,但这同样要以牺牲环境为代价。

据计算,一顿废纸可生产再生纸850千克。与化学制浆造纸比较,节煤1.2吨,节电600度,节水100立方米,相应减少75%的空气污染、35%的水污染,并节约木材3立方米——相当于17棵大树。

与会的美国专家讲,美国马里兰州政府机构使用再生纸的比例从2001年的96.4%增加到现在的99.9%。在德国,再生纸的使用率已经达到了60%。而在我国,每年纸张消费量约3500万吨,但生活中很难见到再生纸的身影。

中科院武汉植物园研究员吴金清说,使用一箱再生纸,等于保护了一棵树,为建立一个可持续发展的未来必须从现在做起,这也是世界植物园大会的应尽职责。

四、问题新闻

我们常说的问题报道,就是问题新闻。现实生活中有热点问题、焦点问题、难点问题等,新闻记者要善于去抓问题报道,善于从受众的角度去发现生活和工作中存在的问题,剖析这些问题存在的原因,并提出解决这些问题的办法,或者去发现解决这些问题的典型人物,通过媒体报道,推广他们的经验和做法,指导受众的实际生活和工作。

毛泽东同志指出:"什么叫问题?问题就是事物的矛盾。哪里有没有解决的矛盾,哪里就有问题。"中国共产党人干革命、搞建设、抓改革,从来都是为了解决中国的现实问题。坚持问题导向,是我们党重要的思想方法和工作方法。

进入新时代,以习近平同志为核心的党中央聚焦我国发展和我党执政面临的重大理论和实践问题,把问题作为研究制定政策的起点,把工作的着力点放在最突出的矛盾和问题上,把化解矛盾、破解难题作为打开局面的突破口。在危机中育新机、于变局中开新局,必须时刻保持清醒头脑和敏锐眼光,敢于正视问题,善于发现问题,不回避、不躲闪,瞄着问题去、迎着问题上,在发现问题和解决问题中不断开创党和国家事业发展的新局面。

作为媒体,民有所呼,我有所应,有问题的地方,就应该有媒体,去发现,去揭示,找出问题的症结,成为"社会进步的推动者、公平正义的守望者";作为政府,要善于通过媒体发现问题,接受监督,听取民众的声音,汲取民间智慧,不断完善政策,改进工作。

新闻记者要学会抓问题,从抓问题着手发现新闻,在发现新闻的过程中,新闻记者要学会抓"三点"问题,即抓社会热点问题、抓政府的难点问题、抓改革的焦点问题。问题客观存在,同时纷繁复杂,能否精准有效地把问题挖掘出来,是新闻发现的关键。

比如,《大学生就业难在哪儿》《美国的农产品为什么不能在中国市场全面放开》《农民工进城的喜与忧》《网约"专车"合法身份获准 出租车市场面临大洗牌》《新媒体行业为什么"马太效应"这么明显》等新闻报道都是问题报道,这些问题报道有一个共同特点,就是不仅提出问题,而且还有分析和解决这些问题的办法。

再如,《长江日报》1997年7月30日刊发的记者余兰生采写的《140万双袜子的命运》就是一篇很好的问题新闻,问题的实质就是国企体制改革问题。该文发表之后,中央电视台、《经济日报》等多家媒体也参与报道,国企体制改革问题成了当时的热门话题。该文获第八届中国新闻奖一等奖。

武汉袜厂是个老国企,1997年6月由武汉市纺织局下放到汉阳区管理。140万双袜子的问题就是在移交的过程中发现的。因市里和区上意见不一,交接出现了矛盾。武汉袜厂仓库的袜子积存达两火车皮,它们中最长的沉睡了10年,面对众多商家的订单,工厂常年不肯"吐货",商家开价越来越低,袜子在一天天贬值。为什么会出现这种情况?一是140万双袜子在资金账户上记的是238万元"产成品"价值,如果卖出去,就得亏损,一年比一年价格低,一年比一年亏损大;但如果不卖,可作为每年的"生产业绩"逐年下传。二是新官不理旧账,一届接着一届往下传,没有人愿意处理这个"烫手的山芋"。

这篇报道问题抓得很好,但据说新闻线索中途差点夭折,是时任《长江日报》副总编潘堂林同志"巧施妙计""救活"了它。原来,作者余兰生在线索被"枪毙"之后,并不甘心,恰好在这时,潘堂林同志来到他们部门召开一周选题碰头会,当他得知这个事件目前存在市、区利益之争,新闻报道介入可能会陷入矛盾旋涡时,他要求采编人员转变思路,回避资产争议和利益争议,就重点揭示140万双袜子背后国有企业的"通病"问题。这一"点拨",让线索在"山重水复疑无路"时,凸现"柳暗花明又一村",报道才得以继续进行。

需要说明的是,该报道的新闻线索最早的提供者是参与武汉袜厂交接工作的汉阳区委宣传部新闻科科长,他把这件事告诉了记者余兰生,本来俩人合作采写,但稿件见报前,他要求删掉自己的名字。果然,余兰生的稿子发表后,武汉袜厂厂长"非常气愤",声称这是"假新闻",要追究余兰生的法律责任。但后来,这位厂长的态度却发生了戏剧般的变化,不仅不"追究责任"了,反而来电感谢报社和作者,因为媒体曝光后,买家盈门,10年没卖出的袜子全部卖出,仓库可以出租了,资金也盘活了,企业开始步入了正轨。

该报道反映的问题和前文提到的潘堂林同志亲自采写的《"借太公"为何不理"狗肉账"》一文所反映的问题有些相似,问题的根源都是国有企业的体制问题,所以进行国有企业体制改革是解决这类问题的关键。从这两篇新闻的发现过程中我们不难看出,潘堂林同志不愧是全国新闻业界著名的新闻发现大家,是抓问题报道的高手,新闻初学者应该仔细体会,认真领悟,好好学习。

第三节　新闻发现的高级形态

在新闻实践中,我们常说的新闻选题、新闻点子、新闻策划、新闻评论等,都属于新闻发现中的高级形态。在新闻媒体,从事这些"高、大、上"工作的往往是有经验的优秀新闻工作者。新闻策划依据新闻选题,新闻选题来自新闻点子,新闻点子和新闻观点的产生都源于新闻发现,新闻发现不仅是新闻点子、新闻选题、新闻策划、新闻观点的基础,而且贯穿它们形成过程的始终。这种新闻发现不是一般意义上的新闻发现,而是高级形态意义上的新闻发现,在媒体竞争十分激烈的新媒体时代,它们往往是媒体竞争获胜的重要法宝。

一、新闻选题

新闻选题就是新闻记者在采访前选择要报道的新闻主题。新闻选题既是发现新闻的途径,又是发现新闻的收获。制定新闻主题之前,其实已经有了新闻发现,制定新闻主题之后,就要按照这个主题去寻找发现更多的信息。

新闻选题是对社会具有新闻价值的新闻事件,应该建立在真实性基础之上,对现有的新闻线索和新闻资源进行有创意的操作,充分挖掘其潜藏的社会价值和意义。大众媒介虽然不能左右人们对某一新闻事件的看法和观点,但却可以通过设置议题、安排选题来左右人们关注的范围和议论的顺序。媒体选择什么样的话题受媒体主办者的方针政策、媒体自身的定位、传播者的价值取向等因素制约。

新闻选题是新闻发现的一种高级形态,新闻选题的目的就在于"找准一个点,挖出一窝金"。当然,新闻选题也有质量伪劣和成功失败之分,成功的高质量的新闻选题就是高级新闻发现,劣质的不成功的新闻选题与新闻发现无关。所以,要让新闻选题达到新闻发现的高度,就要对新闻选题进行仔细的分析、认真的操作。因为新闻发现才制定新闻选题,因为新闻选题才会有更多新闻发现。

制定新闻选题应注意以下几点:一是新闻选题应该紧密配合党和政府当前的宣传重点,有利于宣传党的方针政策;二是新闻选题应该便于发现新闻并找到新闻的"富矿",有利于新闻记者挖掘到更多的新闻；三是新闻选题应该具体务实并便于新闻记者操作，力戒浮夸抽象和假大空；四是新闻选题应该新颖别致，具有较高的新闻价值，并尽可能避免与他人重复；五是新闻选题应该主题鲜明、集中、积极，具有时代气息，并能调动采写者的积极性，易于在新闻采写中找到丰富的新闻源。

比如，笔者曾提出策划的新闻选题"我当代表这五年""我们的'十四五'""'执法难'大讨论""重点工程巡礼""宪法在我心中""立法内幕"等，这些新闻选题都是结合当时的形势和媒体的定位制定的，具有较高的新闻价值和宣传价值，制定之前就有了一些新闻发现，制定之后稿源丰富，达到了预期的新闻宣传效果。

再如，2013年3月8—27日，《西安日报》以追踪"一袋生活垃圾的旅行"开始，发起"垃圾减量 行动起来"的专题报道。报道分三个阶段。第一个阶段以《江沟村的胆量》等五篇调查报告，反映西安市垃圾剧增和城市压力，呼吁市民行动起来，实现垃圾减量。第二阶段刊发《"光盘"的另一种"音效"》等八篇报道，选取典型家庭、净菜进城、过度包装、餐饮单元等标本，调查浪费造成的垃圾增量以及餐饮企业开展节约行动的减量效果，引导市民和餐饮单位参与到具体行动中。在第三阶段协调市容园林部门共同组织市民和学生代表参观垃圾处理流程，刊发《昔日绕道而行，今后身体力行》，同时推出建筑垃圾减量的深度报道，全面探讨城市垃圾再利用的前景。

这一选题引起政府相关单位、市民和社会餐饮行业的强烈反响，收到明显的刺激减量效果。西安市政府相关部门对《西安日报》这一策划予以充分肯定。这一案例是新闻报道与媒介活动相结合，寻求公共问题解决途径，公众参与和社会影响效应最大化的成功实践。在整个报道过程中，管理部门与民众交流得以畅通，垃圾处理中的欠债问题和解决办法得以引起共识和重视。纵观整组报道，可以说是中国式公共新闻的一个成功案例。

二、新闻点子

"点子"有以下解释：注意，办法；关键，要害；对策，想法；高招，法子等。我们常说一个好点子胜过千军万马；金点子、银点子，带来效益就是好点子。新闻点子是指新闻传播者处置一切新闻传播业务的具体构想、方略、主意、办法等，我们这里所说的新闻点子，不包括新闻管理中的点子和媒体经营中的点子。

新闻点子和新闻选题是新闻发现中两个奇特的事物。新闻点子很重要，活跃在新闻发现中。新闻点子是新闻发现中的一种高级形态。新闻点子和其他领域的点子一样，有好坏之分，好点子就是金点子、好办法；坏点子就是馊主意。

新闻点子具有如下特点。一是创意性。创意就是有创造性的想法。二是灵感性。凡新闻点子都是有灵气的，都是靠灵感得来的，都是对事实的顿悟。三是兼容性。新闻点子是结晶性的实体，看得见、摸得着。新闻点子是想出来的，其实质就是新闻发现，而且是一种高级的新闻发现。无论是产生在新闻事实发现之前、之中、之后，都与新闻发现息息相关。新闻点子多的人，容易发现新闻，新闻点子少的人，常常发现不了新闻。

新闻点和新闻点子既有联系，又有区别。新闻点子靠新闻点去发现，新闻点是发现新闻点子的基础和前提。新闻点其实就是公众的兴趣点,也是新闻的亮点、闪光点、吸引点;新闻点子则是办法、主意之类。有了办法和主意,就能发现新闻点,就能发现新闻,所以,新闻点也常常依靠新闻点子去发现。

比如,文学创作中的好点子经常从新闻中来,《鲁滨逊漂流记》就是如此。作者笛福被誉为"欧洲小说之父",是英国启蒙时期现实主义小说的奠基人。笛福很晚才开始写作,《鲁滨逊漂流记》出版那年他都 59 岁了。在此之前,笛福做过很多工作,具有不错的文字功底,包括办过报纸,写过很多政论性的文章,但从来没有从事过文学创作。直到有一天,他看到一则新闻,讲述一个苏格兰水手因为与船长发生争执,竟然被船长恶意遗弃在大西洋中的一座荒岛上,独自生活了四年多,好不容易才获救。笛福一看,立刻觉得这是一个很棒的小说题材。这则新闻就是《鲁滨逊漂流记》的好点子。

再如,广告经营中的好点子也经常从新闻中来。《民声报》创刊之初,笔者出了一个点子,即让各行各业、各地区各单位通过《民声报》这个平台向人大代表汇报工作,祝贺人代会隆重召开,营造热烈祥和的气氛。

又如,好点子带出源源不断的好新闻。2011 年 1 月,中宣部组织中央主要新闻单位开展"新春走基层"活动,点子一出,各媒体积极响应,记者们纷纷沉下去,改文风,察民情,听民声,发表了许多贴近实际、贴近生活、贴近群众的有温度的好新闻。之后每年,各级媒体都开展这样的活动,不仅丰富了媒体内容,满足了受众需求,弘扬了春节文化,而且也锻炼了记者的意志,密切了与人民群众的关系,提高了媒体的影响力和传播力。现在,一到春节,全国媒体大联动,"新春走基层"活动开展得有声有色,好新闻源源不断,每年中国新闻奖中有不少是新春走基层活动中的好新闻。"新春走基层"已成为我国新闻界一张靓丽的名片。这一切都源于这个颇受大家欢迎的新闻好点子。

三、新闻策划

说到"策划",人们自然会联想到市场营销策划、电影电视策划、文艺演出策划、公关策划,以及一些更高层次意义上的策划,如外交策划、战争策划、谈判策划等。其实,进行新闻报道时也需要策划,尤其是在竞争日益激烈的今天,各新闻媒体如何才能独占鳌头立于不败之地;每位编采人员怎样才能不断抓到"大鱼""活鱼",以确保自己不会被老总"炒鱿鱼",或是在竞争中不被淘汰,新闻策划就显得更为重要。

(一)新闻策划的含义

究竟什么是新闻策划? 要弄清这一概念,我们不妨先来看什么是"策划"。《辞海》对"策划"解释为计划、打算;《辞源》的解释为想办法、筹划;《现代汉语词典》中有谋划、运筹的意思。综合这些解释,可以看出,所谓策划,实际上就是指对某项决议实施前的宏观决策和周密计划。它包括长远策划和短期策划,组合报道的策划和单篇新闻的策划,以及版面策划、栏目策划、标题策划等。这些策划都是在事前针对一定的目的、动机和效果而安排的一系列方针、计划和步骤,它和发现新闻、采写新闻、编发新闻、反馈新闻等一起构成了现代新闻传播的全过程。

有人提出新闻是不能策划的。理由是新闻是对客观事物的报道,事实是什么,就怎么报道,怎么能去凭主观意愿策划? 这话初听起来似乎很有道理,但仔细一推敲则不难发现它的不足。的确,我们知道,新闻是新近发生的事实的报道。就事实本身而言,它是客观的,是不能事先策划的。如果策划了,就是我们常说的导演新闻,即策划新闻,是假新闻,是新闻工作者特别忌讳的事情。

但是,我们这里所说的"新闻策划"和"策划新闻"完全是两种不同的概念。"新闻策划"不是倡导记者和新闻媒体去有意制造假新闻,而是在发现新闻线索或掌握客观事实的基础上,为了更好地表达宣传目的,对新闻报道的方式、趋向等作出的正确决策。按马克思主义哲学原理分析,发生的事实是客观的,是第一性的;但反映和报道事实的新闻以及为此作出的一系列策划是主观的,是第二性的。客观事实决定新闻策划,新闻策划对客观事实有能动的反作用。策划成功与否是决定能否写好新闻的关键,也是决定一个记者水平高低的重要因素。如果碰到具有新闻价值的事实而不去策划,不注意选取报道的角度,而是纯客观地机械地报道,那就不可能写出好的新闻来。因此,写新闻不仅需要策划,而且必须策划。战役报道、系列报道和追踪报道等一些大的报道尤其需要策划。策划得好,就会出精品,就会扩大新闻的受众面,就会起到事半功倍的效果。

(二)如何做好新闻策划

它不仅取决于策划者本人的素质,如文化水平的高低、新闻敏感的强弱等,还取决于策划者掌握事实的深浅和对未来发展趋向的预测等。它没有深不可测的秘密和一成不变的模式,而是要靠在实践中不断总结和提高。笔者做了近 40 年的新闻记者,单篇新闻前的小策划尚且不提,仅大的报道策划就搞过几十次,有成功的,也有失败的。现在回过头来对这些策划认真总结,觉得做新闻策划时必须注意以下几点。

一是要充分掌握策划的目的、动机、依据和要达到的效果等。如 1995 年笔者策划了由《民声报》发起并持续了半年的"执法难"大讨论,策划前笔者就掌握了不少有关"执法难"的事实,凭借这些事实作为策划依据,经过大家反复商议,确定策划的目的和要达到的效果,尔后再制订报道的方式、重点和步骤等,从而使报道达到了预期的目的。

二是要有丰富的联想和与众不同的点子。总结许多新闻策划,不难发现策划最初的由头往往是策划者对已经发现了的新闻线索或客观事实的敏感和联想,在此基础上产生与众不同的新闻点子。这个点子就是需要策划的中心。

比如,1996 年元旦,笔者在《民声报》成功地策划了一次"本报记者大行动"报道。这一策划的由头就是笔者对外界事物的敏感和联想而产生的。元旦前夕,笔者骑自行车途经火车站,看到同一时间里行人匆匆,各奔东西,各有所思,于是就立即产生了联想:何不在即将到来的元旦这天,让记者们都去采访不同地点、不同行业、不同身份、不同年龄、不同职业的人在元旦这一天里都干些什么,想些什么,以真实反映新年第一天中国人的生活和祈盼。按照这个点子,记者进行了认真的策划。后来,这个策划实施得很成功,上至省长,下到普通百姓,30 多个不同的人物在同一版面、同一个大标题"让咱们的日子火起来"之下同时亮相,达到了预期的宣传效果。

　　三是掌握事物的发展规律,尽可能准确地预测事物未来的发展趋势和可能出现的各种结果,并据此制订各种不同的报道措施。策划是智慧与胆识的结晶,是对事态的预见、对时机的把握,是策划成败的关键。

　　比如,1993年笔者在宝鸡人民广播电台策划并采制的连续报道《救救这个被拐卖的小姑娘》就很成功。报道前笔者就对事件发展的态势进行了较为准确的预测,策划时制订了好几套报道方案,如"孩子从河南领不回来怎么办""领回来以后长期无人认领如何报道"等,当然,这次报道后来的发展也有一些超出了记者的预想,即超出了事先策划的方案,如记者之前没有想到有那么多丢失孩子的家长来本台认领,也没有想到孩子领回来长时间找不到父母,更没有想到能抓住拐卖孩子的罪犯等,这其实就是新闻的魅力,如果在策划时把什么都能预估到,新闻反倒就没有意思了。

　　四是针对不同的新闻题材和体裁制订不同的策划方案。一般来说,系列报道、连续报道、战役报道、重点报道、热点报道、特别报道、专版报道、栏目报道等,事先都必须进行精心的策划,必须抓住不同题材和体裁各自的特点。进行重点报道时,必须配合当前的中心工作,消息、评论、图片一齐上;进行热点报道时,要选准问题,把握好度,抓住契机;进行系列报道时,要着重围绕一个主题从"横"向展开;进行连续报道时,要注重"纵"向延伸,事件发展有始有终;进行专版报道时,要特别重视主题的确定和版式的安排;进行战役报道时,要有轰动效应,切忌松散;进行特别报道时,要关注突发事件的变化无常,边采访边修改策划方案等。

　　其实,在市场经济不断发展的今天,新闻策划只是新闻媒体进行众多策划的一部分。除此以外,新闻媒体为了在竞争中取胜,还经常进行广告策划、发行策划、自身形象策划、主持人包装策划、宣传公关策划等,这些策划和新闻策划一起构成了整个新闻媒体的策划。如《华西都市报》在竞争中创造的主体策划就非常成功,该报1995年1月创刊时发行量仅8000份,不到两年的时间,发行量猛增至30万份。总编辑在总结他们的成绩时,认为主要是由于质量和发行的战略策划成功。

　　新闻策划是新闻竞争的产物,过去,在计划经济体制下,媒体都吃"大锅饭",宣传也是"千篇一律",竞争无从谈起,自然也就很少有新闻策划。如今,在市场经济体制下,又处于网络新媒体时代,媒体与媒体之间、记者与记者之间、国内新闻与国外新闻之间等,都在激烈竞争,策划也就自然而然地被人们重视起来了。

(三)全媒体背景下的新闻策划

　　新闻策划的实质是新闻媒体不满足守株待兔式地捕捉新闻,而是在发现新闻事实的前提下,主动利用媒体自身的影响,实现新闻传播效果的最大化。新闻策划一般是团体作战,要善于围绕当前宣传主题主动"制造"新闻,要善于挖掘新颖题材、彰显民生情怀、切换寻常视角、捕捉"细节之变"、关注现场新闻、紧扣当前热点等。

　　在全媒体背景下,新闻媒体竞争日趋激烈,竞争的关键是新闻策划竞争。新闻策划是媒体在研判新闻价值和宣传价值的基础上,遵循新闻传播规律,发现新闻线索,寻找新闻由头,深入挖掘新闻资源,讲好新闻故事。

在新闻策划实践中,媒体要善于研究和吃透党的宣传政策,寻找群众普遍关注的兴趣点,挖掘新闻的"富矿",发现更多具有新闻价值的新闻事实。在新闻报道实践中,尤其是进行主题宣传和深度报道时,需要发现"富矿"闪光的"原料",生产出更多有吸引力、影响力、传播力的新闻产品。

在全媒体时代,新闻策划是关键。对于同样的新闻事件,新闻策划不同,报道角度不同,传播效果也就不同。进行新闻策划时,要抓住新事物、新动向、新经验、新风尚、新观点、新矛盾等。在全媒体时代,新闻记者要争做调查记者,调查前需要对调查对象进行策划。

比如,笔者采写的《他为什么被无罪释放》等,采写前进行了周密的新闻策划,这是确保新闻调查成功的关键。

再如,笔者和记者雷明德、刘耀武采写的连续报道《发生在建国路市场的欺行霸市事件》就是一组策划很成功的报道。

1993年3月29日,全国文明市场——宝鸡市建国路市场发生一起严重的欺行霸市事件,受害人蒋桂琴受伤住院,我们接到群众反映后前往调查,感觉问题严重,但调查阻力很大,该市场管委会是全国先进单位,打人凶手是饮食组组长,群众很期待我们曝光。于是在胡云林台长等领导的支持下去,我们下决心揭开这个"盖子"。

我们采取的方法是,发动群众,让事实说话。4月1日,我们播发了第一篇录音新闻,对29日的欺行霸市事件进行还原;在第二篇中,我们揭露了建国路市场的种种怪事;在第三篇中,我们如实报道了市场管委会领导"指责"本台给全国文明市场抹黑;在第四篇中,报道了打人凶手照常摆摊营业;在第五篇中,报道了黑社会威胁本台记者;在第六篇中,报道了市委书记批示,要求有关部门严肃查处;在第七篇中,报道了公安、工商联手查处,打人凶手被停职;在第八篇中,报道了对建国路市场进行大整顿;在第九篇中,报道了渭滨区工商局和建国路市场管委会有关领导被查处;在第十篇中,发布本台评论:建立平等竞争的社会主义市场秩序。

这组连续报道弘扬正气,鞭挞丑恶,舆论监督,有始有终,在人民群众和市委领导的支持下,打了一个漂亮的舆论监督大胜仗,体现了笔者和同事敢于碰硬的勇敢精神,播出的社会效果非常好。在采访播出期间,笔者的人身安全也受到了威胁,之后,被批评者又将媒体和笔者同时告上了法庭,但事实清楚,原告最终败诉。本组连续报道获陕西新闻奖一等奖。

四、新闻评论

新闻评论是新闻记者或编辑在发现新闻线索后,经过认真调查和深入研究后,逐渐发现了新闻事实的本质和规律,以新闻评论或编后话的方式提出了解决矛盾的方法和钥匙,即发现了新闻评论的观点。在新闻实践中,记者发现并提出的这些观点常常被国家或地方政府采纳,并制定成国家或地方的政策或法规,指导和规范公民的行为。

如何发现新闻评论的观点?记者要对发现的新闻事实进行认真的分析和研究,并结合党和国家的方针、政策、法律法规,有针对性地提出解决问题的办法。新闻评论中所述的事实必须是新近发生的新闻事实,所发表的观点必须建立在新闻事实的基础上,是对新闻事实的新闻价值的进一步发现,是一种更高级的发现。

　　和新闻评论相似，消息中的观点新闻也是新闻发现的一种高级形态，所不同的是，新闻评论的观点一般是新闻记者根据新闻事实来发现的，是记者在撰写新闻评论时要表达的态度和主张，报道的是记者的观点，也是媒体的观点，有时会直接会以编辑部或报社的名义发表。观点新闻是记者发现并报道他人的观点，是叙述性的消息报道，不完全代表媒体的态度。无论是记者的新闻评论，还是报道他人的观点新闻，核心是发现新观点，而且这些新观点都是要建立在事实基础之上的。

　　新闻观点是一篇评论中最核心的要素，是评论的灵魂和核心。读者读新闻，想知道的是"发生了什么""事实和真相是什么"，而读评论，则是为了知道"应该怎么看这件事""新闻反映了什么问题"——这就是评论的观点。新闻往往提供事实，而评论则提供判断。一千余字的评论，可以缩减成百字以内的内容，这种能概括文章意思的精粹内容，往往就是文章的观点。

　　新闻观点是对事实和价值的综合判断，事实客观存在，所以判断往往最终是可以用事实进行验证的。价值判断，就是从某种价值观、情感、原则、道德、伦理、审美标准出发对事实作出判断。作为新闻发现的一种高级形态，要求新闻记者发现的新闻观点既要新鲜，又要准确，且还要有一定的针对性。

　　比如，全国优秀新闻工作者、原宝鸡人民广播电台台长胡云林（笔名：方舟）就是一个写评论的高手，20世纪八九十年代，电台有个评论节目叫《午间杂谈》，他是主笔，每天一篇，几乎都是针砭时弊，深受听众的喜爱。他退休后仍笔耕不辍，从70岁开始，短短12年时间，出版了10多部新闻评论专著。他对笔者说，他评论里的观点都来源于他对生活的思考和发现：或是和朋友聊天，《人生成熟的色调》观点就来源于和一位学哲学朋友的聊天；或是新闻事件，《记者采访中的几个问号》就是针对辽宁省营口市一位患癌厂长去世引发的舆论风波而发表的独特评论；或是主题报道，《想到河堤》则是依据全党当时开展的纪律教育，作者在渭河堤上散步思考，把"纪律"与"河堤"巧妙联系起来，想河堤，比纪律，二者的共同点在于引导，在于约束，纪律就像堤坝，必须严防死守。

　　再如，笔者撰写的新闻评论《如何化解疫情防控中的负面舆论》2020年2月15日刊发在《人民日报》客户端上，刊发时编辑将原标题作了改动，专门加上"一报刊社社长发文"，以示强调文章的重要性。

　　2020年1月24日，也就是大年三十，因新冠疫情大规模爆发，武汉不得不采取"封城"举措。春节上班后不久，笔者所在的西安也开始"封城"，当时网络自媒体铺天盖地每天都是关于武汉疫情的负面消息。这些大量的负面消息充斥着网络，左右着人们的情绪，而主流媒体关于真相的报道却相对较少。这篇新闻评论就是作者被"封控"在家里针对当时网络上的这种现状撰写的，文章的观点虽然带有很强的业务性，但触动作者"灵感"的产生，即新闻观点的发现仍然是当时的一系列新闻事实。文章发表后，网上点击率很高，说明说到了受众的兴趣点上，也为当时我国应对疫情网络舆论引导起到了积极的出谋划策的作用。

一报刊社社长发文:如何化解疫情防控中的负面舆论①

打开手机,扑面而来的不只是中央号令、新闻发布、抢救场面等主流媒体的疫情报道,还有大量质问湖北省政府疫情防控不力、武汉红十字会渎职腐败、官方公布的感染人数有假等自媒体呈现的民间负面舆论。一时间,各种信息铺天盖地,鱼龙混杂,不知真假。不可否认,在全媒体时代,人人都是记者,个个都有"麦克风",这种多元式的舆论监督有利于推动政府的工作,有利于净化社会环境,有利于让不作为、慢作为、胡作为、乱作为的公职人员无藏身之地。疫情固然可怕,但大量的负面舆情带给人们的心理恐慌和愤怒情绪则更可怕,尤其是那些不靠谱的虚假消息,让别有用心的人有机可乘,严重干扰了疫情防控工作的有序开展。

如何有效化解疫情防控中的负面舆论,有效发挥主流媒体的舆论引导作用,不断改进疫情防控工作中的错误与失误,乃是当前疫情防控工作中的关键。本文拟根据新闻传播的理论规律,结合笔者三十多年的新闻报道实践,提出以下几点看法供大家参考。

第一,要提高政治站位,牢牢把握党对新闻舆论工作的领导权和管理权。

我们知道,新闻是有阶级性的,中国共产党人从来都明确公开承认这一点。因此,党对新闻媒体具有绝对的领导权和管理权,即便是各种各样的自媒体,也必须接受党的统一领导和管理,党不允许有"两个舆论场"存在,也不允许有"真空地带"和"法外之地"。任何媒介平台,正确的思想不去占领,错误的思想就会去占领,尤其是疫情防控下的自媒体平台,必须引起我们党的各级宣传部门的高度重视,绝不能对其放任自流,让其成为"脱缰的野马""谣言的温床"。

习近平总书记最近强调:"疫情就是命令,防控就是责任。"我们宣传战线上的同志在疫情防控面前,应始终保持清醒的头脑,增强"四个意识",坚定"四个自信",做到"两个维护",守土有责,守土担责,守土尽责,旗帜鲜明地跟随党的领导,坚持新闻"真实性""政治性"原则,坚持稿件"三审制"原则,以人民为中心,深入基层,深入抗疫一线,努力做好疫情防控阻击战的宣传报道工作。

第二,要尊重新闻报道规律,正确处理和运用新闻、宣传和舆论的关系。

什么是新闻?现在我们通常采用的是陆定一关于新闻的解释,即新闻就是"新近发生的事实的报道"。而宣传和舆论则不同,宣传主要是传播一种论点或见解,教育受众接受自己的观点。舆论则是指公众的意见。一般来讲,在一定的范围里,当公众的一种意见达到三分之一人数一致时,这种意见就可能影响全局的舆论;当公众的一种意见达到三分之二人数一致时,这种意见就可能控制全局的舆论;所以,"三分之一""三分之二"就像黄金分割比例"0.618"一样,是两个必须引起我们高度重视的临界点,我们要善于研究和密切关注这两个"点",对当下的舆论及时准确地作出清晰的判断。负面舆论往往具有三个基本特性:事件性、群体性、主张性。常言道,平地无风波,有风才起浪。凡是事件能形成舆论的,其背后都会有"利益共振"的群体,由于党和人民的利益根本是一致的,因此,我们坚持党性,也就是坚持人民性,要善于调查和研究舆论的形成过程和核心诉求,尽可能地满足舆论中人们的合理主张。

---

① 笔者有删改。

我们可以利用新闻来达到宣传的效果，也可以利用新闻来达到引导舆论的目的，但切记，我们不能把新闻一味地当宣传，也不能把媒体一味地看作舆论。新闻重事实，宣传重观点；新闻重时效，宣传重时机；新闻可以反映舆论，但新闻有时却并不等于舆论。战争年代，我们共产党人最懂得宣传的艺术，现在是抗战"疫"情，我们不妨学学毛主席的宣传策略，尊重和运用新闻规律，高效宣传中央的疫情防控政策和命令，引导舆论支持和拥护党中央的统一指挥和部署，动员和发动全国各族人民齐心协力打一场抗疫防控的人民战争！

第三，要通过新闻发布会和官网等及时公布真实信息，正面回击各种谣言。

进入疫情防控以来，社交媒体上各类谣言满天飞，对这些谣言宣传部门要及时核实，通过新闻发布会、官方网站等第一时间发布辟谣信息，正面回应虚假信息，并及时报道公安部门对造谣者的查处情况，在疫情防控的非常时期，我们不能任由谣言满天飞。一般来说，公众是在不能及时得到有效信息的情况下才自觉不自觉地信谣、传谣、生谣，如果信息及时公开透明，谣言就很难产生和传播。我们抗击新冠肺炎疫情，需要举国上下，万众一心，众志成城，共克时艰，需要及时准确发布疫情信息，正确宣传引导舆论，为抗疫战士鼓劲加油，绝不能让谣言四起，干扰我们的防控工作，打乱我们的抗疫阵脚。

第四，要勇于接受舆论监督，及时改正抗疫工作中的缺点和错误，以实际行动回应民间舆情。

这次新冠肺炎疫情，时值春节，来势凶猛，始料未及。民众对湖北省和武汉市的抗疫不力多有指责，对武汉红十字会、《长江日报》等的工作多有批评。有关方面应乐于听取这些舆论呼声，勇于接受舆论监督，敢于及时改正抗疫工作中的缺点、不足和错误，通过新闻媒体向公众真诚道歉，及时回应公众的质疑，取得民众的谅解和理解，而不是装聋作哑，甚至强词夺理，从而激起民众的反感，让舆论再次反弹。

第五，要充分发挥主流媒体的正面宣传和舆论监督作用，传播正能量，讲好中国的"抗疫"故事。

习近平总书记从大年初一到现在，已多次召开会议研究部署全国的抗疫工作，主流媒体要及时全面地宣传好习近平总书记的一系列重要讲话、批示和指示精神。

白衣天使无疑是这次疫情防控中的主力军，主流媒体应深入疫情防控一线，通过实地采访和感受，通过媒介丰富多彩的报道形式，讲述白衣天使和其他勇士的生动精彩的抗疫故事；同时还要大力普及科学防控知识，大力宣传疫情防控的法律法规，最大限度地聚集民心，发动人民群众积极参与全民抗疫。

在全媒体时代的今天，各主流媒体都与时俱进地创办了隶属于自己的新媒体，这些都是党和人民的喉舌。主流媒体应结合新媒体的特点，创新宣传形式，撰写制作适合新媒体刊发的丰富多彩的群众喜闻乐见的新闻报道，为包括自媒体在内的所有媒介平台提供更多更广的正能量精神食粮。

在抗击新冠肺炎疫情的非常时期，主流媒体的舆论监督不可缺位，不能把舆论监督权拱手让给自媒体，主流媒体在传播正能量的同时，也应积极开展舆论批评，对那些置人民利益而不顾,视人民生命为草芥的人要及时曝光,敢于批评,替人民说话,为人民发声,纠正疫情防控工作中出现的偏差,督促疫情防控工作更好地开展。当然,我们在开展舆论监督时,一定要坚持实事求是的原则,一定要坚持以正能量宣传报道为主的原则,切勿喧宾夺主。

疫情防控是一场十分艰难的人民战争,在这场战"疫"里,我们不仅要战"疫魔",还得斗"心魔",宣传本身就是艺术的政治,政治需要进行艺术的宣传,化解民间负面舆论,既需要真诚与人民为伍,切实解决人民群众普遍关心的问题,也需要讲究宣传的策略和艺术。

当前,疫情防控已经进入了关键阶段,越是在这个时候,我们越不能掉以轻心。我们要正确对待和研究民间舆论,及时化解和回应民间舆情,以正能量宣传为主,教育广大人民群众以正确科学的方式积极投身到疫情防控战斗中,早日夺取抗击新冠病毒疫情防控工作的全面胜利。

2020 年 2 月 15 日于西安

(作者杨讲生系陕西省人大常委会报刊社社长)

思考与训练

1. 分析比较新闻发现三种形态的异同。

2. 分析比较显性新闻和隐性新闻的异同。

3. 简述新闻点和新闻点子的区别与联系。

4. 什么是新闻选题? 如何策划新闻选题?

5. 观察和了解你家乡群众的实际生活,发现并提出一个带有普遍性的问题。

针对本教材,作者已经录制了配套的在线课程视频,以上是关于本章内容的视频二维码。

第十二章 新闻发现的扩展

本章重点难点：①原始新闻与独家新闻；②扩展新闻的含义、扩展新闻的特点；③扩展新闻的意义；④扩展新闻的对象；⑤编辑新闻发现；⑥整合新闻发现。

新闻发现不仅具有时效性、阶段性、形态性，而且也具有层次性。我们分析一篇篇发现的新闻，研究一次次新闻的发现，就会发现所有的新闻，不外乎两种情况：一种情况就是从新闻事实中发现的原始新闻；另一种情况则是在初次新闻发现的基础上又进行多次的新闻发现，即新闻发现的扩展。

第一节 原始新闻发现

原始新闻发现，就指的是新闻首次发现，一般发现的是新近发生的原始事实。这个原始事实以前从来没有出现过，更没有被报道过，是地地道道的新事件、新人物、新事物、新现象、新观点，是记者对新闻事实的第一次发现。

一、新闻吹哨人

一个新闻事实首先被谁发现的，这个人就是这条新闻的"吹哨人"。对记者而言，都争着做敢于吃螃蟹的"吹哨人"，即新闻发现的"第一人"。

前文我们讲过，首先发现事实的人，不一定就是首先发现新闻的人。因为事实不等于新闻，现实中每天都有很多事实发生，但能当作新闻去报道的却很少。首先发现事实的人，如果没有新闻敏感性，这个事实在他的手里，就不会变成新闻事实。

比如，笔者1995年1月采写了《代表依法质询 政府不予理睬 质询案半年未果 党委会难以召开 ×县人大及其常委会监督工作举步维艰》一稿，笔者就是发现新闻事实的第一人。1995年1月2日，是新年上班的第一天，笔者从陕西省人大人代委办公室获悉：×县人大因政府不报告工作，导致人大常委会会议没法召开。随后，笔者就立即展开了新闻调查。得知这个事实已经发生了半年多，但媒体一直没有报道。也就是说，事实还停留在一般事实中，没有上升到新闻事实，所以，笔者是新闻事实发现的第一人（但不是事实发现的第一人）。1月5日，新闻刊发后，×县政府迫于舆论的压力，才采取措施，纠正错误，并主动向人大报告工作，使这一持续了半年的事件得以解决。

代表依法质询 政府不予理睬
质询案半年未果 常委会难以召开
×县人大及其常委会监督工作举步维艰

本报讯（记者杨讲生）　监督政府、法院和检察院的工作是宪法和法律赋予各级人大及其常委会的一项重要职权，然而，在陕西省×县，这一神圣的职权却被县政府变成了一纸空文。

1994年5月上旬，×县召开"第十三届人民代表大会二次会议"。会上，有10名人民代表依法联名向县政府提出了"关于我县中小学教师职务晋升问题的质询案"。大会主席团责成有关部门当会答复人大代表的质询。但是，有关部门负责同志态度消极，对代表质询的一些关键问题闪烁其词，回避真情，从而引起了与会代表的强烈不满。

大会结束时，主席团研究决定，责成县政府会后就教师晋升职务问题进行查处，并将结果报告县人大常委会。令人遗憾的是，县政府对大会主席团的这一严肃决定置之不理。根据人民群众和代表的要求，县人大常委会决定6月下旬召开人大常委会第八次会议，把听取和审议县政府办理人大代表质询案情况汇报作为主要议题之一，并要求县政府于会前将查处结果送交县人大常委会。但县政府未在规定的时间内送交材料，只决定由县科技干部局做日常工作汇报。为维护法律的尊严和回应群众的要求，县人大常委会决定推迟第八次会议召开日期。从6月28日开始，一方面向县政府催要查处结果书面报告，一方面主动对质询案所反映的问题进行调查。

经过调查发现，从1993年冬到1994年6月底，×县在评审、推荐144名中小学教师晋升中级职务工作中存在着严重问题，主要表现在：一是对下达指标和上报推荐名单未召开由14人组成的县政府关于此项工作的领导小组会议，而是由两三个人私自决定；二是把大量指标戴帽下达给了个人，完全违反了省、地规定的评审、推荐程序；三是推荐不够条件的教师晋升中级职务、弄虚作假；四是一些民办教师转为公办教师后，多数人不予聘任。

县人大常委会在监督受阻的情况下，常委会办公室和4个工作委员会联名向省人大常委会反映了此事。省人大常委会领导当即批示，责成省人大常委会××地区工作委员会调查处理。8月中旬，中共×县县委召开常委会议，听取了县人大常委会的调查报告，认为县人大常委会的做法是正确的，也符合法律程序，并做出决定：由县政府纠正教师晋升职务中存在的问题，并将结果报人大常委会。会后，县政府至今未做任何纠正，更谈不上向县人大常委会汇报。从人大代表提出质询案迄今已半年多，代表质询案、人大常委会决定和查处意见、县委决定均成一纸空文。原定6月份召开的县人大常委会第八次会议一推再推，至12月上旬，在迫不得已取消"听取和审议政府办理质询案的情况汇报"这一重要议题之后才召开。

（原载1995年1月5日《民声报》）

二、抢发独家新闻

要做新闻发现"第一人",就要大量抢抓独家新闻。独家新闻就是第一手新闻,即要最先了解新闻事实,从新闻现场了解,从当事人那里了解,从官方渠道了解,从知情人那里了解等。"第一手新闻"不等于"第一手材料","第一手材料"指记者从新闻现场和当事人那里采访直接获得的材料,有时候,"第二手材料""第三手材料"等也可以变成"第一手新闻",只要第一个认为该事实是新闻并进行采访报道的都是"第一手新闻"。

独家新闻具有以下几个特点。

(一)首发性

独家新闻具有无可争议的首发性,它提供的信息是全新的,所报道的事实是新鲜的,对新闻资源的开发是拓荒式的。

在发现新闻事实之前,无论这个事实是谁首先发现的,也无论这个事实发生了多长时间,只要从来没人将其作为新闻,那么,它就是新闻事实的初次发现。一般而言,最先发现新闻事实的人,也是最早报道新闻的人。

但特殊情况下也有例外,可能因为自身媒体原因,或者因为自己采写速度的原因,导致后发现的媒体和记者抢先发表。也有人不认为这一特殊情况是"第一手新闻",因为尽管最先把这个事实当新闻去发现和采访,但是没有最先报道。"第一手新闻"就是独家报道,就是同源新闻的首发报道。

比如,前文提到的中新社记者蔺安稳是第一个发现并报道秦始皇兵马俑的人,那么,他的报道就具有首发性。因为在此之前,没有任何人发现并报道秦始皇兵马俑这个新闻。那么,蔺安稳为什么会是第一个发现并报道秦始皇兵马俑的人?这里再补充一些信息:蔺安稳在看到兵马俑的第一眼就将其和秦始皇联系起来,这得益于他对历史的熟悉。他在看到两座陶俑和旁边的一堆碎片时,下笔审慎地用了"一批",既准确又留有余地,体现了记者深厚的学识和功力。

(二)开创性

新闻原始发现,从时效性上来讲,肯定要"早""新""鲜"。新闻姓"新"不姓"旧",新闻姓"早"不姓"晚",新闻姓"鲜"不姓"陈",就是要发现早,早发现。"发现早"是说新闻事实一经发生,甚至刚刚露头,就抓住它,发出第一条信息,发出的报道保持着新闻初始气息,新生状态;"早发现"是说行动赶在前头,第一时间发现并报道新闻。初次发现新闻后要尽早采访,尽早报道。独家新闻是最早报道的新闻,开创别人没有走过的路。

创造性思维是新闻记者常用的思维方法,用在独家新闻上更是如此。独家新闻所报道的事实新鲜、别致,以前从来没有见过,现在把它呈现出来,本身就是一种开创,这个事实带给受众的是前所未有的信息,会对受众认知的范围、对象等产生一些变化,这些变化往往也具有开创性。

比如,新华社的独家新闻《"恶魔"曝光!新冠病毒真实 3D 图像来了!》就具有开创性,该作品向受众解密了新冠病毒的 3D 影像,并通过高清视频生动地展示了新冠病毒入侵人体细胞的全过程,让人们第一次清晰地看到了新冠病毒的"庐山真面目"。

主创团队成员曾说:"我们花了如此多时间制作这些新冠病毒影像材料的初衷,就是为了展现病毒真实形象,并免费提供给全世界作为疫情防控宣传和科普教育材料。该作品为证明新冠病毒的真实存在以及进行大范围的科普具有非常重要的作用。"

(三)片段性

新闻原始发现可以是全面的、深刻的、本质的,但多数动态新闻却是片段性的、不完整的、轮廓式的。对片段性的、不完整的、轮廓式的新闻发现,记者要及时补充,继续发现,连续跟踪报道。

在新媒体时代,很多新闻都首先在网络上发表,而且发布者常常不是专业新闻记者,他们求速度,抢独家,新闻往往呈现片段性和碎片化,一条新闻常常是多人多次不断补充完善才完成的。这个时候,就更能看出首发新闻的片段性特点。

新闻原始发现最后都成为独家报道,但独家报道却不一定都是新闻原始发现,新闻发现的扩展也可以成为独家报道。

新闻原始发现的奥妙告诉我们:要抓住新闻题材做文章,"咬定青山不放松",竭尽全力去寻找那些受众应知欲知而未知的新闻事实,那种从未被报道过的新闻事件、新闻人物、新闻现象、新闻观点。

再比如,《武汉晚报》报道的《国徽下,老农质问政府:你们凭什么要强征我的地?》就是一篇典型的独家新闻(见图 12-1)。

图 12-1 《国徽下,老农质问政府:你们凭什么要强征我的地?》

1989 年 4 月 4 日,第七届全国人民代表大会第二次会议通过了《中华人民共和国行政诉讼法》,这是实施依法治国的重要举措,也是建立法治政府的必由之路。

进入 21 世纪后,随着经济建设的不断发展,我国境内的土地征收、房屋拆迁也开始大面积铺开。在这个过程中,武汉市湖泗镇政府征收了村民倪灯财、祝珍珠的承包土地。二人不服,向江夏区政府申请行政复议。区政府认为不属于行政复议的范围,终止了行政复议。

二人于是向江夏区人民法院提起行政诉讼,但被驳回。二人并没有放弃,又向武汉市中级人民法院提起行政诉讼。2004 年 3 月 25 日,武汉市中级人民法院开庭审理此案,庭审过程中,74 岁的倪灯财不请律师,脚穿一双沾着泥土的大雨鞋,从原告席上站起走到法庭台上,背着手厉声质问,举证状告镇政府。最终,武汉市中级人民法院判决湖泗镇政府败诉,退还土地。

这一幕,正好被现场的《武汉晚报》记者金振强拍了下来,次日在《武汉晚报》上发表,成了独家新闻,后被很多媒体转发,后来这张新闻图片还获得了中国新闻奖。

三、聚焦原始新闻

新闻的原始发现是对新闻的原始事实的发现。换句话说,各媒体都有权利去争夺新闻的原始发现,至于谁先发谁后发,那是竞争的问题。对于新闻记者而言,只要从原始的事实出发来发现并报道新闻,都是新闻的原始发现。

媒体的功能首先是发布新闻信息,从理论上讲,别人发过的新闻就不必重复发,但实际情况是,媒体的性质、定位不一样,受众的范围不一样,传播的形式不一样,所以,大多数情况下,各媒体都会聚焦新闻的初次发现,而不是因为别人报道了,自己就不报道了。当然,这个时间差不能太长,不能把别人早已报道的新闻拿来"热剩饭",那真的就不是新闻了。所以,媒体聚焦新闻的初次发现是由媒体的首要功能决定的。

新闻的原始发现和报道,是各媒体聚焦的重点,也只有这样,才能显示同源新闻报道的先与后。当然,由于报道角度不同,报道方式方法不同,对新闻初次发现的报道效果就会不同。不管采用什么角度、什么方式方法,只要是在原事实的基础之上发现的新闻,都是新闻的初次发现。

第二节 扩展新闻发现

马克思主义认识论告诉我们,世界上的任何事物都有一个"认识→实践→再认识→再实践"的逐步深化的过程,新闻发现也不例外。

在新闻实践中,就记者的劳动成果而言,新闻初次发现固然重要,但很多新闻在初次发现并被报道之后,有待于继续扩展和延伸,通过新闻的再次发现,同样可以发掘具有新意义、新价值的新闻。新闻发现的扩展,一句话,就是在新闻中发现新闻。

一、扩展新闻的含义

扩展新闻就是指在新闻发现的扩展过程中发现的新闻,就是新闻记者在新闻中发现的新闻。新闻中有新闻,扩展新闻在新闻传播中屡见不鲜,应用各种方法或技巧都可以发现不同新闻线索,或是发现不同新闻角度,或是发现不同新闻体裁,或是发现不同新闻观点,或是发现不同新闻事实,或是发现同一新闻事实的发展变化等。这些都是新的发现,有发现,就有新闻,新闻就是在不断发现中产生的。

(一)新闻通讯中新闻扩展比比皆是

新闻名篇《为了六十一个阶级弟兄》《生命的支柱——张海迪之歌》《县委书记的榜样——焦裕禄》《领导干部的楷模——孔繁森》等都是新闻发现扩展的产物。

为什么很多新闻名篇多是新闻扩展的产物？原因主要有两点。一是因为新闻事实的首次发现常常是"近水楼台先得月"，新闻事实被发现报道后，高一级的新闻媒体和新闻发现的"高手"才知道新闻事实，才从阅读新闻中产生灵感，才从新闻中又发现了新闻。二是一些新闻被报道之后，引起领导同志的关注，媒体随即进行主题宣传，并根据中央精神，重新审视事实，重新研读新闻，重新发现新闻，我们的很多先进人物就是在这样的情况下被树立起来的。

1965年，时任新华社副社长的穆青带队到河南分社了解情况，为即将召开的全国分社工作会议做准备。之前，他已经从报上看到了有关焦裕禄的报道，1965年12月，穆青一行又专门来到兰考实地考察，听到当地很多老百姓自发去焦裕禄坟上祭奠的事情，非常感动。回到北京后，他把焦裕禄的事迹向中央有关领导做了汇报，中央决定要像宣传雷锋、王杰那样宣传焦裕禄。随后，穆青重返兰考，采访一个多月，先后五易其稿，与冯健、周原合作，终于写成了不朽之作《县委书记的榜样——焦裕禄》。

(二)新闻消息中新闻扩展司空见惯

在新闻消息中，新闻发现的扩展也习以为常，类型丰富多彩：很多同源新闻用不同的角度去报道；很多记者采用跟踪性报道、连续性报道；很多在旧闻中挖掘新闻消息；很多记者在新闻消息中挖掘新闻评论；很多记者新闻消息中挖掘新闻通讯；很多记者为新闻消息配发新闻照片；很多记者在文字消息的基础上挖掘融合新闻等。

比如《不许用人质手段处理经济纠纷》就是一篇扩展新闻。这篇扩展新闻是记者唐湘岳1994年根据《益阳市11岁小学生李振已被非法拘禁》的原始新闻扩展的，是新闻事件发生100多天后记者的新发现，正是由于记者的这篇扩展新闻，才震慑了犯罪分子。对原始新闻事实而言，最初报道这条新闻时，只报道了11岁小学生失踪了，后来又报道确认李振被作为人质遭非法拘禁，这都是原始新闻消息，是根据事实发现的新闻。要知道，在1994年那个时候，人们的认知还很有限，作出这样扩展新闻的发现很不容易。这篇扩展新闻旗帜鲜明地提出了不能用人质的办法解决经济纠纷，显然是一个很好的发现，不仅成功地解救了被绑架者，而且在经济生活领域也立下了一个基本的原则。

再如，前文提到的笔者与记者李继民采写的录音新闻《一封不寻常的电报》也是一篇扩展新闻，它来源于《人民日报》刊发的原始消息《我国各族人民群众关注两会》。这里需要补充的信息是，《一封不寻常的电报》播出后，全国优秀新闻工作者、时任宝鸡人民广播电台总编室主任雷明德在此文的基础上又有了第三次新闻发现扩展，他发现的角度不再凸显"电报"的不寻常，而是凸显新闻事实主体身份的不寻常。于是，我们三人又在录音新闻的基础上合作改写了一篇新的文字通讯《"乡下人"言国政》，被中央人民广播电台、《信息日报》等多家媒体刊发。所以，我们说，新闻是可以被扩展的，且是可以被不断扩展的。

（三）新闻发现扩展常用于后发制人

在新闻实践中，很多媒体的记者看到或者听到别的媒体发出的新闻，就迅速赶到新闻现场，可这时新闻事件已经结束，自己媒体显然落后了，怎么办？常见的办法就是利用新闻扩展，即以他人所发新闻为引子、为参照，接过来发现新的角度重新采写。对于同源新闻而言，独家报道固然重要，但抢不到独家报道，也不要灰心丧气，只要自己发现的新闻价值胜过独家报道，照样可以吸引受众。

比如，笔者 20 世纪 90 年代曾经报道过凤县一场森林大火，因为消息得到的比较晚，去的时候，别的媒体已经报道出来了，发的仅仅是一个动态消息，显然，笔者在动态独家新闻这个层面上落后了。当时部队参与了救火，而且有几名战士烧伤了，正在医院治疗，于是，笔者立即赶到医院采访，第二天就报道了伤员的情况。第三天，又有媒体报道了火灾发生的原因。第四天，另外的媒体详细报道了解放军救火的过程。这些角度都很好。而这四个点，都是不同媒体报道出来的，尤其是后三个点，都是依靠对原始新闻的扩展发现的新价值，是扩展新闻，是对原始新闻的进一步完善。

事实上，扩展新闻不仅仅是对他人新闻的扩展，而且常常是对自己所写新闻的扩展和完善。对同一新闻事实作多次报道，而后边的报道，都属于扩展新闻。

比如，《一个农民养猪专家的故事》《路，该这样走》《岳安林——中国新农民的一个典型》这三篇的作者都是梁衡同志在任《光明日报》山西记者站工作时采写的作品，写的都是同一人，但后者发得最晚，影响却最大。因此，就当时而言，一个事实刚发生时，可能独家新闻、原始新闻影响大，但随着时间的推移，后边的扩展新闻影响力往往会胜过前边发的独家报道，因为，独家报道往往信息量不足。

（四）新闻扩展有马克思主义理论支撑

在实践中，扩展新闻确实比比皆是，那么，在理论上，如何解释这一现象？

首先，我们从认识论上解释。人的认识是不断发展的，是经过"实践→认识→再实践→再认识"这样一个过程。我们知道，新闻是对事实的反映，这个反映是不是全面、正确，还需要在实践中去检验、去再认识。从客观而言，事实往往是复杂的，它有一个逐步暴露真相的过程；从主观而言，人的认识也有一个不断提升的过程。因此，在新闻中继续发现新闻，完全是有可能的。

其次，对同一客观事实，不同的人，由于认知范围和认知高度不同，或是由于立场和观点不同，认识水平和认识的方式和方法是不一样的，对客观事实得出的结论有可能会出现差异，甚至得出完全不同的结论，这很正常。

最后，认识的客体也是在发展变化的，客体所处的周围环境和条件也在变化，所以，新闻事实有了新的变化、新的发展，主体对其认识随之变化。

二、扩展新闻的特点

扩展新闻是新闻发现的一种常见现象,是在原始新闻的基础上进行的新发现,但和原始新闻比较,扩展新闻有如下特点。

(一)后续性

对新闻发现的扩展就是在已发新闻的基础上再次开发,甚至是多次开发。前面已有对"吹哨人""独家报道"的介绍,而此次开发是对上次发现的重新认识和再次发现,是继承和延伸,是后续性的,这和原始新闻的首发性是相对应的。

就原始新闻而言,扩展新闻是一种补充和完善。就发表的时间而言,扩展新闻发现的时间较晚,采访的时间较晚,发表的时间较晚,一般是对原始新闻的后续报道、跟踪报道、连续报道、反馈报道、补充报道。总之,后续性是这类报道的共同特征,扩展新闻不可能发在原始新闻的前边,扩展新闻一定是原始新闻的后续。

(二)扩展性

对新闻的再次认识不是重复,而是扩展、扩充,是开掘出新的东西,获得新的发现,和初次发现比更上一层楼。

从扩展新闻的内容看,有很多新的信息,这些新的信息是受众以前所不知道的信息,但同时又是受众应该知道的信息,也是受众想知道的信息。这些信息和以前的原始报道相比,是对它的扩展和扩充,甚至有时是对原始新闻中某些信息的更正。

(三)选择性

新闻发现的扩展有很强的选择性,不是所有的原始新闻都需要扩展,而是经过记者分析选择,对少量原始新闻进行扩展。

原始新闻发表后,媒体记者就要考虑是否需要扩展。大多数新闻都是一次性报道,都是一次性发现,只有少量原始新闻需要扩展。新闻记者要选择那些可以扩展、有必要扩展,也方便扩展的新闻进行扩展。有些新闻没有扩展的必要,就不要强行扩展。

进行新闻扩展时,不仅要对原始新闻进行选择,也要对即将扩展的各种可能发现的新闻进行选择。一般地讲,新闻记者在进行扩展时,首先要将扩展内容和原始新闻进行比较,其次要将各个扩展内容进行比较,要把能够体现党和国家的大政方针政策的新闻优先报道,把受众普遍关注的新闻进行优先报道,把有利于对原始新闻进行完善补充的新闻优先报道。

(四)灵活性

相对于原始新闻,扩展新闻,不拘于内容和形式,具有灵活多变的特点。换句话说,原始新闻是消息,在它的基础上,如果发现新的报道价值,在扩展时,可以撰写消息,也可以撰写通讯、新闻特写等,形式多种多样,不拘泥于原始新闻。

原始新闻发表后,媒体常常进行新闻解读,这其实也是一种新闻扩展。新闻解读形式也多种多样,有新闻评论,有编后语,有新闻观感,也有数字新闻、地图新闻、虚拟新闻、动漫新闻、图表新闻等,这些解读新闻其实就已经把原始新闻扩展了。

比如,我们来看看下边这条刊发于《新民晚报》2007 年 1 月 24 日的扩展新闻:《上海专家发现统计漏洞:1 件离婚按人头变成 2 件 我国离婚率算高一倍》,这条新闻是作者俞陶然 2007 年初从上海社会科学院获知的新闻线索。当时正在评选 2006 年度国内十大家庭事件,从近 20 个候选事件里,记者敏锐地捕捉到"专家纠正我国离婚率统计漏洞",认为它具有特别意义。

而这些候选事件都是媒体在 2006 年报道过的新闻事件,但媒体在报道这个新闻事实时,只说了结果,没有说原因,也没有说是谁纠正的。于是,作者立即采访了纠正漏洞的上海学者,发现并报道了产生"离婚率算高一倍"这个漏洞的原因和纠正的经过。因此,这条扩展新闻和最早报道该事实的原始新闻相比,具有后续性、拓展性、选择性、灵活性。

上海专家发现统计漏洞:1 件离婚按人头变成 2 件

我国离婚率算高一倍

本报讯(记者 俞陶然)我国的离婚率被人为翻了一番,并且这一统计错误足足延迟了近 20 年。

自 20 世纪 80 年代末公布离婚率起,我国的离婚率就一直虚高,直接导致学术界和媒体的不少错误论断。在上海学者的呼吁下,该错误终于在 2006 年版的《中国统计年鉴》上得到了纠正。记者昨日获悉,这一事件被列入 2006 年十大家庭事件评选的候选项目中。

那么,究竟是什么原因导致了我国离婚率虚高?上海社会科学院社会学研究所研究员徐安琪告诉记者,根据国际通用算法,离婚率是一个年度内某地区离婚率与年平均人口之比。通常以千分率表示,问题在于对离婚率如何理解。一对夫妻离婚,离婚率者是记作"1"还是"2"?联合国编辑的权威词典和我国出版的《人口学辞典》都将离婚率视为离婚对数或件数,对一对夫妻离婚,离婚数记作"1"。

而 1988 年民政部发函规定,我国离婚率的计算方法是,每 1000 人中离婚的数字分母是总人口,分子是离婚次数。我估计,问题就出在对这个离婚次数的理解。徐安琪说,因为该函数没有明确定义离婚次数。操作部门就把"次数"与"人数"等同了起来,结果明明是 1 件离婚统计时被当成了 2 件。

因为这个纰漏,我国几乎所有的统计年鉴都把离婚率翻了一番。这些错误的数据报到了联合国,还造成了一些国际人士和专家对我国国情的误判。联合国统计的中国离婚率甚至达到过世界第一,比美国还高,让人瞠目结舌。徐安琪说,如果国家统计部门已做出了更正,希望其他社会学、人口学辞典、教科书等也能迅速纠正。

三、扩展新闻的意义

新闻发现的扩展大有可为,在发现新闻意义上绝对不亚于新闻的首次发现,可以说是新闻发现的又一个"春天",对此,媒体和记者务必引起高度重视。

(一)这是社会存在的指令

社会上的新事物不外乎两种,即发明和发现。新闻事实不过是物质世界和社会存在的最新样态。发现新闻就是对这种客观存在的一种价值发现,报道新闻就是对这种客观存在的一种反映、叙述和传播。

我们在发现并报道新闻的时候,往往没有一下子把事实的新闻价值全揭示出来,这就给扩展新闻创造了条件,留下了余地。我们知道,新闻和事实是紧密联系在一起的,事实第一性,新闻第二性,先有事实,后有新闻,事实是客观存在,新闻是主观反映。客观存在会以各种方式"指令"主观反映发现自己,暗示主观反映发现自己,让自己更好地服务受众,扩展新闻就满足了这个客观存在的需求。

(二)这是具体事实的约定

新闻事实永远不会有终结,这就决定了媒体上永远不会有终结的东西。新闻报道快的要求也决定了初始的新闻发现者所捕获的常常是新闻事实的最初状态,不够全面,有待继续发现。

原始新闻被报道后,新闻事实如果没有被反映完整,或者是新闻事实又有了发展和变化,这就需要新闻记者继续发现、继续报道,这是受众兴趣的所在,也是新闻扩展的需要。

(三)这是新闻认识的规律

人们认识事物,需要有一个从感性认识上升到理性认识的过程。采写发现新闻也是一个认识过程,看清新闻事实的任务往往留在新闻发现的扩展上。

新闻记者认识客观事实,和人们认识其他事物一样,都是从表象开始,逐步深入,最后揭示事物的本质。因为记者要快速报道,所以,很多原始新闻往往只是对新闻事实的首次发现和报道,是一种表象报道,是一种具体真实,至于整体真实和真相报道,还有待对新闻的不断扩展,这也符合认识事物的规律。

(四)这是产生名作的途径

通过新闻发现的扩展往往会出力作和精品,高明的记者也往往会在别人初次发现报道的新闻的基础上再开发、再发现。

一般而言,新闻的首次发现比较容易,也带有偶然性和运气,碰上了就发现了,碰不上可能就发现不了。原始新闻多半是显性新闻,当然也有隐性新闻。但扩展新闻则多半是隐性新闻,当然也有性新闻,如一些比较明显的跟踪新闻。

我们知道,发现隐性新闻是体现记者水平高低的关键,所以,很多新闻的扩展,常常是高明记者来完成的,因为扩展新闻要比原始新闻复杂。只有技高一筹,才能后发制人,才能体现记者发现新闻的能力。

四、扩展新闻的对象

(一)新闻有了新发展,报道有了新材料

客观事实是在不断发展变化的,有些原始新闻被报道后,事实又有了新的发展变化,而这些变化足以引起受众的兴趣,也应该向受众反馈,并且,受众也并不知道事情起了这么大的变化。这个时候,就需要对原始新闻进行扩展,继续向受众报告新闻事实发生的大变化。

这种情况的出现,不是原始新闻作者没有洞察到,而是客观事物自身变化的结果。需要强调的是,所有事物都是在不断发展变化的。那些变化不大的事实,或者受众对其认知没有大的改变,一般就不需要对原始新闻进行扩展,因为世界上每天都会有无穷无尽的新事物诞生,媒体报道的能力是有限的,媒体应该抽出更多精力去关注更新的事物,而不是过多地去关注没有必要扩展的原始新闻。

比如,《天津发现"东史朗日记案"证据》就是事件有了新的证据,对原有新闻进行的扩展。1937年12月13日,日寇在南京开始了一个多月惨绝人寰的大屠杀,30多万中国同胞惨遭杀戮。对此,日本老兵东史朗先生在他的日记中进行了详细的记载,可是,日本右翼势力在一系列证据面前一直不承认。现在,在天津又一次发现了新的证据,作为媒体,当然值得对《东史朗日记》出版等原始新闻进行扩展。

(二)事实本身蕴涵多,报道有待深和广

事物本身是一个复杂体,其内含十分丰富,不是谁都可以很快全面认知的,而新闻报道又需要快速及时地去被传播,所以,原始新闻有缺憾也是一种很正常的情况。

虽然事实本身没有大的变化,但随着时间的推移,隐藏在事实深处的东西逐渐暴露,原始新闻的作者,或者其他媒体、其他记者,都可以随时对原始新闻进行必要的扩展。挖掘新闻事实的深度和广度,目的是更新受众的认知,增强受众对新闻事实的了解,体现新闻事实的价值。

比如,上文提到的《中国青年报》刊发的"三色通讯"就是典型的深度报道,也是典型的扩展新闻。

1987年春天,大兴安岭林场大火将近烧了一个月,各媒体150多名记者奔赴火场,发了近千篇稿子,其中《中国青年报》记者雷收麦、李伟中、叶研和实习生贾永采写的"三色通讯"影响甚远。一方面是他们采访深入,另一方面是他们在其他报道的基础上扩展得好。1987年6月24日至7月4日,三篇整版调查性报道《红色的警告》《黑色的咏叹》和《绿色的悲哀》刊登在《中国青年报》醒目的位置。

20世纪90年代初,深度报道在中国这片热土上兴起并在1987年到达顶峰,这一年被称为"深度报道年",甚至有人认为在这一年,党报完成了第二次转型,从以纯新闻报道为重心转移到以深度报道为重心。这一年"三色报道"问世,在整个社会激起了巨大的浪花。"三色通讯"在中国深度报道历史里具有里程碑式的意义,它开拓了我国灾难报道的新局面。记者以直观的视角,真实呈现了大兴安岭火灾事件发生的原委和细节,揭露了官僚主义,触及了管理弊端。

(三)原始新闻不到位,新闻发现需扩展

引起这种情况的主要原因是,原始新闻的作者在对新闻事实的发现过程中,由于自身认知范围的限制,或者由于当时客观条件的限制,把该发现该报道的东西没有发现,没有报道,或者在已经报道的事实中,出现了错报误报的现象。这个时候,往往有必要对原始新闻进行补充和完善,这也是对受众负责任的一种表现。

原始新闻采写不到位,后续报道需要完善,这在新闻界也是一种常见现象。这就要求新闻记者在采写传播完原始新闻后,再回过头来看一看原始新闻是否存在不到位的情况,如果有,

要确认是主观原因,还是客观原因,这些原因消除了没有,现在可不可以扩展。如果可以扩展,就要迅速扩展;如果不可以扩展,就要密切关注,等待扩展的时机。

比如,《只因没带零钱,如厕老人遭暴打》一文只是从道德层面进行谴责,始终未涉及"法律"问题,就为后续报道留下了可能,因为施暴者显然触犯了法律,扩展新闻应从法律角度进行认知,直至对该事件处理有一个令人满意的结果。

再如,1990年2月12日傍晚,上海东方电视台副台长尹明华与上海新闻界几位好友相约聚谈,偶然听说《羊城晚报》刊登一条消息,说广州某发廊为顾客烫一次发收费高达763元,不由得震惊和愤怒,心想明天早上一定要广播这条消息。席散后,他又冒着大雨赶到电台办公室,找出这张《羊城晚报》,仔细阅读这条200字的消息,忽然发现文中"上海顾客×小姐"一行字,心里顿时一阵激动,产生了追踪采访×小姐的强烈愿望。翌日电台广播了这条消息,在上海引起轰动,他又马不停蹄,几经周折,终于在上海找到了受害者×小姐,开始了一系列采访报道,并不断地给广州市政府、羊城晚报社、广州物价所打电话,了解事态的最新动向,其中他采写的新闻特写《中国第一发》被很多媒体转载报道,促使广州市政府认真处理了该事件,国家领导同志对这组报道给予很高评价。后来,这组在原始新闻基础上的扩展报道还获得了中国新闻奖。

(四)客观条件有变化 新闻价值再挖掘

世界上任何事物的存在都不是孤立的,而是相互联系的。原始新闻报道后,也会出现这样一种情况,就是事实本身没有太大的变化,原始新闻报道也比较到位,事实所蕴含的东西在当时的情况下都已经挖掘了出来。按理来说,无须进行新闻扩展,但是由于周围环境的变化,尤其是政治、经济、文化、社会等形势的变化,突然之间,赋予了新闻事实一种新的宣传价值。如果出现这种情况,新闻扩展也是有必要进行的。

当然,出现这种情况的前提是,这个事实本身具有能够体现宣传价值,只不过,当时只进行了客观的简单叙述,并没有揭示它在某一个点上的社会价值,现在形势变化了,有必要把这个点深入挖掘,揭示它的宣传价值。

比如,同样一个企业家,媒体过去都一般性地报道过他的事迹,但是,十九大召开之后,开始大力提倡共同富裕,这个企业家突然之间就有了新的报道价值,如带动乡亲们共同致富等,这成了记者们争相挖掘的重点和亮点,而这些事实在过去也存在,但没有多少记者去关注,如今不同了,党和政府倡导共同富裕,它就有了更大的宣传价值。

第三节　编辑新闻发现

新闻发现,不只是记者的事,同样也是编辑的事。新闻发现于记者、于编辑,甚至于美编、播音员、程序员等,都同等重要。在扩展新闻中,很多都来自编辑的新闻发现。

编辑通常"躲"在一篇篇新闻的背后,是新闻的无名英雄。但事实上,一名好的编辑,往往是新闻团队整体采编质量提升的引领者。在自媒体高速发展、海量信息可以在手机端便捷获得的当下,编辑对新闻的发现、提升作用尤为重要。

一、编辑的首要职责是判断

新闻发现不仅是记者工作的第一道工序，也是编辑工作的第一道工序。记者依据发现采写新闻，编辑依据发现决定发稿。记者把新闻稿件送到编辑手中后，编辑在判断新闻稿件能否发表时，依据的一个标准就是新闻发现。通过新闻发现，找到新闻价值，判断是否值得发表，进而找到记者商讨稿件是要大修、小修或是不用修改，甚至是否需要重新采访、重新写作。

《纽约时报》掌门人阿瑟·奥克斯·苏兹伯格曾经说过：这个世界不缺新闻，你买《纽约时报》不是在买新闻，而是在买判断。

编辑首先要判断的是新闻价值。这个判断力不是从天而降的，需要长时间的经验积累才能获得。

毫不夸张地说，编辑必须要在基于准确判断的前提下，果断地充当凶狠的"杀手"，将无时效、无新鲜内容的稿件坚决"枪毙"。编辑的作用，是判断记者在采访过程中得来的信息是否全面、准确、真实、可靠；判断稿件中交代的这些信息是否经得起推敲、是否要去对抗现有的理解、是否需要寻找补充证据。

编辑判断新闻，更重要的是充当"伯乐"。判断新闻，其实就是发现新闻，就是对记者的新闻发现进行重新审视，重新判断，在这个过程中，也许会发现更好的角度，也许会大大提升记者并不看好的新闻。

编辑判断新闻，其实就是选择新闻。经过编辑的判断，在一大堆新闻中，选择可以发表的新闻，这其实就像记者选择新闻事实一样。记者把具有新闻价值的事实进行采写，编辑把新闻价值大的稿件选择出来进行发表，无论是记者，还是编辑，首先都要对新闻事实进行判断，所不同的是，记者面对事实直接判断，编辑面对新闻稿件间接判断，判断的前提和依据都是新闻发现，判断的目的和成果都是新闻选择。记者通过选择，决定是否采写；编辑通过选择，决定是否发表。

当然，编辑不仅仅决定是否发表，还要把留下来的稿子再按照新闻价值和宣传价值的大小进行排序，哪个上头条，哪个上二条、三条、四条等，都要排列出来。排列的过程，其实就是新闻发现的过程，就是新闻选择的过程。

比如，笔者初做记者时，印象较深的就是编辑选稿这个环节。那时电台新闻部主任是北京大学中文系毕业的都世科老师，他和女编辑李雪艳等，新闻发现的能力都很强，每天上班第一件事就是在一大堆新闻稿件中挑选出有一定价值的，然后再从这些有用稿件中选择出重要、次重要、备用的稿件，重要稿件会立即加上编稿签，生怕漏掉，下午便会把编好的稿件进行新闻价值的再衡量、再比较排序，而把不能用的稿件就直接扔在废纸堆里。作为记者的笔者，给编辑交稿的时候，最怕这个环节，因为这个环节决定稿件的"生死"，稿件一旦被编辑"枪毙"，记者的劳动就算白费了。

编辑的本领就是"识货"，经过他们一天的劳动，到下午四点左右，要把编辑好的稿件交给播出部播音。这时候你会看到，他们的桌子上摆满了带有稿签的编辑成品，每一篇稿子都有编号顺序，而且不断地在调整，有时头条也在被不断地更换，这些细节现在想起来印象还很深。

不过当时笔者初进媒体，且当过三年中学语文老师，对新闻可以说一窍不通，以为编辑看稿就和老师看学生作文一样，看谁的文字写得好，后来才明白，其实更多的就是看新闻发现。

二、编辑独特的受众视角

编辑应是站在受众角度的"善问者"。记者在一线采访，往往掌握非常庞杂的素材，每句话都想写，文章容易冗长，且弱化了新闻核心，甚至没有选好新闻角度。此时，好编辑就是一个园艺师，修剪掉旁枝末节，突出新闻的核心主旨，帮助记者发现新闻眼，厘清文章逻辑。

美国《华尔街日报》资深头版撰稿人布隆代尔曾经说过这样一句话："琐事和无太多价值的信息充斥着文章，这样的事实对新闻而言，是干扰，不是信息，它只会让故事节奏变慢，编辑是新闻的第一读者，应以受众关切为依托，发现并留下值得追问的核心和关键，删除这些无关紧要的信息。"这句话其实揭示了编辑的另一项职责——编稿。

新闻编辑编稿和文学编辑编稿、老师改学生作文都不一样。文学编辑编稿重在看故事的完整性、戏剧性、可读性等；老师改学生作文，重在看学生的叙述能力、文字表达能力、语法逻辑构造能力等，他们都注重丰富的想象和语言的优美。新闻编辑改稿虽然也注重文字的表达、叙述的完整，但更重要的是突出事实的真实、信息的有用、主题的表达、受众的兴趣等。要站在受众的角度看新闻，凡是对受众没用的东西统统删掉。

编辑是记者稿件的第一个读者，编辑改稿就是要站在受众的角度编辑新闻，受众兴趣是新闻选择的重要标准，因为新闻传播的目的就是给受众带来某种积极作用，如果受众都觉得没有用，那么，该信息就没有必要传播。新闻就是受众想知应知而未知的事情。这里的"想知"，就是受众的兴趣，很多人写稿子，不考虑这一点，按自己的喜好写，以为自己就能代表受众，所以，有时候就写不到点子上。问题的关键，还是不按受众的兴趣发现新闻，没站在受众的角度选择新闻。

新闻的传播对象是受众，凡是能满足受众口味的新闻才是持久的新闻。但受众的需求是多样化的，而且，不同的人会对同一条新闻有不同的看法，所以，只有站在受众的角度来思考新闻，才能克服自身的弊端，发现新闻的亮点。首先，要明确媒体的定位受众群，清楚他们普遍的兴趣以及差异化的需求；其次，要在铺天盖地、纷繁复杂的信息中，寻找有趣新颖的新闻话题，只有这样才能满足大多数受众的胃口。新闻编辑在任何时候，都要紧紧围绕这两点来判断新闻、选择新闻、发现新闻。

比如，天津《今晚报》原副总编辑、首届韬奋新闻奖获得者陈礼章总是站在受众的视角求得新发现，常常为撰写一个标题苦思冥想，有时一天24小时都沉浸在编辑的发现之中不能自拔。《今晚报》组织的苏联妇女特卡乔娃跨国寻母的系列报道在读者中引起广泛关注，当其美籍华人母亲曹丽君将要从美国来到天津与其失散40多年的苏联女儿相会消息传来后，距离抵达天津的日期还差10天，他就开始构思母女相会的标题了，不是凭空想象，而是依据事实求得新发现。他先后拟了很多标题，但都不理想。经过反复推敲，他想到两个共同点：一个是母女俩都感到这是一场梦，不敢相信；另一个是读者都觉得这很传奇，也很离奇。次日清晨，终于琢磨出了一个标题："引题：四十有三年 骨肉两分离 人生路坎坷 家庭历辛酸""主题：似梦

非梦终惊梦 母女团聚 说奇不奇成传奇 悲欢离合""副题:曹丽君与卡特乔娃津门相会泪洒故地"。主题、引题都是根据事实的新发现,唯独副题属于合理想象,有待事实发生。早晨上了班车,他见到头天下午去机场迎接的总编室主任,就连忙问道:"母女俩相会抱头痛哭了吗?"他回答:"抱头痛哭了,场面非常感人!"后来稿子见报时,就用了这个标题。大家都觉得好,殊不知,他为这个标题整整想了十天。

三、编辑要发现更好的角度

对记者的稿件,编辑在决定发稿时,首先要对记者所选的新闻角度进行判断,通过认真阅读记者的稿件,看看有没有更好的角度去报道。如果记者所选的新闻角度合适,则主要围绕写作方面修改;如果记者所选的新闻角度有问题,则和记者商量更改角度,材料不足时,则需重新采访。

我们知道,新闻角度本来是记者发现新闻事实、表现新闻事实的着眼点和入手处,作为编辑,似乎不沾边,但新闻实践中,编辑有时会改变记者的新闻角度,这是为什么?

我们经过研究后发现,主要原因有以下几点。一是记者队伍中,年轻人居多,很多人缺乏新闻发现的实践锻炼,往往看不出表现新闻事实的最佳角度;而编辑队伍中,多数是经过多年新闻实践锻炼的老新闻工作者,他们既有记者工作经验,又有编辑工作经验,和年轻记者比较,他们的新闻发现力更强。二是在新闻实践中,一些记者易受情绪感染,被新闻事件本身所左右,往往不能跳出来审视事件的社会价值,不善于站在受众的角度考虑问题;而编辑不同,他本身不大受情绪感染,属"局外人",是新闻稿件的第一个读者,易站在受众的角度考虑问题,知道他们需要什么,不需要什么,所以比较容易抓住受众对某一个新闻事件的兴趣点。三是事实本身具有多面性,可以从这个角度表达,也可以从那个角度表达,从不同角度表达,就会有不同的效果,记者选角度,毕竟是一个人在那里选,加之有时受时效性和思维定式的影响,来不及仔细进行角度比较;而编辑不同,他是在记者稿子的基础上进行审视,并且有较为充足的时间进行角度比较,从受众兴趣点、价值接近性、本期稿件安排等多个方面进行综合考量。

当然,这并不是说,编辑所选的角度就一定比记者好,编辑的新闻发现力就一定比记者强。事实上,在记者队伍中,除年轻人外,也有不少老记者,更重要的是,记者是从新闻现场回来的,他对事件的了解和感受会更深,我们不能一概而论。所以,一般情况下,编辑都会尊重记者的原稿,不会轻易改变记者所选的角度,即使改变,也常常和记者商议,让记者心服口服,让记者补充材料,共同打磨稿件,目的都是让稿件变得更好,让新闻事实发挥更大价值。

四、编辑要善于发现新闻细节

新闻细节至关重要,前文我们在讲这个问题时着眼于新闻记者,这里我们再从编辑的角度谈谈这个问题。编辑发现新闻细节和记者不同,记者是从新闻事实中发现新闻细节,编辑是从记者稿件中发现新闻细节,这就需要编辑认真研读记者的稿件,看看稿件中有没有更有趣、更有主题表现力的细节被淹没,如果有,则要考虑是否需要调整新闻角度。

再多的特效,没有与人有关的共情故事都无法触动人。不管是好电影,还是好新闻,都须靠细节打动人。新闻不能只靠对事实的陈述和数字的罗列来吸引受众,还要靠新闻的细节来触发人与人的共情。优秀的编辑能迅速发现记者稿件的重要情节,将文章的冲突抓住,调整结构,尽可能地把有细节的焦点内容拎出来。

比如,消息《横渡钱塘江,有人游一半,居然抓了一条大鱼!》就是编辑从记者稿件的一个细节中发现的新闻角度,很有趣味性。2019年在"横渡"钱塘江活动中,记者在终点发现,一位游泳爱好者拖着一条大鱼上岸。但记者觉得这个事情只能算横渡过程中的一个插曲,仍把笔墨更多地放在成年组、青年组冠军身上。时任西湖之声广播电台主任编辑李萌发现这个情节很重要,他对记者说:"年年横渡,年年有第一,但是横渡钱塘江能抓到大鱼却不多见,应该把这个细节补充放大。"后来,记者按照编辑的思路对抓鱼的这位泳者进行了补充采访,被采访者兴致勃勃地描述自己在江中如何撞到一条大鱼,一边继续游,一边用一根绳子,从鱼鳃部穿进去,绑在手腕上游到终点的过程,新闻细节跃然纸上。他接着介绍,自己平时坚持游泳,围观者啧啧赞叹,这些又恰好诠释了全民参与"横渡钱塘江"这个体育盛事的意义。

第四节　整合新闻发现

我们知道,过去网络新闻以整合新闻、复制新闻为主,很少有自己的原创新闻。现在不同了,媒体深度融合后,很多传统媒体与新媒体合二为一,许多原创新闻往往在网络上首先发表,但整合新闻仍是很多网络媒体的"拿手好戏"。

为什么网络媒体热衷于整合他人的新闻?一方面是因为大部分网络媒体没有采访资格;另一方面是因为网络媒体信源丰富,方便整合重组。所以,长期以来,网络新闻编辑养成了独特的新闻发现力,他们习惯于把传统媒体上的原始新闻和网站上的原创新闻通过整合重组以后,变成了自己的"原创新闻",从而吸引受众。网络新闻编辑整合重组新闻的这个过程,其实就是新闻发现的过程,就是原始新闻不断得到扩展的过程。

一、网络新闻编辑的发现

新闻发现的扩展包括两方面内容:一方面是对已传播的内容进行深入采访和跟踪报道;另一方面对已传播的某些信息进行再加工,使之成为新的原创新闻。

从网络新闻编辑的角度看,其工作重点是后者。进入21世纪后,媒介不断开始融合发展,网络等新媒体发展迅猛,但其没有强大的编采力量,甚至没有采访资格,因此常常从传统媒体上发现新视角,对传统媒体和别的媒体已经报道过的新闻进行再加工,即进行新闻扩展,所以,网络媒体编辑必须要有独特的新闻发现力。

网络新闻的特点有助于网络新闻编辑发现更多网络新闻源,通过重组整合新闻源来扩展原创新闻。所以,网络新闻编辑比传统新闻编辑发现新闻的任务会更重。网络新闻包括新闻网站新闻和商业网站的新闻,新闻网站有自己的新闻记者,而商业网站一般没有自己的新闻记者,所以,新闻网站有原创新闻,也有复制新闻,但商业网站一般没有新闻采访资格,它所发表的新闻绝大多数是复制新闻。商业网站所谓的原创新闻其实也是复制新闻的一种,只不过它们把别人的原创新闻拿来进行整合,通过重组新闻资源重新编辑改写,然后变成自己的原创新闻报道。这种新闻我们称之为整合新闻,或者重组新闻。

网络新闻编辑面对的文本和传统新闻编辑面对的文本不一样,网络新闻编辑的新闻发现更容易在网络上进行表达。由于传统新闻写作都是以线性结构表达的,网络新闻写作则是超文本结构的写作,这种超链接打破了传统新闻文本的线性结构。网络新闻的超链接可以对一些重要的人物、事件、背景或概念进行扩展,既可以用注释的方式呈现,也可以直接连接到相关网页,这有助于网络用户接触新闻深层背景,获得丰富的相关信息。

网络新闻编辑和传统新闻编辑在新闻发现的表达上也不太一样。网络新闻编辑的新闻发现表现的环节更多,不仅表现在新闻判断、选稿、编改上,还会着重表现在新闻的推介、整合上。判断新闻时,网络新闻编辑面对的量要比传统新闻编辑面对的量大得多,所以,要求网络新闻编辑的灵敏度要更高,要快速抓住新闻亮点进行推介,要把同类新闻、背景资料、延伸阅读等按照网络的特点进行重组,这些都是传统新闻编辑不大可能遇到的。

二、整合新闻发现的重点

(一)社会热点新闻

对热点新闻进行再加工、再扩展,是网络新闻编辑整合新闻发现的重点,也是网络新闻编辑扩展的重点。网络新闻编辑着重聚焦各媒体已经报道的热点和新闻评论中的亮点,从中发现独到的新闻闪光点,把它们重组、整合,形成自己的新闻特色。热点新闻就是受众关心的并能引起受众共鸣且可读性强的新闻,是以报道社会现象、社会事件、社会问题、社会话题为主要内容的新闻。热点新闻一般新闻性强,且能针砭时弊、扬善惩恶、弘扬正气、引导读者,往往能够形成强大的舆论场,从而实现新闻价值和宣传价值。

网络新闻编辑关注社会热点时不要推波助澜,而要在"热"的氛围中保持"冷"的思考,这应是报道社会热点新闻的基本要求。"发乎情,止乎礼"这句古训,应该是报道社会热点新闻的准则,只有这样,才能正确引导舆论,才能让热点新闻适时降温,才能不给社会添乱。但是,现在一些网络新闻编辑却不是这样,他们心中只有"流量"和"热度",没有"责任"和"担当",常常热衷于操作负面的社会热点,而对正面的社会热点不感兴趣,这是新闻态度问题,这是世界观、新闻观问题,网络新闻编辑必须引以为戒。当然,我们也注意到,对于一些不公正的社会热点事件,正是由于网络新闻编辑敏锐的洞察力、新闻发现力,对这些社会热点进行舆论监督,才让事件得到公平公正的解决,才弘扬了社会的正气,推进了社会的进步,这是值得肯定的。

比如,2022年6月10日凌晨2时40分许,河北唐山机场路一家烧烤店内,犯罪嫌疑人陈某志进入烧烤店内对正在用餐的四名女子中的一人进行骚扰并殴打对方,随后陈某志同行用餐人员马某齐等冲入店内对受害女子进行殴打,并将受害女子拖至店外继续殴打。当天下午,清晰记录案发过程的门店监控视频流出,紧接着,新闻媒体在微博、微信、短视频平台等对此事件进行报道。"唐山一烧烤店内多名男子殴打女生"等话题迅速成为公众关注热点。

绝大多数网络新闻编辑都在第一时间关注了这个热点新闻,他们纷纷将"为何打人、打人者都是谁、警方处理结果、女子伤情如何"等不详信息作为新闻发现,展开激烈讨论和追问。

在网络新闻编辑和网友们的呼吁下,这个热点社会新闻迅速引起官方关注。11 日,河北省公安厅指定廊坊市公安局广阳分局异地侦查办理此案。12 日,陈某志等 9 名犯罪嫌疑人被逮捕。

(二)重大突发公共事件新闻

在整合新闻时,要注重对突发事件等的深度报道,深入挖掘突发事件的起因和意义,追踪突发事件发展的趋势和结果,依据原发新闻,扩展新闻亮点,分析新闻事件,发表自身观点,利用海量优势,丰富背景资料,解读新闻事实,引导社会舆论。

重大突发性公共事件是突发事件的重中之重,是指那些突然发生、毫无征兆、难以预料、具有破坏性的事件。重大突发公共事件往往造成或者可能造成严重社会危害,需要采取应急处置措施予以应对。重大突发公共事件包括自然灾害、事故灾难、公共卫生事件、社会安全事件等。

重大突发公共事件是国内外关注的焦点,也是新闻舆论引导的难点。由于这类事件是在人们毫无准备、毫无察觉的情况下发生的,不确定性较大,一经媒体传播,就会引起全国乃至全世界关注,因此,对其的新闻报道要认真组织,正确对待。重大突发公共事件的新闻报道历来都是新闻宣传工作的重要组成部分,在报道中必须坚持及时准确、公开透明、有序开放、有效管理、正确引导的原则。

重大突发公共事件具有很强的新闻价值,时效性强,内容新鲜,社会关注度高,是网络新闻编辑进行新闻整合和重组的重点。在全媒体时代,重大突发公共事件发生后,普通受众往往是第一报道者,他们利用手机拍摄现场,利用微博、微信等新媒体进行传播,甚至实时不间断更新。随后很快,各路专业记者便蜂拥而至,以新闻现场为中心,并从灾难实录、官方反映、应急机制、救灾救援、保险机制、灾难预报等各个方面进行全方位报道。

每当这个时候,网络新闻编辑也很忙,他们一刻不停地关注新闻进展,一方面,第一时间转发新闻,另一方面,根据自己的新闻发现,对网上各类报道进行整合和重组,从各个方面、各种角度,对原始新闻进行扩展,及时推出本网站、本公众号的所谓"原创新闻",以吸引受众眼球,报道突发事件进展,反映网民声音。

重大突发公共事件发生后,由于很多网站没有采访资格和实力,因此,网络新闻编辑的新闻发现都是基于他人的原始报道。无论如何重组,无论怎样整合,其实质都不是自我标榜的所谓"原创新闻",而是不同形式的扩展新闻。但这种扩展新闻,是网络新闻编辑的新闻发现,其中凝聚着他们的劳动和汗水,包含着他们的聪明和智慧,也反映着其所在媒体对该事件的报道态度和风格,从某种角度看,这也是一种创造性劳动,它丰富了重大突发公共事件报道的式样,推动了重大突发公共事件的救援进展。

网络新闻编辑对重大突发公共事件的报道还体现在新闻评论和新闻解释上,他们有时候直接发表对新闻事件的看法,有时候站在受众的角度解读事件。

整合新闻、重组新闻、评论新闻,说到底还是扩展新闻,因为对于网络编辑而言,他们没有去新闻现场,没有面对新闻事实,他们接触的是网络媒体,接触的是传统媒体,接触的是来自事件现场的原始新闻,所以,他们的报道,都是"二手新闻",都是对新闻的扩展。

(三)重大活动新闻

重大活动新闻是新闻报道中的一项重要内容,着眼国内外普遍关注的重大活动开展报道,能够更好地发挥媒体正面引导舆论的作用。对新闻工作者来说,能够有幸参与重大活动报道,成为历史的见证者,是职业生涯的一件大事,是对其职业能力和新闻素养的检验和肯定。

对大多没有采访资质的网络新闻编辑而言,关注重大活动新闻,重组重大活动新闻事实,扩展重大活动原始新闻,是整合新闻发现的又一重点。

在网络新媒体日新月异的今天,媒体报道重大活动时,不仅在内容上不断扩展,而且在传播形式上也不断扩展;不仅整合原始新闻的传播内容,而且也整合原始新闻的传播方式,出现了内容丰富、形式多样的扩展新形态。

比如,新华社关于"一带一路"的微视频就是在原始新闻的基础上制作的,《大道之行》栏目组剪辑了习近平主席关于"一带一路"倡议的演讲作为画外音,巧妙调用画面、配乐、字幕作为呼应与衬托,借助照片、实景动画等,阐释了"一带一路"同古丝绸之路的继承关系,以及其世界性、时代性意义。

再如,《人民日报》客户端于建军 90 周年前夕推出的《快看呐!这是我的军装照》上线 10 天浏览量突破 10 亿,在微信朋友圈实现了刷屏之效。《快看呐!这是我的军装照》H5 将 1927—2017 年这 90 年间的军装全部呈现出来,让用户上传照片,利用人脸识别技术,生成属于用户的不同年代的军装照。

(四)重要国际新闻

国际新闻向来是很多中国人关注的焦点,对于以复制新闻、重组新闻、整合新闻为主的一些网络新闻编辑而言,这也是大显身手的时候,也是体现他们政治敏感力、新闻发现力、国际洞察力的关键时候。

由于人们理解有偏差,因此对同一事物有不同看法属正常现象。很多时候,因为观点不一致,国与国之间、党与党之间、集团与集团之间就会产生纷争,甚至成为武装冲突的开端。如何向国内民众及时全面准确完整地报道和分析国际上的一些事情,是所有从事国际新闻报道的编辑的思考重点,网络新闻编辑也不例外。他们常常依据国内受众的兴趣点,实事求是地对已播发的国际新闻进行重新审视,综合考量,发现亮点,重组事实,整合报道,扩展新闻。

(五)整合普通新闻

这是指通过自己的发现,对同类普通新闻或某一时段的普通新闻进行重组,进而对原始新闻进行必要的扩展,让原始新闻呈现不一样的形式、不一样的主题。

比如,东方网 2000 年 10 月 31 日报道的《24 小时 7 架飞机出意外》就是整合后的扩展新闻,这个扩展新闻就是把一天之内 7 篇新闻报道进行整合,然后集中表现出一个新的新闻主题,这样的主题是对多个原始新闻的集中。

第五节　发现新闻背后的新闻

在新闻实践中,很多新闻的背后,如果深挖下去,往往还会发现更多更好的新闻。优秀的新闻工作者不仅会快速报道原始新闻,还会努力挖掘原始新闻背后的再生新闻;或者当新闻的"第一落点"被他人抢走后,马上会从他人的报道中寻找出新闻的"第二落点"。那么,如何挖掘新闻背后的新闻? 发现新闻背后的新闻都有哪些常见的渠道? 笔者根据自己多年的新闻实践,为大家总结出如下十条途径来发现新闻背后的新闻。

一、深挖"原因"发现新闻背后的新闻

新闻事实发生后,新闻记者一方面要快速将新闻事实报道出去,另一方面,还应该探究新闻事实发生的原因。马克思主义者认为,事物都是相互联系、相互作用、相互转化的。常言道:"冰冻三尺非一日之寒。"搞清了新闻事实发生的原因,包括表层原因和深层原因,就有可能发现新的事实或信息,而这些新的事实和信息往往就是隐藏在新闻的背后。

比如,有位记者在报道一起简单的交通事故时,他没有像其他记者那样简单报道后止步,而是通过深入调查和采访,发现事故背后的原因是驾驶员疲劳驾驶。在此基础上,记者进一步挖掘,找到了更多类似的案例和权威部门的统计,最终写成了一篇新闻背后的新闻《疲劳驾驶成为交通事故的头号杀手》,引起了社会的广泛关注。

二、深挖"结果"发现新闻背后的新闻

我们知道,凡是事实都具有客观性、联系性、变动性等特点,新闻事实也不例外。很多新闻事实发生后,其结果往往还会产生一系列连锁反应,优秀的新闻工作者要紧盯新闻事实的结果不放,顺着结果不断追逐,进而就会发现新闻背后的新闻。

比如,新华社播发了一条新闻《全国人大已授权国务院在今年第四季度增发一万亿国债》,优秀的新闻工作者就要紧盯这条新闻在经济领域产生的一系列结果,如灾后重建、重点工程复工、经济复苏提振等,从而发现更多新闻背后的新闻。

再如,央视公布了 2023"感动中国"十大新闻人物评选结果,媒体不仅要报道这个评选结果揭晓的新闻,还要了解每一个当选人背后的新闻,掌握当选人被媒体报道后的示范效应,追踪他们参加完表彰大会回到家乡后的活动新闻等,这些新闻背后的新闻都是新闻工作者关注的重点。

三、深挖"过程"发现新闻背后的新闻

大多数新闻都是用消息的形式呈现的,由于消息简洁概括,这样就很容易忽视新闻事实过程中的很多细节,忽视新闻事实过程中的有趣故事,甚至忽视新闻背后更好更大的新闻。尤其是在自媒体时代,很多新闻是由受众通过网络首先发出来的,由于对事件的报道未选择最佳角度,而这个时候,记者更需要精益求精的工匠精神,面对首发落后的局面,追逐过程和细节,后发制人,写出精彩,变被动为主动。

比如,获得中国新闻奖一等奖的连续报道《义乌最美民工张明伟:"东家"比我更需要这笔钱》就是通过深挖新闻事实过程而采写的。张明伟是贵州遵义人,2012 年在义乌一家私营企业打工时不幸被工具刺伤左眼导致失明,企业因故未履行义务,张明伟在律师的帮助下打赢了官司,但他至今却没有拿到一分钱赔款。后来在律师准备申请强制执行时,张明伟得知了企业陷入困境,宣布主动放弃这笔近 10 万元的应得补偿款。

很多自媒体和传统媒体只是泛泛地报道了这则社会新闻,但《金华日报》记者在没有抢到新闻"第一落点"的情况下,却抓住新闻过程和细节不放,先后采访了双方当事人、律师、法官等许多知情人士,披露了企业负责人因病去世,生前欠下很多外债,负责人家属生活陷入困难以及张明伟的孤立无援、自强不息等大量鲜为人知的故事,让新闻人物更接地气,让新闻事件更显合理,让新闻受众更容易理解。最后,在《金华日报》的报道下,不仅受众给张明伟主动捐款,负责人家属也被感动了,通过媒体向社会作出日后一定要还款的承诺,新闻收到了意想不到的报道效果。

四、深挖"背景"发现新闻背后的新闻

新闻的背景是指新闻事实发生的历史条件和现实环境。历史条件就是事实自身的历史状况,现实环境就是事实与周围事物的联系。我们写新闻时,往往需要向受众介绍新闻背景,目的是有利于受众了解新闻事实发生、发展的来龙去脉,加深对新闻事实的认识和理解,从而进一步深化新闻的主题。

这里所说的深挖背景,和通常意义上的新闻背景有联系,但又有区别。深挖背景的目的,不是为了在新闻作品中交代新闻背景,而是在新闻采访中,通过和背景比较,发现新闻背后的新闻。

比如,笔者过去采写的关于宝桥厂职工升工资互推互让的新闻就是一篇通过深挖背景获得的好新闻。这篇新闻中的主要事实——职工升工资互推互让被其他媒体率先报道了,笔者从报纸上看到后觉得有很多悬念没有解开,就深入宝桥厂围绕历史和现实背景进行采访,过去大家升工资争得面红耳赤,现在却是互推互让,无人争抢;别的厂升工资领导头疼没有指标,这个厂升工资领导为难指标用不完。出现这一变化的关键因素是政治思想工作,于是就发现了这个新闻背后的更好新闻。

五、深挖"数据"发现新闻背后的新闻

新闻报道往往会涉及数据,一组组冰冷的数据背后,常常隐藏着重要新闻。有时候数据本身就是新闻,而数据背后的事实则是新闻背后的新闻。

数据新闻和传统新闻不一样,数据新闻往往更直观,更有说服力。传统新闻一般是直接反映新近发生的新闻事实,而数据新闻则主要是通过最新的数据来间接反映数据背后的新闻事实。传统新闻用事实说话,数据新闻用数据说话,但数据背后是事实,数据本身其实也是事实存在的一种特殊形式。

央视过去推出的"据说春运""据说过年"等,都是数据新闻。通过这些数据新闻,只要深挖

下去,还可以发现更多的传统新闻。如有位记者就从央视的"据说过年"的一组数字中得到启发,深入采访,写了篇《今年过年不回家》的"反常"新闻,在受众中引起反响。

六、深挖"会议"发现新闻背后的新闻

会议是新闻的"富矿",这是新闻工作者的共识。但会议新闻由于受到组织者的严格要求,报道时枯燥乏味,常常难以创新。如何解决这个矛盾?最好的办法就是在按要求报道会议的同时,深挖会议,发现会议背后的新闻,抛开会议进行独立报道。

为什么会议是新闻的"富矿"?因为会议一般都是经过精心准备的,信息集中,材料丰富,参会人员来自方方面面,领导讲话精心准备,分组讨论畅所欲言,"上""下"联通可发现问题,结合实际行之有效,尤其是党代会、两会、立法会、经济会、行业年度会、专题会、咨询会、现场会等,新闻信息极其丰富,往往参加一个会议,就能掌握一大把新闻线索。

笔者过去采写的很多新闻都来自全国和省上的两会,比如《三位农民代表的特殊礼物》《父子代表》《丹心一片献大会》等,这些新闻大多都不是按会议报道写的,属于会议新闻背后的新闻,但可读性却很强,有些还获得了全国和省级新闻奖项。

很多新闻工作者采写的新闻名篇,追根溯源,内容往往来自会议。笔者认识的一位新华社记者说,他采写的新闻,90%与会议有关,但其中90%又都不是会议报道。可见,会议是地地道道的新闻"富矿"。优秀的新闻记者,往往参加一个会议,手头就有半年写不完的新闻线索。

七、深挖"人物"发现新闻背后的新闻

新闻离不开人物,即使是事件报道、工作报道等,也都要涉及人物活动,而专门报道人物的新闻就更是如此了。

记者是和人打交道的一个职业,常常要接触不同类型的采访对象,报道各式各样的新闻人物。不同的人,会有不同的故事,会呈现不同的信息,会发表不同的观点,深挖下去,常常会得到意想不到的惊喜,会发现新闻背后的新闻。

比如,获得中国新闻奖二等奖的作品《农民卞康全一家三代守护五条岭烈士墓70余载 收集836名烈士资料 替98名烈士找到亲人》就是深挖人物而发现的新闻背后的新闻。2008年清明前夕,央视等很多媒体报道了江苏盐城五条岭烈士陵园守墓人卞康全为烈士义务守陵并历尽千辛万苦寻找烈士"亲人"的感人事迹,但这些新闻都围绕"盐阜好人"卞康全一人进行报道,未能涉及其他人物。《盐阜大众报》记者则抓住人物不放,深挖下去,发现了卞康全背后的家人——一家三代义务守墓70多年的感人故事,从而揭开了卞康全身上传承的红色基因,是支撑他长年义务守陵并坚持不懈为烈士们寻找"亲人"的最大动力。显然,这样的报道就更感人,新闻价值更强,也更有说服力。

八、深挖"故事"发现新闻背后的新闻

讲故事是国际传播的最佳方式,国外媒介喜欢用讲故事的方式报道新闻,这些年国内媒体也学习借鉴了这种报道方法。讲故事就是讲事实、讲形象、讲情感、讲道理,讲事实才能说服人,讲形象才能打动人,讲情感才能感染人,讲道理才能影响人。在信息时代,谁的故事能打动

人,谁就能拥有更多受众。

故事中有故事,新闻里有新闻。新闻记者抓住故事不放,围绕故事采访,靠故事叙述事实,用故事吸引受众,得到一个故事,往往会带出一连串的故事,从而发现新闻"富矿"。

比如,笔者过去采写的新闻《一封加急电报》就是一篇深挖故事得来的好新闻,并最终获得了中国新闻奖。其实,在笔者报道前,已有媒体对这件事已经作了披露,但报道过于简单。笔者从媒体上看到这条新闻线索后,立即前往新闻当事人的所在地岐山县,围绕他给全国两会拍发1700多字的加急电报这件事进行深挖性采访,获得了许多感人且有趣的故事,如熬了五个通宵,数易其稿。这些故事大多都是第一手材料,也是新闻背后的新闻,发表后在受众中引起较大反响。

九、深挖"活动"发现新闻背后的新闻

大千世界,各式各样的活动很多,如领导视察活动、体育比赛活动、文艺演出活动、调查研究活动、商业促销活动、政治宣传活动、专题观摩活动、纪念庆祝活动、评比评选活动、旅游观光活动、国际交流活动等。

组织开展活动的规模有大有小,形式丰富多彩,目的也各有不同,有的是为了赚钱,有的是为了扬名,有的是为了宣传,而有的纯粹就是为了增进友谊。无论什么目的,新闻报道都应该以新闻价值为衡量标准予以关注。

活动新闻如同会议新闻一样,也是新闻的"富矿"。说其是新闻"富矿",主要还是因为活动中有许多新闻中的新闻。在报道活动新闻时,也要注重挖掘活动新闻背后的新闻,抛开活动本身采写新闻,通过参加各类活动,广交各界朋友,发现更多的新闻线索。

十、深挖"工作"发现新闻背后的新闻

在我国,大众媒介有反映并指导实际工作的特殊功能和任务,"经验消息"和"工作通讯",就是大家常说的"典型报道",是我国独有的一种新闻报道式样,其特点就是利用新闻的形式,把工作中具有代表性和普遍意义的成功经验、典型做法等工作亮点传播出去,指导实际工作。

和"典型报道"相对应的就是"问题报道"。在经济转型期和改革攻坚期,我们的社会不仅有亮点和成绩,也有缺点和矛盾,问题报道就是紧扣这些成长中的缺点和矛盾来研究探索解决的办法。

在新闻实践中,新闻工作者常常追逐报道的是工作中的"两头",即最好和最坏。其实,这些都是些表面新闻,通过这些表面新闻,我们会发现很多经验和问题,报道经验就是典型报道,报道问题就是问题报道。无论是典型报道,还是问题报道,都是一种深度报道,这些信息最初被新闻工作者发现时,其实大多都是隐藏在某些表层新闻的背后,属于新闻背后的新闻。

综上所述,挖掘新闻背后的新闻,方法很多,形式各异,内容丰富,渠道多样,属高层次、高智慧的复杂劳动,是一种高级的新闻发现,属于新闻发现的扩展,需要在新闻实践中不断探索和创新,才能不断挖掘出更多更好的新闻背后的新闻。

思考与训练

1. 比较原始新闻和扩展新闻的不同特点。

2. 简述记者新闻发现与编辑新闻发现的异同。

3. 你认为网络整合新闻、网络重组新闻属于原创新闻吗？

4. 试着找一篇原始新闻进行扩展。

针对本教材，作者已经录制了配套的在线课程视频，以上是关于本章内容的视频二维码。

第十三章 新闻发现力培养

本章重点难点：①记者的位置与状态；②记者的素养；③记者的新闻敏感性；④怎样提高新闻发现力。

抓新闻，在很大的程度上就是猎奇，新闻越奇特，越新颖，它的传播价值就越大。西方人说最不好的消息就是最好的消息。过去我们一直不加分析地批判这种资产阶级新闻观，事实上，我们也摆脱不了追求新奇的欲望。

儿童和成人最大的区别就是好奇心，因为，在儿童的认知世界里，很多事情他们都没有见过，这和新闻原理相通，没有见过的就是新闻，没遇见过的就觉得好奇。新闻记者要有好奇心，只有怀着这样的心理，才能不断追求新闻，才能不断发现新闻。如果没有好奇心，对任何事情都不感兴趣，那就失去了发现新闻的动力，也就不可能发现新闻。

在网络新媒体时代，信息井喷式地呈现，人们每天接触到的信息林林总总、方方面面，而绝大多数信息是瞬间即逝的，只有少部分新颖、奇特且具有传播价值的信息被记者发现。如何快速、准确地判断信息的传播价值，是衡量一个记者有没有"眼光"的重要标志。"眼光"即"眼力"，"眼力"即"发现力"，"发现力"不是天生的，主要靠后天培养。

新闻发现力，其实就是指记者善于发现新鲜事物的能力，是新闻记者通过自身感官和逻辑思维对新近发生的新闻事实中所涵盖的新闻价值诸要素的职业敏感力和事物认知力，是新闻记者必备的职业素质，也是新闻传播活动得以开展的基础和保证。

第一节 记者的位置、状态和职业

记者的位置在哪里？在丰富多彩的实际生活中。什么是记者的实际生活？哪里有新闻，哪里就是记者的实际生活。记者要发现新闻，首先应该坚守岗位，人在阵地在；同时还应该24小时全天候处在一种紧张的"备战"状态中，招之能来，来之能战，战之能胜。只有这样，才能及时准确向受众传递新闻，才能及时准确向党和国家监测社情民意。记者的位置决定了记者的角色和职业，那么，记者究竟是个什么样的职业？记者是党和政府政策主张的传播者、时代风云的记录者、党和人民的喉舌、社会进步的推动者、公平正义的守望者、社情民意的检测者。

一、记者的位置

虽然新闻发现与记者、编辑、审稿人、美编、播音员、主持人、程序员、发行员、广告员等人员都有密不可分的关系，但是，新闻发现的主力军是记者。记者是干什么的？位置在哪里？这似乎不成问题,可往往很多记者却搞不清、看不懂、找不准自己的位置,不知道记者还有位置,所以,在新闻实践中,经常出现记者错位、离位、乱位、空位、不到位、摆不正位的现象,而且,这样的现象还十分普遍。

记者要发现新闻,必须在其位,这是发现新闻的前提条件。不仅如此,还要"在其位,谋其政,善谋政"。所谓"在其位,谋其政",就是说记者要站在记者该在的位子上,即到实践生活中发现新闻;要按照记者的分工,严密布控,紧盯自己的"一亩三分地",不让自己领地里的任何新闻丢失。所谓"善谋政",就是指记者要有新闻发现力,要有新闻敏感性,要善于发现新闻,善于挖掘新闻。

当然,这里所说的记者"在其位"是发现新闻的前提和条件,指的是记者如果不到生活中去,仅守株待兔就不可能发现新闻。这是广义的"在其位"。狭义的"在其位"指记者分工,亦指记者的"一亩三分地",是不是记者不在自己的"一亩三分地"里就发现不了新闻呢? 显然不是,很多记者常常是在自己"领地"以外发现新闻,所以,狭义的"在其位",不是新闻发现的前提和条件。

虽然新闻发现与其他人员都有密不可分的关系,但是,新闻发现的主力军是新闻记者。没有新闻记者的新闻发现,其他人员的新闻发现都是空谈,因为,其他人员的新闻发现都是围绕新闻记者的新闻发现展开的。所以,我们本书讲新闻发现,主要讲新闻记者的新闻发现,如果新闻记者没有到达自己的位子,就难以发现新闻。

当然,在新闻实践中,通讯员和一般受众也常常发现新闻,但笔者却很少研究他们,不是说他们不重要,而是觉得新闻发现和采写是他们的兼职。当他们干兼职的时候,他们的工作其实就是记者的工作,把记者的工作研究透了,就等于研究了他们的兼职工作。尤其是于新闻发现而言,无论谁干,思维、行为、方法、技巧、渠道、过程、内容、形态、规律等,无本质区别。

记者要发现新闻,必须在其位,这是发现新闻的前提条件。所谓"善谋政",就是指记者要有发现力,善于发现新闻。

记者的位置在哪里? 我们不妨将记者的职责与新闻发生的处所对接起来,融为一体,就很容易地发现和描述记者的确切位置:记者要贴近实际、贴近生活、贴近群众。对记者而言,实际生活包括方方面面,不只是基层生活,不只是普通群众,对记者而言,哪里有新闻,哪里就是实际生活,实际生活中永远有取之不尽、用之不竭的新闻源。

著名记者庹震说:"生活是座山,新闻是山里的矿,记者就是矿工,当矿工的,位置在井下!"彭菊华教授认为这句话很形象地说出了记者的位置。但我们在这里需要强调的是,记者的位置不只是在"井下",也常常应该在"井上"。记者采访新闻时,他确实像矿工一样,但记者又不同于矿工,矿工采矿,是一门心思地"采",而记者采访,一方面是"采",另一方面是"发现",看有没有新的信息。再就是,记者采访之前,常常已经获得了新闻线索,采访是在发现新闻线索之后进行的,也就是说,新闻发现,不只是在采访中获得,更多的是在采访前获得,有时候也会在采访后获得。而矿工不同,采矿之前,是探矿者发现了矿源。所以,记者不仅仅是矿工,更多的时候,他就是一个探矿者,探矿者是科学家,和记者一样,从事的是开创性工作,而矿工从事的多是重复性劳动。

新闻记者要发现新闻,必须坚守岗位,守护住自己的"一亩三分地",而不能擅自离开自己的岗位,不能让自己的岗位空缺,空缺了,就没有人监视了,就有可能让新闻漏掉,这就是漏洞,这就是严重的失职行为。

还有,新闻媒体的功能,不只是发布新闻,还有监测社会、引导舆论等。监测社会,就是监测社情民意,新闻记者还要及时地把自己的"一亩三分地"内发生或有可能发生的种种社情民意通过内参等形式报告上去,供上级掌握和决策参考,这是记者的分内职责,因为,记者的"一亩三分地",其实也就是党和政府的一个社情监测点。

记者坚守岗位,重要的是要克服以下种种现象。一是"气球"现象,沉不下去。不愿意贴近生活、贴近实际、贴近群众、贴近基层,因为越能"沉"下去,新闻就会越多,整天像气球一样"飘浮"在上面,怎么可能会抓到"大鱼""鲜鱼""活鱼"。二是"三转"现象,当"吃喝拿记者"。一些人没有新闻理想,没有专业主义精神,整天围着会场转,围着宾馆转,围着有钱人转,吃吃喝喝,材料一拿,"好处"一领,改个消息,交差了事,一年下来,一篇好新闻都没有发现,更谈不上为国家、为社会、为人民做事了。三是"扮演"现象,喜欢做"面试官"。本来沉浸式采访、暗访、偷拍等,都是一些特殊的采访手段,不到万不得已,一般是不能使用的,可有些记者,特别喜欢用招数测试公众言行,抓一些所谓的新闻,其实没有任何意义。四是"接单"现象,做"派活记者"。一些年轻记者,坐在办公室专门等候编辑部通知,接单采访,而自己手头没有新闻线索,不知道去哪里采访,不知道如何发现新闻。

二、记者的状态

记者的位置有更深层的含义,这就是记者的状态。记者的状态是记者位置的必然延伸。状态,是一种精神现象,人的状态,即精神状态,指精神投入与饱满的程度。记者应该有良好的精神状态。新闻传播无小事,在什么场合都需要全力以赴,全神贯注,绝不可心不在焉。一个优秀的记者,始终处于工作状态中,从来不曾脱离工作状态。在发现新闻的作用上,记者的状态比记者的位置重要。因为,"位置"上有新闻,这是肯定的,但新闻究竟在何处?是什么样子?如何采集到它,并无标识,还需要记者具备良好的工作状态,就是说,记者的位置靠记者的状态去经营,即使处于最佳的位置也是如此。

记者坚守自己的位置,不是说"人在",位置就在,而要更多地要强调"心在",位置才在。记者要靠"脚力"坚守在自己的位置上,但到达位置之后,更重要的是靠"眼力""脑力"去发现新闻,靠"笔力"去表达新闻。在全媒体时代,新闻工作者队伍面临新挑战,要适应新形势,展现新作为,就必须增强"四力"建设。增强"脚力",就是要在路上了解国情社情,在基层体察民心民意,在现场开展调查研究;增强"眼力",就是要善于观察,善于辨别,练就火眼金睛,透过现象看本质;增强"脑力",就是要保持头脑清醒,全面研判分析,确保导向正确;增强"笔力",就是要坚持守正创新,强化精品意识,丰富表达形式,驾驭各种题材。"四力"是紧密联系、相辅相成的有机整体。只有迈开脚步,多下基层,观察分析,辨清形势,开动脑筋,思考问题,勤于动手,创新表达,才能从整体上提升新闻工作者的素质和能力,培养造就出无愧于时代的优秀新闻工作者。

在新闻实践中,一些记者行动迟缓,总比别人"慢半拍",抓不到"独家新闻"。虽然人常是在自己的"地盘"守护着,也经常下去采访,但不善社交,不善动脑,缺乏眼光,抓不住时效性强的新闻,多是跟在别人后边当"马后炮",这样的人说到底,还是新闻发现力不行,应加强新闻发现力的训练。

新闻是讲究时效的,过去纸媒时代,新闻以"天"论,过去我们经常讲一句话:今天的新闻是"金子",明天的新闻是"银子",后天的新闻就成了"垃圾"。后来有了电子技术,出现了广播和电视,新闻更新的速度开始加快,新闻不再按"天"论,而是以"小时"论,这个小时是新闻,到了下一个小时,有可能就成了"旧闻"。所以,新闻记者要练就"快速"的能力:快速发现新闻,快速采写新闻,快速传播新闻,这是当记者的基本功。

我们常说新闻记者要时刻处在最佳状态,什么是记者的最佳状态? 我们认为,就是记者要全天候、全方位地处于"待命"状态,时刻准备着,为党和人民发现新闻,采写新闻,传播新闻。有人形容记者的状态应该是高(高站位)、大(大容量)、上(在路上)、全(全方位),哪里有新闻,哪里就有记者,每时每刻,都是记者的工作时间。记者时时倾听时代的声音,记者处处见证社会的发展,记者不是在采写新闻,就是在新闻采写的路上。

比如,获中国新闻奖二等奖的新闻摄影《我不让你走》就是《陕西日报》摄影记者袁景智在自己的跑口——共青团口这个"位置"上,依靠良好的精神状态和敏锐的新闻敏感性发现拍摄的(图 13-1)。

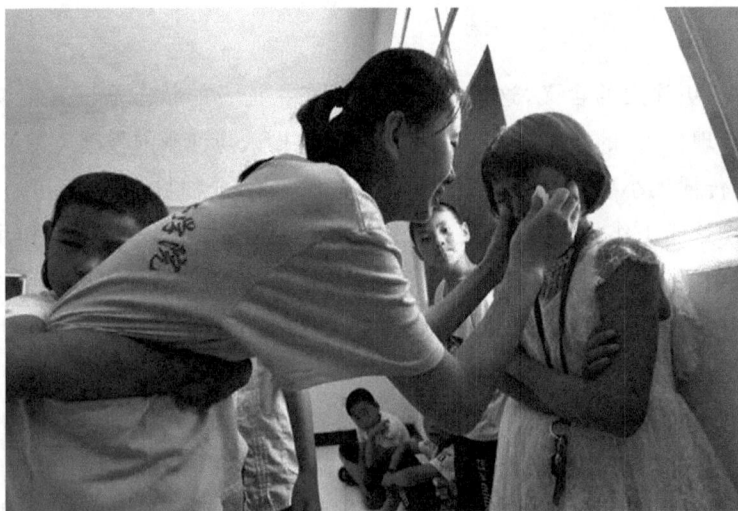

图 13-1　《我不让你走》　记者 袁景智 摄

2019 年 7 月 25 日,在陕西省西安市蓝田县厚镇东咀村的一间临时教室里,陕西学前师范学院大学生冀思瑞正在为孩子们上支教的最后一堂舞蹈课。课还没上完,小女孩宋雨涵就忍不住哭了,另一个男孩朱佳宝更是紧紧抱住冀思瑞。

2019 年 7 月 13 日,由陕西学前师范学院数学与统计学院 15 名大学生组成的 2019 年暑期"三下乡"社会实践活动青年扶志实践队走进东咀村,为 62 名放暑假的孩子上语文、数学、英语、音乐、舞蹈、绘画课。十多天里,孩子们与他们建立了深厚的感情。

笔者看到这张照片后电话采访了记者袁景智。他说他是《陕西日报》跑共青团口的摄影记者,在这之前,他从共青团西安市委那里了解到了 7 月 25 日晚上在蓝田县有支教汇报演出活动这条新闻线索,他觉得晚上光线太暗,演出现场可能拍不出好照片,加之他有一个习惯,凡是有活动须提前到举办地了解情况,所以当天中午就到了支教点东咀村,得知下午有支教老师给学生上最后一堂舞蹈课。他马上意识到这个新闻价值大,就提前到了班里抓拍到了这张照片。现在看,如果不是他敬业,这张照片可能就不会诞生。

影像评论人周一渤在谈到这张新闻照片时说:"一张好照片,靠细节抓人,态度产生共鸣。画面的两个视觉中心,也是阐释主题内涵的两个重要细节。女生哭泣,男孩失落,老师激动含笑,皆因面临不舍分离,感人至深。而从缝隙中透出的、作为陪体的男生表情也与主体统一,让整个空间和气氛变得沉郁和伤感。摄影师正是在人物情感最饱满的时刻,完成了抓拍。用心体味,把最精彩的一瞬精准地呈现出来,实际上则是对待面前场景乃至对摄影的一种态度。"

中国新闻奖评委会给出的获奖理由是:这是一幅抓住了"决定性瞬间"的新闻摄影佳作。画面中,孩子与即将离去的支教老师难舍难分,老师俯下的身躯和孩子紧锁的双臂形成的情感"锁链",构成了画面的视觉冲击点。哭泣着不愿老师离去的小女孩和老师温柔地为其拭泪的肢体语言是视觉中心,具有较强的视觉冲击力。老师额头的一抹光亮,为老师这一光荣的职业做了很好的诠释。

三、记者的职业

我们把在媒体从事信息采集和新闻报道工作的专业人员称为记者。记者须有效地与人沟通,快速地获得信息并传播。记者是记录最新事实,为受众提供新闻素材与新闻价值的人员。记者通过与采访对象面对面或用其他方式交流访谈,实地进行新闻采集和报道,最后将新闻传达给受众。

记者的主要任务是通过采访、调查和观察等途径,收集和获得具有新闻价值的事件,为通讯社、报纸、新闻杂志、广播电台、电视台及各类新媒体等采写新闻稿件和拍摄新闻影像。特别是在突发事件发生时,记者需第一时间赶赴现场,进行调查采访,迅速及时向受众报道事情的真相。除报道新闻外,记者还需要当好党、政府与人民之间的桥梁,向人民群众及时宣传和解释党和政府的政策,向党和政府及时搜集报告各地的社情民意,以及是在政策执行过程中出现的问题等。

笔者在 20 世纪末写过一篇小文《我看记者这行道》,今天看文中的多数观点并不过时,而有些观点明显过时,比如文中说记者是半个"侦探员",现在更讲法治,一般情况下不允许偷拍暗访;再比如文中说关于新闻有学无学的争议,现在都已经取得了广泛的共识,新闻理论也取到了长足的发展;又比如文中说新闻媒体被推向市场自收自支,新闻记者处在贫困的边缘等,现在经过多年的市场经济发展,媒体市场化已是常态,新闻记者也和全国人民一样,早已整体脱贫;还有文中说绝大多数考生都愿意报考新闻学院,现在看热情度有些下降;文中最后对 21 世纪新闻记者职业的预测也不十分准确,主要是现在新媒体发展速度太快,媒体格局已发生了很大的变化。这些过时的观点正好可以帮助我们审视新闻媒体这些年来的发展,可以更好地帮助我们深入了解新闻记者这个职业的深刻内涵,所以,这里就索性全文照转,供大家参考。

我看记者这行道

三百六十行,记者算老几? 迄今为止似乎还没有人给他排个确切的座次。但是在许多人看来,记者是一个令人羡慕的职业。日本民意测试的结果,在 150 个职业中,记者名列最受欢迎职业的第 5 位。我国某大学附中在对毕业生进行问卷测验,结果 37% 的学生毕业后想当记者,从每年高考情况来看,新闻传媒专业是很多考生报考的热点。

为什么大家对记者的这职业格外青睐? 我想在相当一部分人的心目中,大概是由于记者"很风光""易出名""很自由""日日新"等缘故吧,其实仅有这种认识是很肤浅的,换句话说,是对记者这行当一知半解,甚至是误解。

记者有双重含义:一是泛指新闻从业人员及编辑、记者、主编、总编等的总称;二是指专跑外勤的新闻记者,即经常在编辑部外进行采访活动,以新闻报道为主要任务的专职记者。

记者的起源是同报纸同步的。我国唐代时宫廷出的《邸报》,可以说是最早的报纸,而负责承办《邸报》传递消息的邸吏,则是记者的前身。但记者成为一种是社会职业,则开始于 16 世纪的意大利威尼斯。我国记者最早出现在 1898 年,当时清末资产阶级改良派创办了《清议报》,该报采编人员此后正式成为新闻记者。民国初年,职业记者队伍获得大发展,"五四"以后出现了瞿秋白、邹韬奋、范长江等著名记者。新中国成立以后,我国新闻事业空前繁荣,记者队伍日益壮大。

简单了解了记者的历史,我们再来看看这个职业的特点。如前所述,在实践中记者有时的确"很风光",他可以和世界风云人物面对面交谈,也可以目睹世界上诸多重大事件的发生、发展与消亡,甚至可以登上宇宙飞船,领略广阔无垠的太空,可以走向大海,探测神奇奥妙的海洋,你说他能不"风光"吗?

至于谈到"易出名""很自由""日日新",那是很自然的事情,记者写得多了,名字自然就叫得很响,尤其是重点稿件、名牌栏目的记者的名气就会更大,名媒体、名栏目、名记者、名新闻等,往往是记者追逐的目标。

记者也是一个"很自由""日日新"的职业,他不像医生那样,上班时间不得离开医院,接触的都是些病人;也不像教师那样,整天围在四堵墙里和学生打交道,把知识一遍又一遍年年重复。记者工作的地点不确定,天南海北无所不入,哪里有新闻,哪里就有记者。记者工作的时间不确定,新闻什么时间发生,记者便什么时间工作;记者工作的程序不确定,有时受编辑部委派,有时根本无须请示任何人就立刻出发;记者工作的内容不确定,每天接触的都是新东西,每天遇到的都是新问题,生活的方方面面,社会的各个领域,人物的形形色色,包括官员、平民、老人、孩子、穷人、富人、城里人、农村人、好人、坏人等,他都有机会接触,亲身体验某一阶层的生活,甚至和他们同吃、同住、同劳动。如此看来真可谓自由和新鲜,许多人羡慕记者也就不足为奇了。

但是,新闻记者的另一面却是很多人很少去看去想的。

第一,记者是一个非常艰苦的职业,陕西日报副总编任中南同志在谈到这一点时曾说记者是很辛苦的知识分子,要能熬(刻苦学习)、能跑(深入采访)。他不仅要把许多信息和知识传播给人民群众,而且还要使自己脱胎换骨,经常得到新的知识补充,不只是为一杯水而满足,奉人一杯,自己当有一壶、一桶,甚至更多一些才是。

英国有一个工作负荷研究机构曾对150种职业进行分析研究,结果发现,矿工的工作最苦,其次是警察,建筑工人、记者、民航飞行员和监狱看守员并列第三,其他负荷量最大的职业依次是广告员、演员、政治家、医生、税务员、股票经纪人、司机等,外交官居中,最轻松的职业是图书管理员。

第二,记者职业是一个危险性很大的职业。联合国统计表明,在各种职业中,新闻工作者的死亡率较高,诸如战争、火灾、水灾、车祸、空难、爆炸等,死亡者的行列中往往都少不了记者。不仅如此,而且记者还经常要遭遇政治风险和新闻官司等。近年来记者因写稿成为被告的越来越多,甚至受到黑社会报复的也不乏其人。

第三,记者并不是像人们想象的那样是非常自由的职业,想发表什么意见就发表什么意见。我们知道世界上没有任何绝对的自由,也没有任何绝对的不自由,新闻记者的自由也是如此。无产阶级新闻学公开承认新闻是有阶级性的,一定的新闻是为一定的阶级服务的;资产阶级标榜新闻出版自由、言论自由,其实并不是这样,他们的媒体都被一定的财团和政党所控制,为本财团和本阶级服务。我们无产阶级新闻媒体是为人民服务的,是党和人民的喉舌,因此无产阶级新闻记者也有自己的纪律,绝对不允许发表任何违背党和人民意愿的新闻,这是一条原则,在任何时候这条原则都不能背弃。

第四,记者是一个收入较低的职业。无论靠稿费,还是靠工资都不能发财致富,在我国,许多新闻单位目前被推向了市场,经济上要自负盈亏,这样一来,发行量大、广告多的新闻单位,记者们的工资还有保证,一些经营不好的新闻单位,记者们的基本工资有时也无法保证。

新闻记者除上述四个方面的特性以外,其职业内涵是极其丰富的,我们在日常生活中经常听到人们对记者各种各样的赞誉之词,实际上都只揭示了其中的某一内涵。

新闻记者是人民的代言人,要全心全意为人民服务,想人民所想,为人民所呼,这是无产阶级新闻记者与资产阶级新闻记者的根本区别。记者是人民的公仆,而不是资产阶级新闻记者自封的"无冕之王"。新闻记者只有站在人民的立场上,才能当好人民的代言人、时代的瞭望哨、社会的观察家。新闻记者往往是最先感受到时代的变化、社会的进步,并且通过自己的笔去书写这些变化,还要观察社会的各个角落,预测时代的未来发展。在任何时期,只要你留心记者的报道,就会强烈地感受到时代的脉搏。追逐社会的潮流,永远不会落伍。

新闻记者写报道时要尊重事实,"真实"是新闻的第一要素,人们了解事情的真相,往往靠的就是新闻记者。新闻记者被人们誉为真相的探索者,有时候记者为了了解真相,也不得不乔装打扮，像侦探一样深入内部，于是也就有了半个"侦探员"的雅号。

新闻记者也应当是个社会活动家和半个外交家，大到国与国之间，小到单位与单位、人与人之间，许多时候记者往往成了二者关系的桥梁。

新闻记者每天都非常繁忙，办公室里大多是书本"堆积如山"，尽管他的脑海里装着许多新鲜的素材，但是他却无法写成书赠送给读者，这其中主要的原因就是没有时间，他不像作家那样抽出专门时间写书，他的脑海常常处于兴奋状态，很难静下来完成宏伟巨著，因此有人说记者是个没有时间写书的作家。

新闻记者的作品大都是"易碎品"，今天是新闻，到了明天就成了旧闻，但是正因为如此，记者则成了历史的真实记录者。我们了解历史，只要翻阅当时的报纸就可以了，比如我们了解西安事变，我们不妨读一读那个时期的报纸。

新闻工作和其他工作不同的是，它讲求时效。新闻记者有时给人一种自由散漫的印象，上班下班从不按点，但实际上就像作战一样，一旦有新闻发生就火速出击，往往为早播发一分钟，新闻媒体则不惜耗费巨大的人力和财力。现代科学技术的更新发展为新闻追求实效提供了可能，如今，许多重大的新闻，电台、电视台都采用直播的方式，所以好多人认为新闻记者是一个名副其实和时间赛跑的人。

在许多人看来，新闻记者还是一个提问题的老手，不管是什么采访对象，无论采访内容有多难，新闻记者都有可能问个水落石出，有时候采访对象不想说或者不愿说，但也经不起新闻记者的多角度提问，甚至有些罪犯，公安局都难以审出，但记者一采访就有了线索，因为新闻记者最拿手的是提问。

新闻记者的足迹遍布各个角落，无论名山大川，还是天涯海角，都有记者们活动的痕迹，出差旅行对记者来说是家常便饭，一个记者工作几年，往往跑的地方很多，于是，又有人说记者像个旅行家。

毫无疑问，新闻记者是知识分子，但是他又不同于其他知识分子主要靠动脑，新闻记者的新闻不仅是写出来的，更重要的是用脚板跑出来的，新闻记者是脑力劳动和体力劳动的结合者。

也许正因为如此，有些人不把新闻记者划在知识分子的行列中，甚至有人主张不给新闻记者评职称，他们认为新闻无学，不过是写写"豆腐块"而已。事实上新闻不仅有学，而且学问很深，新闻记者不仅要评职称，而且职称的含金量很高。当然，主张新闻无学的人不是一点道理都没有，新闻记者不像医生、科研人员那样，对某一领域很专，新闻有理论，但无须受理论的约束，无须讲究形式，新闻学是一门实践性很强的科学，新闻记者的本领关键是在实践中锻炼，新闻记者见多识广，哪个行当都懂，哪个行当都不精，是个典型的"杂家"。

因此，有关人士认为，21世纪，理想的新闻记者应具有广博的基础知识和相当高的新闻业务能力，应有大学文凭，并受过专业训练，年龄最好在30岁左右。此外，新闻记者还应当是一位专家，是一位名副其实的传播员，他必须具有高超的分析能力，善于分析从经济、政治等领域的各种信息。当然，到那时，记者这行当将会更加璀璨夺目，受人敬重。

第二节 记者的新闻发现力

新闻发现是新闻生产的基本过程之一,新闻发现力是一名记者应具备的职业素养和终身锤炼的本领。记者的位置、记者的状态、记者的职业都告诉我们,记者必须脚踏实地,全力以赴,做"拼命三郎",下笨功夫,下苦功夫,下深功夫,深入到人民群众中,深入到丰富多彩的生活中,深入到客观实际中。走深走实是新闻发现力的源泉,也是媒体融合背景下,记者发现好新闻的法宝。一般而言,天道酬勤,功夫不负有心人,只要记者扎根实际生活,就一定会有新闻发现。

但是,新闻记者这工作有其特殊性,很多时候,一同进行新闻采访,同样全身心投入工作,同样夜以继日地勤奋工作,所得的结果有时候却大不相同,有人抓到"大鱼",有人却空手而归,追其原因,就是记者的新闻发现力问题。

一、记者的新闻发现力

(一)新闻发现力概念的提出和含义

1999年,新华社原总编辑南振中先生在其著作《记者的发现力》中首次提出"新闻发现力"这一概念。顾名思义,新闻发现力就是记者发现新闻的能力,就是记者在一般事实中寻找新闻事实的能力,就是记者探寻新闻实事所蕴含的内在逻辑、价值规律的能力。

在传统观念里,记者发现新闻基本来自经验积累、跑口部门提供线索以及偶然所得的新闻等。随着媒体融合时代的到来,信息传播渠道纷繁复杂,受众接受信息的习惯和偏好也在改变,这对记者如何提升新闻发现力提出了新的更高要求。

新闻记者要在看似平淡的表象中发现有价值的新闻线索,采写出有价值的新闻事实,提炼出有价值的新闻主题,凸显出有价值的新闻信息,选择出有价值的新闻角度,必须具有较强的新闻发现力。这是对新闻工作者素养的一种体现。

新闻发现力是新闻记者发现新闻的一种能力,这种能力说到底就是记者经过深入探究,看到他人没有看到的新鲜事物,揭示其内在规律的能力。对于新闻工作者而言,在新闻活动中,善于发现鲜为人知的事实,善于发现重大事件的事实真相,善于发现有助于解决当前各种困难和矛盾的办法,善于发现给人以启迪的新思想,善于发现最能体现时代精神、对人们有极大的激励和鼓舞作用的典型人物等,就是新闻的眼力和脑力,就是新闻记者的新闻发现力。

(二)新闻发现力与新闻敏感性

我们前面介绍过"新闻敏感"这个概念。当时我们说,所谓新闻敏感,就是指新闻记者对新闻反应迅速、灵活、有智慧,别人识别不了,而你在新闻事实面前很快就会识别出来。具体讲,新闻敏感就是指新闻工作者对具有新闻价值的新鲜事物的敏锐发现和迅速感悟的能力。它要求新闻工作者要有灵敏的"嗅觉"、敏锐的目光、快速的综合感悟和反应能力。它是新闻工作者综合素质和能力的体现,是新闻工作者必备的基本素养和能力。新闻敏感又指新闻工作者对新闻人物、新闻事实、新闻现象所包含的新闻价值的敏锐感知能力。

我们在前面也介绍过"新闻发现"这个概念。当时我们说,所谓新闻发现,就是指新闻报道者对事实信息的传播价值和表达方式先于他人的正确理解、评估和认识,并依据这些理解、评估和认识进而在一般事实信息中选择、解读出新闻事实及其表达方式。新闻发现不仅是新闻生产的首要环节,也贯穿于整个新闻生产的全过程。新闻发现是客观事实转化为新闻报道的关键环节。缺少了这一环节,客观事实无论具有多么突出的传播价值,都不可能自己变成新闻。没有发现,就没有新闻,有了发现,新闻才得以继续生产。

同时,我们在前面还将"新闻敏感"和"新闻发现"这两个概念做了比较。当时我们说,虽然新闻敏感与新闻发现联系紧密,但新闻敏感却不能代替新闻发现。新闻敏感只是对客观事实的一种意识和感觉,是新闻事实对人的感官刺激,即感觉到某一事实中蕴含着新闻;而新闻发现则是对事实本身已经有了一定的认识,确定了这件事实可以进行采访,可以成为新闻事实,或是对具体事实中的某些价值方面有了一定的认识,确定了新闻采访的由头或角度等。因为有了新闻敏感,所以才有了新闻发现,新闻敏感在前,新闻发现在后,新闻敏感是因,新闻发现是果。

那么,我们现在再来比较一下"新闻发现力"和"新闻敏感性"这两个概念。我们先来看看"新闻敏感"和"新闻敏感性"这两个概念有没有不同。从理论上讲,应该有一些细微的差别,我们一般谈到"某某性"的时候,它要比"某某"柔和一些,量化一些。但从实践看,也不尽然,要根据某一个具体词来分析,多数情况下,二者是等同的,比如"政治"与"政治性"、"新闻"与"新闻性"就有明显差别,而"新闻时效"与"新闻时效性"、"新闻敏感"与"新闻敏感性"就几乎是等同的。

本来还可以发明两个新概念,即"新闻发现性"和"新闻敏感力",但没有这个必要。因为一是我们已经有了"新闻发现力"这个概念,而且,"新闻发现"和"新闻发现力"也很容易区别,再创造"新闻发现性"意义不大;二是创造"新闻敏感力"这个概念倒有必要,但前提是要更正"新闻敏感"的定义,把"新闻敏感"和"新闻敏感力"区别开来,就像区别"新闻发现"和"新闻发现力"一样,这样就从理论上把各组概念的逻辑性很清晰地展现了出来。考虑到"新闻敏感"的定义目前被广泛使用,所以,斟酌再三,笔者决定先提出"新闻敏感力"这个概念,并不强制要求大家在实践中使用它,待条件成熟后再推广使用不迟。

综上所述,"新闻发现力"和"新闻敏感性"以及"新闻敏感力"其实都指的是一回事儿,即指新闻记者发现新闻的能力。这样讲简单易懂,也无需陷入概念套概念的杂乱漩涡中。我们之所以在这里讲这么多,目的是帮助大家深刻理解"新闻发现力"和"新闻敏感性"。

不过,还需要再说一点,西方新闻界喜欢把"新闻敏感"叫"新闻鼻""新闻眼""新闻嗅觉",给人的感觉就是新闻敏感似乎是天生的,像人身上的感官一样,可事实上,新闻敏感主要靠后天培养。从这个角度讲,南振中先生创造的这个"新闻发现力"概念似乎更好一些,因为它直观易懂,一看就指的是一种能力。

我们知道,能力是完成一定活动的本领,是一种力量,是需要后天培养的。开展任何一项活动都要求参与者具备一定的能力,而且能力直接影响着活动的效率。能力和知识是有区别的。知识是对人类经验的总结和概括；能力是一个人比较稳定的特征，它表现在人们掌握知识和技能的难易、快慢、深浅、巩固程度以及应用知识解决实际问题等方面。一般来说，能力的形成和发展远较知识的获得要慢一些。因此，新闻发现力不是与生俱来的一种能力，需要在新闻实践中不断磨炼，不断积累知识，勤于思考，善于在司空见惯的事物中发现不一样的东西。

二、记者的素养

(一)什么是素养

素养，是指素质和修养。从大的方面来说，可分为"德"与"才"两部分。社会上不同行业用人，"德才兼备"是一项原则。

素质，是后天形成的一种生活习惯，也是一个人在社会生活中长期形成的认知、思想、世界观、道德、观念和行为的具体体现。很多时候，当我们看到一些人在公共场合的不文明行为时，就会情不自禁地说上一句"真没素质"。可见，不文明等同于没素质。素质本身和种族、国家、社会等没有天然联系，但不同的国家、不同的种族、不同的地区、不同社会制度的发展阶段等，其文明的程度是不一样的，而生活在其中的人所表现出来的素质往往带有一定的普遍性。

修养，也叫教养，多指文化和品德的发展程度和因此而修炼成的优良品性。我们经常说某人"没修养""没教养"，都是指他的品行不，含贬义。一个人有没有修养，平时是看不出来的，只有从他对人、对事的态度上、行为上、语言上才可以看出来，还可以从他对生命、对大自然等的态度上看出来。一个人的修养和受教育的程度没有天然联系，但一般而言，受教育多的人，修养就会高一些。教育是多方面的，有学校教育、社会教育、家庭教育等，也有正能量教育、负能量教育等。

(二)记者应具备的素养

记者的素养主要包括五个方面。

一是政治素养。新闻工作是一项政治性很强的工作，记者必须有党性原则，必须有政治责任感，我们党历来强调政治家办报，就是这个目的。记者要提高政治站位，树立大局观念，强化责任意识，怀着强烈的政治意识从事新闻工作。

二是理论素养。这主要指记者要了解和掌握马克思主义理论，树立马克思主义新闻观，正确宣传、解读、贯彻党的理论、路线、方针和政策，用马克思主义理论武装自己的头脑，学会用马克思主义理论的观点、方法分析和解决问题。

三是业务素养。记者要有较强的业务素养，主要指新闻工作者涉及的领域广泛，记者要熟练掌握、恰当运用各方面的知识，尤其是对新闻专业知识和技能要了然于胸、运用自如、得心应手。记者既要当个"杂家"，对各方面、各领域的知识都要懂一点，又要精通自己所跑的口，当一个"专家"。

四是人文素养。记者是传播文化的使者，要具有一定的人文知识、人文精神，要兴趣广泛、心理健康、情趣高雅、谈吐文明，追求较高的文化品位和精神品格，要传播正确的人生态度、价值观念、思想情怀等。

五是道德素养。记者的道德品质非常重要。新闻道德受社会道德的影响,同时它对整体社会道德具有巨大的引领作用,所以只有具备健全高尚的人格,才配做一名记者,那些人格上有严重缺陷的人是不配做记者的。记者必须具备坚定的理想信念和政治立场,拥有崇高的历史使命感和强烈的社会责任感。

三、记者的理性

前文我们讲过,记者发现新闻要有激情,没有激情,很难发现新闻。但仅有激情还不够,很多时候,记者是需要理性的。记者要靠理性挖掘新闻,靠理性分析新闻,靠理性提炼新闻。

理性是指人在正常思维状态下为了获得预期结果,有自信与勇气冷静地面对现状,并快速全面了解现实,分析出多种可行性方案,再判断出最佳方案且对其有效执行的能力。理性是基于现有的理论,通过合理的逻辑推导得到确定的结果。反之就是反理性。

理性具有如下特征:一是冷静的态度,就是遇事不慌不忙;二是全面的认识,就是从多方面、多角度、多层次看人看事物;三是详细的分析,即从主观客观两个方面去分析问题,解决问题;四是后果的预知,即从事物发展趋势上推断未来的结果。

很显然,理性对记者来说一点都不亚于激情。没有激情,发现不了新闻,没有理性,也很难发现有价值的新闻。并且,记者的素养尤其在理性,这是因为:一是新闻事实与新闻信息是脱离不了理性的;二是用事实说话全依靠理性的方法;三是不折不扣地贯彻新闻真实性原则在于理性态度;四是新闻传播越来越需要理性精神;五是新闻煽情在网络新媒体时代是不值得提倡的。

一般来说,记者的理性包括以下几个方面:一是只唯实,即一切用事实说话;二是讲政治,贯彻政治家办报思想;三是要公正,主持社会公道,弘扬公平正义;四是赋予批判精神,履行监督责任;五是求通观,即采取历史的态度;六是善透视,即要追求理论品位。

记者有了真正的理性,靠激情和理性双翅膀飞行,就可以自由翱翔在新闻王国!就可以像蜜蜂那样,在新闻的百花丛林里,不断发现蜜源的信号,不断采集有价值的新闻!

第三节 怎样提高新闻发现力

我们已经知道,新闻发现力主要靠后天培养,我们也已经知道,激情和理性是新闻发现的一对飞行的翅膀,我们还知道了新闻发现的规律、渠道、技巧和方法等。最后我们再来讲讲怎样提高新闻发现力,即从哪些方面去培养记者的新闻发现力。不过,我们首先必须明白,记者新闻发现力的培养是一项慢功,需要在新闻实践中长期训练,久久为功,那种靠参加某个学习班就能大幅度提高自己新闻发现力的想法是不切实际的。

一、要增强政治敏感

新闻本身就是政治的一部分,坚持政治家办报思想是马克思主义新闻观的重要论断。所以,要提高新闻发现力,必须首先增强政治敏感。

我国的新闻宣传贯穿一个指导思想,这就是马克思主义。马克思主义具有与时俱进的理论品质。新闻工作者无论进行新闻发现、采访,还是写作等,都要始终把政治方向放在第一位,始终坚持马克思主义新闻观,始终坚持党性原则。

(一)积累政治知识,提升政治素养

一是增强政治理论学习自觉性。要关注国家颁布的方针政策,紧跟最前沿的理论。学习政治理论,要入脑、入心学,要联系实际学,不仅要学习并掌握理论,还要善于用理论指导实践工作,善于将马克思主义新闻观运用到新闻实践中,发现问题,分析问题,提出解决问题的办法,特别是要善于宣传党的路线、方针和政策,善于把"上情"和"下情"结合起来发现新闻。

二是坚持党性原则。新闻记者是一个特殊群体,他们战斗在意识形态的最前沿,新闻道德对社会公德起着引领和示范作用。因此,我国对新闻记者的要求是和党员一样的,甚至比普通党员还要高,明确要求新闻记者要有党性,要坚持党性原则,无论新闻记者是不是党员,都要自觉遵守这个原则,这是马克思主义新闻观的精髓。所以,新闻记者要在新闻实践中严格按照党员的标准要求自己,道理很简单,因为你从事的是党的新闻工作。

三是阅读理论书籍,建立知识背景。要及时领会中央精神,了解近年来政治理论体系的大框架。学习马克思主义理论,要原原本本地学,要多读原著,要领会精神实质,特别是要学好二十大精神,学好中央的一系列方针政策,用当代中国的马克思主义理论武装自己的头脑。

四是关注时政新闻,把握最新动向。坚持看《新闻联播》和主流媒体报刊,如《人民日报》《求是》《光明日报》《经济日报》等,同时还要多关注新华网、人民网、光明网等主流媒体网站。主流媒体一般都是紧贴重要精神的,要养成阅读主流媒体新闻的习惯,对于新闻记者提高政治敏感起着重要作用。

五是抓住理论重点,背诵核心表述。任何理论都有核心内容,新闻记者学习当代马克思主义理论,就要抓住其核心内容,有些重点内容需要背诵。

(二)形成政治思维,明晰政治方向

我们在第九章专门讲过记者的思维方法,当时没有提到政治思维,这并不是说政治思维不重要。一方面,笔者觉得政治思维这个概念目前还没有被世界新闻传播领域广泛接受,尽管西方新闻界实际上都在用政治思维,但他们标榜的却是所谓的新闻自由和新闻独立。另一方面,思维方法是从方法论的角度研究思维,更注重逻辑形式、方法技巧、形态规律等,而政治思维则偏重内容,是把政治作为一项思维的内容去衡量分析新闻事实。当然,对中国记者而言,对新闻宣传而言,政治思维也是一种思维方法,所以,我们把政治思维放在这里讲比较合适。

政治思维主要包括两个方面。

一是以政治思维理解大政方略。新闻记者在新闻实践中要站在政治的角度,去思考国与国、民族与民族、现在与未来等国际国内的大政方略,要了解党和国家的大局,而不是只从自身的角度,一个地区、一个行业的角度去狭隘地思考问题。

二是以政治思维分析热点问题。新闻记者在分析热点问题时要有政治头脑,要跳出个人

思维的限制,要善于从政治的角度对当前的热点问题进行冷静的分析,要善于从新闻传播的角度引导舆论,指导实际工作。

运用政治思维的目的是明晰政治方向,揭示问题本质。人民政治思维一般具备如下三个特征。一是全局性。站在政府角度分析问题,应该考虑的是人民的利益,满足大多数人的合理意愿。二是客观性。就是对待问题应该辩证分析,保持冷静和理性,不偏激,不过多融入个人感情判断。三是务实性。研究分析当代社会存在的问题是公职人员的工作,同时也是诸多社会学工作者的重要课题。新闻记者是发现问题的职业,要用政治思维发现新闻。

比如,笔者在2008年全国人代会上采写的《浓浓思乡情 拳拳赤子心——习近平同志参加陕西代表团审议侧记》就是一篇靠政治敏感发现的好新闻。

2008年3月5日至18日召开的十一届全国人大一次会议是一次非常重要的会议,也就是在这次会议上,习近平同志当选为中华人民共和国副主席。

陕西是习近平同志的家乡,延安是习近平同志生活过的地方,习近平同志对陕西有着特殊的感情,陕西人民对习近平同志非常爱戴。3月10日,当习近平同志来到人民大会堂陕西厅和代表们见面时,大家非常激动,纷纷发言,习近平同志也谈兴正浓。

作为随团记者,笔者在现场目睹了习近平同志和大家的感人互动情景,特别是从习近平同志的谈话中,深深体会到了他的浓浓思乡情和拳拳赤子心。会议结束后的当天晚上,笔者就在驻地饱含深情地写下了这篇文章,次日见报。

文章发表后,在陕西读者中产生了很大反响,特别是那句"陕西是根,延安是魂,梁家河是我的第二故乡"让人记忆犹新。

浓浓思乡情 拳拳赤子心
——习近平同志参加陕西代表团审议侧记
本报记者 杨讲生

3月10日,首都北京,天高气爽,春意盎然。

上午9时整,中共中央政治局常委、中央书记处书记习近平同志来到人民大会堂陕西厅,与出席十一届全国人大一次会议的陕西代表团全体代表一起审议政府工作报告和人大常委会工作报告。当习近平同志笑容满面地来到代表们中间时,整个大厅响起了雷鸣般的掌声。习近平同志亲切地和代表们一一握手,并和大家合影留念。陪同习近平同志来陕西团的还有全国人大常委会副委员长蒋正华同志,他是代表全国人大常委会来听取意见的。

会议由省委书记、陕西代表团团长赵乐际同志主持,他首先代表陕西代表团和陕西3700万人民对习近平同志和蒋正华同志在百忙之中来陕西团看望大家并听取意见表示欢迎和感谢。紧接着,省长袁纯清、省人大常委会副主任杨永茂等代表先后发言,他们结合陕西实际对温家宝总理所作的政府工作报告和吴邦国委员长所作的人大常委会工作报告各抒己见,畅所欲言。习近平同志边听边记,并不时地插话,会场气氛十分热烈。当延安市市长陈强向习近平同志汇报延安近年来的巨大变化时,习近平同志被熟悉的乡音深深打动,深情地回忆起1969年至1975年他在延安市延川县梁家河村插队时的艰难岁月。他满怀激情地对大家说:"这段时间是我人生的一个转折,想起当年,很多事情都历历在目。直到现在,我的很多思维与行动都受那段时光的影响,和诗人贺敬之诗里描绘的感受一样,我曾经几回回梦里回延安。可以说,陕西是根,延安是魂,梁家河是我的第二故乡。"

习近平同志真挚的话语打动了在场的每一位代表和工作人员,大家的心一下子凝聚起来。

习近平同志还就西安的地铁建设、房价、航空工业、农村建设等问题向代表们一一询问,并对陕西5年来的工作以及支援南方抗击冰雪灾害所做出的贡献给予了充分的肯定。

浓浓思乡情,拳拳赤子心。会议从上午9点一直开到临近中午12点,大家被习近平同志深深的思乡之情所感染。仍然依依不舍,争相围着习近平同志握手道别,合影留念。整个大厅里欢声笑语,春风荡漾……

(本文发表于2008年3月13日《民声报》,获2008年陕西人大新闻奖一等奖)

二、要识别新闻价值

新闻价值是新闻发现中的一个重要问题,本书在第三章有过专题讨论,这里,我们再从新闻发现力培养方面谈谈这个问题。我们已经知道,新闻价值是选择和衡量新闻事实的标准,即事实本身所具有的使其成为新闻的一些特殊素质。新闻价值是新闻的社会属性,是客观存在的。要发现新闻,就要识别新闻价值。新闻记者平时要练就识别新闻价值的能力,识别速度的快与慢,标志着能力的强与弱。

(一)识别新闻价值要增强三种意识

新闻实践证明,新闻记者要想快速识别新闻价值,必须牢记三种意识。

一是增强新奇意识。因为构成新闻价值重要的因素是新,新闻姓"新",姓"特",姓"奇",无奇无新无特不成新闻,无新奇就谈不上新闻价值。追逐新奇,本是人的天性,儿童为什么好奇,就是因为对他们而言,外边的世界都是新奇的,都是他们没有见过的。世界本是丰富多彩的,对人类而言,认识世界永远没有尽头,但一些成年人却早早对世界失去好奇,他们是绝对不适合当记者的。记者必须要有很强的好奇心。

二是增强受众意识。我们办新闻媒体,是给受众看的听的用的,对新闻媒体而言,受众就是衣食父母,离开了受众,媒体就没有存在的意义,也不可能生存下去。因此,新闻记者要提高新闻发现力,就必须心里装着受众,善于从他们的角度去思考问题,去判断价值,去选择事实,去发现新闻。受众的兴趣就是选择新闻的标准,凡是群众想知、应知而未知的重要事实,就是新闻,而受众不感兴趣的就不是新闻。

三是增强审美意识。新闻记者要善于识别新闻的美学价值,增强新闻的审美意识。文学作品讲究审美,新闻作品也不例外。经典新闻作品即便过去多少年,读起来依然给人以美的享受。而枯燥的传播形式、毫无新意的传播内容,对受众来说,接受它简直就是一种煎熬,而不是一种美的享受。对新闻作品审美的体验,不仅表现在内容上,也表现在表达方式上,我们发现新闻,不只是发现新闻事实,也要发现表达新闻事实的最佳方式,目的就是以最美的方式,让受众获得有用的信息。

(二)判断新闻价值要牢记八条标准

我们知道,新闻价值要素包括真实性、新鲜性、重要性、显著性、接近性、反常性、负面性、趣味性等。

我们现在再来分析一下这些要素的变与不变。任何新闻,首先必须是真实的,新闻是对事实的报道,不是事实,当然就不是新闻。任何新闻,也必须是新鲜的,众人皆知的事情当然不是新闻,因为它对受众没有吸引力。

我们分析了每一类新闻,好像只有真实性和新鲜性这两点是必须的、是固定的、是不变的,所以,我们把两个要素称为新闻价值的不变要素,其余要素可有可无,即具有可变性,我们称其为新闻价值的可变要素。这里的变与不变,并不是强调变化,而是强调是否必须。

当然,新闻事实所包含的价值要素越丰富,级数越高,新闻价值就越大,反之,新闻价值就越小。我们在这里着重看看新闻价值的几个可变因素。

(1)重要性。一件事涉及的人群或资源越多,造成的影响越大,这样的事就越重要,关注它的读者也就越多。重要性对中国新闻媒体而言尤其重要,常常强调正能量,常常具有宣传价值,但它仍然是新闻价值的可变因素,不是新闻价值的不变因素。

(2)显著性。它与重要性不属于同一个含义,而主要和"名望"有关。重要的新闻一般比较显著,而显著的新闻却不一定重要。新闻是追逐名利的,越有名望,越有利益,新闻价值就会越高。名人、名建筑、名地方、名事件、名企业、名产品、名组织等,常常有挖掘不完的新闻,这些是新闻的"富矿"。

(3)接近性。仔细研究新闻,你会发现一件事如果与受众比较"接近",那么它受到关注度可能也就越大,如果与受众比较遥远,它受到的关注度可能就会越小。需要强调的是,这里的"接近",它既可以是"地理上"的接近,也可以是"心理上"的接近。新闻的这个特点告诉我们,新闻记者要多关注与受众"接近"的人和事。

(4)反常性。当一件事情违反常态时,它通常具有很高的新闻价值。虽然不少人批评媒体的猎奇做法,但这种新闻长盛不衰恰恰从反面证明了反常的事确实对读者具有很强的吸引力。

(5)负面性。这个标准在实际运用中"中外有别"。中国媒体由于长期的体制原因和宣传传统,常常更强调以正面宣传为主,多报道正面事实;而西方新闻界常常认为坏消息是好消息。实际上,人们对破坏性的负面事实和现象,有着普遍关注的心理特征。为什么人们热衷于寻求反常的和负面的消息呢? 一种心理学的解释是,这是人类保存在无意识中的寻求安全感的天性使然。

(6)趣味性。人们阅读新闻,不仅仅是为了获取信息,也会从中寻找"软性"的东西,以获得放松和调节身心,比如热衷于有趣的见闻、人情冷暖、名人逸事等一些趣味性强、人情味浓的新闻。过去我们不太强调趣味性,但现在我国新闻界和国际新闻界接轨,也要追逐新闻的趣味性,要向国外新闻记者学习写新闻,多发现趣味性事实,并且力争把新闻写得有趣味。

三、要处处留心观察

新闻无处不有处处有，新闻无时不有时时有，关键是要留心"观察"。发现新闻，需要有一双发现新闻的"慧眼"。生活中不是缺少美，而是缺少发现美的眼睛。太阳每天都是新的，事物是不断发展变化的，我们每天要接触不同的人和事，如果漠然视之，熟视无睹，就会认为一切很平常，但只要多留心观察，就不难发现其中的新鲜和不同。

发现新闻，不只是用眼看，还要用心看、用耳听，更要用心听；不只是接收信息，还要用心参与、用心分析。生活就是海，新闻就是鱼，只有卜到大海里，才能抓到大鱼。所以，新闻记者要贴近生活，贴近实际，贴近大众，做生活的有心人，关心人、事、物等一切的变化，关心周围环境的变化，关心这些变化所带来的结果等。

生活中处处有风景，有时我们总抱怨身边没有风景，其实，只是我们熟视无睹忘记欣赏罢了。比如初升的太阳是风景，雨后的绿叶是风景，拼搏的赛场是风景，热闹的大街是风景，静谧的夜晚是风景等，关键是要看我们有没有欣赏风景的心情。

新闻发现与欣赏风景同理。生活中每天都有无数事实发生，在这些事实当中，只要用心去观察，用心去分析，用心去挖掘，用心去发现，总能找到要报道的东西。观察是最重要的新闻手段，平时无论走到哪里，都要善于观察，"耳听为实，眼见为虚"，观察人物、观察场景、观察细节，通过观察，获取"第一手材料"，还原事件原貌。

生活是丰富多彩的，有惊涛骇浪，也有风平浪静。有时候，惊雷是新闻，但有时候，平静的生活也是新闻。新闻记者要能够根据需要发现显性新闻，也要能够根据情况发现隐性新闻。只要在平时加强观察，善于追根问底，就一定能不断提高新闻发现力。

四、要精通对口业务

在媒体里，新闻记者一般都是有分工的，一般按行业分，有工业记者、农业记者、交通记者、财贸记者、文教记者、社区记者等。

要在本行业做个出色的记者，首先要精通对口行业的业务，做个行业的行家里手。只有熟悉、精通本行业的业务，和本行业的上上下下密切联系，才能信息灵通，才能知道什么是新闻，才能发现行业外的人不易发现的新闻。

我们经常说，记者既要做个"杂家"，又要做个"专家"。"杂家"就是指记者要有广博的知识，什么都要懂一点；"专家"就是指记者在自己分工的行业里精通对口业务。记者一般是要分工的，但记者又要求分工不分家，发现新闻不搞画地为牢，谁都有权利在任何地方发现新闻，但行业记者因精通业务，就会有天然的优势。

有人说记者是杂而不精、专而不博的"万金油"，这话有一定的道理，但不是我们要培养的理想记者。过去，传统新闻学教育培养出来的人才可能有"万金油"现象，但在行业细分垂直流行的今天，我们的新闻学教育采取"通识"与"专业"并重，要求学生们在学校有"一技之长"，走向媒体实践后，可以发挥自己的"一技之长"，也可以根据需要，在工作5～10年后，积累和兴趣逐渐清晰，不再像无头苍蝇一样到处乱碰，可以重新选择自己"专"的方向，向记者高级发展阶段迈进。

记者的高级发展阶段就是专家型记者。所谓专家型记者，是对某一专业领域内的知识有一定的深度积累，并在不断的积累中提高理论水平、增加思想深度。这样的记者在报道时才会有宏观视野，才能横向、纵向地联系新闻背景，剖析新闻原因，甚至能判断出新闻事实未来的发展趋势，从而写出比较权威、有深度、有影响力的报道。专家型记者，就是要对某一领域有专门的研究、有一定的独到见解的记者。

比如，我国著名体育记者宋世雄就是一位专家型记者。他自幼就热爱体育，当记者后专攻体育领域，从 1960 年开始从事广播、电视体育评论工作，担任中央人民广播电台体育记者、中央电视台体育频道解说员 40 年，在海内外体育界、新闻界都享有崇高的声誉。1981—1986 年期间，他报道了中国女排"五连冠"的盛况，轰动全国，1995 年获最佳国际广播电视体育主持人奖。

五、要学会抓住问题

前文我们已经讲过"问题新闻"，这里我们再简单讨论一下如何抓住问题，以提高记者的新闻发现力。

很多记者发现不了新闻，一个重要因素就是没抓住问题。我国的新闻稿件很多时候是配合党的中心任务，指导现实工作的，抓不住问题，就失去了指导作用。问题是什么呢？问题就是在贯彻执行党的路线、方针、政策过程中遇到的矛盾，通过一篇稿子的主题思想把它体现出来。问题抓住了，指导性强了，稿子就不会一般化了。

记者如何抓住问题？一要养成勤于思考的习惯，凡事多提几个"为什么"，提不出来说明没有看懂；二是养成下基层采访的习惯，要到有问题的地方采访，直面实际生活，直面人民群众，直面问题矛盾；三是养成调查研究的习惯，记者发现问题后就要调查问题产生的原因，并尽可能地提出解决问题的办法，争做调查记者；四是善于发现典型，包括典型人物、典型矛盾、典型单位等，通过报道成功经验，引导实践中同类问题的共同解决；五是对不解决问题的人和事要善于发现，善于批评，督促他们解决问题。

六、要有质疑精神

做学问要有质疑精神，中国古人对此是有深刻认识的。发现新闻更需要有质疑精神，凡事不轻信、不盲从、多提问、多质疑，也许就会发现不一样的世界，就会发现别人注意不到的新闻。

记者要勇于质疑，敢于批判，善于监督，为人民发声，做党和人民的喉舌。新闻记者如果能做到这些，就会发现很多新闻，就会采写很多报道，就会为人民伸张正义，就会推动实际工作，就会弘扬社会正气。

质疑精神是区别专业记者和公民记者的关键。现在是全媒体时代，人人都有"麦克风"，但专业记者要善于对事实提出质疑，善于根据质疑寻找采访对象解答，善于从所谓"真相"中产生新的疑问，善于从具体问题出发揭示问题的本质。而绝大部分公民记者往往仅满足于就事论事。

质疑多是针对已公布的结论。比如，中央广播电视总台《新闻调查》节目所播出的节目很能体现专业记者的质疑精神。该节目明确提出"接近真相,从现场开始",要求出镜记者扮演任务更为艰巨的角色——质疑者、交流者、见证者、验证者、侦破者等,直接引领观众"亲历"质疑调查的全过程。该栏目对记者的首要要求就是必须有强烈的质疑精神,质疑是他们生活的常态。

七、要有新奇心

人们常说新闻姓新,意指时间新近,内容新鲜。如果说,真实是新闻的生命,那么,新奇则是新闻的天性,而追逐新奇也是人本身的天性。儿童和成人最大的区别之一就是儿童好奇心强,因为在儿童的认知世界里,很多事情他们都没有见过。所以,我们说新闻记者要有一颗童心,意思是新闻记者要有好奇心,只有怀着好奇的心,才能不断发现新闻。

那么,新闻记者如何才能经常保持好奇心呢?首先,要有探知未知的勇气和决心。新闻记者最忌讳满足,要不停息地探索未知,只有未知的东西才可能是新的,才可能吸引受众。其次,要有吃苦的精神。无限风光在险峰,发现新闻很辛苦,很多新闻是经过艰难险阻才发现的,不是一下子就可以轻而易举发现的,需要对脚力、脑力、眼力、笔力的综合运用,有时甚至还要付出生命。最后,要理解支持新生事物的发展和壮大。新闻记者要满腔热情地发现新事物,传播新事物,解读新事物。

八、要找新闻"富矿"

发现新闻是个技术活,不仅要掌握方法,还要看准方向,走对路子。新闻虽然处处有、时时有,但它的分布并不均匀,就像金矿一样,有的地方有,有的地方就没有,有的地方是"富矿",有的地方就是"贫矿"。到"富矿"的地方找新闻,会事半功倍;到"贫矿"的地方找新闻,会事倍功半。

在新闻实践中,很多行业、很多地方都是新闻的"富矿",比如,政府部门、各种会议、经济发达地区、政治中心、省会城市、媒体中心、宣传部门、外事中心、社会机构等。记者要在这些地方多留心,发现新闻的机会就多。

我们认为,新闻的"富矿"存在以下特征。

一是被国家重视的地区和行业是新闻的"富矿"。国家发展战略和政策不同的时期有不同的调整,新闻记者要跟上这个步伐,及时发现与国家布局一致的新闻"富矿"。

二是人民群众和基层生活是新闻的"富矿"。新闻是对生活的反映,基层有取之不尽用之不竭的新闻资源,人民群众的语言、思想、行动等,往往就是新闻的闪光点,要到基层去,到群众中去。

三是各类会议、领导活动是新闻的"富矿"。新闻记者在这些地方采访,不要就会议报道会议,就领导活动报道领导活动,而要善于在材料、讲话、汇报中发现闪光点。

四是自己熟悉的领域就是新闻的"富矿"。记者分工跑口,往往都在"挑肥拣瘦",我们认为,"肥瘦"都是相对的,重要的是要对"胃口",要是记者热爱和擅长的领域。这就是专家型记者新闻资源源源不断的原因。

在新闻实践中,新闻记者一定要养成善于区分新闻贫"富矿"的习惯,也要善于辩证地看待新闻"贫富矿",不断提高自己的新闻发现力。

比如中国新闻社甘肃分社的记者冯志军就是一位善于在看似新闻贫矿的地区却源源不断地发现好新闻的优秀记者。跑气象口一般"靠天吃饭",但他却写出了《甘肃:风沙吹散了春天的味道》《气候变化致传统节气"失效"? 气象专家称:"整体吻合"》等不少有影响的稿件。他刚到甘肃时,也羡慕东部沿海地区新闻多,但他很快调整心态,"就地取材""人无我有",围绕脱贫致富、考古发现、饮食文化、乡村经济、回家过年等题材,挖掘到了"别人心中有,而笔下无"的新闻"富矿"。

九、要有社会责任

记者应当承担哪些社会责任? 如果将这个问题抛到出,相信必然会引起一番激烈的讨论。改革开放40多年来,记者群体为我国的社会进步和法治建设立下了汗马功劳,一些被诟病的社会现象,都是在一批有良知的记者的深度报道之下,才被全国人民了解和关注。这些社会弊病的废除,有赖于记者群体的舆论贡献。

国内外几乎所有人都有一个共识:记者应该是承担更多社会责任的一个群体。记者是社会的瞭望者,是时代的吹号者,是公平正义的守护者。记者如果没有社会责任,就会自然失去发现新闻的一片天空,就会整天发一些不疼不痒、无关紧要,甚至是虚假的报道,那么整个社会也就不可能前进。

我们知道,社会责任是社会上任何行业和个人都必须履行的责任。新闻业是生产精神文化产品的行业,对社会有序健康发展负有其他行业不可替代的责任。媒体的社会责任包括履行正确引导责任、提供服务责任、人文关怀责任、繁荣发展文化责任、遵守职业规范责任、履行合法经营责任等。

责任是一种担当,责任是一种动力,有了责任,就有了发现新闻的强大动力。新闻记者在心中要牢记这些社会责任。实践证明,这种责任意识越强,新闻发现力就会越强,发现的新闻就会越多。如果这种意识淡漠,对很多事情就会无动于衷,该引导的不引导,该曝光的不曝光,该推广的不推广,该报道的不报道,长此以往,就会麻木不仁,就会失去群众,就会远离社会,新闻发现力也就会明显下降。

在网络新媒体背景之下,网上信息鱼龙混杂,无论是传统媒体,还是新媒体,社会责任都比以前更大。新闻记者要自觉承担社会责任,净化网络和社会环境,用真实有效的信息引导网上舆论,打击虚假信息。

比如,1996年3月发生在宝鸡一客车上两名记者勇斗歹徒的事迹就是记者履行社会责任的典型事例。其中当时的年轻记者刘斌是笔者的好朋友,他平时就正直善良、仗义执言,是位新闻发现力很强的记者。另一名女记者则是韬奋新闻奖获得者宁丽君。最初报道这件事情的当然是两位记者所在的媒体《宝鸡日报》,后来,新华社记者任贤良、边江,陕西人民广播电台记者刘鉴,《人民日报》记者孟西安联合将这件事推到了全国,引起强烈反响。宁丽君和刘斌被评为"全国见义勇为先进分子",中国记协向全国新闻界发出了向宁丽君、刘斌学习的通知,时任中宣部副部长徐光春还向他们发来了慰问信,省、市宣传部门还将学习活动扩展到社会,形成"积极履行社会责任,树立良好社会公德"的学习热潮。

发生在宝鸡一客车上的怪事
两记者制止车匪抢劫遭毒打 司乘人员不予相助反说多事

新华社西安3月26日电（任贤良 边江 刘鉴 孟西安） 一伙歹徒在长途汽车上公然对乘客搜身抢劫，两名记者挺身制止遭到毒打，而车上司乘人员不但不帮助记者，还埋怨他们"多管闲事"。这是日前发生在陕西省宝鸡县境内的一起怪事。

3月12日，韬奋新闻奖获得者、《宝鸡日报》记者宁丽君和这家报社的青年记者刘斌乘宝鸡市第一汽车运输公司的一辆长途大客车外出采访。上午9时半车行至西（安）宝（鸡）南线公路宝鸡县钓渭乡附近时上来9个人，他们拿出两根红蓝铅笔行骗，引诱乘客参与赌博。见无人理睬，这几个人便公然对乘客搜身抢钱。当他们围住一位老农强行搜身时，记者刘斌起身怒喊："你们干什么？！"同时迅速按下照相机快门。这时歹徒中有人喊："抢他的照相机！打死这个爱管闲事的！"三四名歹徒围住刘斌拳打脚踢，女记者宁丽君拼力阻拦并怒斥歹徒："你们这样做是犯法的！"两名记者一边奋力保护照相机，一边与歹徒搏斗。一歹徒抓住刘斌的头发将其后脑勺在车厢上连续猛撞，一块车窗玻璃被撞碎。另一名歹徒则用拳猛击刘斌面部，致使其鼻血喷涌而出。此时，车上其他乘客却都沉默。歹徒见此更加肆无忌惮，大喊停车；车停后，几名歹徒跳下车从公路旁抄来钢筋、木棒和铁锹，上车后让司机继续开车接着行凶。两名满身鲜血的记者拼力抓住铁锹把，歹徒使用钢筋、木棒在记者身上猛戳乱打。上午10时许，在一个村庄附近歹徒大喊"停车"，随后扬长而去。

在这近半个小时里，车上近20名乘客大部分在中途停车时夺路而去，对歹徒的行为，两名司乘人员也不上前阻拦。当记者疾呼"司机师傅请把车开到派出所"时，司机不予理睬，而歹徒喊停车司机就停车，喊开车司机就开车。歹徒下车后，客车开到宝鸡县蜀仓乡附近路口，两名记者要求司机将他们送往距公路约两公里的乡政府或乡卫生院，被司机拒绝。记者只好互相搀扶着下车。此时，大个子男青年售票员却忽然大喊："你们别走，赔我们的车玻璃！"客车司机也说："谁让你们多管闲事？"

刘斌伤势严重，当天被送往宝鸡市住院治疗。经医生诊断，他被打成脑震荡，面部、头部、腹部、腰部等多处软组织挫伤。宁丽君身上有多处青肿。

事件发生后，引起有关方面高度重视。市、县公安机关在案发当晚根据记者奋力保护的照相机中拍下的歹徒抢劫作案现场照片，在宝鸡县慕仪乡擒获7名歹徒，另有2名歹徒在逃。经初步审查，这个9人犯罪团伙今年春节年就在西（安）宝（鸡）南线公路班车上连续作案5起。

两名记者勇斗歹徒保护群众的事迹和两名司乘人员的行为在陕西引强烈反响。省委书记安启元等和许多群众到医院看望慰问记者，高度评价他们见义勇为的精神，同时希望司法机关依法严惩歹徒，要求有关方面对司乘人员进行严肃处理。

十、要有新闻理想

本书的最后，谈谈新闻理想问题，这个问题也是培养和提高新闻发现力的重中之重，因为，新闻理想是新闻发现的最大动力之一。

什么是新闻理想？即人们对新闻职业的想象和希望，以及对新闻职业成就的向往和追求。它是人们对新闻职业的一种认知态度和总体评价。新闻职业理想决定和制约着人们对新闻职业的选择意向和选择结果。普利策、埃德加·斯诺、徐宝璜、邵飘萍、陆定一、范长江、邹韬奋、穆青等中外著名新闻人物的故事激励着我国一代又一代新闻人为新闻事业而拼搏,新闻事业值得我们为之终生奋斗!

从事党的新闻事业的记者,活动在整个社会意识形态领域里的"前沿阵地",要参与到国家和地区的每一项政治、经济和社会发展变革的历史事件中,每时每刻敏锐地捕捉社会中能激起浪花和波涛的各种观点和声音,感知着这个伟大的时代前行的每一个脚步。当报道真正起到了推动社会文明进步的作用,受到社会的关注,受到人民群众的称赞,就是再苦再累,也会倍感自豪、无比幸福。记者生活在人民当中,要与人民共患难、同甘苦、齐爱憎。

维护公平正义、传递正能量是我国广大新闻人坚守写照的理想。很多新闻记者都铭记着人民的重托,铁肩担道义,妙手著文章。他们宣传党和政府的主张,通达社情民意,彰显了新闻人的价值理念和操守。

苟日新,日日新,又日新。中国经济社会的大发展和人民群众的创造实践,为新闻工作者提供了实现理想、施展才华的广阔舞台。他们深入基层一线,讲述中国故事,唱响中国声音,弘扬中国精神,传递中国力量。

我们已经进入了中国特色社会主义新时代,在这个伟大的时代,实现中华民族伟大复兴中国梦是我们每一个炎黄子孙的使命和责任!

习近平总书记指出"媒体竞争的关键是人才竞争,媒体优势的核心是人才优势"。这强调了高校必须坚守人文价值理性逻辑,培养出具有互联网思维,具备全媒体创意、生产、传播、运营、管理等相关能力,能胜任全媒体流程与平台建设、全媒体业态与生态发展要求的专门人才。同时,新闻务实教育要培养新闻学子必须具备三项核心能力,即融合叙事能力、社会连接能力和公共服务能力。

发扬新闻专业主义精神,以马克思主义新闻观为指导,树立远大新闻理想,热爱未来新闻工作,奋发努力学习,为做个有志向、有抱负、党和人民信赖的新闻人而努力奋斗!

思考与训练

1. 简述记者的位置。

2. 谈谈你对记者职业的理解。

3. 什么是新闻发现力?如何提高新闻发现力?

4. 坚持每天阅读《人民日报》《中国青年报》以及你喜欢的都市类报纸,并结合实际有意识培养和锻炼自己的新闻发现力。

针对本教材,作者已经录制了配套的在线课程视频,以上是关于本章内容的视频二维码。

参考文献

彭菊花:《新闻发现学引论》,人民出版社,2002 年版。

潘堂林:《怎样发现新闻》,湖北人民出版社,1996 年版。

本书编写组:《新闻学概论》,高等教育出版社、人民出版社,2020 年版。

本书编写组:《新闻采访与写作》,高等教育出版社,2019 年版。

朱建华:《好新闻的味道》,人民日报出版社,2022 年版。

陈力丹:《新闻理论十讲》,复旦大学出版社,2020 年版。

艾丰:《新闻采访方法论》,人民日报出版社,2020 年版。

吴良勤、李展:《新闻写作》,中国人民大学出版社,2019 年版。

任贤良:《舆论引导艺术》,人民日报出版社,2019 年版。

刘斌:《在突破的征程上》,三秦出版社,2015 年版。

匡文波:《新媒体概论》,中国人民大学出版社,2019 年版。

张征:《新闻采访教程》,中国人民大学出版社,2008 年版。

姚治兰:《电视写作教程》,中国传媒大学出版社,2015 年版。

孙富忱、黄振声、雷明德:《知名记者谈新闻采写》,陕西人民出版社,1997 年版。

杨讲生:《脚印》,太白文艺出版社,1998 年版。

杨讲生:《社长手记:媒介风云录》,山西出版传媒集团,2024 年版。

后　记

2020年12月，我从工作了近40年的媒体岗位上退了下来，进入大学从事新闻学教育工作。40年的新闻实践告诉我，新闻发现力的强弱是衡量新闻采编人员是否优秀的第一标准！可大学新闻学教育几十门课程里却恰恰找不到专门的新闻发现课。

幸运的是，我所在的西安翻译学院文学与传媒学院当时正在编写新版本科人才培养方案，在我的建议下，新闻发现课被列入其中，虽然是选修课，但意义重大！因为此前全国高校新闻学教育人才培养方案中还没有这样的先例。

可是，开设一门新课谈何容易，首先要解决的就是教材问题。由于种种原因，长期以来，虽然我国新闻业界普遍重视新闻发现，但在新闻学界，忽视对新闻发现的研究却是不争的事实。我找遍了几乎所有的渠道，有关新闻发现的专著倒是有两三本，但都不是教材。怎么办？经过深思熟虑，我决定自己编写。

2021年5月，七万多字的《新闻发现学纲要》很快编写完成。作为新闻传播系的学科带头人，本打算和年轻的老师们一起在这个提纲的基础上共同完成教材的编写工作，可是大家似乎并不感兴趣。后来我分析，可能主要是由于老师们大多都没有媒体实践经历的缘故，他们对新闻发现的重要性体会不深，也缺乏这方面的实践案例。2022年春节，我因下楼梯不慎跌倒骨伤，手术后整整一学期我都拄拐上课，教材的编写也就暂时放了下来。

新版本科人才培养方案确定在新闻学不同专业大学三年级、四年级开设这门课程，时间紧迫，所以，从2022年9月新学期开学起，我在每周上12节课的同时，开始独自完成这项工作。我家窗外，一幢新的建筑正拔地而起，为激励自己，我写下一行字贴在书桌前："和建筑工人比辛苦比速度，你盖一层楼，我写两章稿。"事实上，我比计划中的速度还要快些，经过四个月的艰苦拼搏，2023年农历兔年来临之际，40多万字的教材初稿便顺利完成。对着终南山我长舒一口气！之后便很快专心投入到了繁忙的期末考试筹备工作中。

寒假伊始，我带着书稿和家人一起乘机飞到了海南，开始享受旅游时光。大自然奇妙无比，北国此时大雪纷飞，但海南岛却温暖如春，我白天与家人尽情享受大海的美景，晚上却仍专注于修改手头的书稿。又经过了半个多月的时间，《新闻发现学教程》书稿终于可以交给学校和出版社审定了。

本书的编写研究工作，借鉴参考了一些作者的研究成果，书后我都一一列出，还有一些不知作者的网络资料等，在此向作者表示衷心感谢！本书在编写过程中，得到了学校领导和老师们的大力支持，得到了新闻宣传和出版界领导和同志们的热情鼓励，得到了很多前辈和同行的充分肯定,得到了很多朋友的鼎力相助,也得到了我的家人悉心关照,在此,我也一并表示衷心感谢!

　　本书编辑审定过程历时较长,先后多次反复审定修改。2023 年 6 月被确定为西安翻译学院校级重点立项建设教材;2023 年 12 月被列入陕西省"十四五"首批职业教育规划教材建设项目;2024 年 2 月通过陕西广播电视局书稿审查。在这个漫长的出版过程中,先后有十多位专家审阅书稿或提纲,对本书的编写给予了充分肯定,同时也提出了不少宝贵的修改意见;西安交通大学出版社责任编辑赵怀瀛同志不辞劳苦,认真编辑,热情服务,周到安排,也给我留下了深刻的印象;我所在的新闻传播系组织教师团队,认真讲授精品课程,为教材增色添彩。对他们的艰辛付出,在此我也表示衷心感谢!

　　由于时间紧迫,水平有限,加之本书是我国高等院校第一部新闻发现学教材,编写该类教材属尝试之作,很多东西需要在教学实践中探索、检验和完善,因此,书中不足之处一定不少,恳请大家批评指正!

杨讲生
2024 年 10 月于西安